D1700861

Bernard M. Bass

Charisma
entwickeln und zielführend einsetzen

Bernard M. Bass

# Charisma entwickeln und zielführend einsetzen

 **verlag moderne industrie**

CIP-Kurztitelaufnahme der Deutschen Bibliothek

**Bass, Bernard M.:**
Charisma entwickeln und zielführend einsetzen /
Bernard M. Bass. [Aus d. Amerikan. übers. von
Eva Üblein unter Mitw. von H. D. Thierbach]. –
Landsberg/L : Verlag Moderne Industrie, 1986.
 Einheitssacht.: Leadership and performance
 beyond expectations ‹dt.›
 ISBN 3-478-32310-X

© 1985 by The Free Press, A Division of Macmillan, Inc.
All rights reserved. No part of this book may be reproduced or transmitted in any form or by any means, electronic or mechanical, including photocopying, recording or by any information storage and retrieval system, without permission in writing from the Publisher.

Titel des Originals: Leadership and Performance Beyond Expectations

Aus dem Amerikanischen übersetzt von Eva Üblein unter Mitwirkung von Dr. H. D. Thierbach

©1986 verlag moderne industrie AG & Co. Buchverlag, 8910 Landsberg/Lech
Schutzumschlag: Hendrik van Gemert
Satz: FotoSatz Pfeifer, Germering
Druck: Grafik + Druck, München
Bindearbeiten: Thomas-Buchbinderei, Augsburg
Printed in Germany 320 310/586253
ISBN 3–478–32310–X

# Inhaltsverzeichnis

           Vorwort . . . . . . . . . . . . . . . . . . . . . . 9

**Teil I:**    Einführung

           Kapitel 1:

           Neue Führungsmodelle . . . . . . . . . . . . . . . 15
           Andere Führungskonzepte . . . . . . . . . . . . . 15

           Kapitel 2:

           Der transformationale Führungsstil . . . . . . . . . . . . . . . 28

**Teil II:**   Die emotionale Komponente

           Kapitel 3:

           Charisma . . . . . . . . . . . . . . . . . . . . . 53
           Das Wesen des Charisma . . . . . . . . . . . . . . 54
           Die Persönlichkeit des charismatischen Führers –
           Voraussetzungen und erforderliche Fähigkeiten . . . . . . . . 64
           Charisma und die Transformation von Organisationen . . . . . 72
           Ein Modell charismatischer Organisationsführung . . . . . . 72

           Kapitel 4:

           Führung durch Inspiration . . . . . . . . . . . . . . . 83
           Die inspirierende Anziehungskraft charismatischer Führer . . . 86
           Inspirierendes Führungsverhalten . . . . . . . . . . . . 88
           Weitere Aspekte der Führung durch Inspiration . . . . . . . 93
           Die moralische Komponente . . . . . . . . . . . . . . 95
           Zusätzliche Überlegungen . . . . . . . . . . . . . . . 96
           Ein Modell für die Führung durch Inspiration . . . . . . . . 98

Teil III: Individuelle Behandlung und geistige Führung

Kapitel 5:

Individuelle Behandlung . . . . . . . . . . . . . . . . . . . . . 103
Orientierung an der individuellen Entwicklung . . . . . . . . 106
Person-Orientierung . . . . . . . . . . . . . . . . . . . . . . . 108
Der Mentor . . . . . . . . . . . . . . . . . . . . . . . . . . . . 112
Ein Modell individueller Behandlung . . . . . . . . . . . . . 118

Kapitel 6:

Geistige Anregung . . . . . . . . . . . . . . . . . . . . . . . . 120
Die geistige Komponente . . . . . . . . . . . . . . . . . . . . 120
Symbole und Leitbilder . . . . . . . . . . . . . . . . . . . . . 130
Die verschiedenen Formen geistiger Anregung . . . . . . . . 133
Geistige und emotionale Anregung . . . . . . . . . . . . . . . 135
Ein Modell geistiger Anregung . . . . . . . . . . . . . . . . . 137
Die drei transformationalen Faktoren: Charismatische
Führung, individuelle Behandlung und geistige Anregung . . . 139

Teil IV: Transaktionale Führung

Kapitel 7:

Bedingte Belohnung . . . . . . . . . . . . . . . . . . . . . . . 145
Der Führer als Verstärkermechanismus . . . . . . . . . . . . 145
Die bedingte Verstärkung als transaktionaler Prozeß . . . . . 147
Eine Faktoren-Analyse der Auswirkungen bedingter
Belohnung . . . . . . . . . . . . . . . . . . . . . . . . . . . . . 149
Die Weg-Ziel-Theorie . . . . . . . . . . . . . . . . . . . . . . 151
Das Führungsverhalten und seine Auswirkungen auf die
Untergebenen . . . . . . . . . . . . . . . . . . . . . . . . . . . 152
Die Mitwirkung der Untergebenen bei der Zielsetzung . . . . 154
Andere bescheidene Auswirkungen bedingter Belohnung . . . 154
Warum wird das System der bedingten Bolohnung so wenig
genützt? . . . . . . . . . . . . . . . . . . . . . . . . . . . . . . 155

Kapitel 8:

Management-by-Exception, negatives Feedback und
bedingte aversive Verstärkung . . . . . . . . . . . . . . . . 160
Verhaltensweisen, die das Management-by-Exception
kennzeichnen . . . . . . . . . . . . . . . . . . . . . . . . . . . . . 162
Wie wirksam ist bedingte aversive Verstärkung? . . . . . . . . 164
Warum wird dem Negativen mehr Beachtung geschenkt als
dem Positiven? . . . . . . . . . . . . . . . . . . . . . . . . . . . . 164
Bedingte aversive Verstärkung besser nützen . . . . . . . . . . 166
Revson und Kitchener . . . . . . . . . . . . . . . . . . . . . . . 169
Unbeabsichtigte Folgen der bedingten Verstärkung . . . . . . 170
Individuelle Unterschiede in der Reaktion auf bedingte
Verstärkung . . . . . . . . . . . . . . . . . . . . . . . . . . . . . . 172
Ein Modell der bedingten Verstärkung . . . . . . . . . . . . . 173

Teil V: Die Ursprünge der transformationalen Führung

Kapitel 9:

Das organisatorische Umfeld . . . . . . . . . . . . . . . . . . . 179
Die externe Umgebung . . . . . . . . . . . . . . . . . . . . . . 179
Das organisatorische Umfeld . . . . . . . . . . . . . . . . . . . 185
Wirtschaftsunternehmen . . . . . . . . . . . . . . . . . . . . . . 187
Eine Zusammenfassung situativer Effekte . . . . . . . . . . . 193

Kapitel 10:

Persönliche Merkmale . . . . . . . . . . . . . . . . . . . . . . . 196
Persönliche Merkmale, Wertvorstellungen und Führungs-
verhalten . . . . . . . . . . . . . . . . . . . . . . . . . . . . . . . 196
Transformationale Führung und persönliche Wert-
vorstellungen . . . . . . . . . . . . . . . . . . . . . . . . . . . . . 209
Führung und der Zweck des Unternehmens . . . . . . . . . . 214
Der Führungsstil ist situationsabhängig . . . . . . . . . . . . . 218

Teil VI: Quantitative Untersuchungen . . . . . . . . . . . . . . . . . 221

Kapitel 11:

Beschreibung des transaktionalen und des transformationalen Führungsverhaltens . . . . . . . . . . . . . . . . 223

Die Intensität des Führungsverhaltens . . . . . . . . . . . . . 223
Zuordnung und Auswertung der Antworten . . . . . . . . . 226
Die Skalierung der Beschreibung der Vorgesetzten
durch die Untergebenen . . . . . . . . . . . . . . . . . . . . 227
Die Skalierung des transaktionalen und
transformationalen Führungsverhaltens . . . . . . . . . . . . 229

Kapitel 12:

Faktoren der transaktionalen und transformationalen Führung . 235
Die Faktorenanalyse . . . . . . . . . . . . . . . . . . . . . 235
Zusätzliche Untersuchungen . . . . . . . . . . . . . . . . . 247
Klinisches Beweismaterial . . . . . . . . . . . . . . . . . . 258

Quellenverzeichnis . . . . . . . . . . . . . . . . . . . . . . 260

# Vorwort

Es steht zu hoffen, daß dieses Buch einen wesentlichen Durchbruch zum Verständnis dessen bringen wird, was überragende Führungsqualität ausmacht. Aber große Durchbrüche kommen in der Führungsverhaltensforschung, -theorie und -praxis nur sehr selten vor. Das vergangene halbe Jahrhundert hat lediglich insofern eine Verfeinerung des alten Zuckerbrot-und-Peitsche-Prinzips des Führungsverhaltens gebracht, als nun mehr Zuckerbrot als Peitsche verabreicht wird. Die Konsequenz ist, daß eher zufällige Verstärkermechanismen das grundlegende Konzept bilden. Die Geführten werden dafür belohnt, daß sie jene Rollen spielen, die sie mit ihren Führern vereinbart haben. Als wünschenswert wird hierbei die Durchsetzung solcher Vereinbarungen mit demokratischen Mitteln angesehen. Aber sogar unter den besten aller denkbaren Voraussetzungen scheinen die Möglichkeiten dessen, was solche zufälligen Verstärkermechanismen zwischen den Führern und den Geführten in diesen Transaktionsmodellen hervorzubringen imstande sind, begrenzt zu sein. Eine Änderung des Paradigmas scheint angebracht. Um diese Grenzen zu überschreiten, sind andere Konzepte vonnöten. Um von den Mitarbeitern überragende Leistungen zu erhalten, braucht man einen anderen Führungsstil – einen transformationalen. Die Einstellungen, die Überzeugungen, die Motive und das Vertrauen der Geführten müssen von einer niedrigeren zu einer höheren Anregungs- und Reifestufe transformiert werden.

Management besteht nicht nur aus Führungsverhalten, noch ist Führungsverhalten an sich schon Management, jedoch müssen Personen, die zu verantwortungsvollen Positionen aufgestiegen sind, sich bewußt sein, welche Führungsqualitäten von ihnen erwartet werden. Wenn sie einen Führungsstil nach dem Transaktionsprinzip wählen, müssen sie ihren Mitarbeitern ein klares Verständnis dessen vermitteln, was sie von ihnen erwarten und was sie als Gegenleistung dafür ihrerseits zu erwarten haben.

Klare Richtlinien erwecken bei den Mitarbeitern jenes Vertrauen, das sie befähigt, die von beiden Seiten angestrebten Leistungsziele zu erreichen. Aber das Vertrauen der Untergebenen zu ihren Vorgesetzten und der Wunsch nach Erfüllung der Zielvorgaben können durch einen transformationalen Führungsstil noch wesentlich erhöht werden. Eine so initiierte Steigerung des Vertrauens und des Leistungsstrebens kann zu einem erheblichen Leistungsanstieg führen. Diese Art des Führungsstils kann also die Untergebenen zu außergewöhnlichen Leistungen inspirieren.

Und je fähiger und kompetenter die Untergebenen werden – übrigens eine Entwicklung, die von transformationalen Führungskräften durchaus ermutigt und unterstützt wird – desto mehr Aufgaben können Vorgesetzte an ihre Untergebenen delegieren. Manager, die einen transformationalen Führungsstil anstreben, müssen aber auch Anteil nehmen an den individuellen Belangen und der persönlichen Entfaltung und Entwicklung ihrer Untergebenen und sie als individuelle Wesen betrachten und behandeln.

Charisma ist eine der wesentlichsten Voraussetzungen für transformationale Führerschaft. Charismatische Führer verfügen über sehr viel Macht und großen Einfluß auf ihre Untergebenen. Die Geführten haben den Wunsch, sich mit ihnen zu identifizieren, sich ihnen anzuschließen – vor allem aber ihnen zu vertrauen. Vorgesetzte, die über solches Vertrauen und solche Zuneigung von seiten ihrer Untergebenen verfügen, haben auch die Möglichkeit, diese Macht zu mißbrauchen. Selbstsüchtiges Handeln auf Kosten anderer und Selbstüberheblichkeit können ebenso die Folge sein wie menschliche Güte und Rücksichtnahme auf die Bedürfnisse der Untergebenen. Ein anderer wichtiger Aspekt wirkungsvollen transformationalen Führungsverhaltens besteht darin, daß solche Führer ihre Untergebenen auch in geistiger Hinsicht anregen, aufrütteln, aufregen und inspirieren, indem sie ihnen Visionen dessen vorgeben, was durch vermehrte Anstrengung geleistet werden kann.

Die Frage, ob eine Führungsperson »transformational« ist oder nicht, hängt auch von ihrer eigenen Persönlichkeit ab. Aber eines steht fest: transformationale Führungseigenschaften tauchen eher in Krisenzeiten und in Situationen der Desorganisation auf. Im übrigen findet man sie auch häufig in Organisationen, die sich in einem Stadium des Wachstums oder des Wandels befinden.

In den über 35 Jahren, in denen ich mich mit dem Studium des Führungsverhaltens befaßte, habe ich gesehen, welche Lücke zwischen Theorie und Forschung auf den Gebieten der Sozial- und Organisationspsychologie einerseits und den Politwissenschaften und der Psychogeschichte andererseits klafft. Die Sozial- und die Organisationspsychologie konzentrieren sich hauptsächlich auf die Führer *kleinerer Gruppen* und *komplexer Organisationen*, während sich die Politwissenschaften und die Psychogeschichte auf die großen Führer unserer Welt konzentrieren.

Ohne jetzt die Anführer kleinerer Gruppen oder großer Organisationen vernachlässigen zu wollen, möchte ich in diesem Buch doch darauf eingehen, was die Leistungen der großen charismatischen Führer unserer Zeit so bemerkenswert macht und was wir so oft vermissen, wenn wir versuchen, die Führungsleistungen der Vorgesetzten kleinerer Gruppen oder auch komplexer Organisationen zu verstehen. Wir wollen hier die Transformationsprozesse aufzeigen, die zwischen Führern und Geführten stattfinden. Wir wollen untersuchen, wie die Anstrengungen der Untergebenen durch das Vertrauen in ihre Vorgesetzten und deren Erwartungen von dem, was diese erreichen können, zu Leistungen führen können, die jenseits jeder Vorstellungskraft liegen.

Anregungen zu diesem Buch gaben mir solch weltbekannte Führungspersönlichkeiten wie *John F. Kennedy*, dessen Legende auch noch jetzt, zwei Jahrzehnte nach seiner Ermordung, im Wachsen begriffen ist. Zumindest vom Stil her ist *Kennedy* exemplarisch dafür, was ein transformationaler Führer eines Landes erreichen kann. Die Fehler und Widersprüchlichkeiten seiner 1000 Tage währenden Amtsführung können die Erinnerung an seine Leistungen nicht schmälern. Er hat die Vereinigten Staaten von einer gutmütigen, ihre eigenen sozialen Probleme und ihre internationalen Verpflichtungen aber vernachlässigenden Gesellschaft zu einem sich seiner Verantwortung bewußt werdenden und zu notwendigen Schritten bereiten Staatswesen gemacht. Dies war ein Wandel, bei dem die Resignation über das nukleare Wettrüsten einem neuen Weltbewußtsein und einer erhöhten Erwartung und Hoffnung auf eine Lösung der nuklearen Bedrohung der Welt auf dem Verhandlungswege Platz machte, ein Wandel auch, der die Erdgebundenheit durch ein erhöhtes Bewußtsein der Möglichkeiten in der Erforschung des Weltraumes ersetzte. Und schließlich hatte *Kennedy* auch eine transformationale Wirkung auf das Wesen des Weltmachtführungsanspruches an sich. Die ihm eigenen Qualitäten des Witzes, des Geistes, des Charmes, der Vision und der Vernunft wurden auch von anderen Weltmachtführern anerkannt. All das resultierte in einem Stolz auf einen Präsidenten und auf ein Vaterland – ein Gefühl, das wir nach den Morden des Jahres 1960, dem Vietnam-Krieg, dem Watergate-Skandal und der iranischen Geiselnahme nur mehr schwer wieder hervorrufen können.

Wie wir sehen werden, war die Arbeit einiger Forscher für meine Untersuchungen von großer Bedeutung. *James McGregor Burns* verdanke ich die grundlegenden Begriffsdefinitionen »transaktionaler« und »transformationaler« Führungsstil.

*Abraham Zaleznik* und *Warren Bennis'* Beobachtungen und Interpretationen der Phänomene des transformationalen Führungsverhaltens haben mir sehr viel Zuversicht zu dem von mir eingeschlagenen Forschungskonzept gegeben. Danken möchte ich auch *Gary Yukl, Jane Saxton, Robert House, Robert Caro, Lloyd Demouse, Sam Hayes* und *Robert Quinn*, die mit ihren wertvollen Gedanken und Anregungen soviel zu diesem Buch beigetragen haben.

Dieses Buch stellt eine erste Aussage darüber dar, was wir tun können, um die Ursachen und die Wirkungen transformationalen Führungsverhaltens zu studieren und festzustellen. Die hier vorgestellten Modelle sollten als vorläufiges Skelett angesehen werden. Es wird hier eine Vielzahl von Relationen vorgestellt, die noch vielen empirischen Untersuchungen unterzogen werden müssen. Obwohl sie an sich nützlich sind, werden die hier benützten Meßverfahren wahrscheinlich noch sehr vieler Verfeinerungen bedürfen. Aber wie man sehen wird, ist transformationaler Führungsstil gar kein so seltenes Phänomen. Er beschränkt sich nicht nur auf einige wenige Weltklasse-Führer. Nein, er ist in unterschiedlicher Ausprägung auf den verschiedensten Gebieten zu finden. Das Problem ist nur, wie man ihn erkennen, identifizieren und fördern kann – im militärischen, wirtschaftlichen, industriellen Erziehungs- und Regierungsbereich.

Freilich muß man sich stets bewußt sein, daß der transformationale Führungsstil auch ein zweischneidiges Schwert ist. In den Händen eines *Theodore Roosevelt* veranlaßte er die imperialistischen Mächte der Welt, ihren unterprivilegierten Brüdern Zivilisation zu bringen. In den Händen eines *Mahatma Gandhi* wurde er zu einem Instrument, mit dem eine nationale Identität herausgearbeitet wurde.

Dieses Buch ist in sechs Abschnitte unterteilt. Auf eine Einführung, die auf früheren Leistungsmotivationstheorien aufbaut, folgt eine detaillierte Beschreibung des transformationalen Führungsstils in bezug auf Charisma, Führung durch Inspiration, individuelle Rücksichtnahme und intellektuelle Anregung. Der transaktionale Führungsstil wird in ähnlicher Weise untersucht – vor allem im Hinblick auf sein Erscheinungsbild als angewandter Verstärkermechanismus. Auch werden die sozialen, organisatorischen und personellen Komponenten untersucht, die das Auftreten eines transformationalen Führungsstils entweder fördern oder behindern. Quantitative Erklärungen und Untersuchungsanalysen, welche die Meßverfahren beschreiben, die das Ausmaß des transformationalen und des transaktionalen Führungsstils erklären, und die Zusammensetzung ihrer Faktoren, werden ebenfalls erörtert.

Schließlich möchte ich noch entschuldigend anmerken, daß in diesem Buch das persönliche Fürwort »er« immer auch »sie« bedeutet. In keiner Weise möchte ich Frauen als Führungspersönlichkeiten vernachlässigen. Wie auch aus dem Text ersichtlich ist, habe ich Frauen weder als Führer noch als Geführte ignoriert, noch auch je impliziert, daß Führungsqualität ein rein männliches Attribut ist. Weitgehend habe ich das Pronomen in der Mehrzahl verwendet, um eine Geschlechtsidentifizierung von Führern und Geführten auszuschließen. Allerdings muß ich sagen, daß mir eine komplette Pluralisierung sowohl zweideutig als auch langweilig erscheint.

Bernard M. Bass

# Teil I: Einführung

Als stellvertretender Generaldirektor war Henderson an erster Stelle auf der Warteliste für die Spitzenposition im Unternehmen, aber das Management-Komitee verhielt sich reserviert.

Zwar hatte er in allen Bereichen der Fabrik eine genaue Kostenrechnung eingeführt, nahm stets alle für die betriebliche Effizienzsteigerung nötigen Korrekturmaßnahmen vor, leistete generell gute Arbeit, gab den jeweiligen Bereichsleitern genaue Produktionsvorgaben und achtete darauf, daß diese Zielsetzungen auch erreicht wurden. Die Mitarbeiter wußten, woran sie mit ihm waren. Er sorgte dafür, daß die betriebliche Maschinerie glatt und reibungslos lief. Seine Mitarbeiter mochten ihn.

Aber er war farblos und nicht imstande, seine Leute zu inspirieren, ihnen neue Ideen zu vermitteln, oder ihnen das Gefühl zu geben, daß sie, wenn sie nur wollten, ihre Firma zu der besten der Branche machen könnten.

Es gab auch Zweifel darüber, wie er sich in einer Krise bewähren würde.

Als transaktionaler Führer war Henderson durchaus zufriedenstellend, aber für die höchste Position im Unternehmen stellte sich das Komitee einen Mann vor, der etwas mehr zu bieten hatte ...

# Kapitel 1: Neue Führungsmodelle

Ein halbes Jahrhundert lang konzentrierten sich die Untersuchungen über Führungsverhalten auf verschiedene, meist gegensätzliche Führungsstile: autokratische versus demokratische, direkte versus partizipative, sowie auf den Ort der Entscheidungsfindung, auf den Ort der Kontrolle, auf Aufgabenorientiertheit versus zwischenmenschliche Beziehungen, auf Verhaltensmuster und Zielvorgaben versus Menschlichkeit und Rücksichtnahme.

Zur selben Zeit aber beschäftigte man sich mit Verhaltensänderungen bei Individuen, Gruppen und Organisationen. Das Fördern von Verhaltensänderungen und das Überwinden von Widerständen wurde als Ruf nach demokratischem, partizipativem, mitmenschenorientiertem und rücksichtsvollem Führungsstil verstanden. Nichtsdestotrotz stellte sich heraus, daß bei vielen Wechselfällen, beispielsweise in Notsituationen, oder bei der Führung unerfahrener Untergebener ein Führungsstil, der mehr zielgerichtet, aufgabenorientiert und initiativ ist, wesentlich wirkungsvoller ist.

## Andere Führungskonzepte

*Erstrangige Veränderungen: Anstrengung und Leistung*

Oft ist es so, daß das primäre Ziel, nämlich die Steigerung der Leistungsquantität oder -qualität, oder der Austausch eines Leistungsziels gegen ein anderes, oder die Verschiebung des Schwerpunktes von einer Handlungsweise auf eine andere, oder eine Reduzierung des Widerstandes gegen bestimmte Handlungsweisen, oder die Implementierung von Entscheidungen innerhalb eines gegebenen Rahmens, Anlaß für eine Veränderung ist. Eine erstrangige Veränderung ist möglich. Es kann eine erhöhte Anstrengung oder eine Verbesserung des Verhältnisses zwischen Tempo und Exaktheit bei der geführten Gruppe geben. Solche erstrangigen Veränderungen können sogar revolutionär sein. Sie können mit größeren Veränderungen von Einstellungen, Überzeugungen, Wertvorstellungen und Bedürfnissen einhergehen.

Wenn eine Gruppe durch einen neuen Führer, der ihr neue und revolutionäre Gedanken über ihre potentiellen Möglichkeiten vermittelt, aus ihrer Hoffnungslosigkeit herausgerissen wird, können sich hinsichtlich ihrer Leistung wahre

Quantensprünge ergeben. Ein neues Paradigma wird eingeführt. Erhöhte Quantität genügt nicht mehr; die Qualität muß drastisch verbessert werden. Führungspersonen können eine radikale Wertverschiebung hervorrufen. Zum Beispiel können Gruppen, die eher konservativ orientiert sind, so motiviert werden, daß sie moderne Konzepte schätzen lernen. Führungskräfte können den ganzen Rahmen verändern. Sie können eine merkliche Änderung bei ihren Untergebenen hervorrufen, ja das Unterste nach oben kehren. Schließlich kann Führungsverhalten, wie *Burns* (1978) vorschlug, auch das Reife-Niveau der Bedürfnisse der Untergebenen anheben. Die Untergebenen können von dem Bedürfnis nach Sicherheit und Anschluß zu Bedürfnissen der Anerkennung, Leistung und Selbstverwirklichung geführt werden.

Die erstrangige Veränderung – die graduelle Veränderung – kann durch den ständigen Hinweis darauf, daß Führungsverhalten als Wechselbeziehung angesehen werden muß, verwirklicht werden. Man sieht Führungsverhalten als eine Transaktionsbeziehung an, bei dem die Bedürfnisse der Geführten erfüllt werden, wenn ihre Leistungen den Vereinbarungen, die sie mit der Führungsperson getroffen haben, entsprechen. Aber eine erstrangige Veränderung erfordert über eine solche Wechselwirkung hinaus noch mehr – einen Führungsstil nach dem Transformationsprinzip. Hier sehen wir also eine weitere wichtige Unterscheidung zwischen Forschungstheorie und Führungsforschung – das transaktionale gegenüber dem transformatorischen Prinzip. Worin bestehen nun die Unterschiede?

Aus welchen Gründen erscheint bzw. verschwindet der eine oder der andere Stil? Und welcher ist wirkungsvoller, welcher für die Untergebenen zufriedenstellender? Unter welchen Bedingungen ist der eine Führungsstil dem anderen vorzuziehen? Wir wollen hier neue Antworten auf neue Fragen suchen. Wir wollen ein neues Paradigma und ein neues Untersuchungsverfahren anwenden.

*Die Grenzen der Kosten-Nutzen-Theorien*

Die Erforschung des Führungsverhaltens in der experimentellen Sozialwissenschaft und in der Organisationspsychologie ist von den Merkmal-Theorien zu den situativen Theorien übergegangen, und von dort zu den Untersuchungen der Wechselwirkungen der Zufälligkeitstheorien. Die Beziehung zwischen Führern und Geführten wurde hinsichtlich ihrer Bedeutung durch dyadische, individuelle Führer-Geführten-Modelle ersetzt. Vom Standpunkt des ausübenden Organisationsführers aus hat parallel dazu ein historischer Wandel in der Einstellung zum Führungsverhalten an sich stattgefunden. In der ersten Hälfte unseres Jahrhunderts war Führungsverhalten hauptsächlich eine Frage von wie und wann man seinen Untergebenen Weisungen und Befehle erteilte. Die Starken leiteten die Schwachen. Auf der anderen Seite gab es die »Bewegung für zwischenmenschliche Beziehungen«, die großen Wert auf Egalitarismus legte und partizipative und konsultative Gruppenprozesse sowie gemeinschaftliche Führung predigte. Aus dieser Dialektik ging eine Synthese hervor. Führungsverhalten wurde nun als initiierender Faktor und/oder als Einbeziehung zwischenmenschlicher Beziehungen in die Führungsprozesse angesehen.

Führungsentscheidungen wurden entweder direktiv oder partizipativ getroffen. Das Hauptaugenmerk des Vorgesetzten richtete sich auf die gegebene Aufgabenstellung und/oder die zwischenmenschlichen Beziehungen. In der experimentellen Sozialpsychologie studierte man diese abhängigen Variablen der Führer-Geführten-Dyaden und der Gruppenführung in situativen Kontexten und bei verschiedenen Zusammensetzungen von Führern und Geführten. Die ganze Zeit aber war das Konzept auf wirtschaftlichen Kosten-Nutzen-Rechnungen aufgebaut. Für die Behavioristen waren Hinweise, verfügbare Verhaltensmuster und Verstärkermechanismen (Belohnungs- und Strafreize) die wichtigsten Elemente dieser Konzepte. Für die Theoretiker der Wahrnehmungs- und Kognitionstheorien waren die Erwartungen der Zielerreichung das Wichtigste. Das gegenwärtig so populäre Weg-Ziel-Modell der wirksamen Führung erklärt zum Beispiel, daß die Effektivität der Führung eine Erweiterung der Erwartungstheorie der Motivation und der Kosten-Nutzen-Rechnung sei. Die Zufriedenheit der Untergebenen und ihre Leistungsmotivation werden als abhängig von der Erwartung, daß Anstrengung bessere Leistung hervorbringt, die ihrerseits wieder die gewünschten Ergebnisfolgen bewirkt, angesehen. Wenn der Vorgesetzte die Struktur vorgibt, überhöht und verstärkt dies die Erwartungen der Untergebenen, daß ihre Anstrengungen zum Erfolg führen werden. Rücksichtnahme des Vorgesetzten auf die Untergebenen ist ein erwünschter Vorteil, der die Leistung erhöht. Unglücklicherweise wurde in empirischen Untersuchungen bei verschiedenen Arbeitsgebieten nur ein bedingte Bestätigung des Weg-Ziel-Modells gefunden (*Schriesheim & Von Glinow*, 1977).

*Was unter anderem fehlt*

Durch die Beschränkung der Untersuchungen und der experimentellen Führungsverhaltensforschung auf die erstrangigen Veränderungen mag das, was von der experimentellen Sozialwissenschaft, teils aus Gründen des wissenschaftlichen Fortschritts und teils, weil die Resultate durch einfache Kosten-Nutzen-Rechnungen erklärt werden konnten, ausgegliedert wurde, möglicherweise wichtigere Phänomene des Führungsverhaltens vernachlässigt haben. Nämlich Führungsverhalten, das zweitrangige Veränderungen hervorbringt. Gegenwärtig befinden sich diese Phänomene außerhalb dessen, was gewöhnlich als wünschenswertes Führungsmodell angesehen wird. Dennoch hat die experimentelle Psychologie selbst die reinen Kosten-Nutzen-Konzepte der Motivation längst über Bord geworfen. Der Weg des geringsten Widerstandes hatte sich nicht als jener Weg erwiesen, den eine Ratte einschlägt, um zum Ziel zu gelangen. Schon im Jahr 1918 hat *R. S. Woodworth* erklärt, daß »Kapazität Motivation in sich selbst« ist. Nichtsdestoweniger waren die Untersuchungen über Führungsverhalten von logischem Positivismus und Operationalismus geprägt und es sind die Kosten-Nutzen-Modelle des Führungsverhaltens, die sowohl im Labor als auch im Feld am häufigsten untersucht wurden. Natürlich sind diese Modelle leichter zu erfassen, leichter zu beobachten, aufzuzeichnen und zu messen. Sie sind logisch zwingend, solange man sich auf den Standpunkt stellt, daß der Mensch ein rational und ökonomisch denkendes Wesen ist. Aber diese Experimente und Modelle vernachlässigen etwas, das möglicherweise ein sehr wesentliches Phänomen der Führungsqualität ist, nämlich den Effekt in der Führer-Geführten-Beziehung, der von Symbolismus, Mystizismus, von der Vorstellungskraft und der Phantasie geprägt ist.

Betrachten wir einmal die Jim-Jones-Tragödie in Guayana, bei der eine Kombination von Nötigung und irregeleiteten Idealen zu einem Massenselbstmord führte. Oder betrachten wir jene Millionen von Gläubigen, die den Dogmen von *Papst Johannes Paul* Glauben schenken, obwohl diese ihren ureigensten Interessen diametral entgegengesetzt sind. Oder sehen wir uns den Erfolg von *Lee Iacocca* an, der die am Rande des Bankrotts stehende Chrysler Corporation vor dem Ruin gerettet hat, indem er alle Beteiligten – die Lieferanten, die Arbeitnehmer, die Regierung, die Aktionäre und die Manager – von der Notwendigkeit überzeugte, die unmittelbaren eigenen Interessen zugunsten des gar nicht so sicheren Überlebens der Firma zurückzustellen. Oder betrachten wir die Beförderung von *Walter Wriston* zum Generaldirektor von Citicorp, die zu einem so bemerkenswerten Wachstum dieses Unternehmens führte. Oder sehen wir uns jene Menschen an, die als Erwachsene ihre Jugendträume verwirklicht haben, wie beispielsweise *Charles de Gaulle*, der die Glorie Frankreichs wiederherstellte, *Lyndon Johnson*, der immer Präsident der Vereinigten Staaten werden wollte, und es schließlich auch wurde, oder *Alexander den Großen*, der die (damals bekannte) Welt eroberte.

Exchange-Theorien bedeuten eine Betonung des Situativen. Sie erklären aber nicht die *de Gaulles*, die *Johnsons* und die *Alexanders* unserer Welt, auch nicht die vielen anderen, die mit einem bestimmten Führungsverhalten hervortraten, ganz gleich in welcher Situation sie sich befanden.

Von der Zeit als er 6 bis zu der Zeit als er 60 Jahre alt war, wollte *Lyndon Johnson* eine dominierende Rolle spielen, und als Anführer anerkannt werden. Er strebte nach Macht, in welcher Situation auch immer er sich befand (*Caro*, 1982).

Natürlich gibt es auch Alternativen zu den Exchange-Modellen. Nach der Theorie der Psychoanalyse zum Beispiel zieht die unmittelbare Situation, mit der sich eine Führungsperson konfrontiert sieht, weit weniger Konsequenzen nach sich, als ein ausgewogenes Ich und ein Über-Ich, die dem Ich die Möglichkeit geben, seine Ideale zu verwirklichen.

Am wichtigsten aber ist es, die relativ bescheidenen statistischen Assoziationen zu betrachten, die wir in den wiederholten Untersuchungen von vorangegangenen Konditionen finden: externe Umgebung, Organisation, Teams, die persönlichen Strukturen der Führungsperson und der Geführten, die Unterschiede im Informationszugang und so weiter; und die zwei abhängigen Variablen des Führungsverhaltens, die gewöhnlich untersucht wurden: Entscheidungsstile oder Aufgaben-versus-Beziehungsorientierung mit all ihren Konsequenzen in bezug auf die Zufriedenheit der Geführten und die Effektivität des Führers. Die Wirkung kann sichtbar werden, aber allzuoft ist es der Fall, daß man nach umfassender Untersuchung mehr Fehler findet als erwiesene Varianz.

Eine Korrelation von .40 bedeutet, daß man nur 16 % der Varianz kennt, während 84 % ungeklärt bleiben. Man kann sich nun über die geklärten 16 % freuen oder die 84 ungeklärten Prozent bedauern. In diesem Buch beginnen wir mit einem unzufriedenen Stadium, weil wir glauben, daß in dem ungeklärten Teil der Varianz des Führungsverhaltens sehr vieles ist, was geklärt werden kann, wenn man willens ist, sich tiefer und intensiver mit den gegebenen Bedingungen zu beschäftigen. In der Physik spricht man von starken und von schwachen Kräften. In der Sozial- und Organisationspsychologie wurden bisher nur über schwache Kräfte Führungstheorien und Forschungsergebnisse angeboten. Wenn man in die Organisationspsychologie mehr von dem einschließt, was bislang die alleinige Domäne der Soziologie, der Politikwissenschaft und der Psychogeschichte war, kann man hoffen, die Aufmerksamkeit der experimentellen Sozialwissenschaften und der Organisationspsychologie auf die starken Kräfte zu lenken.

*Alternative Konzepte der Motivation*

Es gibt alternative Motivationsmodelle, die besser geeignet sind, die scharfe Trendwende und die Richtungsänderung in bezug auf die zweitrangigen Veränderungen zu verdeutlichen. Da ist zum Beispiel die Homäostasie einerseits und die Opponent-Process-Theorie andererseits. Anstatt Motivation als belohnungssuchenden und strafvermeidenden Prozeß anzusehen, sieht das homäostatische Modell die Untergebenen als sich in einem Equilibrium befindliche Personen an, die bemüht sind, zu diesem Equilibrium zurückzukehren, wenn sie sich gezwungen sehen, von diesem abzuweichen. Von dieser Annahme ausgehend sieht man

Führungsverhalten eher im Zusammenhang mit den Reaktionen der geführten Gruppe auf die Abweichungen von diesem Equilibrium und beurteilt die Führungsqualität einer Person danach, wie sie unter solchen Umständen ein neues, höheres (oder niedrigeres) Equilibrium herzustellen vermag.

Nach *Berlyne* (1967) ist das Niveau der Motivationsakzeptanz abhängig vom jeweiligen Stimulus. Eine sichtbare Reaktion kann dann hervorgerufen werden, wenn der Stimulus so intensiviert wird, daß eine bestimmte Reizschwelle überschritten wird. Reaktion kann demnach nur dann hervorgerufen werden, wenn der Stimulus eine starke Störung des hedonistischen Systems bewirkt. Wenn der Stimulus stark genug ist, löst die Störung des Systems Streß aus und das Individuum wird versuchen, sich aus der so geschaffenen psychologischen Situation zu befreien. Aber die Störung kann das eigentliche Ereignis lange überdauern, beispielsweise wenn ein verzögerter Oppositionsprozeß gegen die ursprüngliche Stimulus-Erregung vorliegt (*Landy*, 1978). *Sheridan* et al. (1982) schließen daraus, daß die Intensität von Führungshandlungen wahrscheinlich weit mehr Einfluß hat, als ihre Häufigkeit. Aber dennoch ist es die Häufigkeit von Führungshandlungen, die viel eingehender untersucht wurde, als deren Intensität. Hinzu kommt, daß die Effektivität der Führung um so evidenter wird, je mehr sich Führungspersonen mit der Rücksichtnahme auf die Emotionen ihrer Untergebenen beschäftigen, und man dies nicht so sehr als »Enthinderung« der gegebenen Untergebenen-Verhaltensweisen ansieht, sondern als erweiterte Stimulation solcher Tendenzen betrachtet. Diese Trigger-Mechanismen des Führungsverhaltens befreien somit die Geführten von den Zwängen, die sie möglicherweise bisher daran gehindert haben, kreativ und risikobereit zu sein und ihren Horizont zu erweitern.

*Die Motivationstheorien müssen modifiziert werden*

Das minimalste Anliegen erscheint uns in diesem Zusammenhang eine beträchtliche Modifikation des einfachen Zuckerbrot-und-Peitsche-Modells zu sein. Erwartungs-mal-Wert-Theorien, wie die von *Vroom* (1964), postulieren, daß Anstrengung eine Funktion der Zielsetzung ist, i. e. die Erwartung, das gewünschte Ziel durch Anstrengung zu erreichen. Daraus würde folgen, daß die Erfolgserwartung um so höher ist, je leichter das Ziel zu erreichen ist. Somit würden leichtere Ziele größere Anstrengung hervorrufen. Dagegen behauptet *Locke* (1968) gerade das Gegenteil, und er verfügt über empirische Befunde, die diese seine Behauptung unterstützen – nämlich daß schwierigere Aufgaben zu vermehrter Anstrengung führen. Die Theoretiker der Bedürfnisbefriedigung, wie z. B. *Atkinson* (1964), nehmen eine dritte Position ein. Sie erklären, daß Ziele, die eine Herausforderung darstellen, aber von mittlerer Schwierigkeit sind, am meisten stimulieren, besonders bei hoch leistungsmotivierten Personen.

*Shapira* (1975) scheint die Frage insofern gelöst zu haben, als er zeigt, daß alles davon abhängt, ob die Zielerreichung für die Person einen intrinsischen oder einen extrinsischen Wert hat.

Je höher und je häufiger die Erfolgsquote bei einem Spielautomaten ist, desto mehr wird die Person den Wunsch haben, weiterzuspielen, auch wenn die Tätigkeit an sich weder einen intrinsischen Wert hat, noch eine intellektuelle Herausforderung darstellt. Die Person hört dann zu spielen auf, wenn sie davon überzeugt ist, daß es sich kaum oder überhaupt nicht mehr lohnt.

Andererseits aber wenden wir ungeheure Mengen von Energie dafür auf, schwierige und herausfordernde Aufgaben zu erledigen, wie zum Beispiel das Lösen eines faszinierenden intrinsisch interessanten Rätsels – und dies trotz des Fehlens jeglichen extrinsischen Gewinns. *Deci* (1975) behauptet ferner, daß das Hinzufügen extrinsischer Belohnungen zu intrinsisch wertvollen Aufgaben den intrinsischen Wert derselben vermindern kann. So können beispielsweise Amateure, die zu Profis werden, ihr intrinsischens Interesse an ihren Leistungshandlungen verlieren, weil diese jetzt mehr zu extrinsischen Verstärkermechanismen werden.

Nach *Maslows* (1964) Theorie der Leistungsmotivation haben Personen eine Bedürfnishierarchie. Nur wenn die Bedürfnisse der niedrigeren Ebenen, wie z. B. das Bedürfnis nach Sicherheit, erfüllt sind, können sie zugunsten höherer sozialer und persönlicher Bedürfnisse, wie z. B. das Bedürfnis nach Anschluß und Anerkennung, vernachlässigt werden. Selbstverwirklichung, das Bedürfnis, das zu erreichen, wozu man fähig ist, steht am obersten Ende der Bedürfnis-Pyramide.

Zusätzlich dazu gibt es natürlich die vielen anerkannten Freud'schen Phänomene, die die einfachen Exchange-Möglichkeiten weiter verzerren. Anstelle der Anstrengung, die vom Führer vorgegebenen Ziele zu erreichen, findet man je nach dem Reifegrad und dem Niveau des Untergebenen unabhängige und gegenabhängige Handlungen, Projektionen, Abstreitungen, phantasievolle Ersatzhandlungen, Verdrängungen und Reaktionen.

Wir behaupten daher, daß die Leistungsmotivation von Untergebenen durch das einfache »Tauschgeschäft« von erwünschten materiellen und ideellen Werten gegen zufriedenstellende Arbeitsleistung nicht erklärt werden kann.

Diese »Tauschgeschäfte« zwischen Vorgesetzten und Untergebenen werden zwar allgemein anerkannt, aber sie vernachlässigen einen ganz wichtigen Aspekt. Die Voraussetzung für Mitarbeitermotivation ist das grundlegende Postulat, daß Anstrengung eine Funktion der eigenen Bewertung der Ergebnisse und der eigenen Zuversicht (der subjektiven Wahrscheinlichkeit) ist, das Ziel zu erreichen.

*Führungsverhalten von einer höheren Warte aus gesehen*

Schon oft wurde die Notwendigkeit betont, Führungsverhalten von einer höheren Warte aus zu betrachten. *Hambrick* und *Mason* (1983) bemerkten, daß, wenn es um die Frage geht, warum Organisationen so handeln wie sie es tun, sich die Analytiker meist auf Erklärungen beschränken, die mit Marktanteilen, der Langlebigkeit von Produkten, dem wirtschaftlichen Wettbewerb und der finanziellen Situation zu tun haben. Die strategischen Handlungsprozesse werden nur im Hinblick auf Informationsfluß und organisatorische Entscheidungen gesehen. *Hambrick* und *Mason* schlugen vor, daß sowohl die Strategien als auch die Effektivität von Organisationen besser verständlich werden, wenn man die »Wertvorstellungen und Wahrnehmungen der wahren Actors innerhalb der jeweiligen Organisation mit in Betracht zieht«. Sie bieten Beweise dafür an, daß Firmen, die von jüngeren Topmanagern geführt werden, eher zu höherem Wachstum, höheren Verkaufszahlen und besseren Erträgen kommen, als solche, die von älteren Managern geführt werden. Außerdem stellen sie fest, daß, wenn Außenseiter oder »Neulinge« mit der Leitung von Unternehmen betraut werden, es mehr strukturelle und verfahrenstechnische Veränderungen gibt, als in Fällen, in denen leitende Mitarbeiter innerhalb der Organisation zu Spitzenpositionen aufsteigen.

Wahrscheinlich wird auch die Art und Weise, wie eine Organisation geführt wird, von der Erziehung, dem Bildungsgrad und der finanziellen Lage ihres Generaldirektors beeinflußt. Trotzdem hat sich in der Sozial- und der Organisationspsychologie die Forschung eher auf die leicht zu beobachtenden, gewöhnlich auch kurzlebigen Vorgesetzten-Untergebenen-Beziehungen konzentriert und dabei sehr viel wesentlichere Führungseigenschaften außer acht gelassen – Führungseigenschaften, mittels derer die charismatischen Führer unserer Zeit die Welt bewegen und verändern. (*McCall*, 1977)

Gleichermaßen unbefriedigend findet offenbar das Militär die in seinem Bereich herrschenden Führungsmodelle.

»Wir waren großzügig in unserer Anerkennung jener, die fortschrittliche Geschäfts- und Managementmethoden bei uns eingeführt haben. Diese Methoden aber machen sich vielleicht für die Führungsperson bezahlt, sie sind aber an sich noch kein Führungsverhalten.« (*Meyer*, 1980, S. 4)

Gutes Management kann, wie General *Eugene Meyer*, der ehemalige Stabschef der US-Armee, bemerkte, sogar das Gegenteil guten Führungsverhaltens sein.

»Starke Führungspersonen sind auch heute noch genau so notwendig, wie sie es zu allen Zeiten in unserer Geschichte waren – Führer, die Loyalität, Teamgeist, Moral, Vertrauen und Zuversicht vermitteln, und für die die Soldaten bereit sind, ihre Leben hinzugeben. All das kann durch Management-Methoden nicht ersetzt werden. Die menschliche Anteilnahme, die unsere Soldaten brauchen, kann kein zentralistisches Management ihnen bieten. In dem Ausmaß, in dem solche Systeme effiziente Operationen unterstützen, sind sie nützlich. Aber wenn sie die menschlichen Verbindungen zwischen Truppe und Vorgesetztem nicht mehr gewährleisten, sind sie nur mehr störend. Management-Methoden haben ihre Grenzen – Grenzen, die von militärischen Führern erkannt und nicht überschritten werden dürfen, damit sie nicht zerstörerische Wirkungen haben.« (S. 6)

Nach Ansicht *Meyers* kann »zuviel Management der Tod der Armee sein«, aber zuwenig Management kann »unsere Einheiten von essentiellen Ressourcen abschneiden. Daher müssen unsere Führungskräfte imstande sein, jedes der beiden Extreme zu erkennen und zu vermeiden.«

*Robert K. Mueller* (1980), Vorsitzender der *Arthur D. Little* Inc., meint, daß die Industrie Führungskräfte braucht, die
»Gruppenerwartungen strukturieren und uns zeigen, wie man Institutionen und Individuen führen und motivieren kann, die innerhalb eines komplexen Umfeldes exzessiven internalen und externalen Streß-Situation und Veränderungen ausgesetzt sind.« (S. 19)

*Mueller* glaubt, daß (1980) solches Führungsverhalten etwas mit einer »verschwommenen Zukunft« zu tun hat. Es kann Probleme simplifizieren und sofort zum (richtigen) Kernpunkt komplexer Situationen kommen, während alle anderen noch versuchen, das Problem überhaupt erst zu erkennen. Er befürwortet die Erforschung des Phänomens der »raschen Reifikation«. Außerdem erachtet er es für notwendig, daß untersucht wird, »wie man die charismatische Komponente mit den logischen und intuitiven Attributen in Einklang bringen kann«, was ihm für den von ihm befürworteten Führungsstil von Wichtigkeit erscheint (S. 21).

Nach *Zaleznik* (1977) erregen jene Führungskräfte, die *Mueller* für erforderlich hält, bei ihren Untergebenen intensive Emotionen und führen zu gefühlsbetonten Zweierbeziehungen.

Sie basieren auf Inspiration und befassen sich mehr mit Ideen als mit Prozessen. Sie erhöhen die Erwartungen der Untergebenen und entzünden Arbeitsbegeisterung. Sie reagieren auf Alltägliches wie auf ein Gebrechen. Sie handeln ihrer eigenen Bestimmung nach und sind höchstwahrscheinlich theatralisch und unberechenbar.

Wenn Stellenvermittler für Führungskräfte ihre Auftraggeber fragen, welche Qualitäten sie von einem Kandidaten für eine Spitzenposition verlangen, »hören sie jetzt sehr viel häufiger als früher das Zauberwort ›Charisma‹. Auch ›Weitblick‹

und ›Vision‹ scheinen immer mehr gefragt zu sein, (zusammen mit) der neuen und vielgesuchten Fähigkeit, Menschen zu motivieren« (*Kiechel*, 1983, S. 135).

Laut *Bennis* (1982) stehen Weitblick und die Fähigkeit, die eigenen Vorstellungen in die Realität umzusetzen, an oberster Stelle der Wunschliste für Eigenschaften, die ein Topmanager besitzen soll. Führungskräfte, die an der Spitze eines Unternehmens stehen, müssen laut *Bennis* die Fähigkeit haben, den Untergebenen die angestrebten Ziele mit zwingender Notwendigkeit und Vorstellungskraft zu vermitteln, sowie Verständnis und Engagement für ihre weitreichenden Ziele und Visionen zu erwecken, damit »die Energien und Fähigkeiten der Untergebenen zur Erreichung ihrer Traumziele voll und ganz eingesetzt und genützt werden können«.

*Begriffsbestimmung des »transaktionalen« und des »transformationalen« Führungsstils*

Nach *Burns* (1978) motiviert der transaktionale politische Führer die Geführten dadurch, daß er für geleistete Dienste Belohnungen anbietet. Dadurch unterscheidet sich dieser Führungsstil vom transformationalen, bei dem die Geführten dazu motiviert werden, für transzendentale Ziele zu arbeiten, und regt sie zu höherrangiger Bedürfnisbefriedigung, wie beispielsweise Selbstverwirklichung an, anstatt dem unmittelbaren Selbstinteresse nachzustreben.

Laut *Burns* gehen Führungspersonen mit transaktionalem Führungsstil auf die Geführten mit dem Vorschlag eines Tauschgeschäftes zu: einen Job für ein Parteibuch, eine Subvention für eine Wahlkampfunterstützung, etc. Solche Transaktionen stellen laut *Burns* das wesentliche Element der Beziehungen zwischen Führern und Geführten dar, besonders bei politischen und legislativen Gruppierungen und Parteien (S. 3).

Wir beabsichtigen, diese Definition hier generell auf das Verhältnis zwischen Vorgesetzten und Untergebenen auszudehnen. In diesem Sinne würden wir die Beziehungen zwischen dem transaktionalen Führer und seinen Untergebenen wie folgt beschreiben:
1) Er weiß, was wir für unsere Arbeit verlangen können, und er gibt es uns, wenn unsere Leistung entsprechend ist.
2) Er gibt uns Belohnungen oder Belohnungsversprechen für unsere Anstrengungen.
3) Er versteht unsere unmittelbaren Eigeninteressen und erfüllt sie, wenn wir gute Arbeit leisten.

*Der transaktionale Führungsstil*

Abb. 1 zeigt die Beziehung zwischen dem transaktionalen Führungsstil und dem, was *Vroom* »jene Kraft« nannte, »die auf eine Person einwirkt und sie veranlaßt, eine bestimmte Anstrengung zu unternehmen, um eine bestimmte Aufgabe zu erledigen«. (*Vroom*, 1964, S. 284)

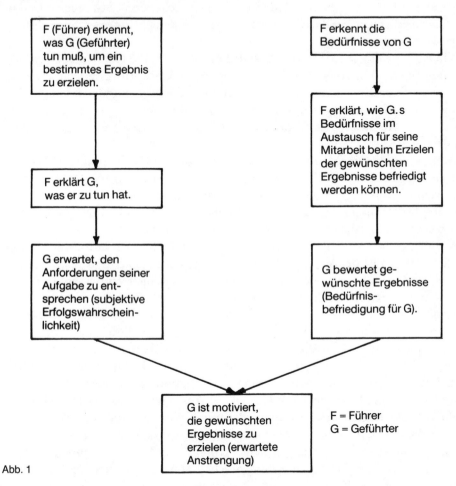

Abb. 1

Diese Kraft entspricht der Erwartung, daß die eigene Anstrengung die Erreichung des gewünschten Ergebnisses zur Folge haben wird. Die Anstrengung einer Person hängt demnach von zwei Faktoren ab:
1) Die Erwartung bzw. die subjektive Wahrscheinlichkeit, daß durch die eigene Leistung ein Ergebnis erzielt werden kann und erzielt wird.

2) Die Wahrnehmung des Wertes eines Ergebnisses an sich – unabhängig davon, wie erwünscht es ist oder inwieweit es für die Erreichung anderer erwünschter Ergebnisse instrumentell (d. h. förderlich) ist.

Für unsere Zwecke nehmen wir an, daß das Anstrengungsniveau der Untergebenen bzw. Geführten von ihrer Erwartung abhängt, daß diese Anstrengung das gewünschte Ergebnis zur Folge haben wird. Außerdem wollen wir davon ausgehen, daß der Untergebene imstande ist, die entsprechenden Leistungen auch tatsächlich zu erbringen, so daß die erwartete Anstrengung in die erwartete Leistung umgesetzt werden kann.

Wie Abb. 1 zeigt, setzen transaktionale Führer hierzu die Rolle (die Aufgabenstellung) für den Untergebenen fest und geben ihm klare Anweisungen, damit er die gewünschten Ergebnisse auch erreichen kann. Dies erzeugt beim Untergebenen genügend Erwartung, die gewünschten Resultate erbringen zu können, um ihn dazu zu veranlassen, die zu diesem Zwecke erforderliche Anstrengung aufzuwenden.

Transaktionale Führer erkennen, was die Geführten brauchen und wünschen, und sie zeigen ihnen, wie diese Wünsche und Bedürfnisse befriedigt werden können, wenn die Untergebenen die erforderliche Anstrengung aufwenden. Solche Leistungsmotivationen erzeugen bei den Untergebenen ein Gefühl des Geführtwerdens und mobilisieren ihre Kräfte.

Wie alle solchen Modelle stellt auch Abb. 1 nur ein sehr schematisiertes Bild der Realität dar. Es ist der Versuch, die wichtigsten Variablen darzustellen, die das abhängige Resultat erwarteter Anstrengung und Leistung beeinflussen. Der Führer erkennt die Rolle, die der Geführte spielen muß, um die gewünschten Ziele zu erreichen. Der Führer weist ihm diese Rolle zu. Dies gibt dem Geführten die Zuversicht, die erforderlich ist, um die Zielerreichung zu gewährleisten. Parallel dazu erkennt der Vorgesetzte die Bedürfnisse des Untergebenen und erklärt diesem, wie diese Bedürfnisse im Austausch für zufriedenstellende Anstrengung und Leistung befriedigt werden können. Dies macht das betreffende Ergebnis für den Geführten hinreichend wünschenswert, um dafür Anstrengung aufzuwenden. Das ist – sehr vereinfacht – eine Beschreibung des transaktionalen Führungsprozesses.

Die »Manager«, die *Zaleznik* (1983) meint, sind transaktionale Führer: Sie wollen die Bedürfnisse ihre Untergebenen ergründen, und sie geben ihnen, je nach Erwartungswert, bestimmte Ziele vor. Solche »Manager« stellen die Unternehmensziele niemals in Frage. Sie nehmen auch als gegeben an, daß die Untergebenen konstant motiviert sind, die Pläne ihrer Vorgesetzten zu erfüllen. Transaktionale Führer unter den Managern arbeiten mit Kompromissen, Intrigen und Kontrollen. Da sie eher prozeß- als substanzorientiert sind, werden solche Manager, besonders wenn sie Neulinge im Unternehmen sind, als undurchschaubar, distanziert und manipulativ angesehen.

Diese Einstellung des transaktionalen Führers oder des *Zaleznik*-Modells eines Managers kann allerdings auch zu unbeabsichtigten Nebeneffekten führen. Ich erinnere mich noch lebhaft daran, wie ich vor fünfundzwanzig Jahren einmal eine kleine Gruppe junger Manager, die einem großen multinationalen Unternehmen angehörten, aus einem Seminar über Sensitivitätstraining, das Gruppenprozesse und gemeinsames Führungsverhalten zum Thema hatte, herauskommen sah.

Halb im Ernst und halb im Spaß murmelten sie vor sich hin: »Ich darf kein Vorgesetzter sein, ich darf kein Vorgesetzter sein, ich darf kein Vorgesetzter sein ...« Zwanzig Jahre danach wurde einer von ihnen Vorstandsvorsitzender dieses Unternehmens. Zum Glück – sowohl für ihn, als auch für die Firma – hatte er diese Lektion wohl doch nicht so ganz ernstgenommen.

# Kapitel 2: Der transformationale Führungsstil

Der transaktionale Führer stellt eine wirtschaftliche Kosten-Nutzen-Rechnung auf: er befriedigt die materiellen und ideellen Bedürfnisse seiner Untergebenen im Austausch gegen die von ihnen zu leistenden, vertragsmäßig festgelegten Dienste. Laut *Burns* erkennt auch der transformationale Führer diese Grundbedürfnisse potentieller Untergebener, er versucht aber darüber hinaus, höhere Bedürfnisse hervorzurufen und zu befriedigen. Er versucht, die Gesamtpersönlichkeit der Geführten anzusprechen. Transformationale Führungspersonen sind bestrebt (und imstande), ihre Untergebenen von den niedrigeren Bedürfnissen in *Maslows* (1954) Bedürfnispyramide zu den höheren zu führen.

*Die Maslow'sche Bedürfnispyramide*

Ein Individuum muß zuerst die Bedürfnisse, die sein unmittelbares physisches Überleben gewährleisten, zu einem bestimmten Grad befriedigen, ehe es sich um seine Sicherheit sorgen kann. Und nur wenn ein Minimum seines Sicherheitsbedürfnisses befriedigt ist, kann es sich seinen Bedürfnissen nach Liebe und Zuneigung, nach Bindung an Familie und Freunde zuwenden. Erst wenn all diese vorangegangenen Bedürfnisse halbwegs befriedigt sind, wird das Individuum Anerkennung und Wertschätzung durch seine Umgebung anstreben. An der Spitze der Maslow'schen Pyramide steht das Bedürfnis nach Selbstverwirklichung (das Ausloten der eigenen Fähigkeiten, der Wunsch, das zu tun, wozu man fähig ist). Wenn der höchste Punkt der Pyramide, nämlich die Selbstverwirklichung, erreicht ist, ist anzunehmen, daß die niedrigeren Bedürfnisse bereits zufriedengestellt sind. Im Rahmen einer Organisation ist Kreativität dann am ehesten vorhanden, wenn die Mitglieder das Gefühl der Selbstverwirklichung haben.

*Maslow* betrachtet seine Bedürfnispyramide nicht als starren Schritt-für-Schritt-Prozeß, bei dem immer erst jede vorangegangene Stufe erreicht sein muß, bevor das Individuum zur nächsthöheren Stufe der Bedürfnisbefriedigung schreitet. Die Bedürfnis-Ebenen überlappen sich und sind interdependent. Die höheren Bedürfnisse treten oft schon hervor, bevor noch alle niedrigeren Bedürfnisse voll und ganz befriedigt sind. *Maslow* schätzt (1943), daß der Durchschnittsmensch (im Amerika des Jahres 1943) mit 85 %iger Befriedigung seiner physischen Bedürfnisse, mit 70 % seiner Sicherheitsbedürfnisse, mit 50 % seiner Kontaktbedürfnisse, mit 40 % seiner Wertschätzungsbedürfnisse und mit 10 % seiner Selbstverwirklichungsbedürfnisse auskommt.

In einer (1969) durchgeführten Untersuchung über die Bedürfnisse von Arbeitern kam *Aldefer* zu dem Befund, daß die Maslow'sche Pyramide zwar ihre Berechtigung hat, daß sie aber eigentlich noch vereinfacht werden könnte. Statt der fünfstufigen Pyramide von *Maslow* schlägt *Aldefer* eine dreistufige vor:
1) Existentielle Bedürfnisse (Sicherheit im weitesten Sinn)
2) Anschlußbedürfnisse (Liebe, Zuneigung etc.), und
3) Entfaltungsbedürfnisse (Anerkennung und Selbstverwirklichung).

Falls die Maslow'schen Prozentsätze stimmen, würde es scheinen, daß die Möglichkeiten eines transformationalen Führers hauptsächlich auf den höheren Ebenen liegen, indem nämlich ein solcher Vorgesetzter seine Untergebenen dazu motiviert, ihren Wachstums- und Entfaltungsmöglichkeiten mehr Aufmerksamkeit zu schenken. Aber sogar wenn die grundlegenden Existenzbedürfnisse noch bei weitem nicht erfüllt sind, wie es z. B. in Indien der Fall war, kann ein Führer wie *Mahatma Gandhi* immer wieder imstande sein, die Geführten davon zu überzeugen, daß sie ihre eigenen Sicherheitsbedürfnisse zugunsten höherer Ideale – in diesem Fall die Befreiung Indiens – opfern müssen.

In seiner Inaugurationsansprache sagte Präsident *Kennedy*: »Fragt nicht, was euer Land für euch tun kann. Fragt lieber, was ihr für euer Land tun könnt.« Dieser Satz hatte (vor Vietnam, wohlgemerkt) auf die amerikanische Gesellschaft eine ganz enorme Wirkung.

Der transformationale Führer kann die Geführten dazu bewegen, ihre eigenen Interessen zugunsten der Gruppe, der Organisation oder des Vaterlandes zurückzustellen.

Das verstärkte Bewußtsein und die Erregung von Bedürfnissen, die über die eigenen Interessen hinausgehen, können zu außerordentlichen Anstrengungen führen, Anstrengungen, die alle Erwartungen, die bisher durch Bewußtseinsmangel oder niedrigere Bedürfnisse, oder durch eigene Interessen bestimmt waren, bei weitem übertreffen. In Finanzkreisen hatte man die nahezu bankrotte Chrysler Corporation längst als hoffnungslosen Fall abgeschrieben, als es *Lee Iacocca* gelang, das Steuer herumzureißen – und dies zumindest teilweise dadurch, daß er den Gläubigern Vertrauen und den Mitarbeitern die Überzeugung einflößte, daß besondere Opfer und besondere Anstrengungen notwendig seien.

Obwohl beide Führungsmodelle, sowohl das transaktionale als auch das transformationale, die erlebten Bedürfnisse der Geführten in Betracht ziehen, ist es doch der transformationale Führer, der den Geführten durch sein Vorbild die Existenz höherer Bedürfnisebenen bewußt macht und verdeutlicht.

*Burns*, der Politwissenschaftler, sieht die Situation so: der transformationale Führer erhöht die Bedürfnisebene, legitimiert sie und verwandelt sie in politische Überzeugungen. Dieser Führungsstil kann aber auch in den hochstrukturierten Organisationen der Industrie, der Regierung und des Militärs zur Anwendung kommen.

*Die Bedürfnispyramide ist hinreichend, aber nicht notwendig*

*Burns* (1978) sieht die Maslow'sche Bedürfnispyramide als ein Modell an, das für den transformationalen Prozeß von ungeheurer Bedeutung ist. Wir, unsererseits, würden vorschlagen, daß eine Anhebung des Bedürfnis-Niveaus zwar ein hinreichender Beweis für einen transformationalen Vorgang ist, noch lange aber keine conditio sine qua non. Bedürfnisse können nämlich auch auf ein und derselben Ebene angeregt, erweitert und ausgedehnt werden, ja man kann sie sogar auf eine niedrigere Ebene zurückschrauben.

Ein politischer Führer, beispielsweise, kann die wirtschaftlichen und technologischen Prozesse dadurch transformieren, daß er das Volk von einem traditionsgebundenen »höheren« Sozialverhalten zu einer modernen, von krassem Materialismus geprägten Kultur hinführt.

Und noch ein Beispiel: eine bislang unbescholtene und gesetzestreue Gruppe Jugendlicher kann durch einen starken selbsternannten Anführer, der in ihr die niedrigeren Existenz- und Anschlußbedürfnisse weckt und befriedigt, dazu gebracht werden, von ihren bisherigen moralischen Wertvorstellungen abzugehen und sich an kriminellen Handlungen zu beteiligen. – In der Arbeitswelt jedoch bewirken transformationale Prozesse gewöhnlich eine Anhebung des Bedürfnis-Niveaus. Eine Folge davon ist, daß die Untergebenen zu mehr Selbstbestimmung und mehr Selbstverstärkung neigen. Sie übernehmen mehr Verantwortung und »werden dadurch selbst zu Führern« (*Burns*, 1978, S. 3).

*Badura* hat (1982) Befunde vorgelegt, die die Wichtigkeit der »Selbstregulierung« unterstreichen: Personen können sich für ihre Handlungen eigene Beweggründe schaffen. Sie können ihre eigene kognitive Unterstützung dafür finden, daß sie lieber die eine statt die andere Handlung ausführen.

Sie können sich für beabsichtigte Handlungen ihre eigenen Verstärkermechanismen und Befriedigungen schaffen. Sie können ihr eigenes Verhalten regulieren, indem sie sich selbst für die Erreichung der selbstgesetzten Leistungsziele belohnen. In gewissem Sinne machen sich transformationale Führer in demselben Maße selbst »überflüssig«, in dem sie ihre Untergebenen dazu bringen, Selbstverwirklichung, Selbstregulierung und Selbstkontrolle zu praktizieren. Die transformationalen Führer setzen die hohen Leistungsstandards fest, und inspirieren ihre Untergebenen dazu, diese Standards zu erreichen. Und je mehr ihre Untergebenen zur Selbstverwirklichung finden, desto mehr werden die Erfolge ihres Leistungshandelns zu ihren eigenen Verstärkermechanismen.

*Charakteristische Merkmale transformationaler Prozesse*

Betrachten wir einmal folgende Beispiele transformationalen Führungsstils:
Wie kommen die grundsätzlichen gesellschaftlichen Veränderungen zustande? Aus welchen Quellen schöpfen wir unser Gefühl für Recht und Gerechtigkeit? *Martin Luther King* sagte in seiner berühmten »Ich habe einen Traum«-Rede, wie auch in unzähligen seiner Predigten, daß sich diese Quelle in uns selbst befindet, in unserem Herzen, unserer Seele, oder wie immer wir jenen Ort in unserem Inneren nennen wollen, in dem Habgier und Selbstsucht keinen Platz haben ...
King predigte die Abkehr von der Gewalt und meinte damit nicht nur knüppelschwingende Polizisten, sondern auch Zuschauer vor den Fernsehschirmen. Hinter dieser für die amerikanische Nation ganz neuen These stand der Versuch Kings, die moralischen Wertvorstellungen des amerikanischen Volkes grundlegend zu verändern. Ja, Martin Luther King *wollte* das neue Wahlrechtsgesetz, er wollte für die Schwarzen Zugang zu allen Restaurants, er wollte schwarze Beamte in der Verwaltung, aber viel viel mehr als all das wollte er in jedem einzelnen Amerikaner eine Gesinnungsänderung hervorrufen – eine Gesinnungsänderung, die diese politischen und gesellschaftlichen Veränderungen überhaupt erst möglich machen würde. (*Anonymous*, 1983, S. 37)

Was King bewegte, war mehr als nur der Wunsch nach oberflächlicher Einstellungsänderung, mehr als jene kleinen Veränderungen, die ein transaktionaler Führer hervorrufen kann.

Im Gegensatz zum transaktionalen Führer, der aufzeigt, wie die laufenden Bedürfnisse der Geführten befriedigt werden können, weckt der transformationale Führer jene höheren Bedürfnisse, die in den Menschen schlummern können und nur darauf warten, an die Oberfläche zu kommen.

Dies läßt sich vielleicht am besten anhand der Führungsstile von *Dwight D. Eisenhower* und *Harry S. Truman* illustrieren. Nach *Eisenhowers* Definition ist Führungsqualität »die Fähigkeit zu erkennen, was getan werden muß, und dann andere dazu zu bringen, es zu tun« (*Larson*, 1968, S. 21).

Nach *Truman* (1958, S. 139) ist ein Führer »eine Person, die die Fähigkeit besitzt, andere Menschen dazu zu bringen, etwas gerne zu tun, das sie eigentlich gar nicht tun wollen«.

Für die großen Veränderungen und Umwälzungen in Gruppen, Organisationen und Gesellschaften sind meist die transformationalen Führer verantwortlich. *Franklin Delano Roosevelt* beispielsweise hatte ein besonderes Gespür dafür, was sein Land 1932 brauchte. Er zeigte dem Volk, welche Veränderungsmöglichkeiten es gab und sagte ihm (mit Hilfe von Ghostwritern), was es dazu beitragen könne, diese Veränderungen herbeizuführen. Seit *Roosevelt* war die Rolle der US-

Bundesregierung nie mehr wieder dieselbe. Unter seiner Führung wurde die Regierung transformiert – sie engagierte sich von da an für das soziale und wirtschaftliche Wohl ihrer Bürger. Dieses Engagement ist auch heute – 50 Jahre nach *Roosevelts* damals so inspirierender Inaugurationsrede – noch ein grundlegendes Credo der amerikanischen Innenpolitik. Roosevelt sagte der Nation, daß sie nichts zu fürchten habe, außer der Furcht selbst (damals herrschte eine wirtschaftliche Depression).

In einem späteren Abschnitt werden wir darlegen, wie der transformationale Führer bei den Geführten – seien es nun Mitarbeiter oder Kunden und Klienten – erfolgreich ein erhöhtes Bewußtsein für das Erforderliche hervorrufen kann. Dieses verstärkte Bewußtmachen erfordert natürlich einen Führer, der den Weitblick, das Selbstvertrauen und auch die innere Kraft hat, sich für die Ziele, die er als gut und richtig erkennt, voll und ganz einzusetzen. Er richtet sich dabei nicht danach, was gerade populär oder allgemein üblich ist.

*Henry Ford* besaß dieses Talent, als er ein in Massenproduktion hergestelltes und für jedermann erschwingliches Automobil auf den Markt brachte.

Obwohl er ein glühender Anhänger des wirtschaftlichen Determinismus war (wie es einem guten Kommunisten zusteht), fand *Leo Trotzki* (1963) rückblickend, daß die Oktoberrevolution ohne *Lenins* unglaubliche und unwiderstehliche Überzeugungskraft möglicherweise wohl nie stattgefunden hätte.

Oft äußert sich der Weitblick transformationaler Führer auch in symbolischen Konfliktlösungen – beispielsweise wenn es gilt, die psychologischen Widersprüchlichkeiten in den Wahrnehmungen der Geführten abzubauen. Eine soche allgemein verständliche symbolische Konfliktlösung stellt zum Beispiel das berühmte Lied »We shall overcome« dar. Es zeigt den Widerspruch zwischen dem Amerika des gleichen Rechts für alle und dem Amerika der Rassendiskriminierung auf und es motiviert gleichzeitig zu Handlungen, die diese Widersprüche eliminieren sollen.

Leider sind es meist die nach vereinfachten Problemlösungen suchenden Demagogen, die sich solcher symbolischer Konfliktlösungsmethoden bedienen. Der transformationale Industrieführer *Henry Ford* zum Beispiel war an der Herausgabe der berüchtigten »Protocols of the Elders of Zion« maßgeblich beteiligt, ein Werk, das ein angebliches jüdisches Komplott zur Beherrschung der Welt zum Inhalt hat und das zum Symbol des Antizionismus werden sollte.

Auf diese ganz einfache Weise half Ford, eine Unwahrheit in die Welt zu setzen, was zur Folge hatte, daß viele Menschen den Grund für die politischen und wirtschaftlichen Schwierigkeiten der Zwanzigerjahre in einer jüdischen Verschwörung sahen.

Etwas positiver anzusehen ist das »New Deal«, das 1933 in den Vereinigten Staaten zum Symbol eines völlig neuen Wirtschaftskonzepts wurde: nämlich der staatlichen Einflußnahme auf wirtschaftliche Belange. Viele Aspekte dieses neuen Konzepts waren der damals bereits 50 Jahre alten Populisten-Idee entnommen worden. Die Wirtschaft sollte einerseits angekurbelt und andererseits staatlich kontrolliert werden. Was die Menschen auf diesem Gebiet bisher für gut und richtig hielten, wurde umgekrempelt und zu einem neuen Equilibrium umstrukturiert, das neben neuen auch alte Glaubenssätze enthielt (*Eoyang*, 1983). Zu einer Zeit, als persönliche Initiative und privates Unternehmertum in den Vereinigten Staaten noch in hohem Ansehen standen, brachte das »New Deal« ein völlig neuartiges Konzept wirtschaftlicher Ankurbelung, sozialer Sicherheit und staatlicher Kontrolle (Banken, Börsen, Landwirtschaft) ins Spiel.

*Transformation durch erzwungene Veränderung*

Transformationale Führer können ihre Macht mißbrauchen. Sie können ihre Autorität dazu verwenden, radikale Veränderungen hervorzurufen, alte Strukturen einzureißen, um neuen Platz zu machen. Dabei werden die bestehenden Verhaltensmuster als Symbole des vorangegangenen Regimes verworfen, verboten und durch neue Normen ersetzt.

*Peter der Große* zwang seine adelige Gefolgschaft, ihm eine neue Hauptstadt zu erbauen und zu besiedeln.

*Kemal Atatürk* zwang die Türken, das lateinische Alphabet anzunehmen.

*Sun Yat-sen* schrieb seinen Untertanen vor, einen Zopf zu tragen (das Symbol der Manchu-Herrschaft).

*Habib Bourghiba* machte aus Tunesiens traditionellen Friedhöfen Parkanlagen.

*Alexander der Große* zwang seine griechischen Soldaten, in einer Massenzeremonie persische Frauen zu heiraten, um die beiden Völker miteinander zu verbinden.

Ähnliche Zwangsmaßnahmen wurden auch von Industrieführern wie *Henry Ford* angewendet, um die Arbeitnehmer zu transformieren. Ford zwang seine aus dem Agrarbereich zugewanderten und aus dem Ausland eingewanderten Arbeiter zu einer totalen Akklimatisierung und Amerikanisierung. Er schickte Untersuchungsbeamte der »soziologischen Abteilung« in die Wohnungen der Arbeiter, um deren Nüchternheit und Sauberkeit zu kontrollieren. Hunderte von orthodoxen Christen wurden entlassen, weil sie der Arbeit ferngeblieben waren, um ihr auf einen Tag im Januar fallendes Christfest zu feiern.

Immer wieder in der Menschheitsgeschichte haben Tyrannen – von Iwan dem Schrecklichen bis hin zu Idi Amin – Terror und Gewalt angewendet, um zu Herrschaft und Macht zu gelangen.

Aber anstatt die Geführten zu transformieren, machten sie sie zu Sklaven, deren einziges Interesse das nackte Überleben war. Es gibt einen Punkt im Führungsverhalten – sei es nun transformational oder transaktional –, an dem es überhaupt aufhört, Führung zu sein. Dieser Punkt ist dann erreicht, wenn die Herrschaft nur mehr durch rohe Gewalt, durch Joch und Peitsche aufrechterhalten werden kann.

Gefangene betrachten den Gefängniswärter nicht als Führer, sie unterwerfen sich seinen Machtbefugnissen oder seiner Androhung von Gewalt. Gefängniswärter sind ebensowenig Führungspersonen wie Portiers, die den Besuchern die richtige Tür zeigen.

Es gab eine Zeit, in der die Mitglieder des Politbüros mit Stalin zusammentrafen, ohne zu wissen, ob das, was sie im Verlaufe der Sitzung sagten, oder was über sie gesagt wurde, dazu führen würde, daß man sie an die Wand stellen und erschießen würde. Stalin war kein transformationaler Führer, er war ein übermächtiger, unkontrollierbarer und höchst gefährlicher Irrer.

*Politische Veränderungen*

*Paige* unterschied (1977, S. 103) drei Arten politischen Führungsstils:
1) Den der minimalen Veränderungen (konservativer Führungsstil): die existierenden politischen Institutionen und Strukturen bleiben weitgehend erhalten.
2) Den der maßvollen Veränderungen (reformistischer Führungsstil): die bestehenden Institutionen und Strukturen werden nur in bescheidenem Maß verändert.
3) Den der maximalen Veränderung (revolutionärer Führungsstil): die existierenden Institutionen und Strukturen werden radikal verändert.

Ein konservativer Führer arbeitet gewöhnlich transaktional und bewegt sich innerhalb eines konstitutionellen Rahmens – er wirkt systemerhaltend.

Der Reformer tut das bis zu einem gewissen Grad auch, aber er bewirkt darüber hinaus auch strukturelle Veränderungen, die durchaus transformational sein können.

Der revolutionäre (oder reaktionäre) Führer hingegen ist ganz eindeutig transformational. Er greift zu Beeinflussung und Zwangsmaßnahmen, um neue konstitutionelle Richtlinien (oder auch die Rückkehr zu alten) zu erzwingen.

Auch im industriellen Bereich kann man drei verschiedene Führungsstile feststellen:

*Theodore Vail* verfolgte einen konservativen Stil: sein sicheres, wohlorganisiertes und kundenorientiertes Bell-System überdauerte fast ein dreiviertel Jahrhundert.

*Alfred Sloan* reformierte General Motors, indem er das Unternehmen in einzelne gewinnorientierte Teilbereiche aufteilte.

*Henry Ford* revolutionierte die Industrie, indem er seinen Arbeitern einen Tageslohn von fünf Dollar anbot und die Fließbandproduktion einführte.

*Ein Modell transformationalen Führungsstils*

Zusammenfassend wollen wir also feststellen: ein transformationaler Führer motiviert die Geführten, mehr zu leisten, als sie sich selbst zutrauten. Diese ursprüngliche Leistungserwartung basiert auf der ursprünglichen Zielerreichungserwartung.

Solche Transformationen können auf dreierlei Weise zustandekommen:
1) Durch Anhebung des Bewußtseinsniveaus, des Erkennens der Wichtigkeit und der Bewertung bestimmter Handlungsergebnisse und der Möglichkeiten, sie zu erzielen.
2) Durch die Zurückstellung der Eigeninteressen zugunsten eines Teams, einer Organisation oder eines höheren Zieles.
3) Durch die Änderung des Bedürfnisniveaus (nach *Maslow* oder *Aldefer*) oder einer Erweiterung des Sollbestandes von Wünschen und Bedürfnissen.

Vieles von dem oben Gesagten findet man auch bei *Burns* (1978). In drei Punkten aber stimmen wir mit Burns nicht überein:

Erstens haben wir den Begriff »Erweiterung des Sollbestandes an Wünschen und Bedürfnissen« eingeführt, und zweitens sieht *Burns* die Transformation als ausschließlich positives Phänomen an – als eine in jedem Fall positive Veränderung, die in Mensch und Politik immer nur das Gute und niemals das Böse hervorbringt. Von dieser Warte aus sah *Burns* auch *Hitler* nicht als transformationalen Führer an, obwohl dieser ja Deutschland ganz enorm veränderte: er befahl die Aufrüstung für einen wahnwitzigen totalen Krieg, schränkte die Freiheit seiner Bürger ein und ließ Andersdenkende und Minderheiten gnadenlos verfolgen.

Im Gegensatz zu Burns sind wir der Ansicht, daß Deutschland damals sehr wohl einem transformationalen Führungsprozeß ausgesetzt war – auch wenn dieser höchst unmoralisch, äußerst brutal und letztendlich, was das Leben, die Freiheit und das Glück seiner Opfer betraf, auch höchst kostspielig war – im übrigen auch für die »Herrenrasse« selbst.

Hitlers verheerender Einfluß macht sich auch heute noch – 40 Jahre nach seinem Tod – in Form des zweigeteilten Deutschlands und im Neonazismus bemerkbar. Und indirekt hat Hitler auch das dem Holocaust entronnene europäische Judentum transformiert – von weitverstreuten machtlosen Minderheiten zum mächtigsten Nationalstaat des Nahen und Mittleren Ostens.

Für uns ist das Kriterium transformationaler Führung eine wahrnehmbare Veränderung der Geführten. Wir stehen auf dem Standpunkt, daß die Dynamik solchen Führungsverhaltens kurz- oder langfristige Folgen für die Geführten haben muß und daß diese Folgen sowohl positiv *als auch negativ* sein können. *Barbara Tuchman* zählt in ihrem Werk »March of Folly« (1984) eine lange Liste von historischen Transformationen auf, bei denen die Führer absolut gegen die Interessen der Geführten handelten – angefangen vom Untergang von Troja bis hin zum amerikanischen Debakel in Vietnam. Analytisch gesehen zählt als Kriterium für transformationalen Führungsstil also nur der Grad, in dem der Führer die Einstellungen und Verhaltensweisen der Geführten verändert. Ein dominierender Führer kann aus Mittelschulaussteigern ebensogut eine Bande von Kriminellen wie eine Gruppe von Sozialhelfern machen, je nachdem ob er eine Bewußtseinsänderung, gekoppelt mit einer verstärkten Betonung der Eigeninteressen und somit einen »Abstieg« in der Maslow'schen Bedürfnishierarchie oder einen »Aufstieg« auf ein höheres Niveau hervorruft.

Für Burns ist das Kriterium für transformationales Führungsverhalten die Frage, ob die Gefolgschaft vom Verhalten des Führers profitiert. Für ihn sind Führungshandlungen nur dann transformational zu nennen, wenn sie für die Allgemeinheit von Nutzen sind. Unserer Ansicht nach aber ist transformationaler Führungsstil nicht notwendigerweise positiv ausgerichtet, ganz im Gegenteil, die Handlungen können für alle Beteiligten mitunter eher schädlich als nützlich sein.

In diesem Zusammenhang möchten wir Kitchener erwähnen.

Feldmarschall Herbert Kitchener, Lord von Khartoum, spielte im Ersten Weltkrieg jene charismatische Rolle, die im Zweiten Weltkrieg Churchill spielen sollte. Aufgrund seiner großen Verdienste um das britische Empire genoß Kitchener bei den Briten großes Vertrauen und konnte 1914–15 einen wahren Massen-Enthusiasmus hervorrufen. »Er erhöhte ihren Ruhm in einer Weise, die in den Annalen der britischen Geschichte ohne Beispiel sind. Er war unmittelbar überzeugend.« (*Magnus*, 1968).

Eine ganze Generation erinnert sich noch an jenes legendäre Plakat aus dem Jahr 1914, das Kitchener mit zum Betrachter hin ausgestrecktem Zeigefinger zeigt und die Aufschrift »Your country needs you!« trägt – es sollte zum Sinnbild der britischen Kriegsanstrengung werden.

Kitchener besaß alle Voraussetzungen eines charismatischen Führers. Die Härte und die Rücksichtslosigkeit, mit der er in Ägypten und im Sudan gehandelt hatte, machten ihn bei der Truppe ebenso beliebt wie gefürchtet. Er wurde fast wie ein Gott verehrt. Er besaß sogar ein weithin sichtbares (und auch allgemein hervorgehobenes) Männlichkeitsattribut, das Stärke, Aggressivität und Virilität signalisierte – einen mächtigen Schnurrbart. Er war ungemein ehrgeizig, unerschrocken, impulsiv, mutig und risikofreudig. Er war der unerschütterlichen Überzeugung, daß Großbritannien seine imperialistische Bürde tragen müsse, um die unterentwickelten Völker zu zivilisieren. Zur arabischen Kultur hatte er ein eher ambivalentes Verhältnis.

Im Alter verwandelten sich seine Energie und seine Aggressivität in eine zwanghafte Besessenheit, seine Umgebung bis ins kleinste Detail zu beherrschen. Dabei benahm er sich oft wie ein Elefant im Porzellanladen. Er lehnte jegliches administrative System in der Regierung ab und beanspruchte die gesamte Autorität für sich selbst. Er

»wirkte Wunder an Improvisation und holte aus seinen Untergebenen, denen er vertraute und gelegentlich auch herzliche Zuneigung entgegenbrachte, die unglaublichsten Leistungen heraus, Leistungen, die weder die Untergebenen selbst noch sonst irgend jemand erwartet oder für möglich gehalten hätte.« (*Magnus*, 1968, S. 380).

Kitchener war im wahrsten Sinne des Wortes ein transformationaler Führer – er konnte ganze Organisationen von Grund auf verändern. Er riß eine alte Militärregierung nach der andern nieder – in Afrika, Indien und Großbritannien – und ersetzte sie durch neue, die aber auch nicht immer besser geeignet waren, mit den jeweiligen Problemen fertigzuwerden, besonders wenn es sich um komplexere und schwer in den Griff zu bekommende Situationen handelte, die eine Zusammenarbeit mit den verschiedensten Experten und eine Einbeziehung vieler Informationsquellen erfordert hätten.

Burns und ich differieren aber noch in einem dritten Punkt. Er sieht die transformationale Führung als der transaktionalen diametral entgegengesetzt an. Aus grundsätzlichen wie auch empirischen Gründen finde ich, daß Führungsverhalten eine Reihe von transformationalen und transaktionalen Verhaltensmustern beinhaltet. Die meisten Führungspersonen besitzen beide Merkmale, wenn auch in unterschiedlicher Ausprägung. *Robert Moses* war 50 Jahre *der* Bauexperte des Bundesstaates New York – ein transaktionaler Führer schlechthin. Seine persönlichen Vorstellungen von Parks, Dämmen, Straßen, Tunnels und Brücken aber transformierten die Landschaft, die Wirtschaft und die Lebensbedingungen des gesamten Bundesstaates (*Caro*, 1974).

Abb. 2 zeigt ein Modell transformationaler Führung, bei dem das gegebene Anstrengungsniveau auf den gegebenen Zielerreichungserwartungen der Untergebenen aufgebaut ist. In Abb. 1 haben wir gesehen, daß der transaktionale Führer insofern zur Zielerreichungserwartung beiträgt, als er dem Untergebenen zeigt, welche Leistung erforderlich ist und in welcher Weise seine Bedürfnisse befriedigt werden können. Der transformationale Führer erzielt zusätzliche Leistungsbereitschaft, indem er die Zielerreichungserwartungen der Untergebenen und den Wert des Ergebnisses an sich erhöht. Dies geschieht durch die Anhebung der Bedürfnisse der Untergebenen, durch das Hinführen zu höheren Interessen und/oder durch das Verändern oder die Erweiterung des Bedürfnis-Niveaus nach der Maslow'schen Bedürfnishierarchie.

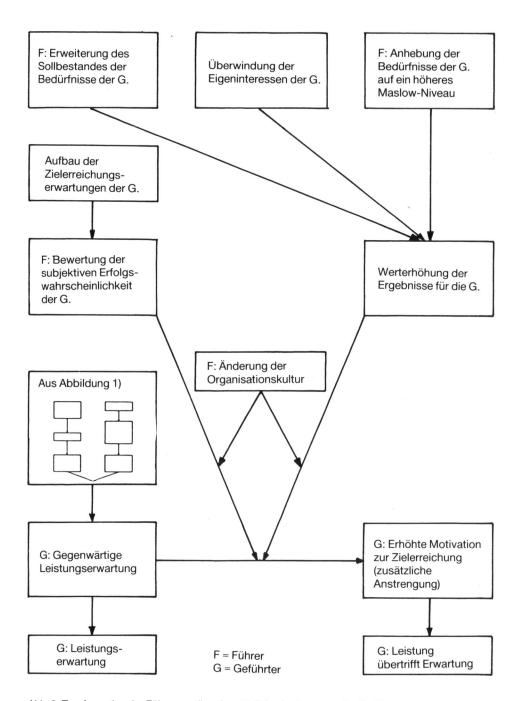

Abb. 2: Tranformationaler Führungsstil und zusätzliche Anstrengung der Geführten

Wenn man die Desinhibition als das Wichtigste erachtet, wäre die Funktion des transformationalen Führers in der amerikanischen Arbeitswelt hauptsächlich die eines Auslösermechanismus für Leistungsmotivation. Nun ist der amerikanische Arbeiter aber, wie *Yankelovich* und *Immerwahr* in einer Untersuchung (1983) feststellten, ohnehin kontinuierlich leistungsmotiviert. Diese Studie ergab, daß immerhin 70 % der amerikanischen Arbeitnehmer das Leistungsprinzip befürworten; noch 52 % gaben an, es sei ihnen ein inneres Bedürfnis, unabhängig von der Entlohnung ihr Bestes zu geben.

Nach dem gegenwärtigen Stand hängt die erwartete Anstrengung der Geführten davon ab, was der transaktionale Führer erreicht (siehe Abb. 1). Durch einen transformationalen Prozeß kann die Anstrengung erhöht werden (siehe Abb. 2), indem einerseits der Wert der Ergebnisse für den Geführten durch die Erweiterung des Sollbestandes an Bedürfnissen erhöht und andererseits die Zurückstellung der Eigeninteressen des Geführten – zugunsten höherer Ziele erreicht wird. Vertrauensbildende Maßnahmen von seiten des Führers erhöhen die subjektive Erfolgswahrscheinlichkeit der Geführten. Die eigene Einschätzung der Erfolgswahrscheinlichkeit und die eigene Ergebnisbewertung der Geführten werden im übrigen auch von der Einstellung des Führers zu den gemeinsamen Werten und Normen, also zur Unternehmenskultur, beeinflußt.


*Führungsverhalten und Unternehmenskultur*

Die jeweilige Unternehmenskultur setzt sich aus den grundlegenden Werten der Firma – aus philosophischen, technischen, finanziellen und humanitären Elementen – zusammen. Man erkennt sie aus den kursierenden Anekdoten, Geschichten, Fachausdrücken, und aus den herrschenden Rollenmodellen und Zeremonien. Die Firmenkultur stärkt das Zusammengehörigkeitsgefühl und bewirkt eine einheitliche Interpretation von Geschehnissen. Sie steckt die Grenzen nach außen hin ab und erweckt in den Mitgliedern einen Sinn der Gemeinsamkeit, der Firmentreue und des Engagements (*Siehl* und *Martin*, 1982).

Der transaktionale Führer macht sich die herrschende Unternehmenskultur zunutze, der transformationale Führer verändert sie. *Mitroff, Kilman* und *Saxton* (unveröffentlicht) vertreten die Auffassung, daß der transaktionale Führer hinsichtlich der Firmenkultur das akzeptiert, worüber man redet, während der transformationale Führer es zu ändern sucht. Der transaktionale Führer nimmt Gruppen- und Einzelidentitäten als gegeben hin; der transformationale Führer ändert sie.

Es gibt auch andere Aspekte der Unternehmenskultur, die der transaktionale Führer akzeptiert und der transformationale verändert: die Befugnisse und die

Mittel, mit welchen sie aufrechterhalten werden, die Arbeitsgruppen und -Normen sowie die moralischen, religiösen, ideologischen, ethischen und humanitären Wertvorstellungen und Glaubenssätze. Der transaktionale Führer akzeptiert die zur Firmenkultur gehörenden Rituale, Anekdoten und Rollenspiele – der transformationale Führer erfindet und fördert neue Ausdrucksformen und Modelle. Der transformationale Führer ändert das innerorganisatorische »Webmuster«.

In ihrer Studie über das Führungsverhalten britischer Gewerkschaftsführer unterstrichen *Nicholson*, *Ursell* und *Blyton* (1981), in welchem Maße deren Erfolg von ihrer Fähigkeit zur Formulierung und Veränderung von Unternehmensideologien abhängt.

Sie fanden, daß die Macht der Gewerkschaftsführer weitgehend mit ihrer Fähigkeit zusammenhängt, ideologische Vorstellungen zu mobilisieren und auszunutzen.

*Hays* und *Thomas* (1967) sahen das Kriterium eines erfolgreichen militärischen Führers in seiner Fähigkeit, den Corps-Geist innerhalb seiner Reihen zu fördern. Dieser Esprit de Corps bedeutet eine starke Identifizierung mit der gesamten Organisation, statt oder zusätzlich zu der Identifizierung mit der jeweiligen eigenen Einheit – sonst könnten sich ja die Interessen der eigenen Einheit konträr zu den Zielen der Gesamtorganisation entwickeln. Das war in Korea der Fall, als die Infantrie-Einheiten an der Front zwar innerhalb ihrer eigenen Reihen ein sehr starkes Zusammengehörigkeitsgefühl, aber innerhalb der Gesamtorganisation nur ein sehr schwaches Identitätsbewußtsein entwickelten. Das normative Verhalten einzelner Gruppen im Verhältnis zu den Zielen der Gesamtorganisation hängt zu einem großen Teil von der Führungsqualität des jeweiligen Vorgesetzten ab (*Zander* und *Curtis*, 1965).

Die Bedeutung der Unternehmenskultur für die Untersuchung des Führungsverhaltens im industriellen Bereich, besonders hinsichtlich der Entwicklung und Veränderung von Ideologien, wird durch die Befunde von *Peters* und *Waterman* (1982) besonders hervorgehoben. Sie beobachteten, daß gut geführte Unternehmen fast immer sehr ausgeprägte Firmenkulturen haben und daß diese starken Firmenkulturen meist dadurch entstanden sind, daß sie den Firmenangehörigen von ihren Vorgesetzten jahre- und jahrzehntelang in Form von ideologischen Botschaften eingehämmert wurden (e. g. Thomas J. Watson von IBM, oder René McPherson von Dana Corporation) (*Kiechel*, 1983). Firmengründer, wie z. B. William Palay von CBS, oder Steve Jobs von Apple Computer, sind oft transformationale Führer, die die Geschäftspolitik, die Normen und die Wertvorstellungen festsetzen – jene Faktoren, aus denen sich letztlich die Firmenkultur zusammensetzt.

Die Entwicklung, die ein Unternehmen nimmt, ist im Grunde genommen ein

Spiegel der Persönlichkeit des Firmengründers – sie reflektiert seine persönlichen Wertvorstellungen und seine Zukunftsvisionen. (*Martin* et al. 1984).

Dennoch kann der transformationale Führer, der die Firmenkultur fest im Unternehmen verankert, zeitlich gesehen sehr weit vom eigentlichen Firmengründer entfernt sein. *Alexander Graham Bell* stellte sein Telefon im Jahre 1876 der Öffentlichkeit vor, und gründete bald darauf die Bell Telephone Company, aber es war *Theodore N. Vail*, der 30 Jahre später dem Bell-System seine Firmenkultur gab, die ein dreiviertel Jahrhundert lang vorherrschen sollte und erst im Jahr 1984 ein Ende fand, als AT & T in sieben voneinander unabhängige Firmen gespalten wurde. Das Herzstück seiner Unternehmenspolitik war der Slogan »eine einheitliche Politik, ein einheitliches System und ein allumfassender Kundendienst«. Vail war auch für staatliche Kontrolle, weil er fand, daß die Monopolstellung seiner Firma einfach nach einem Vorrang des Allgemeinwohls verlangte, hinter dem das Profitstreben zurückstehen müsse. Er war auch der Meinung, daß öffentliche Dienstleistungsunternehmen, die preisgünstigen und guten Service bieten, nicht gezwungen werden sollten, mit unfairen Preisen auf dem Markt zu konkurrieren. Das Konzept von »Ma Bell« enthielt aber auch alles: von Management- und Karriere-Plänen bis hin zu Normal- und Vorzugsaktien für Witwen und Waisen. Das Konzept funktionierte bis in die 60er Jahre, als eine neue Telekommunikationsindustrie auftauchte und die Konkurrenz auf diesem Gebiet durch die Staatliche Kommission für Kommunikation gesetzlich erlaubt wurde (*Von Auw*, 1984).

Alles in allem ist es nicht verwunderlich, daß man Unternehmenskultur sehr oft hauptsächlich auf einen einzigen transformationalen Führer zurückführt – siehe Wriston von Citicorp, Revson von Revlon oder Watson von IBM.

*Große Persönlichkeiten*

Der Führungsstil der großen historischen Persönlichkeiten unserer Welt war gewöhnlich eher transformational als transaktional. Die großen Führer beeinflußten ihre Zeitgenossen auf zweierlei Art: erstens durch die Kraft ihrer eigenen Persönlichkeit und zweitens durch die Ideale, die sie verkörperten. In beiden Fällen war der Einfluß, den sie ausübten, zwar wohl auch auf eine simple Kosten-Nutzen-Rechnung zurückzuführen, aber es war für die von Moses angeführten Hebräer zweifellos schwieriger und weniger lohnend, sich spirituell auf eine höhere Ebene zu begeben und ihren Gott zu entmaterialisieren (*Freud*, 1922), wie es auch für ihren transformationalen Führer Moses schwieriger war, diesen Wandel zu fordern, als den Status quo zu akzeptieren. Nach *Erikson* (1969) haben große Persönlichkeiten wie Martin Luther King und Mahatma Gandhi eine »verbissene Bereitschaft demonstriert, die Dreckarbeit ihrer Zeit zu verrichten«. Der transaktionale Führer geht den Weg des geringsten Widerstandes, der transformationale Führer wählt den schwierigeren Pfad.

*Führungspersonen sind sowohl transaktional wie transformational*

Wie schon erwähnt, findet sich transaktionales und transformationales Führungsverhalten – obwohl voneinander verschieden – oft in ein und derselben Person, wenn auch in unterschiedlicher Ausprägung und Intensität. Drei weltbekannte Führungspersönlichkeiten sollen dafür als Beispiel dienen: *Charles de Gaulle, Franklin D. Roosevelt* und *Lyndon Johnson*.

*Charles de Gaulle* verfolgte einen extrem transformationalen Führungsstil – er hatte für transaktionale Prozesse sehr wenig übrig. Für de Gaulle waren langfristige nationale Ziele, die Würde und die Größe Frankreichs wichtiger als die materielle Zufriedenheit seiner Bürger. Dies führte ihn dazu, jene Werte und Belange zu vernachlässigen oder beiseitezuwischen, die für viele Franzosen von entscheidender Bedeutung waren. Aus diesem Grund kam es auch zur wiederholten Entfremdung zwischen ihm und dem französischen Volk ... Bei den Franzosen nahm die Bereitschaft, dem nationalen Ruhm auf Kosten ihrer eigenen Interessen den Vorrang einzuräumen, in dem Maß ab, in dem die nationalen Interessen ihr tägliches Wohl beeinträchtigten. In dem Moment, als Gesetz und Ordnung wiederhergestellt, die Unabhängigkeit gesichert und die drohende Krise abgewendet waren, gab es – wie beispielsweise im Winter 1945/46 – eine große Ernüchterung. Da stand der tägliche Kampf mit den Schwierigkeiten und Entbehrungen in direktem Konflikt mit de Gaulles großen nationalen Ambitionen.

Auch in den Jahren zwischen 1965 und 1968 entstand eine Entfremdung, als die Franzosen mit den Grandeur-Ansprüchen de Gaulles nicht mehr Schritt halten wollten und sich mit dem, was de Gaulle als Mittelmäßigkeit bezeichnete, zufriedengaben. Damit straften sie seine Behauptung der Größe Frankreichs sozusagen Lügen (*Hoffman & Hoffman*, 1970, S. 292–293).

De Gaulle fand den Parlamentarismus widerwärtig. Er vereinte die Franzosen – nicht durch Kompromisse oder durch die Willfahrung ihrer so gegensätzlichen Eigeninteressen, sondern dadurch, daß er sich über sie erhob. Er verachtete die Opposition. Widerspruch von Untergebenen oder Kollegen konnte er nicht ertragen, politischer Meinungsaustausch war nicht seine Stärke (*Hoffman & Hoffman*, 1970).

*Franklin D. Roosevelt* war in bezug auf transaktionales und transformationales Führungsverhalten etwas ausgewogener. Bei abendlichen Kamingesprächen, anfeuernden Reden, bei der Veränderung der politischen Landschaft Amerikas sowie bei der Förderung intellektueller Lösungen nationaler Probleme konnte er transformationale Führungseigenschaften entwickeln. Aber er konnte auch die Rolle des transaktionalen Politikers spielen, wenn es darum ging, das Gleichgewicht des Gebens und Nehmens zwischen Exekutive, Legislatur und Gerichtsbarkeit aufrechtzuerhalten. Er mochte sich nicht auf Kämpfe einlassen – egal wie gut der Zweck auch war –, solange er nicht sicher sein konnte, sie zu gewinnen.

*Lyndon Johnson* hingegen war extrem transaktional, obwohl sein Konzept der »Great Society« auch beträchtliche transformationale Aspekte enthielt. Er verfolgte seinen eigenen Machtanspruch immer sehr transaktional. Er machte sich bei den Reichen und Mächtigen beliebt und bereitete so den Boden für spätere Gefälligkeiten vor. Johnson konnte auch radikalen und reaktionären Gruppen gegenüber überzeugend wirken, ja er konnte sich selbst als Radikaler und Reaktionär darstellen, weil er keinerlei eigene Prinzipien außer seinem Bedürfnis »jemand zu sein« hatte. Er erwartete von seinen Untergebenen bedingungslosen Gehorsam im Austausch dafür, daß er »für sie sorgen würde«. Letzteres bestand meist darin, daß er ihnen einen bescheidenen Posten in seiner Regierung gab. Johnson scherte sich keinen Deut um die *Substanz* politischer Prozesse, ihm waren allein die Prozesse selbst und ihre Auswirkungen auf seine Macht und Herrlichkeit von Bedeutung (*Caro*, 1982).

*Der transformationale Führungsstil in komplexen Organisationen*

Es gibt zahlreiche Beispiele transformationalen Führungsstils in modernen Organisationen, sei es nun in der Industrie, im Erziehungs- oder Sozialwesen oder im militärischen Bereich. *Thomas J. Watson* transformierte IBM, *Robert Hutchins* transformierte die Universität von Chicago, *Jane Addams* transformierte Hull House und *George Patton* transformierte die Dritte Armee.

Aber bei all diesen Führern komlexer Organisationen, die auf ihre Untergebenen, ihre Unternehmen und ihre Umwelt Einfluß nahmen, kann man auch sehr viel transaktionales Verhalten feststellen.

*Henry Ford* ist ein gutes Beispiel hierfür. Im Jahr 1914 machte er den Arbeitern ein Angebot, das diese schwerlich ausschlagen konnten: er bot ihnen einen zu jener Zeit ganz unglaublich hohen Tageslohn von 5 Dollar. Dafür müßten sie sich aber sowohl innerhalb als auch außerhalb der Fabrik einer rigorosen Disziplin unterwerfen. Arbeitszeitvergeudung wurde nicht toleriert. Interne Spione wurden beauftragt, Trödelei und Disziplinverletzungen aufzuspüren. Aber es war auch derselbe Henry Ford, der die Automobilindustrie revolutionierte, indem er die Massenproduktion billiger und für jedermann erschwinglicher Automobile einführte. Und es war derselbe Henry Ford, der Behinderten und Analphabeten Arbeit und Brot gab. Schließlich war es auch derselbe Henry Ford, der eine Vision hatte und 1916 das »Friedensschiff« auf den Weg schickte, um die Führer der Großmächte zur Beendigung des Ersten Weltkrieges zu bewegen. Allerdings war er aber auch ebenso bekannt für seine antitheoretischen, antisemitischen und antiintellektuellen Vorurteile.

Es erhebt sich also die Frage, ob transformationale Führung in komplexen Organisationen eher eine Seltenheit oder ein allgemeines Phänomen ist und ob sie, wenn sie stattfindet, produktiv oder kontraproduktiv ist. So führt z. B. *Zaleznik* (1983) an, daß angehende Führungspersonen, die in einer Bürokratie eingebettet sind, wahrscheinlich hinsichtlich ihrer imaginativen Kapazitäten und Fähigkeiten, neue Ziele und Werte zu schaffen, eher eingeschränkt sind.

*Bennis* führte (1983) umfangreiche Befragungen von erfolgreichen Organisationsführern durch, angefangen von Leitern von Filmstudios und Symphonie-Orchestern bis hin zu Wirtschafts- und Industrieführern, und kam dabei zu dem Schluß, daß transformationaler Führungsstil durchaus nicht so selten ist. Er schien ganz wesentlich zum Erfolg dieser Führer beigetragen zu haben, besonders dann, wenn sich die betreffende Organisation in Schwierigkeiten befand. Die wesentlichsten Merkmale der befragten Führer waren die Fähigkeit, sich ihren Untergebenen gegenüber zu artikulieren, ihnen ihre Botschaft zu vermitteln und in ihnen Engagement und Unterstützung der gemeinsamen Sache zu erwecken.

Auch *Prahalad* und *Doz* kamen (1982) zu dem Schluß, daß die Aufgabe eines Spitzenmanagers hauptsächlich in der strategischen Richtungsweisung, der Meinungsbildung und der Motivation liegt. Mit der Transformation kognitiver Prozesse – dem Wie und Wann der erforderlichen Handlungen – werden ein neuer Konsens, ein neues Machtgefüge und eine Neuverteilung der Ressourcen des Unternehmens bewirkt.

*Führungsverhalten und Entscheidungsstil*

Sowohl der transaktionale als auch der transformationale Führer hat einen bestimmten Entscheidungsstil. Was sie voneinander unterscheidet, ist die Ausprägung und die Intensität desselben. Er kann richtungsweisend, vermittelnd, konsultativ, partizipativ oder delegierend sein. – So kann zum Beispiel der transaktionale Führer seine Untergebenen auf die besonderen Vorteile hinweisen, die sie aus der Befolgung seiner Direktiven ziehen können, während der transformationale Führer auf die ideellen Werte der angestrebten Ziele hinweist. Der transaktionale Führer kann mit sich darüber handeln lassen, welche Gegenleistungen für die geleisteten Dienste angemessen sind; der transformationale Führer wird den Untergebenen den Image-Gewinn vor Augen führen, den eine Änderung der Organisation mit sich bringt. Der transaktionale Führer wird zu erfahren suchen, was die Geführten als Kompensation für ihren Gehorsam erhalten möchten; der transformationale Führer wird die Geführten fragen, ob sie sich der Bedeutung der ultimativen Zielsetzungen der Organisation bewußt sind; der transaktionale Führer wird sich mit den Untergebenen darüber zu einigen suchen, in welcher Weise jeder einzelne von ihnen zu einem für beide Teile akzeptablen Austausch von Leistung und Entlohnung beitragen kann; der transformationale Führer wird mit den Mitarbeitern einen Konsens hinsichtlich der Neustrukturierung der Organisation anstreben. Der transaktionale Führer kann im Austausch für die Einhaltung einer eingegangenen Verpflichtung Verantwortung an seine Untergebenen delegieren; der transformationale Führer wird Verantwortung delegieren, weil er die Entwicklung und Entfaltung seiner Mitarbeiter anstrebt.

*Eine Pilot-Untersuchung*

Um zu untersuchen, wie sinnvoll ein transformationaler Führungsstil in komplexen Organisationen ist, wurde bei 70 männlichen Managern der Industrie eine Open-end-Befragung durchgeführt – eine Pilotstudie. Man beschrieb den Managern einen transformationalen Führer als eine Person, die bei den Geführten ein verstärktes Bewußtsein der Ergebnisse ihrer Handlungen hervorruft, sie auf ein höheres Bedürfnisniveau anhebt, zur Zurückstellung ihrer Eigeninteressen zugunsten der Gruppe oder der Organisation, und zu einer stärkeren Anstrengung als sie ursprünglich beabsichtigt hatten, bewegt. Die befragten Manager wurden gebeten, Personen zu beschreiben, denen sie im Laufe ihrer Karriere begegnet waren, und die eines oder mehrere der genannten Merkmale besaßen. Alle Angesprochenen erklärten, daß sie im Laufe ihrer Karriere mit mindestens einer solchen Person in Kontakt gekommen waren. Die meisten von ihnen nannten einen ehemaligen unmittelbaren oder mittelbaren höheren Vorgesetzten innerhalb der Organisation, in der sie beschäftigt gewesen waren. Einige wenige erwähnten auch Familienmitglieder, Konsulenten oder Rechtsberater.

Meist wurde der transformationale Führer als eine Person angesehen, die Untergebene dazu bringt, »die verrücktesten Überstunden zu leisten« und mehr zu arbeiten, als sie selbst es je von sich erwartet hätten. Das gemeinsame Ziel, so gaben die Befragten an, war der Versuch, den Erwartungen, die der Führer in sie setzte, zu entsprechen, und ihm jede erforderliche Unterstützung zu geben. Andere Motive waren: der Wunsch, mit dem Führer zu wetteifern, eine Bewußtseinserhöhung, eine erhöhte Leistungsqualität, eine größere Innovation, eine Bereitschaft zu Wachstum und Entfaltung, ein totales Engagement, der Glaube an die Organisation als Folge des Glaubens an ihren Führer, und ein gesteigertes Selbstvertrauen.

In dieser Untersuchung von 70 Seniormanagern kam auch eine Reihe von subtileren Elementen ans Tageslicht. Viele dieser Personen (alle männlichen Geschlechts) gaben an, daß der transformationale Führer, dem sie im Verlauf ihrer Karriere begegnet waren, wie ein wohlwollender Vater gehandelt habe. Er war stets freundlich gewesen, hatte seine Mitarbeiter trotz seines überlegenen Wissens und seiner größeren Erfahrung stets wie Gleichberechtigte behandelt. Er war seinen Untergebenen immer ein Vorbild an Integrität und Fairneß gewesen und hatte ihnen klare Richtlinien und hohe Leistungsstandards vorgegeben. Er hatte seine Untergebenen mit Rat und Tat ermutigt und ihnen Hilfestellung, Unterstützung und Anerkennung gegeben. Seine Offenheit hatte seinen Untergebenen Vertrauen eingeflößt. Er war trotz seines überlegenen Intellekts ein guter Zuhörer gewesen und hatte seine Untergebenen in ihrer Selbstverwirklichung bestärkt. Er war willens gewesen, ihnen sein Wissen, seine Kenntnisse und seine persönlichen Erfahrungen weiterzugeben. Aber er war auch ein strenger Vorgesetzter, der seine Untergebenen zur Rechenschaft zog, wenn es nötig war. Die meisten der Befragten waren sich jedoch darüber einig, daß der transformationale Führer ein Nahverhältnis zu seinen Untergebenen hat und daß man sich auf einen solchen Führer verlassen kann.

Die veränderte Motivation und die erhöhte Bewußtseinsbildung bei den Geführten gingen auch häufig mit einer Steigerung des Vertrauens, der Zuneigung, der Bewunderung, der Loyalität und des Respekts für den transformationalen Führer einher.

Diese Pilotstudie gab auch Anlaß zu der Vermutung, daß transaktionale Führung zwar kurzfristig zufriedenstellende Ergebnisse bringen kann, daß transformationale Führung aber langfristig mehr Anstrengung, mehr Kreativität und mehr Produktivität hervorbringt. Der Weitblick und die Ermutigung des transformationalen Führers scheinen auch zu einer Steigerung der Effizienz der Organisationsmitglieder zu führen.

*Transformationale Führung und Charisma*

Im Verlaufe dieser Studie gelangte man auch zu der Ansicht, daß eine quantitative Untersuchung transformationalen Führungsverhaltens auch die sozio-emotionalen Aspekte des Charisma berücksichtigen muß – die »Ehrfurcht, Ergebenheit, den Respekt und das blinde Vertrauen« (*Wilner*, 1968, S. 6).

Es gibt Manager, Offiziere und Beamte, zu denen die Untergebenen tiefe emotionale Bindungen entwickeln, und die ihrerseits die Geführten veranlassen können, ihre Eigeninteressen zugunsten höherer Ziele zurückzustellen – Ziele, die von den Geführten vorher gar nicht wahrgenommen wurden. Sogar in starren bürokratischen Systemen gibt es Führer, deren Systemkenntnis zusammen mit guten Verbindungen und der Fähigkeit, die erforderlichen Mittel zu beschaffen und vernünftig einzusetzen, sie instand setzt, höhere Ziele anzustreben. Sie nehmen das Risiko einer »kreativen Administration« auf sich. Solche idiosynkratischen Führer (*Hollander*, 1978) erwecken Vertrauen – ihre Motive und ihre Kompetenz werden von ihren Untergebenen voll akzeptiert. Die Untergebenen sind willens, sich für jene höheren Gruppenziele einzusetzen, die ihnen der Führer als Herausforderung vorgibt.

Zwischen dem charismatischen Führer und seinen Untergebenen besteht eine starke emotionale Beziehung; aber es gibt auch eine Reihe von charismatischen Personen, deren Einfluß sich überhaupt nicht transformational auswirkt. So können berühmte Persönlichkeiten von einem Großteil der Öffentlichkeit als charismatisch angesehen werden. Die Menschen bewundern und verehren sie, weil sie sich von ihnen emotionell angesprochen fühlen, und sich geistig mit ihnen identifizieren können, aber die berühmten Persönlichkeiten selbst müssen mit der Transformation der Massen überhaupt nichts zu tun haben. Andererseits können transformationale Führer in der Gestalt von Lehrern, Mentoren, Trainern, Reformern und Revolutionären auftreten.

Transformationale Führer haben die Fähigkeit, die Probleme der Geführten in Worte zu fassen, so daß diese wirkungsvoll mit ihnen umgehen und schließlich auch fertigwerden können. Transformationale Führer können aber auch Probleme übersimplifizieren und die Geführten zu vorschnellen Reaktionen, zu einer Verhärtung der gegenseitigen Fronten, ja sogar zu einer totalen Unfähigkeit zur Problemlösung veranlassen.

Wie wir in Kapitel 3 sehen werden, ist Charisma zwar eine Voraussetzung für transformationale Führung, aber in sich selbst keine hinreichende Erklärung für transformationale Prozesse.

*Die Bedeutung der transformationalen Führung*

In einer Tiefenuntersuchung einer repräsentativen nationalen Stichprobe von 845 amerikanischen Arbeitnehmern stellte sich die Notwendigkeit eines besseren Verständnisses des Führungsverhaltens bedeutender Wirtschafts- und Industrieführer, besonders im Hinblick auf eine Anstrengungserhöhung ihrer Untergebenen heraus. Die meisten Angestellten gaben zwar an, ihre Vorgesetzten zu »mögen«, waren aber dennoch der Meinung, von ihnen nicht hinreichend motiviert zu werden. Nur 23 % gaben an, ihre volle Leistungskraft einzusetzen, obwohl 70 % das Leistungsprinzip an sich befürworteten. Aber nur 9 % waren der Meinung, daß ihre Anstrengung von dem Verhältnis zwischen ihrer Leistung und ihrem Verdienst abhänge. Die meisten vertraten die Meinung, daß diese beiden Faktoren tatsächlich recht wenig miteinander zu tun haben (*Yankelovich & Immerwahr*, 1983). Bei Studenten und Soldaten herrscht höchstwahrscheinlich eine ähnliche Situation vor.

Wenn also der transformationale Führungsstil in Produktions- und Dienstleistungsunternehmen wie auch in Politik und Gesellschaft so erstrebenswert ist, dann werden wir lernen müssen, wie man potentielle transformationale Führer erkennt, selektiert und fördert und wie man in ihnen die Sensibilität und die innerpersonale Kompetenz entwickelt, die sie zu transformationalen Führern macht. Und wir werden auch die Engstirnigkeit und das Spießbürgertum überwinden müssen, das dafür verantwortlich ist, daß sich die empirische Erforschung des Führungsverhaltens bisher auf jene leicht zu untersuchenden transaktionalen Prozesse konzentrierte, nach welchen ein Führer schon als erfolgreich gilt, wenn es ihm gelingt, die vorhandenen Bedürfnisse des Geführten zu befriedigen (siehe beispielsweise *Hollander*, 1978).

Der transaktionale Führer erzielt Leistung, indem er mit den Geführten ein Tauschgeschäft eingeht: hier Willfährigkeit – da Belohnung. Der transformationale Führer erweckt die höheren Interessen des Geführten und/oder erhöht ihr Bedürfnis – und Erwartungsniveau. Auf diese Weise erzielt der transformationale Führer letzten Endes bei den Geführten höhere Arbeitszufriedenheit und höhere Effizienz.

Wir müssen zu einem besseren Verständnis der kurz- und langfristigen Aspekte der Motivation, des Engagements, der Arbeitszufriedenheit, der Kreativität und der Produktivität von Mitarbeitern gelangen, ob es sich nun um Staatsbeamte, Militärpersonal oder Lehrer handelt. Wir müssen lernen, diese Faktoren als Funktion transaktionalen oder transformationalen Führungsverhaltens anzusehen. Um dieser Notwendigkeit Rechnung zu tragen, müssen wir zuerst einmal die Verhaltensmuster transaktionaler und transformationaler Führer und deren Relation zu den Leistungsergebnissen, der Arbeitszufriedenheit und der Effizienz untersuchen – und das sowohl im Hinblick auf die erwartete, als auch die alle Erwartungen übertreffende Leistung.

In Kapitel 11 und 12 beschreiben wir die Ergebnisse einer Pilotstudie und wie wir daraus einen Erhebungsfragebogen entwickelten, den wir 176 Senioroffizieren der US-Armee mit dem Ersuchen vorlegten, das Führungsverhalten ihrer jeweiligen Vorgesetzten zu beschreiben. Aus unseren Analysen traten drei transformationale Faktoren hervor: charismatische Führung (bzw. Führung durch Inspiration), Führung durch Rücksichtnahme auf das Individuum und Führung durch geistige Anregung. Außerdem ergaben sich aber auch noch zwei transaktionale Faktoren: bedingte Belohnung und Management by Exception.

Wie erwartet, und wie wir in nachfolgenden Untersuchungen von Lehrern, Beamten, Politikern sowie Industrie- und Wirtschaftsführern replizieren konnten, korreliert erhöhte Anstrengung der Untergebenen, wahrgenommene Gruppeneffizienz und Arbeitszufriedenheit in höherem Maße mit transformationaler als mit transaktionaler Führung.

Und nun wollen wir uns dem ersten und wichtigsten dieser Faktoren zuwenden – der charismatischen Führung.

# Teil II: Die emotionale Komponente

# Kapitel 3: Charisma

Wenn es nach den modernen Massenmedien geht, kann Charisma alles mögliche sein, angefangen von Chuzpe bis hin zum Rattenfänger von Hameln, vom Superstar bis zum Superman. Das Wort ist zu einem arg strapazierten Klischee geworden. Man pflegt damit gewöhnlich eine starke, attraktive und beeindruckende Person zu beschreiben. In der Sozial- und der Politwissenschaft versteht man unter einem Charismatiker einen Führer, der kraft seiner Persönlichkeit einen besonderen und außergewöhnlich großen Einfluß auf die Geführten ausübt. Charismatische Führer inspirieren ihre Untergebenen zu bedingungsloser Loyalität und zu absolutem Gehorsam. Sie bewirken bei ihnen eine völlige Aufgabe ihrer Eigeninteressen. Solche Führer können bestehende Ordnungssysteme total transformieren.

Seit *Max Weber* (1922–1947) den Begriff über Rudolf Sohn der Theologie entlehnte, ist das Wort Charisma (auf griechisch Gabe) zu einem Begriff geworden. Charisma scheint ebensowenig beeinflußbar wie das Wetter zu sein, man kann zwar darüber reden, aber man kann es nicht ändern.

Weber sah den charismatischen Führer eher aus religiöser Sicht: als Erlöser, Erneuerer, als Propheten, der, begabt mit persönlichem Magnetismus, eine neue Glaubensdoktrin verkündet, als mystischen Asketen, der, ebenso wie Superman, mehr mit seinem eigenen Narzißmus als mit Gedanken an andere beschäftigt ist.

Soziologische, psychoanalytische und politische Kommentatoren haben das Thema »Charisma« ausführlich diskutiert, während die experimentellen Sozial- und die behavioristischen Organisationspsychologen selbst ihm größtenteils aus dem Weg gegangen sind.

Eine Ausnahme hiervon ist ein Aufsatz von *House* (1977) über die mögliche konzeptionelle Bedeutung des Charisma für die Organisationswissenschaften. Aber bis 1976 konnte auch House keine empirischen Untersuchungen dieses Phänomens nachweisen. Dies mag einer der Gründe sein, warum Kritiker beklagen, daß trotz tausender empirischer Untersuchungen über das Führungsverhalten dem Praktiker so wenig Ratschläge angeboten werden. Dennoch ist klar, daß behavioristische Konzepte des Führungsverhaltens über die bloße Begriffsbestimmung hinsichtlich Initiation, Rücksichtnahme, Aufgaben- oder Beziehungsorientierung sowie direktive oder partizipative Führungsstile hinausgehen müssen. Behavioristische Untersuchungen des Führungsverhaltens werden um das Phänomen des Charisma in Zukunft nicht mehr herumkommen.

# Das Wesen des Charismas

*Charisma hängt ebensosehr von den Geführten wie von den Führern ab*

*Max Weber* sah das Charisma nicht nur als Eigenschaft des Führers, sondern auch als Reaktion der Geführten an. Für ihn war Charisma »die Hingabe an eine besondere und außergewöhnliche Idee des sich dem Heroismus oder dem exemplarischen Charakter einer bestimmten Person Weihens – oder (zumindest) der Unterwerfung unter die normativen Muster oder Ordnungssysteme, die diese Person verkörpert«. (*Weber*, 1947, S. 328)

Die Politwissenschaftler sehen Charisma als eine Art emotionelle Gratifikation für die Geführten an, die über die normale Wertschätzung, Zuneigung und Bewunderung hinausgeht.

Charismatisches Führungsverhalten enthält eine starke emotionelle Komponente von »Hingabe, Scheu, Ehrfurcht, Verehrung und blindem Glauben« (*Wilner*, 1968, S. 5). Es ist ein unqualifizierter Glaube an »den Mann und seine Mission«, an das »was ist, was sein sollte und das, was getan werden muß«. Charisma bedeutet eine sowohl emotionell als auch kognitiv absolute Identifikation mit dem Führer (S. 9). So haben sieben von neun utopisch ausgerichteten Kommunen Ideologien, die ihre Mitglieder dazu bringen, ihren Führer als charismatisch anzusehen (*Kantner*, 1972).

Die Frage, inwieweit die Geführten bereit sind, ihren Führer mit den Eigenschaften des Charisma auszustatten, hängt ebensosehr von den Merkmalen der Geführten wie von denen des Führers ab.

Meist ist es eine psychologische Notlage, die Menschen dazu bringt, einer charismatischen Sekte beizutreten (*Galanter*, 1982). Im Vergleich mit Kontroll-Stichproben zeigen die »Moonies«, die Anhänger des charismatischen Reverend Moon, deutlich größere Gefühle der Hilflosigkeit, des Zynismus, des Mißtrauens gegenüber der Politik, des verminderten Vertrauens zu ihrer sexuellen Identität, ihren eigenen Werten und ihrer eigenen Zukunft (*Lodahl*, 1983).

Für psychoanalytisch orientierte Geschichtsforscher enthält Charisma massive Gefühlsverdrängungen, die sowohl vom Führer wie auch von den Geführten auf der Bühne der Öffentlichkeit ausgetragen werden. Diese Gefühle resultieren aus einem Bedürfnis nach Liebe, das innerhalb des eigenen Familienlebens nicht befriedigt wurde.

»Nur wenn die Psychohistoriker das überwältigende Ausmaß des verzweifelten Anklammerungsbedürfnisses, der inneren Leere, des ohnmächtigen Zornes, der das traurige Ergebnis der lieblosen häuslichen Atmosphäre ist, die in unserer Geschichte gang und gäbe ist, wirklich begreifen, können sie beginnen, die volle

Wucht der Verdrängung, der unerfüllten Liebe, der Desillusion und der Feindseligkeit in der Öffentlichkeit zu verstehen.« (*Demouse*, 1982, S. 173)

Demouse stellt außerdem fest, daß psychosexuelle Konflikte durch gemeinsame Gruppenphantasien verdrängt werden. Diese Phantasien erlauben es den Menschen, private Gefühle abzureagieren, sie auszuleben und sich gegen ihre eigenen unterdrückten Inhibitionen zu verteidigen, indem sie Rationalisierung, Reaktionsbildung usw. benützen – und auch das Material, das die öffentlichen Ereignisse und die öffentlichen Diskussionen ihnen bieten.

*Situationen, die das Auftreten von Charisma begünstigen*

Der Charismatiker ist ein bewunderter Held, ein Messias und ein Erlöser, der in Zeiten großer Not auf den Plan tritt. Daher ist es diese »Erlösung von der Not«, die die »spezielle emotionale Intensität des Ansprechens auf den Charismatiker erzeugt ... die Geführten reagieren auf den charismatischen Führer mit einer leidenschaftlichen Loyalität, weil die Erlösung, oder zumindest die Aussicht darauf, die er verkörpert, die Erfüllung dringend empfundener Bedürfnisse darstellt« (*Tucker*, 1970, S. 81).

Akute und chronische Krisenkomponenten sind ein notwendiges Element jeder Charisma-Theorie. Die Chrysler Corporation mußte erst »mit dem Bauch nach oben schwimmen«, damit ein *Lee Iacocca* auftauchen konnte.

Je größer die Krise ist, desto größer ist die emotionale Störung und desto größer auch sind die emotionalen Erwartungen, die an den »Erlöser« gestellt werden. Aber es sind nicht nur akute Krisensituationen, die den charismatischen Führer hervorbringen. Charismatische Führung kann sich auch bei chronischen Krisen entwickeln, wenn beispielsweise althergebrachte kulturelle Werte in Gefahr geraten (*Hummel*, 1972).

Charisma trägt eine Herausforderung der alten Ordnungsprinzipien, einen Bruch mit der Kontinuität, ein riskantes Abenteuer, eine fortgesetzte Bewegung, einen Gärungsprozeß, und einen Wandel in sich. Sich im Übergang befindliche Organisationskulturen sind reif für einen charismatischen Führer. Charisma taucht auf, wenn traditionelle Autorität und gesetzliche, rationale und bürokratische Mittel versagt haben. Charismatischen Führungsstil wird man nicht in altehrwürdigen, hochstrukturierten und erfolgreichen Organisationen finden, sondern in nicht mehr erfolgreichen alten oder noch nicht erfolgreichen neuen Unternehmen. In nicht mehr erfolgreichen alten Unternehmen haben die Traditionen ihre ursprünglichen Werte verloren, in aufstrebenden neuen haben sie sich noch nicht festgesetzt.

Der Wettbewerb zwischen alten und neuen Wertsystemen kann, wenn die neueren noch nicht völlig etabliert sind, ebenfalls ein Nährboden für Charismatiker sein. Der Anstieg der strukturbedingten, permanenten Arbeitslosigkeit kann möglicherweise ein Anlaß für das Auftauchen neuer charismatischer Arbeiterführer sein. Der Wandel der Industrie von rauchenden Schloten zu Dienstleistungen und Hochtechnologie könnte das Auftreten neuer charismatischer Industrieführer zur Folge haben.

Nach *Erikson* (1958) werden die Menschen in Notzeiten »charismahungrig«, weil zu solchen Zeiten ein Verschwinden der alten Werte und ein Auftreten von Kulturschocks, wachsender Angst und Identitätskrisen eintritt. Mahatma Gandhi beispielsweise hat diesen »Hunger des Volkes« dadurch gestillt, daß er Indien zu einer neuen Identität und einem neuen Nationalbewußtsein verhalf (*Erikson*, 1969). Hitler schwang sich zum »Erlöser« Deutschlands auf, indem er sich die nationale Enttäuschung über militärische Niederlagen und die herrschende wirtschaftliche Notlage zunutze machte. Die Deutschen empfanden damals ihre Regierung als schwach und machtlos, um mit den nationalen Problemen fertigzuwerden.

Der Aufstieg Mussolinis zur Macht im Jahr 1922 illustriert dies ebenso.

> »Italien hatte seine Ziele und seinen nationalen Willen aus den Augen verloren, es hatte kein Selbstvertrauen mehr und litt unter einem kollektiven Minderwertigkeitskomplex. Es litt an realen und eingebildeten Krankheiten. Die Vorstellung eines Erlösers, der imstande war, dank seiner Willenskraft all dem ein Ende zu bereiten, und allen Bürgern zu materiellem Wohl zu verhelfen, war nicht nur höchst willkommen, sondern auch sozusagen die letzte Hoffnung. Und *Mussolini*, der Retter und der Superman, versprach Gesetz und Ordnung, eine volle Würdigung der Siege und ein von Armut befreites und seiner nationalen Würde wieder bewußtes Italien, das seinen rechtmäßigen Platz innerhalb der großen europäischen Staaten wieder einnehmen und von einer jungen und jugendfrischen Regierung geführt werden sollte.« (*Fermi*, 1966, S. 214, 215)

Es gibt noch zahlreiche andere Beispiele für die Anziehungskraft charismatischer Führer als Retter in der Not. *Martin Luther King* und *Jesse Jackson* vermittelten den unterprivilegierten Schwarzen die Hoffnung, daß ihre persönlichen Anstrengungen, zusammen mit einer konzertierten Aktion die amerikanische Gesellschaft verändern und ihnen einen festen Platz in ihr sichern würde.

In Gesellschaftsformen, die bereit und willens sind, sie zu akzeptieren, haben es charismatische Führer natürlich leicht. Im alten Israel konnten charismatische Propheten und Führer auftauchen, weil sie einer langen Messias-Tradition entsprachen. Es wurde direkt auf sie gewartet. Wo keine solchen Traditionen herrschen, wie beispielsweise im alten China, ist das Auftreten solcher charismatischer Führer schon weniger wahrscheinlich (*Hummel*, 1972).

Von Amerikanern gegründet, ist das Quality Circle Movement zuerst in Japan zur Blüte gelangt. Teilweise lag dies daran, daß jene »verantwortungsbewußte Führung«, die die amerikanischen Erfinder des Systems proklamierten, zu jener Zeit mehr den japanischen als den amerikanischen Führungsnormen entsprach. Die meisten Aspekte des Quality Circle Movement, das beim japanischen Wirtschaftswunder der Nachkriegsjahre eine so bedeutende Rolle spielen sollte, gehen in ihren Ursprüngen auf amerikanische Techniker und Ingenieure wie *Edward Deming, Charles Protzman* und andere zurück, die schon 1949 den Japanern die Methoden der statistischen Qualitätskontrolle nahebrachten. Dieses Beratungskonzept erforderte einen ständigen Kontakt zwischen Geschäftsführung und Belegschaft, was bei den Japanern, die mit ihrer traditionellen Ringi-Methode immer schon große Befürworter der ständigen Beratung zwischen Vorgesetzten und Untergebenen waren, auf fruchtbaren Boden fiel.

Als man diese Innovation den Amerikanern zuschrieb, übersah man aber, daß die damals in Japan vorherrschende Führungsphilosophie und auch das von Leuten wie Protzman vorgeschlagene Führungskonzept schon längst vorhanden waren.

Protzman mochte mit der damals gerade so aktuellen Human Relations-Bewegung in den USA, mit ihrer Konzentration auf informelle und gemeinsame Führung, nichts zu tun haben. Protzman legte mehr Wert auf die charismatischen und transformationalen Eigenschaften des Managers, der »das Vertrauen und den Respekt seiner Untergebenen gewinnt«, indem er ihnen »als Beispiel des guten Willens, des Mutes, der Ehrenhaftigkeit und der Unabhängigkeit« vorangeht. Dieses Konzept paßte sich perfekt in die japanische Tradition ein, nach der Führer immer schon Männer von beispielgebender moralischer Courage und Selbstaufopferung zu sein hatten. Und – ebenfalls in Übereinstimmung mit der japanischen Tradition – unterstrich dieses amerikanische Konzept die Bedeutung der langfristigen Kontinuität des Managements (*Tsurumi*, 1982).

Wechselwirkungen zwischen Führern und Geführten müssen sich aber nicht immer nur in außergewöhnlichen Situationen und flüchtigen Momenten abspielen. Es gibt ganz normale aber latent entflammbare soziale Situationen, die »gelegentlich zu einem Vulkanausbruch führen« können (*Geertz*, 1977, S. 151). *Trice* und *Beyer* (1984) haben in ihren Untersuchungen Beispiele charismatischer Führung in den verschiedensten Institutionen ausgegraben: in Vorstadtschulen, Kommunen, utopischen Vereinen, in Colleges, bei den Anonymen Alkoholikern, dem National Council of Alcoholism, beim Stamm der Chippewa-Indianer, in einem Mütterheim, einem britischen Fabrikationsbetrieb, einer Gewerkschaftsorganisation in Tanganjika und sogar in den Königlichen Gerichtshöfen von England, Java und Marokko.

*Charismatische Beziehungen*

Vom theologischen Standpunkt aus ist Charisma eine Gottesgabe, eine spirituelle Eingebung. Aus der sekulären Sicht der Sozialwissenschaften ist es eine dem Führer entgegengebrachte extrem hohe Wertschätzung sowie seine Popularität und seine Berühmtheit, die bei seinen Anhängern starke emotionale Bindungen hervorrufen – sei es nun Liebe oder Haß. Dadurch gewinnt der charismatische Führer einen Einfluß, der transformationale Folgen hat und der ihn instand setzt, sich über den bloßen Austausch von Unterordnung und Versprechung, von den üblichen Belohnungs- und Strafreizen, zu erheben. Für die vom Ruhm des Charismatikers geblendeten Anhänger ist wahrscheinlich die Möglichkeit, sich in seiner Herrlichkeit zu sonnen, ebenso wertvoll, wie es für die Frömmler ist, gottgefällige Werke zu vollbringen. Die Bewunderung des charismatischen Führers, der Wunsch, ihm nachzueifern und sich mit ihm zu identifizieren, stellt einen sehr starken Einfluß auf die Geführten dar.

Attributionstheoretisch gesehen liegt Charisma »im Auge des Betrachters« und ist somit auch vom Betrachter abhängig. Dennoch sind Charismatiker imstande, ihre Gefolgschaft zu formen und ständig zu vermehren – durch ihre Energie, ihr Selbstvertrauen, ihre Bestimmtheit und ihre Ambitionen – und sie ergreifen auch jede Gelegenheit dazu. Der damit verbundene dynamische Prozeß spielt sich nach *House* (1977) folgendermaßen ab: von ihrem Selbstvertrauen durchdrungen, von ihren eigenen Fähigkeiten überzeugt, von ihren Idealen und ihren Machtansprüchen besessen, sind charismatische Führer in höchstem Maße motiviert, ihre Untergebenen zu beeinflussen. Ihr Selbstvertrauen und ihre Überzeugungskraft wiederum erhöhen das Vertrauen der Geführten in die Richtigkeit ihrer Entscheidungen. Charismatische Führer wollen Eindruck auf die Geführten machen, sie wollen ein Image von Kompetenz und Vertrauenswürdigkeit schaffen. Sie erzeugen in den Geführten starke Beziehungen zwischen ihren Aufgaben und ihren idealistischen Wertvorstellungen, Zielen und Hoffnungen. Diese werden dann in die gemeinsame Organisationskultur integriert. Im organisatorischen Bereich malen sie ihren Untergebenen ein attraktives Bild dessen vor, was ihre Anstrengungen hervorbringen können. So erzielen sie bei den Geführten ein verstärktes Bewußtsein des Wertes ihrer Arbeit. Das wiederum erzeugt Begeisterung, Engagement und emotionelle Beziehung zu den jeweiligen Gruppenzielen. Charismatische Führer trachten danach, sich ihren Untergebenen als leuchtende Beispiele darzustellen. Ihre Erfolge schreiben sie ihrem Charisma zu. Aber der Charismatiker muß seinen Führungsanspruch ständig aufs Neue unter Beweis stellen. Er muß immer wieder beweisen, daß all seine Handlungen nur zum Besten der Geführten sind. Seine Effektivität muß nicht nur real, sondern auch offensichtlich sein. Oft überlebt der Charismatiker eher durch scheinbare als durch reale Leistungen.

Das Wesentliche ist für ihn, ein Image des Erfolgs und der Durchsetzungskraft aufrechtzuerhalten. Solange er nämlich das schafft, wird der Charismatiker von seinen Anhängern vergöttert (*Gerth & Mills*, 1946).

Das Fernsehen hat die Image-Bildung und die Image-Erhaltung des charismatischen Führers einerseits erleichtert und andererseits erschwert. Die Kürze und die Selektivität der redaktionellen Beiträge können wohl zur Image-Bildung beitragen, andererseits kann aber die Erbarmungslosigkeit der Kamera auch eine Realität in die Wohnzimmer tragen, die nicht nur dem Image zuträgliche, sondern auch dem Image abträgliche Elemente enthält und dramatisch in Szene setzen kann. Der Führer befindet sich sozusagen von Angesicht zu Angesicht mit den Geführten.

Obwohl der Einfluß des charismatischen Führers auch von situativen Zufällen abhängig sein kann, bleibt der Nimbus des Charisma auch heute noch ungebrochen.

Nach dem Sieg im Zweiten Weltkrieg war der Großteil der britischen und der französischen Bevölkerung mehr an einer wirtschaftlichen Erholung als an nationalen Machtansprüchen interessiert. Sowohl Großbritannien als auch Frankreich waren ihrer Nationalhelden *Churchill* und *de Gaulle* etwas müde geworden. Der Nimbus dieser beiden charismatischen Führer aber blieb dennoch aufrecht und ihr Einfluß blieb bestehen.

Als der Algerien-Krieg ausbrach, eine Revolution und eine Verfassungskrise drohten, gelang es de Gaulle, 12 Jahre später wieder an die Macht zu kommen.

Auch als Churchill als Premierminister längst abgesetzt worden war, fuhr er fort, die internationale Politik zu beeinflußen, und schaffte es, die westlichen Demokratien von der Existenz eines Eisernen Vorhanges zu überzeugen, was sich auch heute noch auf die sowjetisch-amerikanischen Beziehungen auswirkt.

Eines der Hauptziele des Charismatikers ist die Erhaltung seiner transformationalen Wirkung. Mancher charismatische Führer hinterläßt einen bleibenden Eindruck, mancher auch nicht. Die durch einen transformationalen Führer verursachten Veränderungen können manchmal auch seinen Tod überdauern – ein Beispiel, das uns in diesem Zusammenhang symptomatisch erscheint, ist der Totenkult um *Lenin* – 60 Jahre nach seinem Tod.

*Alexander der Große* schaffte es innerhalb seiner kurzen Regierungszeit, die damalige Welt politisch, gesellschaftlich und kulturell total zu verändern.

Der Einfluß *Simon Bolivars* ist auch heute noch in ganz Lateinamerika zu spüren. *Mohammed* transformierte ganze Völker, von Nordafrika bis Indonesien, von Spanien bis Asien. Aber das genaue Gegenteil ist ebenso denkbar. Der Tod eines charismatischen militärischen Führers ist für seine Truppen verheerend und äußerst demoralisierend (*Hays & Thomas*, 1967).

Das von Hitler verkündete »tausendjährige Reich« starb mit ihm, aber das

Wirtschaftswunder nach dem Krieg verschaffte Deutschland eine dominierende Rolle in Europa, die Hitler niemals zustandegebracht hatte. *Mao Tse-tung* glaubte seinen Tod überdauern zu können, indem er eine permanente Revolution ins Leben rief. Aber die permanente Revolution starb mit ihm und nach seinem Tod versank China in einem Chaos, das später durch eine vernünftigere Regierung beendet werden sollte.

Die Beziehung zwischen dem charismatischen Führer und seiner Gefolgschaft ist instabil – sie muß instabil sein, weil sie auf emotionalen und nicht rationalen Faktoren aufgebaut ist.

Um Stabilität zu erlangen, müßte sie Routine, Regeln und Vereinbarungen entwickeln (*Weber*, 1947).

Ein Beispiel hierfür ist *Bonaparte*, der zum Kaiser Napoleon wurde.

Die Dauerhaftigkeit des charismatischen Führers ist überhaupt problematisch. Wenn er nicht mehr da ist, muß es routinemäßige institutionelle Praktiken geben, die die von ihm aufgebauten kulturellen Imperative ersetzen. Aber diese brechen oft mit seinem Tod zusammen. *Tito* hatte das Schicksal Jugoslawiens über seinen Tod hinaus sorgfältig geplant, aber auch er hatte seine Zweifel, ob es einen Nachfolger geben würde, der seine eigene charismatische Autorität erreicht (*Drachkowitsch*, 1964).

*Trice & Beyer* (1984) kamen zu der Ansicht, daß das Charisma eines Führers auf verschiedene Art erhalten bleiben kann. Das phänomenale Anwachsen der Organisation der Anonymen Alkoholiker und des National Council of Alcoholism ist darauf zurückzuführen, daß sie charismatische Führer hatten, die
1) einen administrativen Apparat schufen, der das charismatische Programm in die Praxis umsetzen konnte,
2) das Charisma mittels Riten und Zeremonien auf die Organisationsmitglieder zu übertragen vermochten,
3) die charismatische Botschaft in die Organisationskultur integrierten, und
4) sich einen charismatischen Nachfolger suchten, der dem ursprünglichen Führer hinreichend ähnlich war, um die Wertschätzung zu gewinnen, die ihn befähigte, einen ähnlichen Einfluß wie der ursprüngliche Führer auszuüben.

*Das Auftreten von Charisma in komplexen Organisationen*

Für *Max Weber* war das Auftreten charismatischer Führer der Zündfunke für die Entstehung und Entwicklung von Organisationen, die später traditionell oder bürokratisch geführt wurden. Charismatische Führer waren für ihn die Innovatoren, die Organisationen ins Leben riefen, während bürokratische Führer notwendig waren, um sie aufrechtzuerhalten. Die Charismatiker stellen die Regeln auf, nach denen die bürokratischen Verwalter zu handeln haben. Nach *Berger* (1963) konnte man Charismatiker auch im Mittelpunkt institutioneller Strukturen finden – und sie waren imstande, sie gegebenenfalls zu radikalisieren.

Meist assoziiert man Charisma eher mit politischen und religiösen Führern als mit Führern der Wirtschaft, der Industrie, der Erziehung und des Staates.

Tatsächlich sagte einmal ein höherer Verwaltungsbeamter einer großen staatlichen Universität bei einer Fakultätssitzung, bei der die Wahl des künftigen Dekans besprochen wurde, »Dekane können gar keine Führer sein«. Was er meinte, war, daß, wer immer auch für das Amt gewählt würde, sein erstes Anliegen darin sehen müsse, die Schule der bürokratischen Ordnung entsprechend und nach den amtlichen Vorschriften zu führen – wobei Kreativität, Innovation etc. zweitrangige Probleme bleiben würden.

Nichtsdestoweniger ist Charisma als interpersonales Merkmal in komplexen Organisationen durchaus vorhanden und beileibe nicht auf die großen Führungspersönlichkeiten unserer Zeit beschränkt. (Eine Reihe von Kommentatoren, wie z. B. *Blau & Scott* (1962), *Dow* (1969), *Etzioni* (1961), *House* (1976), *Oberg* (1972) *Shils* (1965) und *Tucker* (1968) sind zu denselben Befunden gekommen.)

In dieser Hinsicht findet man Charisma in einem beträchtlichen Ausmaß auch bei Industrieführern, Personen im Erziehungswesen und im Staatsdienst sowie bei militärischen Führungspersonen. Dies wird von den quantitativen Analysen, auf die wir in Kapitel 11 und 12 näher eingehen werden, bestätigt. Viele Untergebene beschrieben darin ihre Vorgesetzten in der Organisation als »Personen, die Enthusiasmus für die zu erledigenden Aufgaben hervorrufen, die einem zur Loyalität inspirierten, die von jedermann geachtet werden, und eine ganz spezielle Gabe haben zu erkennen, was vordringlich war, kurz, in einem das Gefühl gaben, eine Mission zu haben«.

Es zeigte sich, daß die von diesen Vorgesetzten begeisterten Untergebenen zu ihnen uneingeschränktes Vertrauen hatten und sich in ihrer Nähe »einfach wohlfühlten«. Die Untergebenen erklärten auch, daß sie stolz waren, mit solchen charismatischen Führern zusammenzuarbeiten und daß sie vollstes Vertrauen zu ihrer Fähigkeit, mit jedem Problem fertigzuwerden, hätten. Es scheint also, daß charismatische Führer den Geführten als Symbole des Erfolgs erscheinen.

Es mag schon zutreffen, daß man charismatische Führer eher in politischen und religiösen Bewegungen antrifft als in der Wirtschaft und in der Industrie (*Katz & Kahn*, 1966). Auch wir haben uns bisher mehr mit dem Charisma beschäftigt, das in politischen und religiösen Bewegungen auftritt, aber wir möchten dennoch feststellen, daß es gar nicht so selten auch im organisatorischen Bereich vorhanden ist – bei leitenden Angestellten in der Wirtschaft, bei Verwaltungsbeamten, militärischen Führern und Managern in der Industrie. Für *Zaleznik* (1983) ist Charisma jenes Element, das einen gewöhnlichen Manager von einem wahren Organisationsführer unterscheidet. Wirkliche Führungspersönlichkeiten erwecken in den Geführten intensive Gefühle – Liebe oder Haß. Bei gewöhnlichen Managern sind die Zusammengehörigkeitsgefühle bei den Untergebenen nicht sehr ausgeprägt, aber die gegenseitigen Beziehungen sind reibungsloser und stabiler. Mit einem charismatischen Führer möchten sich die Geführten identifizieren, aber wie es bei sehr engen Beziehungen meistens der Fall ist, sind diese eher turbulent.

Nach *Berlew* (1979) generiert der charismatische Führer Begeisterung, indem er ein gemeinsames Ziel schafft, das den Geführten ein starkes Gefühl der Gemeinsamkeit und der für sie entscheidenden Wertvorstellungen darstellt.

*Smith* (1982) untersuchte 60 charismatische und nicht charismatische Führungspersönlichkeiten. Dabei wurden charismatische Führer von ihren Untergebenen als signifikant dynamischer beschrieben. Die Untergebenen gaben auch an, daß sie unter einem charismatischen Führer härter arbeiteten (mehr Überstunden leisteten) und daß sie zu einem solchen Führer mehr Vertrauen hätten, weil sie sich bei ihm sicherer fühlten.

Nach *Handy* (1970) tauchen »Kommando-Führer« immer dann auf, wenn eine Organisation vor herausfordernden und aufregenden neuen Aufgaben steht. Aber man neigt dazu, solche Führer als »ärgerliche Blender« anzusehen, auch wenn sie höchst erfolgreich sind. (Wobei anzunehmen ist, daß sie in organischen, flexiblen Organisationen möglicherweise als weniger »ärgerlich« angesehen würden.)

*Hollander* (1978) andererseits ist der Meinung, daß in einer komplexen Organisation charismatischer Führungsstil nicht so leicht entstehen kann, weil hier der Nahkontakt zwischen Vorgesetzten und Untergebenen die Entwicklung magischer charismatischer Eigenschaften verhindert. Andererseits aber hatten große Charismatiker wie beispielsweise *Lenin* und *Kitchener* lebenslang eine Gefolgschaft, die sie intensiv und bedingungslos anbetete.

Eine soziale Distanz zwischen Führer und Geführten mag dem Zauber des Charisma zuträglich sein, ist aber nicht unbedingt vonnöten. Außerdem können sich gerade besondere Nahverhältnisse als sehr problematisch erweisen. Sie können verschiedene Formen haben – gelernte Rollenverteilung, Macht und Kontrolle, spirituelle und transpersonale Aspekte, ja sogar die Überzeugung, daß alle Menschen Brüder sind. Es kann sich aber auch um reife Interdependenz handeln.

*Yukl* (1981) nimmt an, daß die anscheinende Seltenheit des Auftretens charismatischer Führer in Wirtschaft und Industrie auf einen Mangel an Managern mit den nötigen Fähigkeiten zurückzuführen ist.

*Berlew* (1974) andererseits ist der Ansicht, daß viele Manager die nötigen Fähigkeiten hätten, aber die entsprechenden Gelegenheiten nicht wahrnehmen. Möglicherweise sind auch Personen, die sich für eine Karriere in der Wirtschaft oder in der Industrie entscheiden, weniger gewillt, das Risiko auf sich zu nehmen, aus den Reihen ihrer Kollegen zu tanzen. Vielleicht ist es auch dem eigenen Weiterkommen innerhalb einer Organisation zuträglicher, sich konformistisch zu verhalten, als sich zu seinen Überzeugungen zu bekennen.

Nach *House* (1977) kann man überall Charismatiker antreffen. Ihre Merkmale sind: das Vertrauen, das ihre Untergebenen in sie setzen, die Ähnlichkeit der Anschauungen zwischen Geführten und Führer, die bedingungslose Anerkennung des Führers, die Zuneigung der Geführten zum Führer, die Unterordnung und der Gehorsam der Geführten, die emotionale Bindung der Geführten an die Ziele der Organisation, der Leistungswille der Geführten, und ihre Überzeugung, daß sie zu den Gruppenzielen beitragen können.

*Charisma in verschiedenen Organisationsformen*

*Weber* (1947) war der Ansicht, daß charismatische Führung als Ersatz für Recht und Ordnung in komplexen Organisationen dient, die weder bürokratisch noch traditionsorientiert sind. Heute erleben wir den Aufstieg von ad-hoc-geführten, flexiblen Organisationen im Hochtechnologiebereich, deren organisatorische Abläufe bürokratische und traditionsbedingte Starrheiten zu vermeiden suchen, indem sie zu temporären Systemen und organischen Organisationsformen greifen (*Robbins*, 1983).

Ausgefeilte formale Koordination und Planung werden wahrscheinlich durch Teamwork und die intensive Arbeits- und Kooperationsbereitschaft der Mitarbeiter ersetzt. Die Hauptverantwortlichen zeigen hierbei sehr viele Merkmale charismatischer Führung (*Quinn & Cameron*, 1983).

In einer Untersuchung von 80 Generaldirektoren und 10 innovativen Organisationsführern fand *Bennis* (1982), daß ihnen allen eines gemeinsam war: nämlich die Fähigkeit, »in ihnen den Willen zu erwecken, ein gemeinsames Ziel zu erreichen« (S. 55).

Sie waren imstande, ihre Vorstellungen den Mitarbeitern zu vermitteln, sie zur Mitarbeit und zu einem Engagement für die Unternehmensziele zu motivieren. Diese Führungspersonen zeigten auch die Willens- und die Überzeugungskraft des Charismatikers, »besonders in schwierigen Situationen«. Trotzdem aber bewiesen sie Anpassungsvermögen, sowohl in bezug auf ihre Person, als auch auf ihre Organisation – sie waren imstande, sich veränderten Problemen und veränderten Bedingungen anzupassen. Diese erfolgreichen Topmanager konzentrierten sich hauptsächlich auf ihre Organisationsziele und auf das »Paradigma des Handels«. Um ihre Zielvorstellungen den Organisationsmitgliedern zu vermitteln, machten sie ausgiebigen Gebrauch von Metaphern, Symbolen und Zeremonien – und sie verstanden es, die Untergebenen dafür zu begeistern. Sie definierten, was gut, richtig und wichtig für die Organisation war, und trugen so zur Entwicklung und Erhaltung der Organisationskultur der gemeinsamen Normen und Werte und des Betriebsklimas bei.

Aufgrund seiner Beobachtungen erfolgreicher Führer in partizipativen Systemen kam *Lawler* (1982) zu dem Schluß, daß Führungsverhalten durch eine Kombination von Faktoren gekennzeichnet ist, die man mit Begriffen wie »Weitblick, Kommunikationsfähigkeit, Symbolik und Charisma« beschreiben könnte. Solche Führer legen mehr Wert darauf, »die richtigen Dinge zu tun, als die Dinge richtig zu tun«.

## Die Persönlichkeit des charismatischen Führers – Voraussetzungen, erforderliche Fähigkeiten

*Selbstvertrauen*

Ein universelles Merkmal des charismatischen Führers ist sein Selbstvertrauen und seine Selbsteinschätzung. *Charles de Gaulle* besaß diese Eigenschaften in höchstem Maß. Er war vollkommen überzeugt von der Richtigkeit seiner Politik und all dessen, was er repräsentierte, er war sicher, daß er imstande war, jedes Problem, das Frankreich befallen mochte, zu lösen. Charismatiker legen Wert auf ein solches Image. Selbst wenn sie persönlich entmutigt sind und zu versagen glauben, würden sie solche Gefühle in der Öffentlichkeit niemals zugeben (*Tucker*, 1976).

Diese Selbsteinschätzung hilft den Charismatikern, bei interpersonalen Konflikten eine defensive Haltung zu vermeiden und sich das unerschütterliche Vertrauen ihrer Untergebenen zu erhalten (*Hill*, 1976). Es ist anzunehmen, daß charismatische Führer ihr absolutes Selbstvertrauen auf ihre gleichgesinnten und treuen Untergebenen übertragen.

Als *Yassier Arafat* 1970 aus Jordanien vertrieben wurde, 1976 im Libanon eine Niederlage erlitt, aus Beirut, aus Damaskus und 1984 aus Tripoli gejagt wurde, zeigte er der Welt immer noch ein lächelndes Gesicht und hatte immer noch den Großteil der Palästinenser hinter sich.

Laut *Weber* (1947) ist Charisma in erster Linie ein persönliches Merkmal, das manche Führer besitzen, und das sie von anderen unterscheidet – eine außergewöhnliche Willenskraft, eine Zielstrebigkeit, eine Bestimmtheit und die Macht, ihre Zwecke durchzusetzen. *Nietsches* Vorstellung des »Übermenschen« trug dieselben Züge: innere Überzeugung, Ursprünglichkeit, Selbstbestimmung,

Pflicht- und Verantwortungsgefühl. Nach Nietzsche hatten »gewöhnliche Menschen diesen Erwartungen zu entsprechen«. Der Übermensch aber konnte sich von diesen Erwartungen freimachen. Er war ein Kontaktpunkt zur Zukunft, der neue Werte und neue Ziele schuf. Er war der Herr und nicht der Sklave. Er strebte nach Macht, suchte sich von Zwängen zu befreien, und sein eigenes Schicksal zu meistern. Obwohl Nietzsches Übermensch – von seinen Merkmalen her – viel mit einem charismatischen Führer gemein hat, sind doch manche Elemente des »Übermenschen« konträr zu dem, was wir unter transformationalem Führungsverhalten verstehen. Der transformationale Führer beschäftigt sich mit organisatorischen Veränderungen, die zum Erfolg der Organisation beitragen sollen. Der »Übermensch« von Nietzsche aber sucht seine eigene Freiheit. Der transformationale Führer ist mit der Entfaltung seiner Untergebenen (und seiner eigenen) befaßt, der »Übermensch« aber ist im Grunde genommen narzißtisch und egozentrisch (*Nietzsche*, 1885–1947).

*Die Voraussetzungen für transformationale Führung*

Charismatische Führer sind insoferne transformational, als sie bei ihren Untergebenen das Bedürfnis nach Transformation hervorrufen. Charismatische Führer haben die Gabe, sich in die Bedürfnisse, Wertvorstellungen und Hoffnungen ihrer Untergebenen hineinzuversetzen. Sie verstehen es, diese Gefühle mit dramatischen Worten überzeugend auszudrücken, und ihre Handlungen darauf aufzubauen. (Siehe *Martin Luther Kings* berühmte Rede »ich habe einen Traum« und seinen Marsch auf Selma, Alabama.)

In Übereinstimmung mit dem, was wir über transformationale Führer gesagt haben, besitzen nach *Gardner* (1961) auch Charismatiker die Gabe, »die Ziele der Menschen zu verstehen und zu artikulieren – Ziele, die die Menschen über ihre Alltagssorgen hinausheben«. Solche Führer können die Menschen dazu bringen, nach Zielen zu streben, »die es wert sind, sich nach besten Kräften darum zu bemühen«. Charismatische Führer sind überzeugende Schauspieler – sie befinden sich immer im Rampenlicht und müssen ständig ihr Selbstvertrauen und ihre Überzeugungen auf die Geführten übertragen. Sie wollen sich selbst überlebensgroß darstellen – als Wunderheiler, als Retter, wo andere versagt haben (*House*, 1977).

Wie *Yukl* (1981) feststellte, haben charismatische Führer die Gabe, Dinge öffentlich auszusprechen, die die Geführten empfinden, aber nicht ausdrücken können. Diese öffentlichen Äußerungen können dann zu Slogans werden, wie beispielsweise Kings »we shall overcome« und Lenins »Land, Frieden, Brot«.

Im Präsidentschaftswahlkampf des Jahres 1984 wurde Gary Harts Motto

»Neue Ideen« unter den gebildeteren Wählern als erstrebenswertes Ziel angesehen. Sie sahen darin ein Zukunftskonzept, das mehr auf Problemlösungen als auf die Fortsetzung der vorherrschenden »Rechts-links-Politik« ausgerichtet war.

*Weitere Transformationale Tendenzen*

Charismatiker machen sich den Pygmalion-Effekt zunutze (worauf wir im nächsten Kapitel noch näher eingehen werden), indem sie ihre Wirkung umkehren – ihr Vertrauen in die Leistungen ihrer Gefolgschaft und ihre optimistischen Erwartungen feuern die Selbstwertgefühle und die Begeisterung der Gefolgschaft an und erhöhen deren Anstrengungen und Bemühungen, die vom Führer in sie gesetzten Erwartungen zu erfüllen. Charismatische Führer erzeugen bei ihren Untergebenen Leistungsmotivation und Zusammengehörigkeitsgefühle. »Du kannst mehr leisten als du glaubst« – »Einer für alle und alle für einen«, »Wer zuletzt lacht, lacht am besten« – solche Slogans illustrieren die Anziehungskraft charismatischer Führer.

Charismatische Führer können einen Bezugsrahmen und ein Realitätsimage für die Geführten herstellen (*Smircich & Morgan*, 1982). Obwohl das ein interaktiver, konsultativer Prozeß sein kann, ist es doch im Zusammenhang mit Charisma ein stark empfundenes Image. Charismatische Führer bestimmen, »wo es lang geht« und definieren damit für die Untergebenen die Situation. Dies mag damit zu tun haben, daß Charismatiker ihre Konflikte außerhalb ihrer selbst lösen können. Luther und Gandhi sind Beispiele dafür (*Erikson*, 1969).

*Die Lösung innerer Konflikte*

Die Psychoanalytiker sind der Meinung, daß der außergewöhnliche Weitblick der Charismatiker daher kommt, daß sie »um die Ecke schauen« können, weil sie weniger mit inneren Konflikten belastet sind. Gewöhnliche Manager und Führer haben möglicherweise mehr innere Konflikte, sie haben Eindrücke, Gefühle und Assoziationen, die dem Es und dem starken Kontrollmechanismus des Über-Ich entspringen. Die Befreiung von dem Konflikt zwischen Es und Über-Ich kann starke Ego-Ideale ermöglichen. Der charismatische Führer ist sich sicher, daß das, was er will, wichtig und richtig ist.

Er setzt Unternehmensziele fest und bestimmt, »was für das Geschäft am besten ist« und begeistert seine Mitarbeiter für diese Ziele. Unter solcher Führung sind Kollegen und Mitarbeiter bereit, ihre Eigeninteressen zugunsten der Organisationsziele hintanzustellen, weil sie in ihnen eine Bedeutung sehen und eine Befriedigung finden, die über ihre eigenen Interessen hinausgeht. Eine weitere Auswirkung des Ego-Ideals des charismatischen Führers ist seine Überzeugung von der Gültigkeit und Richtigkeit seiner eigenen Ansichten, wodurch er offenbar in der Behandlung seiner Untergebenen offener und ehrlicher sein kann. Er kann Untergebene ersetzen, ohne Gewissensbisse zu haben (*Keichel*, 1983).

Andererseits ist das Ego des gewöhnlichen Managers – besonders des mittleren Managers, von dem erwartet wird, daß er sich kooperativ und konformistisch verhält – mit seinen Es- und seinen Über-Ich-Konflikten beschäftigt. Er will – im übertragenen Sinn – »den Mann im grauen Flanell« darstellen, der keine Wellen schlägt, seinen Platz behauptet und nur tut, was seiner Karriere zuträglich ist. So ist der gewöhnliche Manager ständig das Opfer seiner Selbstzweifel und seines persönlichen Traumas, ganz gleich, welche Stellung er innehat (*Levinson* et al., 1978).

*Korman* et al. (1981) fanden die Folgen dieser internalen Konflikte bei den verschiedensten Managern. Sie fanden, daß sie an ihren unerfüllten Erwartungen und unter einem Gefühl der Unfähigkeit, ihr Schicksal zu meistern, litten. Sogar höchst erfolgreiche Führungskräfte in mittleren Altersgruppen gaben an, persönliche Konflikte, Selbstzweifel und Unsicherheit über den Wert ihrer beruflichen Stellung sowie über den Sinn des Erfolgsstrebens zu haben (*Henry*, 1961).

*Tarnowieski* (1973) entdeckte in einer Untersuchung von mehreren tausend Managern einen hohen Grad von persönlicher und sozialer Unzufriedenheit. Ihre Karrieren befriedigten sie nicht mehr und sie fühlten sich den Unternehmen, in denen sie tätig waren, entfremdet. Auch erfolgreiche junge Manager und ihre Ehefrauen zeigten bereits starke Anzeichen von Streß, Mangel an Aufmerksamkeit und ein starkes Gefühl der Sinnlosigkeit der täglichen Routine (*Bartoleme*, 1972) sowie Gefühlsarmut (*Maccoby*, 1976). Ungefähr 80 % einer anderen Stichprobe von Managern in mittleren Jahren gaben an, schon in ihren späten dreißiger Jahren Perioden intensiver Frustration erlebt zu haben. 15 % davon hatten sich davon nicht mehr erholt (*Schultz*, 1974).

Als extreme Antithese zum transformationalen charismatischen Führer erscheint der defensive und gehemmte Bürokrat, der mit seinen eigenen Es-/Über-Ich-Konflikten kämpft:

»Sein Gewissen wacht ständig über ihn und vergiftet möglicherweise den Brunnen seines Selbstvertrauens mit Schuldgefühlen. Angeheizt von Gefühlen der Ausweglosigkeit, wenden sich seine aggressiven Energien gegen sich selbst und gegen seine Umgebung: er mißtraut seinen eigenen Fähigkeiten und denen seiner Nächsten. Das Ergebnis ist eine extrem unproduktive Unternehmenspolitik: Platzstreitigkeiten, ein Chef, der eifersüchtig auf seine Untergebenen und nicht gewillt ist, ihnen zu helfen. Kurzum: Demoralisation in jeder Hinsicht« (*Kiechel*, 1983, S. 140).

*Erfolg ohne Charisma*

Eine charismatische Persönlichkeit macht es wahrscheinlicher, daß ein Führer Erfolg hat, aber sie ist nicht unbedingt eine Voraussetzung dafür. Genau wie Berühmtheit nicht unbedingt einen charismatischen Führer voraussetzt, gibt es erfolgreiche Führer, wie beispielsweise *George Washington*, die wenig persönliche charismatische Merkmale hatten.

Er war nicht sehr zuversichtlich, die Armee erfolgreich gegen Großbritannien zu führen. Ja, er versuchte sogar, seiner Ernennung zum Kommandeur auszuweichen, und er hat auch nicht sehr viele militärische oder politische Siege zu verbuchen. Er hat keine neuen Glaubenssätze verkündet. Er hat sich darauf beschränkt, die bestehenden Institutionen zu erhalten und sie gegen die exzessiven Forderungen der britischen Krone und des britischen Parlaments zu verteidigen. Als Offizier und Regierungsbeamter bediente er sich der allgemeinen Praktiken seiner Zeit und ging Vorurteilen und Bevorzugungen zur Förderung seiner Ziele aus dem Weg. Nichtsdestotrotz war Washington ein äußerst erfolgreicher militärischer und politischer Führer, der von seiner Gefolgschaft bewundert wurde, weil er die Werte seiner Gesellschaft verkörperte (*Schwartz*, 1983).

Nochmals: Führer können auch ohne Charisma auf die verschiedenste Weise erfolgreich sein. Führer können auch dadurch erfolgreich sein, daß sie zwischen Gruppen mit konfliktierenden Interessen Kompromisse aushandeln, indem sie entsprechende Belohnungen für Übereinstimmung aussetzten und partizipative Lösungen für diejenigen schaffen, die unter diesen Kompromissen zu leben haben (*Zaleznik & Kets de Vries* 1975).

*Wenn charismatische Führung versagt*

Charismatische Führer sind nicht notwendigerweise in allen Belangen und auf allen einflußreichen Positionen, die sie erlangt haben, erfolgreich. *John F. Kennedy* war einer unserer charismatischsten Präsidenten, er hat die Nation für innenpolitische Veränderungen und außenpolitische Profilierung begeistert, aber tatsächlich hat er in den zwei Jahren seiner Amtszeit wenige innenpolitische Reformen zustandegebracht und war auch in seiner Außenpolitik nicht sehr erfolgreich.

Auch *Fidel Castro* ist ein äußerst charismatischer Führer. Er hat Cuba erfolgreich transformiert, aber ganz allgemein war er nicht allzu erfolgreich bei seinen eher kostspieligen Bemühungen, seine Revolution in andere Länder Lateinamerikas und nach Afrika zu exportieren.

Trotz ihres Selbstvertrauens, ihrer Selbstsicherheit und ihrer Freiheit von inneren Konflikten versagen manche charismatischen Führer teilweise oder total –

dies ist eine Folge von bestimmten Mängeln, Unzulänglichkeiten, oder übertriebenen Neigungen. Manchmal versagen sie auch aufgrund der übergroßen Zurückhaltung, mit der sie sich konfrontiert sehen und die sie abzubauen suchen. So kann es geschehen, daß Führer, die sich einer großen Aufgabe verschrieben haben, die Zuversicht und Selbstvertrauen besitzen – und all die anderen Attribute des Charisma, die erforderlich sind, um organisationsinterne Widerstände zu überwinden, in ihren Bemühungen scheitern. *John Connor* war ein erfolgreicher Geschäftsmann, ehe er das Amt des amerikanischen Handelsministers annahm. Dort wurde er durch seinen Mangel an Durchsetzungskraft frustriert. Er blieb zwar noch eine Weile im Amt, zeigte eine optimistische Haltung, reichte aber schließlich seine Kündigung ein (*Zaleznik*, 1967).

Der US-Senator und Vizepräsident *Hubert Humphrey* hatte ein ähnliches Schicksal: auch er hatte eine Mission, er hatte Selbstvertrauen und große Ambitionen, aber er redete zuviel, dachte zuwenig, und als er merkte, daß sein Idealismus seinem politischen Erfolg im Wege stand, mußte er zur Kenntnis nehmen, daß Politik Kompromißbereitschaft bedeutet. Unglücklicherweise machte er Konzessionen hinsichtlich seines Liberalismus, erklärte sich bereit, *Lyndon Johnsons* Vizepräsident zu werden, und verleugnete seine eigenen liberalen Ideale, indem er sich zum Fürsprecher von Johnsons Vietnam-Politik machte – trotz seiner eigenen Ablehnung derselben (*Solberg*, 1984).

*McCall* und *Lombardo* (1983) haben Hinweise entdeckt, die möglicherweise eine Erklärung dafür sein könnten, warum junge Manager, die mit einigen charismatischen Eigenschaften ausgestattet sind, in organisatorischen Settings entweder gedeihen oder versagen. Diese beiden Forscher haben eine Befragung von 20 leitenden Angestellten durchgeführt, die eine vielversprechende Karriere in Angriff genommen hatten, aber dann, trotz ihres Rufes, »Wunder wirken« zu können, irgendwie entgleisen. Diese Studie wurde dann mit einer Untersuchung von 20 Managern verglichen, die es geschafft hatten, zur Spitze der Erfolgsleiter zu klettern. Persönliche Unzulänglichkeiten spielten dabei wohl eine gewisse Rolle. Manchmal war das Selbstbewußtsein zu stark ausgeprägt. Einer der Interviewten gab an: »Er war nicht bereit, zu verhandeln, er wollte andere Meinungen nicht gelten lassen, er konnte einem Elefanten in einem Porzellanladen nachlaufen und immer noch Porzellan zerbrechen.« Diese Sturheit und diese mangelnde Einfühlsamkeit in andere konnte auch ein erfahrener Manager kaum überwinden. Daran sind schon viele gescheitert.

Was in dieser Studie sonst noch an persönlichen Unzulänglichkeiten zutage kam, waren Kälte, Arroganz und die Unfähigkeit zu delegieren, oder einen Teamgeist zu schaffen.

Während jeder dieser Fehler für einen charismatischen Führer innerhalb einer Organisation verheerende Wirkungen haben könnte, kann es einem charismatischen politischen Führer möglich sein, mit allen diesen Unzulänglichkeiten fertig zu werden, wenn er auf seine höheren Ziele hinweist. Aber für den Manager in der Industrie, auf halbem Weg nach oben, können diese Dinge bei seinen mächtigeren Kollegen starke Antipathien auslösen, die seinen Aufstieg behindern.

»Natürliche Führer«, vielversprechende junge Manager, sind auf ihrem Weg nach oben gestolpert, weil sie in ihrem Verhalten inkonsistent und inkonsequent waren. Sie stifteten im organisatorischen Bereich Verwirrung an. Diejenigen, die es bis zur Spitze schafften, waren dafür bekannt, daß sie nach der Formel handelten »Ich tue genau das, was ich sage, und wann ich es sage. Wenn ich daran etwas ändere, werde ich es vorher bekanntgeben, so daß ich mit meinen Handlungen keinem schaden werde.« (*McCall & Lombardo*, 1983, S. 11)

Aber als diese anfänglich so vielversprechenden Manager in der Unternehmenshierarchie aufstiegen, waren es gerade jene Stärken, die vorher zu raschen Beförderungen geführt hatten, die letzlich zu Schwachpunkten wurden. Die Loyalität ihren Kollegen gegenüber wurde zu einem Abhängigkeitsverhältnis und zur »Freunderlwirtschaft«; übermäßiger Ehrgeiz stieß die, die sie unterstützten, ab; und überlegenes Fachwissen ließ sie bei Details versagen. Fortgesetzter Erfolg auf unteren Ebenen, der manche junge Führungskräfte kalt und arrogant werden ließ, hatte zur Folge, daß ihre Kollegen es ablehnten, weiterhin mit ihnen zusammenzuarbeiten.

So kommt es, daß einige der wichtigsten Elemente vieler erfolgreicher politischer Charismatiker, wie zum Beispiel ihre innere Bestimmtheit, ihr Selbstvertrauen, ihre Ambitionen und ihr Missionsbewußtsein, wenn sie nicht von den Zwängen der Organisation in Schranken gehalten werden, die aufstrebenden jungen Führer in Schwierigkeiten bringen können.

Untersuchungen haben ergeben (Kapitel 12), daß charismatische Führer in komplexen Organisationen eine weniger wichtige Rolle hinsichtlich der Effektivität der Organisationseinheit, die sie leiten, spielen, als in der Effektivität der Organisation als Ganzes.

Trotzdem haben es manche sehr willensstarke und mit großem Selbstvertrauen ausgestattete charismatische Führer zustandegebracht, sich an die Spitze von äußerst bürokratischen Organisationen zu setzen. Ein Beispiel hierfür ist Admiral *Hyman Rickover*, der sich trotz seiner Unbeliebtheit in der Marine aufgrund seiner guten Beziehungen zum amerikanischen Kongreß so lange als Chef des Programms für nuklearbetriebene U-Boote behaupten konnte. Wie es bei so vielen politischen Charismatikern der Fall ist, war es sein Einfluß im Kongreß, nicht in der Marine, der dafür verantwortlich war (*Polmar & Allen*, 1982).

*Charismatische Führer, die keinen transformationalen Einfluß auf die Geführten haben*

Auch wenn sie als Führer erfolgreich sind, kann es sein, daß Charismatiker keinen transformationalen oder inspirationalen Einfluß auf die Geführten haben. Das hängt davon ab, ob ihr Charisma sich mit anderen transformationalen Faktoren wie individuelle Rücksichtnahme und intellektuelle Anregung verbindet. Charismatische Erzieher steuern und unterstützen die geistige und persönliche Entfaltung ihrer Zöglinge. Charismatische Chefs bieten Unterstützung, Schutz und Sicherheit im Austausch für Loyalität und treue Dienste an. So halten sie die Geführten in einem fortwährenden Stadium der Abhängigkeit. Charismatische Lehrer inspirieren ihre Schüler und geben ihnen intellektuelle Anregungen. Charismatische Berühmtheiten, Stars beispielsweise, denen der Intellekt fehlt, tun dies nicht.

Charismatische junge Offiziere veranlassen ihre Soldaten mit dem Ruf »mir nach!« zu heldenhaften Taten, während charismatische Asketen und Mystiker eher Eskapismus und Lethargie hervorrufen.

Der charismatische Führer, der gleichzeitig transformational ist (der also die Geführten zum Positiven beeinflußt), unterscheidet sich von dem Charismatiker, der diese Fähigkeiten nicht besitzt. Der erfolgreiche und wirkungsvolle transformationale Führer kümmert sich mehr um die tatsächlichen als um die scheinbaren Bedürfnisse der Geführten und um die gemeinsame Leistungssteigerung. Auch zeigt er mehr Rücksichtnahme.

Relativ gesprochen verläßt sich der charismatische *und* transformationale Führer mehr auf rationale und intellektuelle Überzeugung, während der »falsche Messias« mehr auf die emotionellen Komponenten setzt. Wir nehmen an, daß wir noch größere Diskrepanzen zwischen den tatsächlichen und den wahrgenommenen Fähigkeiten des charismatischen Führers aufzeigen können – nämlich den Unterschied zwischen dem charismatischen Führer, der keine transformationalen Eigenschaften besitzt, und dem, der sie hat. Obwohl beide imstande sind, ihre Untergebenen zu inspirieren, findet man den charismatischen und transformationalen Führer viel öfter unter Lehrern, Mentoren oder Sporttrainern, während der Charismatiker, der nicht transformational ist, eher in der Form eines Stars, eines Schamanen oder eines Mystikers auftritt. Der charismatische und transformationale Führer strukturiert die Probleme für die Geführten, so daß sie sie besser verstehen und besser mit ihnen fertigwerden können. Der charismatische Führer, der nicht imstande ist, die Geführten »aufzurichten«, ist eher geneigt, ihre Probleme zu übersimplifizieren, so daß die Geführten ihrerseits oberflächlich oder überhastet mit ihnen umgehen, blindlings auf ihre gegenseitigen Standpunkte vertrauen oder den Problemen überhaupt gänzlich aus dem Weg gehen.

## Charisma und die Transformation von Organisationen

Neuerdings legt man immer mehr Wert auf einen Führungsstil, der organisatorische Veränderungen hervorbringt und der die Mitarbeiter in ihrer ganzen Persönlichkeit in das Organisationsgeschehen einbezieht. In jüngster Zeit werden charismatische Gaben und Weitblick nicht mehr nur als möglich, sondern sogar als notwendig für einen erfolgreichen Führungsstil angesehen. Nach *Peters* (1980) hängt die Transformation von Organisationen hauptsächlich von den charismatischen Eigenschaften ihres obersten Leiters ab. Peters berichtet über 20 Firmen, die »bemerkenswerte Richtungsänderungen mit erstaunlichem Geschick und bemerkenswerter Effizienz vorgenommen haben«. Willensstarke Generaldirektoren hatten ihnen ein bestimmtes Motto eingehämmert und »unweigerlich nie damit aufgehört«.

Diese Organisationsleiter wurden beschrieben als: »beharrlich in der Verfolgung ihrer Ziele – manchmal über Jahre hinweg ... Sie hielten die Unternehmensziele in jeder Weise aufrecht und bewerkstelligten Verschiebungen und Veränderungen durch das bewußte Einsetzen symbolischer Verhaltensmuster, die von Außenstehenden als ›Augenauswischerei‹ angesehen wurden«. (S. 23)

*George F. Johnson*, der Leiter des Schuhkonzerns Endicott-Johnson, wie auch *Thomas J. Watson* sen. und *Alfred P. Sloan* von General Motors sind gute Beispiele dafür, wie charismatische Firmenchefs ihre Organisationen transformieren können. (In Kapitel 12 werden wir auf ihre Biographien näher eingehen.) Die Transformation des Antioch-College im Jahr 1919 und des Swarthmore-College im Jahr 1920 kann man ebenfalls auf die Persönlichkeit, die Dynamik und den Enthusiasmus ihrer jeweiligen Präsidenten zurückführen.

## Ein Modell charismatischer Organisationsführung

*House* (1977) stellte sieben Voraussetzungen für charismatischen Führungsstil in Organisationen auf, die mit den Erkenntnissen der Sozial- und Organisationspsychologie in Übereinstimmung stehen sollten.
1) Die persönlichen Merkmale, die charismatische von nicht charismatischen Organisationsführern unterscheiden: dominierende Persönlichkeit, Selbstvertrauen, das Bedürfnis nach Einflußnahme und die starke Überzeugung von der moralischen Richtigkeit ihrer Ziele. (S. 194)
2) Je günstiger (attraktiver, ergiebiger, erfolgreicher oder kompetenter) die

Wahrnehmungen der Geführten in bezug auf den Führer sind, desto mehr werden sie
   a) den Wert (oder die Werte) des Führers schätzen
   b) die Erwartungen des Führers in die erwünschten oder unerwünschten Ergebnisse umsetzen
   c) emotionell auf die Stimuli des Führers reagieren
   d) die Einstellung des Führers zur Arbeit und zur Organisation schätzen. (S. 196)
3) Führer mit charismatischer Wirkung verhalten sich so, daß sie den Eindruck von Kompetenz und Erfolg erwecken – was Führer, die diese Eigenschaften nicht besitzen, nicht tun. (S. 197)
4) Führer mit charismatischer Wirkung geben ihren Untergebenen eher ideologische Ziele vor als Führer, die diese Eigenschaften nicht besitzen. (S. 198)
5) Führer, die bei den Geführten Vertrauen erwecken und hohe Erwartungen auslösen, haben wahrscheinlich mehr Anhänger, die ihre Ziele akzeptieren und zur Erreichung dieser Ziele beitragen wollen und die sich anstrengen, der Herausforderung dieser spezifischen Leistungsstandards zu entsprechen. (S. 201)
6) Führer mit charismatischer Wirkung engagieren sich mehr für Verhaltensweisen, die zur Zielerfüllung motivieren als Führer, die keine charismatische Wirkung haben. (S. 203)
7) Die Voraussetzung für einen charismatischen Führer ist, daß er imstande ist, den Geführten eine Ideologie zu vermitteln, auf die sie emotionell ansprechen. (S. 205)

Abb. 3 stellt das Modell von *House* dar, das die Verbindung zwischen den Variablen dieser sieben Punkte erläutert.

Abb. 3: – Das House-Modell charismatischen Führungsstils

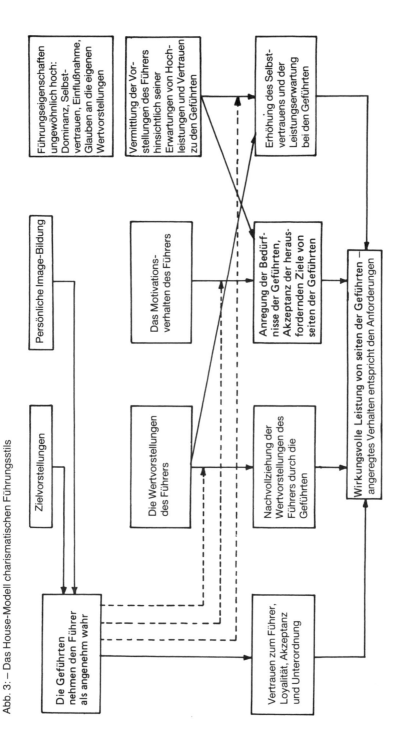

Anmerkung: Unterbrochene Linien zeigen an, daß positive Wahrnehmungen die Beziehung zwischen Führern und Geführten verbessern.

*Die Erweiterung des Modells*

Die oben angeführten sieben Punkte beziehen sich auf die Persönlichkeit des Führers und die Rolle, die er für die Geführten spielt – inwieweit er imstande ist, sie zu beeindrucken, sie anzuregen, und seine ideologischen Ziele zu artikulieren.

Wir könnten diesbezüglich noch viele Punkte hinzufügen. Die erwähnten sieben Punkte stellen zwar die offensichtlicheren und rationaleren Aspekte des Charisma dar, aber sie berücksichtigen nicht das volle Ausmaß der weniger erklärbaren emotionellen Komponenten, die von *Schiefer* (1973) angesprochen und ausgedrückt wurden.

»Von Zeit zu Zeit kommt es in der Geschichte der Menschheit vor, daß ein Phänomen auftaucht, das alle Ingredienzen der Mob-Psychologie enthält ... scheinbar aus dem Nichts auftaucht, sich verbreitet und mit jedem Tag mehr Verstärkung erfährt. Die Bevölkerung wird unbeabsichtigt davon befallen wie von einer seltsamen Krankheit. Die ersten Symptome solcher Epidemien sind meistens äußerst unklar ... gewöhnlich ist der ›Agent provocateur‹ ... eine bestimmte Person, deren einzigartige Persönlichkeit die Ursache des ganzen Prozesses ist ... (oder) der Vorkämpfer einer ganz neuen Ideologie ... der die Begeisterung eines ganzen Volkes hervorruft. Je mehr die Welle an Schwung gewinnt, desto mehr Glanz und Bedeutung verleihen die Medien – einst Minnesänger – heute Fernsehkameras und -kommentatoren, dem ganzen Geschehen; ein seltsames hypnotisches Stadium setzt ein und beginnt die am leichtesten zu beeindruckenden Gemüter zu infiltrieren ... der Sozialwissenschaftler sucht nach wirtschaftlichen und kulturellen Faktoren ... um das ›neue Wunder‹ zu erklären; die Intellektuellen sezieren das persönliche Geheimnis des neuen Helden, Avantgarde-Theoretiker bombardieren die Gehirne, die von der Medienpropaganda bereits aufgeweicht sind, mit raffinierten Clichés. Wie eine ansteckende Krankheit entwickelt sich die erste Reaktion der Öffentlichkeit zu einer fieberhaften Agitation. Dann nimmt die Krankheit ihren vollen Verlauf und große Teile der Gesellschaft unterwerfen sich einem seltsamen und lähmenden Einfluß: dem Charisma.« (*Schiffer*, 1973, S. 3)

Diese Agitation und diese Aufregung werden in den Vorschlägen von *House* nicht voll berücksichtigt. Nichtsdestoweniger ist dieses Phänomen in komplexen Organisationen vorhanden: *Lee Iacocca* bewies, wie man Mitarbeiter, Lieferanten, Kongreßmitglieder und Kunden davon überzeugen konnte, daß die Firma Chrysler wieder auf die Beine kommen würde. Der junge *Robert Hutchinson* schaffte es, die hochehrwürdige Universität von Chicago nach seinen eigenen Vorstellungen zu verändern.

*Hyman Rickover* konnte die US-Marine davon überzeugen, daß die Zeit für nuklearbetriebene U-Boote gekommen war.

Wir sind der Ansicht, daß viel von dieser Agitation, dieser Aufregung und diesem Glamour der Iacoccas, Hutchinsons und Rickovers unserer Tage auch in anderen Organisationen – in unterschiedlichem Ausmaß – vorhanden ist. Solche charismatischen Wirkungen sind wahrscheinlich bei Führungspersonen auf allen Organisationsebenen anzutreffen. Zusätzlich zu den von House genannten sieben Voraussetzungen möchten wir noch weitere Punkte anführen:

Voraussetzung 8:
Der charismatische Führer reduziert den Widerstand der Geführten gegen Veränderungen sowie die Desinhibitionen behavioristischer Reaktionen durch Anregung von emotionalen Reaktionen und durch Anregung eines Abenteuer-Geistes, der eine eingeschränkte Beurteilung und reduzierte Inhibition zur Folge hat.

Die mystischen und phantastischen Elemente des Charisma müssen in Hinkunft bei der Theoriebildung mehr beachtet werden. Charismatiker sind nicht nur einfach dominierend, voller Selbstvertrauen und von ihren eigenen Dogmen überzeugt. Sie haben auch ein ganz besonderes Sendungsbewußtsein. *Martin Luther King* war von seinem Traum wirklich überzeugt. Die Geführten empfinden die Führer nicht einfach als angenehm – für sie sind die Führer Übermenschen, mesmerisch und überlebensgroß. Die Beurteilung der Führer durch die Geführten kann sich verzögern. Der Sinn für Realität hinsichtlich des charismatischen Führers und seiner Gefolgschaft kann durch psycho-dynamische Mechanismen, wie Projektion, Repression und Disassoziation beeinflußt werden. Schließlich können auch die eigenen Bedürfnisse der Geführten auf die Person des Führers projiziert werden.

*John F. Kennedy* hat das Image eines modernen Camelot geschaffen, der gemeinsam mit seiner Königin *Guinivere* und all seinen Rittern in Cuba, Berlin und Vietnam gegen die bösen Feinde, die die Freiheit bedrohten, in den Kampf zog, der mit dem Drachen des Bolschewismus kämpfte. Die Niedergeschlagenheit des amerikanischen Volkes nach dem Mord an Kennedy kann auf das Image Kennedys als Drachentöter, Helfer in der Not und Retter der Unterprivilegierten zurückgeführt werden. In Wirklichkeit war Kennedy ein gewiefter Politiker, der die Idee des *Missile Gap* in die Welt setzte – jenes angebliche Mißverhältnis im Rüstungswettbewerb zwischen Rußland und den USA. Auch die Bürgerrechtsbewegung war nicht unbedingt seine Idee – er wurde dazu getrieben. Seine staatsmännischen Fähigkeiten waren nicht automatisch vorhanden, sie wuchsen erst mit seiner Erfahrung im Amt. Aber für den Großteil der amerikanischen Öffentlichkeit war er der strahlende Held, der die Vereinigten Staaten aus der phantasielosen Eisenhower-Regierung herausholte und sie zu einer führenden Macht der als auch des Weltraums machte.

In manchen Fällen ist es schlicht und einfach das mangelnde Talent, das manche populäre Schauspieler und Politiker so charismatisch macht, weil es für die unkritischen Geführten einfach leichter ist, sich mit solchen Persönlichkeiten zu identifizieren und daraus Befriedigung für ihre eigenen frustrierten Ambitionen zu schöpfen. Logisch in sich geschlossene Zellen dämpfen das erwünschte und nicht erwünschte Führungsverhalten. Charisma hängt mit auch von einer Regression der Imagebildung ab. Die naive Vorstellung des perfekten Führers wird später durch eine realistischere Einschätzung ersetzt (*Schiffer*, 1973). Dies muß im Zusammenhang mit der Tatsache gesehen werden, daß Untergebene ihre Vorgesetzten oft nicht so einschätzen, wie sie es sollten, sondern eher anhand von eigenen Vorstellungen von einer Führungsperson. Reaktionen auf charismatische Führer sind wahrscheinlich von ähnlichen psychometrischen Prinzipien bestimmt. Diese Annahmen sind in Voraussetzung 9 zusammengefaßt.

Voraussetzung 9:
*Die Überlebensgröße des charismatischen Führers macht ihn zu einer Projektion, zu einem Katalysator und zu einem Symbol für Regressionen und Disassoziationen bei den Geführten.*

Bei den Geführten müssen gemeinsame Normen im Hinblick auf den charismatischen Führer bestehen – bestimmte psychologische Mechanismen, die seine Anziehungskraft ausmachen (*Hummel*, 1972).

In der jüdisch-christlichen Welt ist Sinnhaftigkeit eine gemeinsame Norm; der charismatische Führer der westlichen Welt kann bei den Geführten einen Schuldkomplex hervorrufen. Im Orient hingegen ist die Wichtigkeit des »Gesichts« eine gemeinsame Norm – der charismatische Führer im Osten kann sich der Schande des »Gesichtsverlustes« bedienen. Die Geführten passen sich den Gruppennormen und den gemeinsamen Wertvorstellungen an. Das führt uns zu Voraussetzung 10.

Voraussetzung 10:
*»Gemeinsame Normen und Wertvorstellungen auf seiten der Geführten erleichtern das Auftreten und den Erfolg eines charismatischen Führers.«*

*Andererseits ist die bedingungslose Akzeptanz des Führers nicht unbedingt eine essentielle Voraussetzung charismatischer Führung. In manchen Fällen mag dies zutreffen, aber*

*»Geführte können der Überzeugungskraft eines Führers unterliegen, sie können seine Autorität akzeptieren, ohne notwendigerweise in jeder Hinsicht mit ihm zu übereinstimmen. In einer modernen radikalen Partei z. B. kann ein Führer sowohl charismatisch als auch zweckgerichtet sein, wie es beispielsweise Lenin war. In der Tat kann sich ein Teil seines Charisma darin manifestieren, daß er seine politischen Gegner durch die schiere Kraft seiner politischen Überzeugungen besiegt.*

Eine der Fähigkeiten, durch die der Charismatiker die Geführten so sehr beeindruckt, kann beispielsweise eine außergewöhnliche Überredungskraft sein. Wir sollten uns also nicht darauf verlassen, daß die Autorität des Führers eine automatische Zustimmung der Geführten zu seinen Ansichten voraussetzt – oder daß die Nichtübereinstimmung in einem bestimmten Punkt oder bei einer bestimmten Gelegenheit eine charismatische Führung ausschließt. Der Charismatiker ist ja ein Innovator, und das bedeutet, daß er manchmal mit etablierten Handlungs- und Denkweisen bricht und Standpunkte einnimmt, die mit den Erwartungen der Geführten nicht übereinstimmen und dadurch Störungen bei ihnen hervorrufen.« (*Tucker*, 1970, S. 74)

In der Hochtechnologie-Industrie kann starke Argumentation charakteristisch für charismatische Führer und ihre unmittelbar untergebenen Techniker sein. Unangefochtene Akzeptanz kann hier total fehlen.

Voraussetzung 11:
*»Der charismatische Führer kann zum Zwecke der Beeinflussung und der Verteidigung seiner Position ausgiebigen Gebrauch von seinen rhetorischen Fähigkeiten machen. Der charismatische Führer kann überlegene rhetorische Talente, technisches Know-how, und die Fähigkeit haben, seine Überzeugungskraft entsprechend einzusetzen.«*

Ein weiteres Element des Charisma, das wir hier festhalten wollen, ist etwas, das nach *Tucker* (1970) uneingeschränkt zutrifft: Der charismatische Führer erzeugt bei traditionell denkenden und den alten Ordnungen verbundenen Menschen starke Haßgefühle. *Franklin D. Roosevelt* war für die amerikanischen Konservativen der 30er Jahre »jener Kerl«. *Lenin* war für die Anhänger des alten russischen Regimes der »Antichrist«. *Fidel Castro* wird von vielen Exilkubanern als der Teufel schlechthin betrachtet. Und *Yassir Arafat* mußte sich zu einer Zeit, als er noch die allgemeine Bewunderung, Unterstützung und Treue eines Großteils der Palästinenser besaß, mit einer Meuterei auseinandersetzen, die eine Minderheit der Palästinenser, denen seine Haltung Israel gegenüber zu flexibel erschien, angezettelt hatte und die darauf ausgerichtet war, seine persönliche und militärische Macht zu zerstören.

Auch beim charismatischen Industrieführer sollte man nach Anzeichen solcher Anfeindungen Ausschau halten.

*Charles Revson*, der das Kosmetik- und Mode-Imperium Revlon gegründet hat, wurde von vielen seiner Untergebenen, die seinen Launen ausgesetzt waren, gehaßt. Trotzdem aber hatte er lebenslang eine Anhängerschaft, die ihm treu ergeben war und ihn in einem ganz anderen Licht sah (*Tobias*, 1976). Diese Haßgefühle gegen den charismatischen Führer sprechen sehr dafür, daß man die Beziehungen zwischen Führern und Geführten eher als dyadisch als gruppenspezifisch ansehen sollte. Die Untergebenen eines einzigen charismatischen Führers können je nach dem Grad ihrer Zuneigung oder ihres Hasses in zwei Gruppen gespalten sein.

Voraussetzung 12:
*»Analog zu These und Antithese können die Verhaltensweisen und Eigenschaften, die die Anhänger von charismatischen Persönlichkeiten zu extremer Ausprägung von Liebe, Zuneigung und Bewunderung treiben, auch ihre Opponenten zu extremem Haß, Animosität und Verachtung führen.«*

Es erscheint uns nötig, eine theoretische Aufklärung über das Ausmaß zu erlangen, in welchem charismatische Führer ihre unterschiedlichen Stile angewendet haben, um ihre beabsichtigte Wirkung zu erzielen. Andererseits war es *de Gaulle* immer wichtiger, recht zu haben, als sofort Resultate zu erzielen. Er sprach von seiner Verachtung für Zufälligkeiten: »Er hatte eine unbeugsame Einstellung.« (*Hoffman & Hoffman*, 1970).

Andere Beispiele für unbeugsame charismatische Führer unserer Zeit sind *Ghadafi* und *Chomeni*. Hingegen haben es *John F. Kennedy* und *F. D. Roosevelt* stets vermieden, sich in politische Auseinandersetzungen einzulassen, die sie möglicherweise verlieren konnten. Auch *Lenin* war ein praktischer Aktivist und ein pragmatischer Organisator (*Tucker*, 1970). Dennoch hatten Kennedy, Roosevelt und Lenin ein umfassendes charismatisches Sendungsbewußtsein, starke Ideologien und ergebene Anhänger. Dies möchten wir in Voraussetzung 13 zusammenfassen:

Voraussetzung 13:
*»Charismatische Führer unterscheiden sich von anderen stark durch ihren Pragmatismus, ihre Flexibilität und ihren Opportunismus.«*

Schließlich brauchen wir noch eine Voraussetzung 14, um das Ausmaß aufzuzeigen, in welchem der charismatische Führungsstil von der Situation abhängt, in der sich die Geführten selbst befinden.
Ob Führer imstande sind zu transformieren, hängt bis zu einem gewissen Grad auch davon ab, ob die Geführten bereit sind, sich transformieren zu lassen. (In Kapitel 10 werden wir näher darauf eingehen.)

Voraussetzung 14:
*»Charismatische Führung ist häufiger anzutreffen, wenn sich Gruppen, Organisationen, Kulturen und Gesellschaften in einem Stadium des Überganges oder in Streß-Situationen befinden.«*

In Abb. 4 wird versucht darzustellen, wie charismatische Führer Vertrauensbildung und erhöhte Wertvorstellungen vermittels eines Transformationsprozesses erreichen, der schon in Abb. 2 dargestellt wurde. Vorausgesetzt, daß die Persönlichkeit und der Intellekt vorhanden sind, kann der charismatische Führer eine Ideologie ins Leben rufen, Ziele, Konzentrationen und Wertvorstellungen schaffen. Mit der erhöhten Aufmerksamkeit der Geführten kommt es zu Vorurteilen und übertriebener Vertrauensbildung. Der Führer arbeitet an seinem Image, entweder direkt oder durch die Massenmedien – Massenveranstaltungen (falls es sich um einen politischen Führer handelt) und Belegschaftsversammlungen oder Fir-

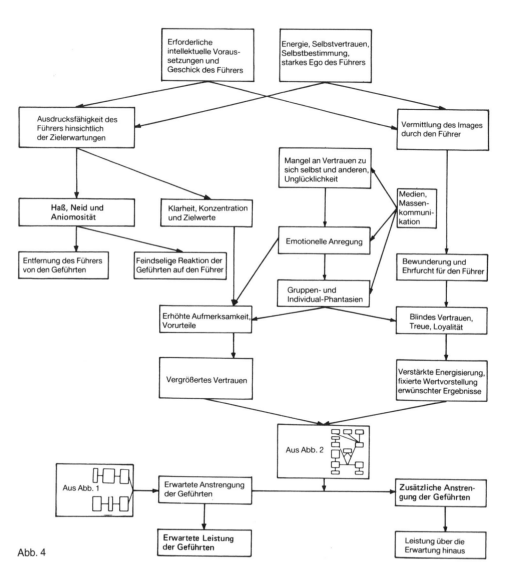

Abb. 4

menveranstaltungen (falls er ein Organisationsführer ist). Bei den Geführten wird somit entweder direkt oder indirekt durch die Massenkommunikation Bewunderung und blindes Vertrauen generiert, das zu einer übertriebenen Ankurbelung der Geführten führt. Eine unbeabsichtigte Folge solcher Ideologien ist die Polarisation von Gegnern, die den Führer ebenso ablehnen, wie die Geführten ihn akzeptieren.

Genauso wie Charisma bei bescheidenen lokalen Führern angetroffen werden kann, kann es auch bei berühmten weltweit bekannten Führern vorhanden oder nicht vorhanden sein. *Lee Iacocca* ist heute ein herausragender Industrieführer, sein Charisma machte sich sowohl innerhalb der Firma als auch außerhalb derselben bemerkbar (*Anonymous*, 1981 A). Es herrschte eine ganz außergewöhnliche Meinungsübereinstimmung zwischen Wall Street-Experten und Fließbandarbeitern, daß Lee Iacocca die Firma Chrysler retten würde, falls dies überhaupt irgend jemand zustandebringen könnte. Und das tat er auch. Die Merkmale, die ihm zugeschrieben werden, sind persönliche Anziehungskraft, Schläue, Enthusiasmus, Energie, Temperament, Entschlossenheit, Mut und Weitblick. All dies ist verbunden mit einem extrem starken Wunsch, Herausforderungen anzunehmen und Schwierigkeiten zu meistern – und die Untergebenen dazu zu motivieren, dasselbe zu tun.

Eine ebenso dynamische Führungspersönlichkeit war *Louis B. Mayer*, der Zar und der überlebensgroße Mogul der Film-Industrie. Er vermochte Leute, von denen er etwas wollte, zu bezaubern und zu begeistern – wie z. B. die New Yorker Finanzwelt. Gleichzeitig konnte er aber tyrannisch und ausbeuterisch sein und wurde von seinen Untergebenen als unberechenbar, eitel, reaktionär – und überdies als halber Analphabet angesehen. Er hielt Massenversammlungen mit Studio-Arbeitern ab und versuchte, sie für seine Ziele zu begeistern. Aber seine endlosen Ansprachen strotzten meist von Sarkasmus und Drohungen. Ein weiteres Beispiel dafür, wie sehr charismatische Führer sowohl Liebe als auch Haß bei den Geführten hervorrufen können, ist eine Äußerung von *Samuel Goldwyn*, der angeblich anläßlich Mayers Tod sagte, daß der Grund, warum so viele Menschen zu seiner Beerdigung gekommen waren, darin läge, daß sie sich versichern wollten, daß er wirklich tot sei (*Johnston*, 1937).

Es gab zahlreiche berühmte Führer, die nicht charismatisch waren. *Henry R. Luce* war ein Ideologe, der mit Hilfe seiner Time-Life-Fortune-Publikationen einen enormen Einfluß ausübte (*Jessup*, 1969).

General *George C. Marshall* war einer der einflußreichsten militärischen Führer der Vereinigten Staaten, obwohl er in seinem Wesen kalt und unpersönlich war und seine Gefühle nie zur Schau stellte. Sein Einfluß beruhte auf seinem Intellekt, seiner Konzentration und auf seiner Gabe, auf der Suche nach Problemlösungen seinen Untergebenen ein Mitspracherecht einzuräumen (*Payne*, 1951).

Obwohl viele charismatische Führer Intelligenz besitzen und eine starke Ideologie vertreten, kann dies nicht der einzige Grund für ihre Fähigkeit, die Geführten zu begeistern, sein. Den muß man wahrscheinlich woanders suchen.

# Kapitel 4: Führung durch Inspiration

Auch Führung durch Inspiration ist ein Faktor charismatischen Führungsverhaltens. (In Kapitel 12 werden wir aufzeigen, daß Inspiration zur Loyalität zwar etwas mit persönlicher Rücksichtnahme zu tun hat, aber viel höher mit charismatischer Führung korreliert.)

Charismatische Führung ist ganz eindeutig Führung durch Inspiration: emotionelle Anregung und Belebung, ja sie kann sogar exaltierend auf die Untergebenen in ihrem Leistungshandeln wirken. Aber Inspiration an sich kann selbst-generiert sein und muß nicht unbedingt dem Charisma entspringen, ja sie muß noch nicht einmal dem Führungsverhalten selbst entspringen. Man kann dazu inspiriert werden, anderen in der Not beizustehen, man kann durch die kollektive Haltung seiner Kollegen oder Mitbürger inspiriert werden, wie auch durch kulturelle Geschehnisse oder traditionelle Rituale, durch Stolz und Patriotismus, durch die Massenmedien, durch die Präambel zur amerikanischen Verfassung, oder das Lesen von Bibelversen.

Jedoch möchten wir uns hier auf die Führung durch Inspiration beschränken. Die Anregung der Motive und die Erhöhung der Motivation der Geführten wird in erster Linie durch charismatische Führung hervorgerufen. Jedoch räumen wir ein, daß ein Führer nicht unbedingt charismatisch sein muß, um durch Inspiration zu führen. Er kann sich anderer institutioneller Mittel bedienen oder der Identifizierung mit charismatischen Bewegungen. Trotzdem sind die meisten Charismatiker auch inspirierend. Ein Paradebeispiel eines Führers durch Inspiration war General *George S. Patton*, der bei seinen Truppen ganz außergewöhnliche Leistungen hervorgerufen hat. Er war der Ansicht, daß »80 % seiner Aufgabe darin bestand, die Moral seiner Leute hochzuhalten« (*Ayer*, 1971).

*Samuel Goldwyn* war genau das Gegenteil. Er war nur an Publicity interessiert und man konnte nur äußerst schwer mit ihm zusammenarbeiten. Er ließ selten ein gutes Haar an irgend jemandem. Er mußte frei von jeder höheren Autorität sein. Sein Einfluß und sein Erfolg wurde seinem Verkaufstalent und seiner Bereitschaft zugeschrieben, hohe Summen in Filme zu investieren, die beim Publikum einschlugen wie eine Bombe. Inspiration war nicht seine Sache (*Johnston*, 1937).

*Emotionale Versus Geistige Inspiration*

Man kann von vielen Dingen inspiriert werden, von einer kalten, berechnenden Diskussion, von einem genialen Durchbruch oder von der Brillanz einer Argumentation. Aber eigentlich sind es doch die Emotionen, die von der Genialität oder der Brillanz angesprochen werden. Wir können für einen genialen Menschen Bewunderung oder Hochachtung empfinden – sein inspirierender Einfluß auf uns ist emotionaler Art. Wir unterscheiden dieses emotionale Angesprochensein von der geistigen Inspiration, die wieder ein anderer Faktor des Führungsverhaltens ist, und den wir in Kapitel 6 besprechen werden. Wir werden alte Probleme aus neuer Sicht betrachten und mittels rationaler Argumentation zu einer logischen Schlußfolgerung kommen. Der Charismatiker inspiriert, indem er die Gefühle anspricht. Er oder sie kann uns natürlich über die Wertschätzung, die wir für ihn empfinden, hinaus auch noch geistig inspirieren, beispielsweise zu einer eleganten und logischen Schlußfolgerung zu kommen. Wir beschränken uns hier auf jenes Führungsverhalten, das durch die Benützung oder Hinzufügung nicht-geistiger, emotionaler Komponenten einen Beeinflußungsprozeß in Gang setzt und reservieren den Faktor geistige Stimulation für Beeinflußungsvorgänge, die durch überzeugende Argumentation, Logik und Vernunft zustandekommen, ohne daß die Gefühle oder das Sentiment angesprochen werden. Betrachten wir einmal die spezifischen Modelle des Führungsverhaltens, die *Yukl* (1981) benützte, um zu illustrieren, was er unter Führung durch Inspiration versteht:

»Mein Vorgesetzter berief ein Meeting ein, um uns zu erklären, wie lebenswichtig der neue Vertrag für die Firma ist, und er sagte, er vertraue darauf, daß wir ihn zuwegebringen, wenn jeder seinen Teil dazu beitrage ... der Chef sagte uns, wir wären die beste Design-Abteilung, mit der er je gearbeitet hatte, und daß er sicher sei, dieses neue Produkt würde alle Verkaufsrekorde der Firma brechen (S. 121).«

Dieser inspirationale Vorgesetzte war nicht leidenschaftslos. Im Gegenteil, seine Emotionen erkennt man aus jedem Wort. Er sprach davon, wie *lebenswichtig* der neue Kontrakt war, er sagte, er *vertraue* darauf, er sagte, sie wären die *beste* Abteilung, mit der er je gearbeitet hatte, und er war *sicher*, daß das neue Produkt alle Rekorde schlagen würde.

Zusammengefaßt: Führer, die Selbstvertrauen besitzen, keine inneren Konflikte haben, die selbstsicher und geschickt sind, werden von ihren Untergebenen sehr geschätzt, besonders in schwierigen Zeiten. Sie inspirieren die Geführten, indem sie ihnen emotionell Halt geben und Unterstützung bieten und sie erhöhen ihr Motivationsniveau weit über die ursprünglichen Erwartungen hinaus. Für gewöhnlich inspirieren sie ihre Untergebenen auch durch intellektuelle Anregung – was wir in Kapitel 6 besprechen werden. Charismatische Führer besitzen mindestens eine dieser Fähigkeiten, oft sogar beide.

*Charisma und Inspiration*

Charismatische Führer bedienen sich inspirierender Gespräche mit emotionalen Komponenten, um jene Motive anzuregen, die zugunsten der Gruppe die Selbstinteressen zurückstellen. Wie *Yukl* (1981) anmerkt, wird dadurch die Anstrengung der Geführten bei den verschiedensten Aufgaben durch die charismatischen Führer erhöht, so daß die Gruppenziele erreicht werden. Diese Stimulation kann z. B. durch die Erwähnung der guten Leistungen der Untergebenen oder eine Hinführung auf ihre Macht- und Anschlußbedürfnisse ausgelöst werden.

»Die Anregung des Leistungsmotivs ist für komplexe, anspruchsvolle Aufgaben, die Initiative, Risikobereitschaft, Verantwortungsgefühl und Ausdauer verlangen, sehr wichtig. Für Aufgaben, die Wettbewerbsbewußtsein, Überzeugungskraft und Aggressivität verlangen, ist die Anregung des Macht-Bedürfnisses notwendig, bei Aufgaben, die Zusammenarbeit, Teamgeist und gegenseitige Unterstützung erfordern, die Anregung des Anschluß-Bedürfnisses.« (S. 61)

Sowohl *Lenin* als auch *Trotzki* waren charismatische Führer, aber Lenin war ein Intellektueller, ein Organisator, während Trotzki sich mehr der emotionalen Beeinflussung der Massen bediente. »Lenin brauchte nur ein Büro, Trotzki aber eine Bühne.« (*Fischer*, 1965, S. 5) Geistige Anregung stützt sich auf Logik und analytisches Denken. Führung durch Inspiration beruht auf Intuition. Charisma wird meist als Mischung von geistiger Anregung und Führung durch Inspiration angesehen. Wie *Tucker* (1970) anmerkt:

»Ein charismatischer Führer erwirbt Charisma nicht ausschließlich deswegen, weil er ein inspirierendes Sendungsbewußtsein hat. Seine Persönlichkeit allein, unabhängig vom Inhalt seiner Botschaft, ist aber auch keine hinreichende Erklärung für seine Wirkung auf die Geführten.« (S. 88)

Der echte charismatische Führer identifiziert und artikuliert die ernsten Bedrohungen, die seine Untergebenen betreffen, er erhöht ihre bewußte Wahrnehmung und ihre Besorgnis über die Bedrohungen und er stimuliert sie zu geistigen Handlungen, mittels welcher diese abgewendet werden können. *Churchill* hat die Briten wiederholt aufgerüttelt, um sie auf die von den Nazis ausgehende Bedrohung aufmerksam zu machen. Er hatte eine ganze Menge von Ideen, wie man mit dieser Bedrohung fertigwerden könnte. Gleichzeitig inspirierte er das Vertrauen im britischen Volk, daß England schließlich siegreich bleiben würde, und davon ließ er sich trotz mancher widriger Umstände nicht abbringen.

# Die inspirierende Anziehungskraft charismatischer Führer

Diese Art der Führung ist ja wohlbekannt. Verkaufsleiter wenden sie bei Verkaufsbesprechungen an, um ihre Verkäufer zu motivieren. Sporttrainer halten ihren Teams anfeuernde Ansprachen. Jetzt wendet man sie sogar an, um akademische Zielsetzungen zu fördern.

(Lehrer) tun jetzt alles, um Prüfungsangst abzubauen und den Studenten eine positive Einstellung zu geben ... bei einer schulischen Aufmunterungsveranstaltung ... riefen Schüler der achten Klasse »pfeif auf die Schularbeit« ... sie verbesserten sich nach dieser »Aufmunterung« (in Florida) in allen Grundfächern – Lesen, Schreiben und Rechnen (New York Times, 1983, S. A 19)

Man legte Wert auf Team-Wettbewerbe und Sportveranstaltungen. »Wir bestärken und ermuntern die Kinder den ganzen Tag, zu lernen, zu studieren und erfolgreich zu sein«, sagte *Kelly Kirkpatrick*, der Direktor der Jefferson County High School (in Florida) »... Voriges Jahr haben 12 unserer Studenten Aufnahmetests für höhere Schulen gemacht, heuer erwarten wir, daß es über 100 sein werden. Als im Jahr 1977 in Florida der Bildungstest eingeführt wurde, bestanden nur 49 % der Jefferson-Schüler den Mathematik-Test. Voriges Jahr waren es 94 %, die zweithöchste Rate des ganzen Bundesstaates«. (New York Times, 1983, S. A 19)

Wie auch zum Thema Charisma, waren empirische Untersuchungen über Führung durch Inspiration eher spärlich. Aber dies sollte nicht von der Wichtigkeit dieses Gebietes anlenken. Es gibt immer eine Zeit und einen Ort, wo Überredungskunst höchst wirkungsvoll eingesetzt wird, sei es nun beim Kaufen oder Verkaufen.

Es könnte zum Beispiel einmal definiert werden, welchen Stellenwert diese Gabe wirklich hat, es könnte geklärt werden, welche Ziele man erreichen kann, und weshalb, und es könnte ein Gefühl der Zuversicht zum Erfolg aufgebaut werden. *Bennis* (1983) sieht es als wichtige Voraussetzung für den Erfolg einer Firma an, einen Generaldirektor zu haben, der imstande ist, den Untergebenen eine zwingende Vision dessen zu vermitteln, was erwünscht ist, und der sie dazu motivieren und anspornen kann, sich für die Firmenziele zu engagieren und einzusetzen, und ihre diesbezüglichen Anstrengungen zu erhöhen.

Führung durch Inspiration fand den Beifall der Massen, wurde jedoch von skeptischen Intellektuellen, die sie mit Demagogie, Manipulation, Ausbeutung und Massen-Psychologie gleichsetzten, verurteilt. Die Betonung auf Überzeugungskraft, auf Glaubenssätze statt auf die Ratio, auf die Emotionen, statt auf den Intellekt, und verschiedene soziale Verstärkermechanismen, statt auf logische Auseinandersetzung, schien es nur für die Unreifen und Ungebildeten geeignet zu machen. Nichtsdestominder sieht *Vaill* (1978) »Hochleistungssysteme« mit »Mitgliedern, die von Spitzenleistungen berichten, und vor Freude, Begeisterung und Enthusiasmus außer sich sind« (S. 110).

Wenn sie von inspirierenden Führern begeistert sind, sind Untergebene auch von höherer Risikobereitschaft.

*Der Anregungsprozeß*

Für uns Amerikaner sind die Halbzeit-Szenen in den Umkleideräumen der Fußballstadien eine wohlbekannte Situation. Unser Team ist zurückgefallen, und der Trainer bearbeitet die Spieler mit allen Mitteln, er schmeichelt, überredet und droht. Die Mannschaft muß um jeden Preis gewinnen. Ein wohlbekannter Künstler auf diesem Gebiet war *Vince Lombardi*, der der Meinung war, sein Konzept könnte auch bei Verkäufern oder Arbeitern ganz generell zu einer Leistungssteigerung beitragen (*Kramer*, 1970). Ganz bestimmt aber wird es in der Welt des Marketing allgemein angewendet. In Verkaufsorganisationen sind wöchentliche »Pep Rallies« zur Verkaufsförderung gang und gäbe.

Firmen wie Mary Kay und Amway betrachten das immer wiederkehrende Anfeuern ihres Verkaufspersonals als Schlüssel zu ihrem Erfolg. Die erstere bewerkstelligt dies, indem sie einen Kult um ihre Starverkäufer veranstaltet, die letztere dadurch, daß sie ihre Anwärter vom Funktionieren eines Pyramiden-Systems überzeugt.

Genauso bekannt sind die bewegenden Predigten vieler Evangelisten, das Auf-das-Pult-Hämmern politischer Redner und die mitreißenden Nach-dem-Essen-Ansprachen. Unter den gegenwärtigen Politikern ist *Jesse Jackson* in dieser Hinsicht der extremste, besonders wenn er zu einer schwarzen Zuhörerschaft spricht.

Inzwischen ist natürlich sehr viel von dieser emotionalen Anregung institutionalisiert und auf die anonymen Medien übergegangen. Soziale und politische Bewegungen von der Frauenrechtsbewegung bis hin zur Bewegung für Steuersenkungen, transformieren passive, inaktive Gruppen in angeregte, alarmierte und aktive Organisationen.

Für den charismatischen und transformationalen Führer besteht der Anregungsprozeß nicht darin, daß er den Untergebenen hilft, ihre eigenen Erwartungen zu erreichen, er wird vielmehr versuchen, sie dahingehend zu beeinflußen, daß sie ihre Anstrengungen erhöhen und ihre eigenen Erwartungen übertreffen. Diese zusätzlichen Anstrengungen werden durch die Anziehungskraft der vom Führer vorgegebenen Symbole, Bilder und seiner Vision einer verbesserten Situation verursacht, zusammen mit seiner Überzeugungskraft und Überredungskunst. Der Prozeß wird noch weiter angeregt durch die verstärkten Identitätsgefühle der

Geführten mit dem Führer – sie wollen sich mit seinen Zielen identifizieren. Dies kann auch durch die verschiedensten institutionellen Verstärkermechanismen noch unterstützt werden, auch durch Druck von seiten der Kollegen. *Peters & Waterman* (1982) haben eine Reihe von Beispielen aufgezählt, wie erfolgreiche Manager einen stimulierenden Einfluß auf die Leistungen ihrer Untergebenen ausüben. Bei Tupperware beispielsweise betrachtet man es als die Hauptaufgabe des Managements, die 80 000 im Verkauf tätigen Mitarbeiter zu motivieren. Jeden Montag abend werden alle Verkäufer der jeweiligen Verteilerzentralen zu einer Verkäuferbesprechung zusammengerufen.

Dabei wird ein Verkaufszahlen-Wettbewerb veranstaltet, bei dem jeder – je nach seinen Verkäufen in der vergangenen Woche – auf eine Bühne marschiert. Die Besten kommen jeweils zum Schluß und erhalten von ihren Kollegen stehende Ovationen. Fast alle erhalten irgendwann eine oder mehrere Auszeichnungen. Eine solche Verstärkung der jeweiligen Wochenleistung fördert den Wettbewerb zwischen den Verkäufern, bringt aber kaum Konflikte mit sich. Aber was noch wichtiger ist: es regt zur Verbesserung der eigenen vorangegangenen Leistungen an.

## Inspirierendes Führungsverhalten

*Yukl* und *Van Fleet* (1982) gaben folgende Definition inspirationalen Führungsverhaltens:
»Es erregt Begeisterung bei den Untergebenen für die Gruppenziele. Es baut ihr Zutrauen zu ihren eigenen Fähigkeiten auf, die Aufgaben erfolgreich zu erledigen und die Gruppenziele zu erreichen.« (S. 90)

In den 1511 zusammengetragenen Fällen wirkungsvollen Führungsverhaltens im Reserve Officer Training Corps (ROTC) und den 129 Fällen, die von der amerikanischen Luftwaffe im Korea-Krieg untersucht wurden, wurde solcher inspirierender Führungsstil häufig erwähnt. Im Gegensatz zu 18 anderen Arten von Führungsverhalten wurde in dieser Air Force-Studie nur noch »Problemlösung« (geistige Anregung?) öfter erwähnt.

In der ROTC-Studie wurden folgende Beispiele für inspirierenden Führungsstil angegeben:
1) Erweckt Stolz bei den Geführten
2) Hält anfeuernde Reden, um die Moral aufrechtzuerhalten
3) Ist beispielgebend in seinem eigenen Verhalten
4) Gibt den Untergebenen Ermutigung und Vertrauen

5) Macht die Kadetten durch Lob für gute Leistungen stolz auf ihre Einheit.

In der Air Force-Studie wurden folgende Beispiele für Führung durch Inspiration angegeben:
1) Erweckt Begeisterung und Selbstvertrauen
   (indem er den Untergebenen zeigt, daß sie imstande sind, schwierige Aufgaben zu lösen, sie davon überzeugt, daß ihre Aufgabe oder ihr Einsatz wichtig ist und aufmunternde Ansprachen hält, wenn die Gruppe entmutigt ist)
2) Setzt ein Beispiel für Mut und Pflichterfüllung
   (z. B. indem er sein Leben riskiert, um einen Untergebenen in einem schwierigen Einsatz zu retten, anstatt im Hintergrund zu bleiben, oder indem er die Unannehmlichkeiten, denen seine Untergebenen bei einem schwierigen Einsatz ausgesetzt sind, mit ihnen teilt) (S. 98)

Nach den Ratings der Untergebenen korrelierte inspirierende Führung mit der Zielgerichtetheit des Führers. Bei der ROTC-Gruppe basierte bei den Hauptfeldwebeln die Effektivität auf der Leistung der geführten Einheiten. Die Effektivität der ROTC-Gruppenführer wurde in einer realistischen Kampfsituation im Rahmen eines Manövers von einem Stab von Militärexperten festgestellt.

*Der Mann der Tat*

Führungspersonen regen ihre Untergebenen zu besonderen Anstrengungen an – sie sind, im Gegensatz zu den Bürokraten aktionsorientiert. Bürokraten konzentrieren sich mehr auf Rückhalte, Regeln und Vorschriften, Präzedenzfälle und Formalismen. Ein extremes Beispiel hierfür ist *Theodore Roosevelt* und dies wird am besten durch sein Handeln anläßlich einer Krise zwischen den Vereinigten Staaten und Spanien über Kuba illustriert.

Als Unterstaatssekretär wurde er damals drei oder vier Stunden lang zum stellvertretenden Marineminister, als dieser am 25. Februar 1898 früher nach Hause ging, um sich etwas auszuruhen. Roosevelt sandte eine dringende Depesche an *George Dewey*, der die Flotte im asiatischen Raum kommandierte, und befahl ihm, in Manila Bay einzulaufen. Er gab auch Befehle heraus, wo die Flottenverbände in Europa und im Nordatlantik zu sammeln sind, falls Präsident *Kinley* es sich anders überlegte, und Spanien doch den Krieg erklärte. Er befahl allen Flottenkommandanten der amerikanischen Marine auf der ganzen Welt, ihre Schiffe so voll mit Kohle zu beladen, wie es nur irgend ging, und er kaufte im Fernen Osten soviel Kohle ein, wie er bekommen konnte. Zweifellos haben seine damaligen Handlungen zu den entscheidenden amerikanischen Siegen in Manila Bay und Santiago beigetragen, als der Krieg dann tatsächlich ausbrach. Als Marineminister *Long* am nächsten Tag ins Ministerium zurückkam, sorgte er dafür, daß

Roosevelt nie mehr wieder, nicht einmal einen halben Tag lang, die Amtsführung des Marineministeriums innehaben würde. Er glaubte, daß Roosevelts impulsive Handlungen ein sorgfältig ausgedachter Plan waren, um die Vereinigten Staaten in einen Krieg mit Spanien zu stürzen. Sobald er konnte, nahm Roosevelt neuerdings die Chance zum Handeln wahr.

Er inspirierte eine ganze Generation von Amerikanern, indem er, der Mann der Tat, den Hügel von San Juan mit seinen Rough Riders erstürmte, wie er später die mächtigen Industrie-Monopole und die Ausbeuter des amerikanischen Westens attackierte.

*Vertrauensbildung*

Für *Yukl* (1981, S. 121) ist Vertrauensbildung eines der wichtigsten Elemente inspirierender Führung. Inspirierende Führung findet statt, wenn »der Führer bei den Untergebenen Begeisterung für die Arbeit der Gruppe hervorruft und ihnen Dinge sagt, die ihnen die Zuversicht geben, mit den gestellten Aufgaben erfolgreich fertigzuwerden und die Gruppenziele zu erreichen«. Wenn also Soldaten sich im Gefecht in unmittelbarer Gefahr befinden, ihr Leben zu verlieren oder verwundet zu werden, kann weder die Erhöhung ihrer Ängste durch die Androhung disziplinarischer Maßnahmen noch das Appellieren an höhere Ideale, große oder langfristige Ziele von Nutzen sein. Hier ist Vertrauensbildung vonnöten, wenn die Soldaten nicht entmutigt, sondern zu verstärkten Anstrengungen gebracht werden sollen. Das Wesentlichste ist in solchen Fällen das Vertrauen der Soldaten zum Führer, zu den Kameraden und zur Ausrüstung.

Vertrauen ist vielleicht das Wichtigste für einen Soldaten. Solange er seinem Vorgesetzten vertrauen, sich auf ihn verlassen kann, tritt er dem Feind mutig entgegen, erträgt Entbehrungen, nimmt Rückschläge und extreme Streß-Situationen hin, weil er zuversichtlich ist, daß er und seine Einheit sich durchschlagen werden ...

Man muß dem Soldaten auch Vertrauen zu dem Kriegsgerät geben, das gegen den Feind zum Einsatz kommt, und zwar nicht nur zu seinem eigenen Gewehr und anderen persönlichen Waffen, sondern zur gesamten Waffenkraft seines Landes. Es ist beruhigend zu wissen, daß das eigene Gewehr dem des Gegners überlegen ist ... daß kein Mangel an Munition für dieses Gewehr oder für die unterstützende Artillerie herrscht, daß das eigene Land über mehr und besseres Kriegsgerät verfügt als der Feind, und daß seine Schiffe die Meere und seine Flugzeuge den Himmel beherrschen ... Wenn der Soldat Vertrauen zu seinen Offizieren hat und von ihren taktischen und strategischen Fähigkeiten überzeugt ist, fällt es ihm viel leichter, nach vorne ins Unbekannte zu stürmen. Er

bezieht Kraft aus dem Wissen, daß ihm, sollte ihm etwas zustoßen, seine Kameraden und Vorgesetzten zu Hilfe kommen werden und daß er hinter der Front mit angemessener medizinischer Versorgung rechnen kann ...
Der Glaube an die eigenen Fähigkeiten trägt ebenfalls zum Vertrauen des Frontsoldaten bei ... man muß ihm seine eigenen Erfolge vor Augen führen ... wenn er glaubt, sich in einem Gefecht nicht bewährt zu haben, sinkt seine Zuversicht, das nächste erfolgreich zu bestehen, auf ein Minimum. Mißerfolgserwartung zerstört die Truppenmoral – Siegesbewußtsein erhöht sie (*Hayes & Thomas*, 1967, S. 244–245).

Der Schlüssel zur Hervorbringung militärischer Leistungen liegt daher in der Erzeugung von Vertrauen – Vertrauen zu den Kameraden, zu den Offizieren, zum Heereskommando und schließlich auch zu den ultimativen Zielen und der Stärke der Nation. Dieses Thema taucht auch – quer durch die Geschichte – in allen Parolen der Heerführer an ihre Truppen auf, angefangen von *Heinrich V.* vor Agincourt im Jahr 1415 bis zu *Dwight D. Eisenhower* vor der Invasion in der Normandie 1944.

Es ist aber ganz klar, daß vertrauensbildende Maßnahmen und Botschaften auf Realität und Wahrheit beruhen müssen, da die Entdeckung von Unaufrichtigkeit die Glaubwürdigkeit der Führer erschüttern und den ganzen Zweck überhaupt in Frage stellen würde.

Die schwerbewaffneten Ritter aus Frankreich und Mitteleuropa, die bei Agincourt gegen ein kleines Häuflein von nur mit Pfeilen ausgerüsteten Engländern kämpften, hatten sehr viel Vertrauen zu ihrer Ausrüstung – zuviel, wie sich herausstellen sollte. Zudem waren sie selbstgefällig und unrealistisch in ihrer Einschätzung der Wirkungskraft ihrer umständlichen Lanzen.

*Das Sendungsbewußtsein*

Zusammen mit dem Vertrauen ist auch der unerschütterliche Glaube an ein großes Ideal außerordentlich wichtig für die Anstrengung der Geführten. Sein Leben zu opfern, oder zumindest das Risiko auf sich zu nehmen, schwer verwundet zu werden, ist ohne übergeordnete Ideale einfach unerträglich. Für Söldner oder Legionäre mag vielleicht die finanzielle Entschädigung einen gewissen Anreiz darstellen, für Berufsoffiziere mag die Karriere eine Rolle spielen, aber der normale Soldat muß glauben können, daß das, wofür er kämpft, einem edlen Zweck dient, daß es moralisch richtig und wertvoll ist – ein Ziel, für das es sich lohnt zu sterben (*Hayes & Thomas*, 1967, S. 245).

Einer der damaligen Stabschefs der Streitkräfte der Vereinigten Staaten sah den Grund für die Vietnam-Tragödie darin, daß die Regierung nicht imstande war, einen nationalen Konsens über die Rechtmäßigkeit des von Amerika eingeschlagenen Kurses zu erzielen. Ein späterer Stabschef äußerte sich sehr nachdrücklich gegen jegliche militärische Intervention in Südamerika ohne die Zustimmung des gesamten amerikanischen Volkes.

Die Geschichte ist voll von Beispielen, daß letztlich nur die Kombination von Vertrauen und Sendungsbewußtsein zu dauerhaften militärischen Erfolgen führt. Nur wenn man weiß, wofür man kämpft und von der Richtigkeit der Ziele überzeugt ist, ist man zu außerordentlichen Anstrengungen bereit.

*Cromwells* »neue Armee« war vom Vertrauen zu ihren Waffen, von der »Anti-Establishment-Bewegung« und auch von ihren religiösen Überzeugungen durchdrungen. Die Geführten waren zutiefst von der Richtigkeit des von ihm eingeschlagenen Kurses überzeugt.

Gestärkt durch ihren Glauben an die Gebote des Islam und an die Jihad zogen die Araber im siebten Jahrhundert aus und schlugen die oft viel besser bewaffneten Truppen, die man ihnen aus allen Ländern von Spanien bis Indien entgegenstellte.

In der Arbeitswelt ist es so, daß Personen, die davon überzeugt sind, für die beste Firma mit den besten Produkten oder den besten Ressourcen zu arbeiten, das größte Engagement, die größte Firmentreue und die höchsten Arbeitsleistungen aufweisen.

Es ist aber ganz klar, daß in Fällen, wo dieses Vertrauen mißbraucht und irregeleitet wird, die außergewöhnlichen Anstrengungen auch zu Katastrophen führen können. Im Ersten Weltkrieg führte der doktrinäre Glaube der französischen Regierung an die eigene Überlegenheit und ihre Siegessicherheit zur fortgesetzten Hinschlachtung ihrer Soldaten durch die Maschinengewehre der in Schützengräben verschanzten Deutschen, gegen die sie in Frontalangriffen immer wieder vorangetrieben wurden.

*Der Pygmalion-Effekt*

Nach der Pygmalion-Sage verliebte sich ein Bildhauer in eine von ihm geschaffene Statue. Aphrodite war darüber so gerührt, daß sie die Statue zum Leben erweckte und in eine wunderschöne Frau verwandelte. In der modernen Fassung von *George Bernard Shaw* verliebt sich Professor *Higgins* in die »Herzogin«, die er aus dem ehemaligen Cockney-Blumenmädchen Eliza geschaffen hat.

In der modernen Psychologie hat man mit dem Pygmalion-Effekt zum ersten Mal in Grundschulen experimentiert. Man ließ Lehrer glauben, sie hätten es mit besonders begabten Schülern zu tun. Die so induzierten Erwartungen der Lehrer in die bessere Leistung dieser Kinder, ihre Anerkennung, ihre Ermutigung und ihre Zufriedenheit mit ihnen resultierten in besserer Mitarbeit und erhöhter Anstrengung. Diese Schüler wurden von den nichtsahnenden Lehrern öfter aufgerufen als andere, erhielten von ihnen mehr Unterstützung und mehr positive Verstärkung, so daß ihre Leistungen sich schließlich tatsächlich als überdurchschnittlich erwiesen.

In Israel wurde ein solches Experiment mit Erwachsenen durchgeführt. Militärische Ausbilder der israelischen Armee wurden in dem Glauben (fiktiv) gelassen, daß ein Teil der Auszubildenden bereits Kommando-Erfahrung habe. Das Resultat war, daß diese Rekruten nicht nur eine bessere Leistung in den theoretischen Fächern aufwiesen, sondern daß die Ausbilder ihnen auch sehr hohes Kommando-Talent bescheinigten. Die Rekruten selbst wiederum zeigten eine positvere Einstellung zu den Ausbildern und fanden, daß diese bessere Führungsqualitäten als andere hatten (*Eden & Shani*, 1982).

In seiner allgemeinsten Form ist der Pygmalion-Effekt ein leistungssteigerndes Phänomen. Wenn man von Personen erwartet, daß sie mehr leisten als andere, dann leisten sie auch mehr. Wenn man von vornherein schlechte oder durchschnittliche Leistungen erwartet, erhält man sie auch. Die Menschen neigen eher zu konformatorischer als zu nichtkonformatorischer Haltung gegenüber den Erwartungen, die andere in sie setzen. Sie versuchen, sich den Erwartungen entsprechend zu verhalten.

Der Führer, der bei seinen Untergebenen Vertrauen zu ihren eigenen Fähigkeiten und zu denen ihrer Arbeitskollegen erweckt, erhöht die Leistungsbereitschaft und – wenn alle anderen Voraussetzungen gleich sind – auch die Erfolgswahrscheinlichkeit.

## Weitere Aspekte der Führung durch Inspiration

Führung durch Inspiration in Organisationen kann sich in einer Vielfalt von individuellen oder organisatorischen Maßnahmen äußern, das Wesentliche ist jedoch die emotionale Anregung der Untergebenen. *Peters & Waterman* (1982) zeigten auf, daß die Einführung neuer Projekte die freiwillige Übernahme von Aufgaben, das Experimentieren, die Firmenkultur und das Betriebsklima wesentliche Faktoren sind. Diesen Dingen wird in den »ausgezeichnet geführten Firmen« Rechnung getragen.

*Neue Projekte*

Wenn ein Führer laufend neue Projekte einführt und in einer flexiblen Organisation ständig neue Herausforderungen schafft, kann dies ebenfalls zu erhöhten Anstrengungen von seiten der Untergebenen führen. Der Generaldirektor *von Trak*, einer großen Sportartikel-Firma, hält seine Star-Verkäufer ständig »am Ball«, indem er dauernd neue Projekte für seine wertvollsten Mitarbeiter auf den Plan bringt. Organisatorische Flexibilität, fortwährende Umorganisation und der Einsatz von Task-Teams sind bei Trak ständige Einrichtungen, um Leistungssteigerungen zu erzielen.

*Freiwillige Übernahme von Aufgaben*

Eine weitere Methode besteht darin, die Mitarbeiter zu motivieren, sich freiwillig für bestimmte Aufgaben zur Verfügung zu stellen. Wenn ad hoc Einsatzgruppen – sogenannte Task Forces, zusammengestellt werden, bleibt es dem jeweiligen Experten überlassen, ob er sich zu einer Teilnahme entschließt oder nicht.

Die Kurzlebigkeit und die temporäre Natur der Task Forces versetzt die ausgezeichnet geführten Unternehmen in die Lage, die richtigen Fachleute zur richtigen Zeit am richtigen Ort einzusetzen und die jeweiligen Mitglieder werden, da sie sich ja freiwillig für die Aufgabe gemeldet haben, von der Herausforderung angespornt. Eine Task-Force-Aufgabe ist auf jeden Fall interessant und wird daher mit größter Wahrscheinlichkeit erfolgreich gelöst.

*Experimentieren*

Die exzellent geführten Unternehmen zeichnen sich auch durch die Bereitschaft ihrer Manager zum Experimentieren aus. Die Devise heißt »probieren geht über studieren«. Handeln ist wichtiger als nachdenken, analysieren und debattieren. Im kleinen Rahmen wird Risikobereitschaft ermutigt. Bei der Entscheidungsfindung ist man eher großzügig.

*Betriebsklima und Kommunikation*

Anstrengungs- und Leistungssteigerung werden auch durch eine bestimmte Organisationskultur und ein Betriebsklima, das durch Offenheit und Vertrauen gekennzeichnet ist, günstig beeinflußt. Das Netzwerk der Kommunikation ist ausgedehnt, offen und informell. Kollegiales Verhalten verhindert, daß es zur Anarchie kommt.

Bei den Walt-Disney-Productions trug jedermann, einschließlich des Generaldirektors, auf seinem Namensschild nur seinen Vornamen. Der Vorsitzende von IBM befaßt sich persönlich mit jeder Beschwerde seiner Untergebenen.

Viele Firmen praktizieren auch »Management-by-walking-around«, um in ständigem Kontakt mit den Mitarbeitern zu bleiben – auf welcher Organisationsebene auch immer. Statt langatmigen Berichten wird kurzen, knappen Memoranden der Vorzug gegeben – sie sollen Interesse und Aufmerksamkeit erregen und die Anstrengung erhöhen.

Admiral *Elmo Zumwalt* bediente sich dieser Methode mit seinen berühmten Z-Grammen an seine verschiedenen Einheiten sehr erfolgreich.

## Die moralische Komponente

Die Methoden emotioneller Beeinflussung können sowohl moralisch als auch unmoralisch sein. Bis jetzt haben wir uns nur mit den moralischen beschäftigt. Aber Führungspersonen können sowohl weiße wie auch schwarze Schafe sein. Der Verkaufsleiter, der seine Verkäufer anspornt, beim Verkauf eines ehrlichen, nützlichen Produkts neue Rekorde aufzustellen, handelt im Interesse seiner Firma, seines Verkaufspersonals und der Öffentlichkeit. Das unterscheidet ihn in ethischer und moralischer Hinsicht deutlich von einem Verkaufsleiter, der seine Verkäufer mit falschen Versprechungen und unmöglichen Zielsetzungen zu motivieren sucht, oder einem, der zwischen seinen Verkäufern Zwietracht sät, um seine Überlegenheit zu beweisen.

*Konkurrenzierung*

Eine beliebte Methode der »schwarzen Schafe« unter den Managern ist es auch, die Untergebenen aufzuhetzen, sich in einer Weise zu konkurrenzieren, die Rivalität, Versagensängste und Vertrauensverlust hervorruft. *Mao Tse-tung* schuf Fraktionen innerhalb der Hierarchie, mit denen rechtmäßige Regierungsbeamte umgangen wurden. Er ermutigte Untergebene, ihm unter Umgehung ihrer unmittelbaren Vorgesetzten direkt Bericht zu erstatten. Gegenseitiges Mißtrauen und einander konkurrenzierende Cliquen waren die Folge. *Nance* (1979) beschrieb den Vorstandsvorsitzenden einer Firma, für die er einmal arbeitete, folgendermaßen:

»Er spielte einen Mitarbeiter gegen den anderen aus, indem er die Abteilungsleiter ständig austauschte, um zu testen, welcher für einen bestimmten Aufgabenbereich besser geeignet war. Er hatte die Angewohnheit, den ehemaligen Manager in Gegenwart des gegenwärtigen zu sich zu rufen und ihn nach seiner

Meinung über die Leistung des jetzigen Stelleninhabers zu fragen. Es war einfach brutal ...«

Ein solches System ist geeignet, aus guter Zusammenarbeit innerhalb einer Organisation einen Kriegszustand zu machen (S. 19).

*Nötigung*

Der polternde Eisenfresser, der einschüchternde, brutale, rücksichtslose und aggressive Führer kann manchmal bei den Untergebenen bemerkenswerte Leistungssteigerungen hervorrufen, besonders kurzfristig, und besonders wenn er am Schalthebel der Macht sitzt, erfinderisch, manipulativ, ausbeuterisch und politisch schlau ist. *Lyndon Johnson* war exemplarisch für diese Art von Führungsstil bei seinen unmittelbaren Untergebenen (*Caro*, 1982).

*Woodrow Wilson* fühlte sich zwar hingezogen zu Gerechtigkeit und Demokratie, konnte aber seinen Untergebenen gegenüber seinen Konkurrenzgeist und seine Aggressivität nicht zügeln. Er konnte nur mit Leuten zusammenarbeiten, die ihn bewunderten und ihm schmeichelten, oder mit solchen, mit denen ihn eine gegenseitige Haßbeziehung verband (*Zaleznik*, 1967).

## Zusätzliche Überlegungen

Versuche der Inspiration können auf taube Ohren fallen, oder auf Ohren, deren Besitzer ungeduldig darauf warten, eine Botschaft zu vernehmen.

*Aufnahmebereitschaft*

*Yukl* (1981) sieht die Inspirationskomponente darin, daß eine Person von einer anderen dazu gebracht wird, eine Handlung auszuführen, die ihren Idealen und ihren Wertvorstellungen entspricht. Ein Untergebener kann einen bestimmten Auftrag ausführen, weil man an seine Firmentreue appelliert hat; ein Soldat kann sich freiwillig zu einem gefährlichen Einsatz melden, weil man seinen Patriotismus angesprochen hat. Daß Führung durch Inspiration transformationalen Charakter hat, ist klar. Der Geführte muß dazu gebracht werden, das, was man von ihm verlangt, auch gefühlsmäßig als voll gerechtfertigt zu empfinden. Der Empfang einer angemessenen Belohnung (wie dies bei der transaktionalen Führung der Fall ist) genügt hier nicht, sondern es muß der Anreiz oder die Aussicht bestehen, zur Schaffung einer besseren Welt beizutragen, oder seine Pflicht gegenüber Gott und dem Vaterland zu tun, die Firma zum Marktführer zu machen etc. Eigeninteressen werden zugunsten der Gruppeninteressen zurückgestellt – nämlich dem Wohl der Organisation, des Vaterlandes oder der Welt. Inspiration fällt dann auf taube Ohren, wenn bei den Geführten die hierzu erforderlichen fundamentalen Glaubenssätze und Wertvorstellungen nicht vorhanden sind, sei es nun Patriotismus, Obrigkeitshörigkeit, Traditionsbewußtsein, Engagement, Loyalität oder Firmentreue.

Im Jahr 1965 war der amerikanische Soldat in Vietnam noch viel eher bereit zu gefährlichen Einsätzen als im Jahr 1970, 1965 konnten ihn seine Offiziere noch mit Sieges-Botschaften inspirieren, 1970 war er desillusioniert und setzte solchen Botschaften starken Widerstand entgegen. Im übrigen kann auch der Druck von Organisationen oder Gruppen von Bedeutung sein, wie z. B. bei der Bekehrung durch Gruppendruck, wie er in den Revival Meetings der Fundamentalisten und bei der Gehirnwäsche in modernen Sekten praktiziert wird, was fundamentale Gesinnungsänderungen und eine totale Umkehr der Wertvorstellungen zur Folge haben kann, indem der Widerstand gegen die inspirationalen Appelationen, der Revolution beizutreten, sich der Sekte anzuschließen oder an die Wiedergeburt zu glauben, durch den Druck der Gruppe herabgesetzt wird.

*Angemessenheit*

Die inspirationalen Aktivitäten des transformationalen Führers kommen dann zum Tragen, wenn
- das Engagement der Untergebenen (Begeisterung, Anstrengung, Aufopferung und Initiative) für die Leistung der Gruppe von ausschlaggebender Bedeutung ist,
- die Aufgabe schwierig und frustrierend ist und die Untergebenen sich durch vorübergehende Rückschläge und mangelnden Fortschritt entmutigen lassen,
- die Arbeit gefährlich ist und die Untergebenen Angst haben,
- die Untergebenen Ideale und Wertvorstellungen haben, die mit den Gruppenzielen übereinstimmen und somit auf Inspiration ansprechen,
- die geführte Gruppe sich im Wettstreit mit anderen Gruppen der Organisationen befindet (*Yukl*, 1981, S. 193).

*Weitere Betrachtungen*

Eine Abhandlung von *Lundberg* (1978) besagt, daß Führungspersonen auch *über*stimulierend wirken können. Das kann besonders dann der Fall sein, wenn Gruppen mit komplizierten Aufgaben konfrontiert werden, keine Erfahrung haben oder unter besonderen Streß-Situationen arbeiten müssen.

Die Beweggründe für erhöhte Leistungsmotivation reichen von Altruismus bis zur Habgier. Wenn *Maslows* Gesetze irgendeinen Anspruch auf Validität erheben können, dann sind Führungspersonen (in den Vereinigten Staaten) um so erfolgreicher, je besser sie die höheren Bedürfnis-Ebenen anzusprechen vermögen, wie das Bedürfnis nach Anerkennung, Leistung und Selbstverwirklichung, da diese Bedürfnisse wahrscheinlich viel schwieriger zu befriedigen sind als jene der niedrigeren Ebenen, wie z. B. das Bedürfnis nach Sicherheit. Für einen älteren Arbeitslosen freilich, der in den Slums lebt und der einen Großteil seiner freien Zeit damit verbringt, auf dem Fernsehschirm Mord und Totschlag zu sehen, wird das Bedürfnis nach Sicherheit Vorrang vor dem Bedürfnis nach Selbstverwirklichung haben. Wenn man ständig mit der Bedrohung seiner wirtschaftlichen und körperlichen Sicherheit leben muß, wird man mehr auf Führer ansprechen, die mehr Arbeitsplätze und wirkungsvolleren Polizeischutz versprechen.

## Ein Modell für die Führung durch Inspiration

In Abb. 5 versuchen wir, ein Modell darzustellen, das die wichtigsten Elemente der Führung durch Inspiration und Transformation aufzeigt. Die Führung durch Inspiration und Charisma, bei der der Führer Beispiele und Verhaltensmuster gibt, wird ebenfalls dargestellt – allerdings vereinfacht, um die Verständlichkeit und Klarheit zu gewährleisten. Wir benützten dazu eine einfache, anschauliche Sprache. Die emotionalen Annäherungen des Führers sind gleichfalls vereinfacht dargestellt, sie sollen zum Verständnis der in Abb. 2 gezeigten transformationalen Prozesse beitragen, bei denen erhöhtes Vertrauen und erweiterte Zielsetzung dargestellt sind.

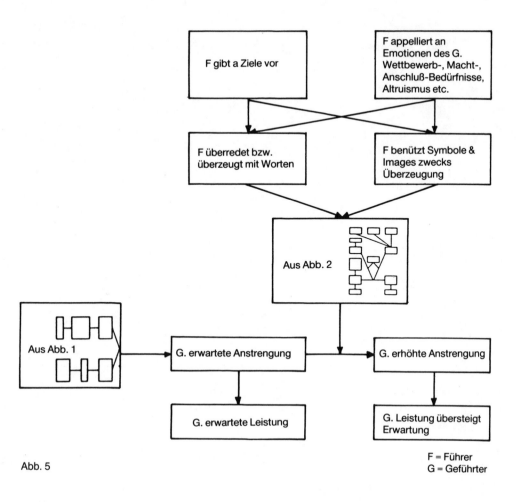

Abb. 5

F = Führer
G = Geführter

# Teil III: Individuelle Behandlung und geistige Führung

*Eleanor Samuels* teilte ihre Mitarbeiter in zwei Gruppen ein, in eine A-Gruppe und eine B-Gruppe. Die A-Gruppe wurde immer auf dem laufenden gehalten, bei Veränderungen konsultiert, erhielt Spezialaufgaben, erhöhte Verantwortung und Leistungsprämien. Die Angehörigen der B-Gruppe wurden als »Bürger zweiter Klasse« eingestuft. Samuels kümmerte sich zwar um das Wohl der B-Gruppe, aber nur dann, wenn die Mitglieder sich dazu aufrafften, sich bei ihr zu beschweren oder mit ihren Problemen zu ihr zu kommen. Sie setzte alles daran, die Interessen der A-Gruppe zu fördern, die B-Gruppe war ihr gleichgültig. Die Angehörigen der A-Gruppe waren intelligenter, tatkräftiger und zeigten mehr Engagement für die Organisation. Ihre Leistungen waren hervorragend. Man hätte nicht sagen können, ob das geringere Engagement, die verminderte Loyalität und Firmentreue der B-Gruppe eine Folge davon war, daß sie eben auf der B-Liste standen, oder daß sie das Gefühl hatten, zweitklassig zu sein, weil man sie so eingestuft hatte.

# Kapitel 5: Individuelle Behandlung

*Einige berühmte Beispiele*

*Andrew Carnegie* war exemplarisch für die individuelle Behandlung seiner Untergebenen. Er gab seinen Mitarbeitern auf allen Management-Ebenen soviel Verantwortung, daß sie das Beste aus den Talenten, die sie jeweils besaßen, machen konnten – und dies zu einer Zeit, in der autokratischer Führungsstil die Regel war. Da er selbst schon als Kind zur Arbeit gezwungen war, hatte er viel Verständnis für die Nöte und Bedürfnisse der Arbeiter (*Wall*, 1970).

*J. Paul Getty* war ebenfalls ein Magnat, der großen Wert auf sorgfältige, genaue und differenzierte Auswahl seiner Untergebenen legte. Auch er gab ihnen soviel Verantwortung wie sie verkraften konnten. Getty war dafür bekannt, daß er einzelnen Angestellten persönliche Hilfe zuteil werden ließ, ganz gleich ob es sich um berufliche oder private Probleme handelte. Andererseits zögerte er aber nicht, hochrangige Manager hinauszuwerfen, wenn er das Gefühl hatte, sie vergeudeten ihre Zeit (*Hewins*, 1961).

Obwohl für Außenseiter scheinbar rücksichtsvoll, sind viele berühmte Führer nur nach außen hin liebenswürdig, während sie innerhalb ihrer jeweiligen Institution rücksichts- und erbarmungslose Tyrannen sind. *Josef Stalin* zum Beispiel pflegte amerikanischen Diplomaten gegenüber den guten alten »Uncle Joe« zu spielen, während er den Russen gegenüber ein mörderischer und grausamer Despot war.

Die Geduld, die Höflichkeit, die Großzügigkeit und die Freundlichkeit, die *Armand Hammer* vor seinen politischen und geschäftlichen Freunden außerhalb seiner Organisation zur Schau trug, hinderten ihn keineswegs daran, innerhalb seiner Firma, der Occidental Petroleum Corporation, als Diktator aufzutreten, der jedermann unterdrückte und keinen Widerspruch und keine von seinen Ansichten abweichende Meinung gelten ließ (*Considine*, 1975).

Die Rücksichtnahme auf andere hat sich als wichtiger Aspekt in den Beziehungen zwischen Vorgesetzten und Untergebenen herausgestellt. Ganz allgemein hat man festgestellt, daß dieser Faktor zur Zufriedenheit der Untergebenen beiträgt und in vielen Fällen auch zur Produktivitätssteigerung. Er ist insoferne ein zentraler Punkt des partizipativen Führungsstils, als er auf das Bedürfnis des einzelnen nach Entfaltung und Teilnahme an Entscheidungsprozessen eingeht, die seine Arbeit und seine berufliche Laufbahn betreffen. Unsere Open-end-Untersuchung von leitenden Angestellten ergab, daß transformierende Führer von ihren Untergebenen häufig als gütige Vaterfiguren angesehen werden. Sie sind meist freundlich und informell und haben ein Nahverhältnis zu ihren Untergebenen. Sie behandeln sie als gleichberechtigt, obwohl sie (die Führer) über mehr Fachwissen verfügen. Sie stehen ihnen mit Rat und Tat zur Seite und unterstützen sie. Sie ermutigen sie zur Selbstverwirklichung und Weiterentwicklung.

In Kapitel 12 werden wir eine Faktoren-Analyse vorstellen, die in einer Studie über individuelle Bedachtnahme bei Offizieren der US-Armee erarbeitet wurde. In dieser Untersuchung stellte sich heraus, daß die Untergebenen die Verhaltensweisen ihrer Offiziere folgendermaßen schilderten: spezielle Beachtung »vernachläßigter« Mitglieder, individuelle Behandlung ihrer Untergebenen, Lob und Anerkennung für gute Arbeit. Dementsprechend beeinträchtigt der Mangel an Bedachtnahme, wie *Fiedler & Leister* (1977) fanden, das von Untergebenen in eine Aufgabe eingebrachte Intelligenzpotential. Nur erfahrene Untergebene können mit gleichgültigen Vorgesetzten fertigwerden.

*Bedachtnahme und individuelle Behandlung*

Wie *Miller* (1973) fand, kann Bedachtnahme zwei Ausdrucksformen haben. Einerseits gibt es Bedachtnahme auf Gruppen, das heißt, der Führer konsultiert Gruppen von Untergebenen, die alle gleich behandelt werden, bei der Entscheidungsfindung – er strebt Entscheidung durch Konsens an. Zum zweiten gibt es die individuelle Bedachtnahme. Hier wird jeder Untergebene anders behandelt, je nach seinen Bedürfnissen und Fähigkeiten. In Kapitel 12 werden wir quantitative Untersuchungen vorstellen, aus denen hervorging, daß individuelle Bedachtnahme z. B. auch darin besteht, daß man anscheinend »vergessenen« Untergebenen besondere Aufmerksamkeit schenkt und jeden Mitarbeiter ganz individuell behandelt.

Individuelle Behandlung kann in vielen verschiedenen Erscheinungsformen auftreten. Der Ausdruck der Anerkennung für gute Arbeit ist wahrscheinlich die gebräuchlichste. Aber auch konstruktive Kritik von seiten des Vorgesetzten kann von Wichtigkeit sein. Er kann die Untergebenen mit Spezialaufgaben betrauen, die das Selbstvertrauen festigen, und ihnen gestatten, ihre Talente voll zur Geltung zu bringen und ihnen Gelegenheit geben, aus ihren Fehlern zu lernen.

Sowohl Bedachtnahme als auch individuelle Behandlung sind Teil des Leader-Member-Exchange – jenes Prozesses, bei dem der Vorgesetzte sich mit jedem einzelnen seiner Untergebenen berät. Dabei wird jeder einzelne Mitarbeiter aufgefordert, seine Sorgen und seine Erwartungen hinsichtlich seiner Arbeit, der seines Vorgesetzten und ihrer Arbeitsbeziehung zueinander zu diskutieren. Dann erklärt der Vorgesetzte dem Untergebenen seine eigenen Ansichten über seine Aufgaben und die des Mitarbeiters. Dadurch wird das gegenseitige Verständnis zwischen Vorgesetzten und Untergebenen gefördert (*Graen* et al., 1982).

Vorgesetzte können die Berichte ihrer Untergebenen in einer Weise kritisieren, die diesen hilft, ihren Stil und ihre Ausdrucksweise zu verbessern. Sie können Untergebene auch von betrieblichen Vorhaben in Kenntnis setzen und sie zu Werks- und Kundenbesuchen mitnehmen. Die Untergebenen können auf Seminare geschickt werden, oder als Stellvertreter ihres Chefs auch ihrerseits Berichte begutachten, oder externe Belange diskutieren.

Wenn man sowohl die qualitativen als auch die quantitativen Untersuchungen ansieht, scheint sich herauszukristallisieren, daß transformationale Führung auch die individuelle Bedachtnahme und die Berücksichtigung der Lern- und Entwicklungsprozesse der Geführten mit einschließt. Transformierende Führer verstehen es, zu delegieren – in Übereinstimmung mit ihrer Beurteilung des jeweiligen Untergebenen, dem Stand seines Wissens und Könnens und seinem Bedürfnis nach Wachstum.

Natürlich befleißigen sich nicht alle transformierenden Führer der Bedachtnahme, weder auf Gruppen, noch auf Individuen. Manche verlassen sich vielleicht lieber auf ihr Charisma oder auf die geistige Anregung, die sie den Geführten bieten. Zum Beispiel war einer der berühmtesten charismatischen Führer der Welt, Lord *Herbert Kitchener*, der um die Zeit der Jahrhundertwende und im Ersten Weltkrieg als DER Held Großbritanniens galt, ziemlich unumgänglich und anderen gegenüber äußerst rücksichtslos. Er konnte kaum delegieren oder mit anderen Offizieren zusammenarbeiten und er wollte die Ansichten und Meinungen anderer weder hören noch berücksichtigen. Der Dienstweg war ihm verhaßt, er umging ihn, wo immer es möglich war. Er machte gar kein Hehl daraus, kalt und rücksichtslos zu sein (*Magnus*, 1968).

*Charles Revson*, der Gründer des Kosmetik-Konzerns Revlon, galt bei seinen leitenden Angestellten als äußerst rücksichtslos. Sehr oft passierte es, daß er leitende Mitarbeiter feuerte, oder daß diese ihrerseits ihm trotz der Spitzengehälter, die er ihnen zahlte, die Dienste aufkündigten. Trotzdem – einige wenige fanden ihn äußerst human und großzügig (*Tobias*, 1976).

Ein gutes Beispiel sind auch die amerikanischen Präsidenten der jüngeren Geschichte:

*Die Präsidenten und ihre engsten Mitarbeiter im Weißen Haus*

Unter dem Präsidenten der Vereinigten Staaten als enger Mitarbeiter zu dienen, war immer schon ein willkommenes Sprungbrett für eine politische, kommerzielle oder juristische Laufbahn. Die Präsidenten selbst unterschieden sich hinsichtlich ihrer individuellen oder allgemeinen Rücksichtnahme auf ihre Stabsleute sehr voneinander. Prädident *Reagan* hat sehr viel Autorität an seine unmittelbaren

Stabsleute *Baker, Clark, Deaver* und *Meese* delegiert, vermeidet es aber trotzdem, sie regelmäßig zusammenzubringen, um ihre Differenzen auszudiskutieren.

*Eisenhower* ließ alle Differenzen zwischen seinen unmittelbaren Untergebenen von seinem Stabschef *Sherman Adams* in eine Seite umfassendes Memorandum stopfen, aufgrund dessen er dann seine Entscheidungen traf.

*Franklin D. Roosevelt* war bekannt dafür, daß er es genoß, einen Untergebenen gegen den anderen auszuspielen.

*Jimmy Carter* rief seine Untergebenen zusammen, um mit ihnen die Details ihrer auseinanderklaffenden Standpunkte zu besprechen.

*Harry Truman* kam dem, was wir unter individueller Rücksichtnahme verstehen, am nächsten.

Präsident Truman hielt nichts von einem einheitlichen Stabssystem. Er hatte sechs Hauptberater, mit denen er sich jeden Morgen eine Stunde lang zusammensetzte, und mit denen er am Abend im Oval Office einen kleinen Bourbon mit Wasser trank. Später nahm er ein Bündel Akten mit in sein Schlafzimmer, setzte seinen grünen Augenschutz auf und studierte die Papiere bis spät in die Nacht hinein (*Reston*, 26.4.1983).

Nach *Sorenson* (1966) glich John F. Kennedy Truman in dieser Hinsicht, außer daß seine vier Hauptberater sich nicht auf das ihnen zugeteilte Gebiet beschränken mußten. Kennedy sah sich als Nabe eines radähnlichen Netzwerkes von Stabsverbindungen und er ermutigte die peripheren Stabsleute, sich direkt mit ihm in Verbindung zu setzen, falls es nötig war. Er wohnte allen Stabsbesprechungen persönlich bei.

Das andere Extrem stellen Lyndon Johnson und Richard Nixon dar. Johnson schikanierte seine unmittelbaren Untergebenen solange, bis sie allem zustimmten, was er beschloß. Er fragte sie nie nach ihrer Meinung und duldete auch keinen Widerspruch. Nixon führte seinen Stab mit eiserner Hand. »In einer Atmosphäre byzantinischer Geheimniskrämerei und Intrigenwirtschaft stattete er *Bob Haldeman* und *John Erlichman* mit großen Machtbefugnissen aus.« (*Reston*, 26.4.1983)

## Orientierung an der individuellen Entwicklung

Schon bei Konfuzius – »der Führer als moralisches Vorbild« – und bei Plato – »der Führer als Arzt, Hirte oder Kapitän« – (*Paige*, 1977), findet man das Konzept der Förderung der Geführten durch humane Behandlung. Der transformationale Führer ist den Geführten gegenüber entwicklungsorientiert. »Er evaluiert das Entwicklungspotential seiner Untergebenen hinsichtlich der Erfüllung gegenwärtiger und künftiger Aufgaben« (*Thomas*, 1967, S. 196). Der Führer ist seinen Untergebenen ein Vorbild. Er weist ihnen individuelle Aufgaben zu und hilft ihnen, ihre Fähigkeiten entscheidend zu verbessern, erhöht ihre Motivation und treibt gleichzeitig die Organisationsziele voran.

Der transformationale Führer dient den Untergebenen bewußt oder unbewußt als Rollenmodell. *Margerison* (1980) fand, daß 208 hochrangige leitende Angestellte ihre eigene erfolgreiche Entwicklung als Führungskräfte darauf zurückführten, daß sie in jungen Jahren Vorgesetzte hatten, die sie als Vorbild betrachten konnten und von denen sie viel gelernt hatten.

Nach *Quinn & Hall* (1983) muß ein Führer eine existentielle Orientierung und die Fähigkeit besitzen, Teams und Organisationen zu schaffen, die sich mit dem »Hier und Jetzt« befassen. Ein Führer muß human, verständnisvoll, rücksichtsvoll, sorgend und unterstützend sein. Bedachtnahme reduziert bei den Untergebenen Rollen-Unklarheit, besonders wenn die Führer Experten auf ihrem Gebiet sind (*Podsakoff, Todor* und *Schuler*, 1983).

*Entwicklungsorientiertes Verhalten*

Eine Faktoren-Analyse von *Morse & Wagner* (1978) über verschiedene Aspekte des Führungsverhaltens, die auf dem Mintzberg-Modell (1974) der zehn Management-Rollen aufgebaut ist, ergab u. a. den Faktor »Vorsorge für Wachstum und Entwicklung«. Neben anderen Faktoren, die dabei zutagekamen, stellte sich heraus, daß Manager, die diese Rolle erfüllen, als hoch wirkungsvoll gelten. Entwicklungsorientiertes Führungsverhalten, so berichteten Untergebene, sei in ihren Augen Beratung, sorgfältige Beobachtung, Festhalten der Leistungsfortschritte und die Ermutigung zur Weiterbildung.

*Das Delegieren von Aufgaben*

Besonders wichtig scheint es auch zu sein, den Untergebenen Aufgaben zu übertragen, ihren Verantwortungsbereich zu erweitern und ihnen Herausforderungen zu bieten. *Peters* (1980) fand, daß erfolgreiche Firmenchefs dies »bis weit in die unteren Ränge hinab« praktizieren.

General *Omar Bradley* (1951) wies darauf hin, daß »es keinen besseren Weg gibt, Führungsverhalten zu fördern, als einer Person die Verantwortung für eine bestimmte Aufgabe zu übertragen und es ihr zu überlassen, wie sie gelöst werden soll«.

*Margeritson* (1980) hat eine Untersuchung von 208 Spitzenmanagern durchgeführt und berichtet, daß die wichtigsten Einflüße auf die Entwicklung zu erfolgreichen Managern unter 35 Jahren folgende waren: »Von ihren unmittelbaren Vorgesetzten gezwungen zu werden, sich nach der Decke zu strecken, Führungserfahrungen sammeln zu dürfen, Verantwortung für wichtige Aufgaben zu übernehmen, und in den verschiedensten Sparten Kenntnisse zu erwerben.«

## Person-Orientierung

*Zaleznik* kam (1977) zu dem Schluß, daß der persönliche Einfluß und der persönliche Kontakt zwischen Vorgesetzten und Untergebenen von entscheidender Bedeutung für die Entwicklung von Führungskräften ist. Er sprach sich dafür aus, daß in Organisationen der Individualismus, ja sogar der Elitarismus, gepflegt werden sollte, der sich auf die frühe Identifikation künftiger Führer aus den Reihen der Untergebenen konzentriert.

Persönlicher Kontakt mit den Geführten wird auch für einen militärischen Befehlshaber als ganz besonders wichtig angesehen. Der Kommandant muß die Namen seiner Untergebenen bis mindestens zwei Ebenen unter seinem eigentlichen Kommandobereich kennen und über ihre Aufgaben Bescheid wissen.

»Der Zugführer sollte so früh wie möglich alle Männer namentlich kennen. Sogar der Kompanie-Kommandant sollte sich bemühen, alle Mitglieder der Kompanie namentlich zu kennen.« (*Hays & Thomas*, 1967, S. 196)

*Vertrautheit und Kontakt*

*Peters* (1980) kam zu dem Schluß, daß es ein charakteristisches Merkmal erfolgreicher Unternehmensführer ist, daß sie enge Kontakte zu ihren Untergebenen herstellen und aufrechterhalten. Dabei zögern diese Generaldirektoren nicht, innerorganisatorische Amtswege und Kanäle zu umgehen oder zu übergehen. Dazu müssen sie allerdings sehr viel Zeit im »Feld« zubringen. Aber sie erhöhen dadurch die Motivation ihrer Manager, und sie geben diesen erstaunlich viel Entscheidungsspielraum – bis weit in die Ränge hinunter. So hat z. B. Thomas V. Jones, der Präsident und Vorsitzende von Northrop, der Fluzeugherstellerfirma, auf dem Gebiet des Berichtswesens keine hierarchischen Dienstwege geduldet. Kommunikation quer durch alle Unternehmensebenen war sein Anliegen. Auch er selbst befaßte sich direkt mit den Belangen aller Organisationsbereiche. Diese zwanglosen Wechselbeziehungen waren offenbar der Grund für das freundliche Betriebsklima, das dort herrschte. Es wurde immer wieder betont, wie wichtig es für den einzelnen Manager ist, in einem durchlässigen System und unbehindert von organisatorischen Schranken arbeiten zu können.

Individuelle Bedachtnahme bedeutet auch, daß dienstältere Vorgesetzte einen persönlichen oder zumindest telefonischen Kontakt zu jüngeren Mitarbeitern aufrechterhalten.

Die Intertel Corporation kam zu dem Schluß, daß frischgebackene Ingenieure im Vergleich zu den altgedienten und erfahrenen Managern, die in der Firma Status und Macht besaßen, hinsichtlich der neuesten technologischen Entwicklungen weit besser informiert waren. Daher förderte die Firmenleitung den ständigen Kontakt und die offene Kommunikation zwischen den neu hinzugekommenen Universitätsabsolventen und den Senior-Managern. Die Senior-Manager und die jungen Profis wurden gemeinsam in kleinen, unprätentiösen und allen zugänglichen Büros untergebracht, wo sie gemeinsam die Probleme besprechen konnten.

Besonders verankert in der Organisationskultur erfolgreicher Unternehmen ist auch die Tatsache, daß Entscheidungen eher davon beeinflußt werden, was einer weiß, als wieviel Macht er hat. In manchen Firmen praktiziert man auch das »walk-around-Management«, das ebenfalls geeignet ist, die persönlichen Kontakte zwischen den unteren und den oberen Führungsschichten zu fördern.

*Formelle und informelle Kommunikation*

*Klaus & Bass* (1982) nehmen an, daß Projektplanung sehr stark von formellen Informationssystemen abhängig ist. Aber sie fanden auch, daß die von ihnen untersuchten 400 Ingenieure und Techniker mehr entscheidungsrelevante Informationen aus informellen Kontakten und persönlichen Diskussionen gewannen als aus schriftlichen Unterlagen und Berichten. In Übereinstimmung damit sah auch *Mintzberg* (1975) es als Märchen an, daß Management-Informationssysteme mit all ihren angesammelten Daten für die Entscheidungsfindung tatsächlich von Bedeutung sind. Er fand, daß zwei Drittel bis drei Viertel der gesamten Arbeitszeit von Managern auf mündliche und persönliche Kommunikation aufgewendet werden. Es sind die unmittelbaren, zur rechten Zeit gehörten Klatschgeschichten, Vermutungen, Mutmaßungen und relevanten Meinungen, die die Entscheidungsprozesse beeinflussen, nicht die generalisierten Berichte, die sich mit Präzedenzfällen befassen. Die persönliche Aufmerksamkeit des Vorgesetzten gegenüber den Untergebenen ergibt viele Gelegenheiten für laufende und aktuelle Information. Jedoch fanden *Klaus & Bass* (1982), daß die meisten Manager geneigt sind, solche persönlichen (oder telefonischen) Kontakte eher mit Kollegen auf derselben Rangstufe als mit Untergebenen aufrechtzuerhalten.

Weder Vorgesetzte noch Untergebene benutzten zu diesem Zweck jedoch ständig schriftliche Mitteilungen.

*Mintzberg* schloß (1975), daß regelmäßige Instruktionssitzungen, bei denen Vorgesetzte ihren Untergebenen von Angesicht zu Angesicht gegenübersitzen und wichtige Informationen austauschen, eine bessere Basis für die Entscheidungsfindung in Organisationen darstellen. Diese Vorgangsweise dämmt die Flut umherschwirrender schriftlicher Mitteilungen ein, mit denen sich der Vorgesetzte aufgrund seiner Arbeitsüberlastung und seines Zeitmangels ohnehin nur oberflächlich befassen kann.

Trotz des »walking-around-Managements« spielt sich die Kommunikation zwischen Vorgesetzten und Untergebenen in der Praxis aber wahrscheinlich eher auf dem Papier als durch persönliche Kontakte ab.

Natürlich sind dem Management »by walking around« auch dort Grenzen gesetzt, wo räumliche und hierarchische Entfernung offene, unmittelbare und persönliche Kontakte verhindert.

*Jerry Lewis*, der Werksleiter der Steuben-Glasmanufaktur, beginnt seinen Arbeitstag um sechs Uhr früh. Da wandert er unter den Arbeitern und Werksmeistern umher und diskutiert mit ihnen, was so gerade ansteht. Bis er an seinem Schreibtisch sitzt, hat er meist schon eine Reihe von Problemen gelöst und mit den Glasbläsern eine Menge Unklarheiten ausgeräumt. Darüber hinaus hat er wahrscheinlich auch einen bleibenden Beitrag zu einem gedeihlichen Betriebsklima geleistet.

*Das Informationsbedürfnis der Untergebenen*

Zur individuellen Bedachtnahmen gehört unserer Meinung nach auch, daß man die Untergebenen über alles unterrichtet, was vorgeht, und ihnen sagt, warum das so ist. Dies geschieht am besten durch persönliche oder zumindest telefonische Kontakte und nicht durch schriftliche Mitteilungen. Persönliche Kontakte ergeben persönliche Gespräche, womit vermieden wird, daß der Informationsfluß vom Vorgesetzten zum Untergebenen zu einer Einbahnstraße wird.

Die Untergebenen sollten auch von Änderungen in der Planung oder der Geschäftspolitik nicht überrumpelt werden, sondern sie sollten das Gefühl haben, daß sie an der Entwicklung teilhaben und nicht hilflos daneben stehen. Wenn eine echte Wechselbeziehung stattfindet, müssen die Untergebenen die Möglichkeit haben, Fragen zu stellen, damit sie die Situation besser verstehen. Dies gibt überdies auch dem Vorgesetzten die Möglichkeit, die Meinungen und Reaktionen der Untergebenen kennenzulernen.

*Auf die individuellen Unterschiede eingehen*

*Meyer* (1980) unterstrich, wie wichtig es für militärische Führer ist, auf die individuellen Unterschiede zwischen den Geführten einzugehen. Der Vorgesetzte darf nicht alle Untergebenen gleich behandeln, sondern er muß wissen, was jeden einzelnen Soldaten am besten motiviert und wie er ihn am wirkungsvollsten einsetzen kann. Dabei darf er weder Zeit noch Mühe scheuen. Nach *Meyer* (1980) äußert sich persönliche Bedachtnahme auch in der Achtung, die der Vorgesetzte dem einzelnen Untergebenen entgegenbringt – was höchstwahrscheinlich auch auf Gegenseitigkeit beruht.

*Individuelle Beratung*

Militärische Führer hatten schon immer auch eine beratende Funktion gegenüber den Geführten. Sie müssen imstande sein, ihren Untergebenen zu helfen, sich mit ihren Problemen auseinanderzusetzen. Dabei kann es vorkommen, daß sie selbst in einen Rollenkonflikt zwischen Führer und Berater gelangen (*Hays & Thomas*, 1967).

Beim Militär ist die persönliche Beratung besonders in den niedrigeren Führungsschichten von entscheidender Bedeutung, obwohl sie bis zu einem gewissen Grad auch auf höheren Führungsebenen zum Tragen kommt (*Ayres*, 1978).

Der Erfolg des Beraters hängt ganz entscheidend von seiner Fähigkeit ab, zuhören zu können und sich in die Probleme eines anderen hineinzuversetzen. Dies betrifft in erster Linie jene Führer, die in unmittelbarem Kontakt mit der Truppe stehen, wie z. B. den Unteroffizier, den Leutnant und den Hauptmann. Führungspersonen auf diesen Ebenen können dem einzelnen Soldaten höchst wirkungsvoll bei der Artikulation und der Bewältigung seiner Probleme helfen (S. 45).

Geschicktes Eingehen auf die persönlichen Bedürfnisse der Geführten ist hier ganz besonders wichtig. Aber auch auf der mittleren Führungsebene, beim Hauptfeldwebel, Hauptmann, Major oder bei einem jungen Oberstleutnant, ist es von Bedeutung, wenn auch in abgeschwächter Form.

Das Eingehen auf die persönlichen Bedürfnisse trägt aber sehr wahrscheinlich auch zu einer erhöhten Identifikation der Geführten mit dem Heer als Ganzes bei, daher werden sich militärische Führer auch mit der Aufgabe konfrontiert sehen, die Soldaten zu beraten, wenn sie Schwierigkeiten haben, sich den Verhaltensnormen militärischer Organisationen anzupassen – sowohl innerhalb als auch außerhalb des Dienstes. Dabei ist es besonders wichtig, auf Streß- und Notsignale zu achten und sie gegebenenfalls durch intensive Befragung der betreffenden Soldaten aufzudecken, was übrigens auch beim Führer zu einem besseren Verständnis des Verhältnisses zwischen den Aufgaben und den individuellen Motivationen und Bedürfnissen beiträgt. An diesem Punkt ihrer militärischen Laufbahn angelangt, befinden sich viele Offiziere an einem Scheideweg. Sie müssen sich entscheiden, welchen Weg sie gehen wollen – Austritt aus der Armee und Antritt einer zivilen Karriere oder nicht.

Auch ein höherer Offizier, ein Oberst oder ein General, kann sich plötzlich mit einem »fehlgeleiteten« Untergebenen konfrontiert sehen, mit dessen Problemen er sich unverzüglich auseinandersetzen muß.

*Kaplan* und *Cowen* (1981) haben dieses individuelle Eingehen auf die Untergebenen und die persönliche Beratung bei Vorarbeitern in der Industrie untersucht. Sie haben 97 Vorgesetzte von Industriearbeitern hinsichtlich der Probleme befragt, die sie mit ihren jeweiligen Untergebenen haben. Die wichtigsten davon waren Schwierigkeiten mit Arbeitskollegen, die Sorge um Aufstiegsmöglichkeiten, Unzufriedenheit mit dem Arbeitsplatz, finanzielle und familiäre Probleme sowie das Bangen um die Sicherheit des Arbeitsplatzes. Am häufigsten wurden folgende Hilfestellungen angeboten: die Untergebenen anhören, Mitgefühl ausdrücken und ihnen Unterstützung anbieten. Die Vorgesetzten stellten den Untergebenen Fragen, um sie aus sich selbst herauszulocken und sie zu veranlassen, alternative Lösungsmöglichkeiten zu finden. Sie tauschten Erfahrungen aus, schlugen möglicherweise eine Person vor, an die sie sich um Rat und Hilfe wenden konnten, oder berieten sie selbst. Generell wurde das Anhören der Probleme der Untergebenen und die Hilfe bei der Lösung derselben als wesentlicher Bestandteil der Aufgaben eines Vorgesetzten angesehen.

## Der Mentor

Individuelle Behandlung Untergebener besteht auch darin, daß ein älterer Manager oder Fachmann sich die Zeit nimmt, einem jüngeren persönlich mit Rat und Tat zur Seite zu stehen, kurz sich als »Lehrmeister« zu betätigen. Der Lehrmeister oder Mentor ist sowohl Vertrauter als auch Berater, der es auf sich nimmt, bei der Entfaltung und Entwicklung eines jüngeren Mitglieds der Organisation mitzuhelfen. Lehrmeister geben ihr größeres Wissen und ihre Erfahrung an ihre Schützlinge weiter, um ihnen bei ihrer beruflichen Entwicklung behilflich zu sein. Sie ziehen ihre Schützlinge nicht einfach an ihren Rockschößen die Karriereleiter hinauf, sondern bringen ihnen bei, auf eigenen Beinen zu stehen. Dies stellt eine ganz besondere Beziehung zwischen Vorgesetzten und Untergebenen dar. Dabei geht es nicht nur darum, daß man einen Rat erteilt, wenn man darum gebeten wird (*Shapiro* et al., 1978).

Verglichen mit den formellen und normalerweise distanzierten Beziehungen zwischen hochrangigen Managern und Anfängern irgendwo zuunterst auf der Karriereleiter ist eine Mentor-Beziehung viel enger. Der Mentor ist für den Untergebenen Vaterfigur und Rollenvorbild zugleich (*Levinson* et al., 1978).

In einer Untersuchung von 122 kürzlich beförderten Angestellten in der Wirtschaft fand *Johnson* (1980), daß zwei Drittel davon einen Mentor gehabt hatten.

Die Tatsache, daß der Mentor sich in der Wirtschaft, der Politik und der Industrie solcher Beliebtheit erfreut, beweist das Interesse, das sowohl die Arbeitnehmer als auch die Arbeitgeber an diesem System haben.

*Das Prinzip des Mentors*

Der Mentor muß nicht unbedingt der unmittelbare Vorgesetzte des jeweiligen Schützlings sein. Junge Manager suchen sich als Lehrmeister oft jemanden auf höherer Ebene aus, häufig auch jemanden aus einem ganz anderen Unternehmensbereich.

*Lyndon Johnson* verstand es meisterhaft, sich bedeutender und mächtiger älterer Politiker als Mentoren zu bedienen, die in ihrer politischen Karriere bereits viel weiter fortgeschritten waren, wie beispielsweise *Sam Rayburn* (*Caro*, 1982).

Manchmal ist der Mentor auch organisationsextern. Er kann auch ein Verwandter, ein Freund oder ein ehemaliger Lehrer sein. Aber in der Regel ist der Mentor der unmittelbare Vorgesetzte oder ein höherer Manager innerhalb der Organisation (*Johnson*, 1980).

Gewöhnlich bewertet man positives Feedback von Personen, die man achtet und verehrt, weit höher als dasselbe Feedback von Leuten, die man nicht mag (*Bass* et al., 1961). Daher legt man größten Wert auf ein Feedback, das von einem Mentor kommt, der innerhalb des Systems, in dem man sich befindet, einen höheren Rang einnimmt und dessen Erfahrung und Wissen man bewundert.

Wenn es stimmt, daß »Personen, die mit sich selbst im Einklang stehen«, bessere Leistungen erzielen (*Blanchard & Johnson*, 1982, S. 19), dann kann der Mentor zu diesem Einklang zweifellos sehr viel beitragen. Das Konzept des Mentors ist weder neu noch ungewöhnlich. (Mentor war ein Freund des Odysseus, dem dieser die Erziehung seines Sohnes Telemachos anvertraute. Mentor war für Telemachos Ratgeber, Führer, Lehrer und Trainer zugleich.)

Daß ein erfahrener Mitarbeiter einem unerfahrenen seine Dienste als Mentor zur Verfügung stellt, kann entweder sein eigener Entschluß oder von der Firmenpolitik vorgeschrieben sein. Bei Jewel Companies z. B. werden Vice Presidents als Mentoren eingesetzt. Die Hauptaufgabe des Mentors ist es zu lehren, zuzuhören und Entscheidungen durch Konsens herbeizuführen. Viele Großunternehmen haben ganz offizielle Mentor-Programme.

*Zielsetzungen*

*Zaleznik* (1983) kam zu dem Schluß, daß offizielle Mentor-Programme sehr viel zu gedeihlichen persönlichen Beziehungen zwischen jüngeren und älteren Mitarbeitern beitragen können.

»Solche Experimente mit Person-zu-Person-Zweierbeziehungen können sich in der Tat als Elixier für die Firmenkultur erweisen« (S. 39).

Ein Mentor-Programm könnte auch die vorzeitigen Kündigungen junger Mitarbeiter vermeiden, mehr Arbeitszufriedenheit schaffen und zur beruflichen Entwicklung der jeweiligen Schützlinge beitragen. Des weiteren kann es auch die Kooperationsbereitschaft des einzelnen fördern und die Gemeinschaftsanstrengungen verstärken (*Hunt & Michael*, 1983).

*Wer ist als Mentor geeignet?*

Es gibt viele Führungskräfte, die keine guten Lehrmeister abgeben würden. Zwar ziehen es manche vor, mit Menschen zu arbeiten, als im stillen Kämmerlein einer einsamen Tätigkeit nachzugehen, aber gewöhnlich scheuen sie emotionale Verwicklungen. Sie sehen sich selbst als Rollenspieler in einem Prozeß und wollen sich nicht damit befassen, Kompromisse zu finden und Differenzen auszubügeln. Ein Mentor muß imstande sein, Konflikte zu lösen und Meinungsverschiedenheiten sachlich und unpersönlich zu sehen. In der interpersonalen Wechselbeziehung sind persönlicher Angriff und persönliche Verteidigung zu vermeiden (*Zaleznik*, 1967).

Vielen Senior-Managern fehlt es an Nachdrücklichkeit, eine Eigenschaft, die für einen Mentor unerläßlich ist. Es bedeutet mehr als nur Aufmerksamkeit, nämlich die Fähigkeit, emotionale Signale aufzuspüren und sie richtig zu deuten (*Levinson* et al., 1978, S. 73).

*Levinson* et al. schlossen, daß Mentoren ihren Schützlingen zwischen 8 und 15 Jahren an Alter und Erfahrung voraus sein sollten. Größere Unterschiede ergeben einen störenden Generationskonflikt, geringere wiederum erzeugen ein Kollegenverhältnis anstatt eines Mentor-Verhältnisses. (Kollegen-Mentoren sind zwar auch möglich, sind aber ganz anders gelagert und stehen hier nicht zur Debatte.) *Levinson* et al. schlagen weiter vor, daß der Mentor vom selben Geschlecht wie der Schützling sein sollte. *Hunt & Michael* (1983) fügen noch hinzu, daß Mentoren hochrangig, mächtig und erfahren sein sollten, d. h. es darf nicht die Gefahr bestehen, daß sie von ihren Schützlingen ausgebootet werden.

Die Untergebenen gleichen ihren eigenen Führungsstil dem ihrer Vorgesetzten an, wenn sie diese als erfolgreich und kompetent wahrnehmen. Sie gleichen sich auch den beruflichen Wertvorstellungen der Vorgesetzten an, wenn diese von ihnen als human angesehen werden (*Weiss*, 1978). Es ist anzunehmen, daß ein Mentor, der erfolgreich, kompetent und human ist, von den Schützlingen als Rollenvorbild und Grundlage der Wertvorstellungen angenommen wird.

## Die individuellen Unterschiede

Feldabhängige Schützlinge sind eher geneigt, den Einfluß ihrer Mentoren als Modelle und Wertvorstellungen anzunehmen, als feldunabhängige (*Weiss & Shaw*, 1979). Auch das Selbstwertgefühl des Schützlings ist von Bedeutung. Aus den Studien über Führer-Untergebenen-Beziehungen (*Korman*, 1978; *Adler*, 1982) leiten wir ab, daß Schützlinge mit einem starken Selbstwertgefühl sich dann Mentoren als Beispiel nehmen, wenn sie diese als kompetent ansehen und wenn sie der Überzeugung sind, daß diese ihnen den Weg zu angestrebten Zielen und zum Aufstieg innerhalb der Organisation ebnen. Schützlinge mit einem niedrigeren Selbstwertgefühl hingegen nehmen dann den Führungsstil des Mentors an, wenn sie sich mit diesem leicht identifizieren können und er ihnen persönlich sympathisch ist.

## Die Vorteile für den Mentor

Die Ausbildung der Untergebenen ist die vornehmste Aufgabe des Vorgesetzten (*Morse & Wagner*, 1978). Aber der Vorgesetzte erleichtert sich auch seinen eigenen Aufstieg, wenn er einen geeigneten Nachfolger für seine eigene Position herangezogen hat. Der Mentor erfährt auch einen Machtzuwachs und gewinnt durch seine ehemaligen Schützlinge Anerkennung und Zugang zu Informationen sowie Einfluß auf andere Unternehmensbereiche. Außerdem wird seine Tätigkeit als Mentor von seinen eigenen Vorgesetzten positiv vermerkt (*Jennings*, 1967). Ein erfolgreicher Mentor gewinnt auch an Wertschätzung von seiten seiner Kollegen (*Kram*, 1980).

Der langjährige Generaldirektor von Baton-Rouge, der Raffinerie von Exxon, hatte innerhalb des Unternehmens einen fast legendären Ruf als »Entwicklungshelfer« für künftige Exxon-Manager, die schließlich in höhere Positionen als er selbst sie innehatte, aufstiegen.

Die Tätigkeit des Mentors ist kreativ, befriedigend und auch verjüngend (*Levinson* et al., 1978). Sie macht sich auch insoferne bezahlt, als sie die Untergebenen dazu bringt, vollen Gebrauch von ihrer Intelligenz und ihren Fähigkeiten zu machen (*Fiedler & Leister*, 1977).

*Die Vorteile für den Schützling*

Die Untergebenen lernen aus erster Hand, wie man mit Macht umgeht, wie wichtig Integrität ist, und wie man die verschiedenen Mittel des Managements am wirkungsvollsten einsetzt (*Zaleznik*, 1967). Mittels eines Dyaden-Prozesses verhilft der Mentor dem Schützling zu einem ausgewogenen Selbst-Image.

Besonders weiblichen Untergebenen wird dabei geholfen, ihre Karriere- und Familienanforderungen miteinander zu verbinden (*Kram*, 1980).

Mentoren sind auch besonders wichtig für den beruflichen Aufstieg von weiblichen Managern, die keine Familienbande zur Firma haben (*Missirian*, 1980).

Der Schützling kann vom Mentor lernen, wie eine Organisation funktioniert. Mentoren können auch die »Sichtbarkeit« ihrer Schützlinge innerhalb der Organisation erhöhen, indem sie höhere Instanzen auf ihre Verdienste aufmerksam machen (*Johnson*, 1980).

Nach *Margerson* (1980) sahen 208 Senior-Manager und Generaldirektoren es als überaus wichtiges Element in einer erfolgreichen beruflichen Laufbahn an, dem Top-Management aufzufallen. Schließlich, was immer der Grund sein mag, zeigt sich in der Studie von *Roche* (1979), daß jene zwei Drittel der leitenden Angestellten, die Mentoren hatten, ganz allgemein größere Erfolge erzielten als das Drittel, das keinen Mentor hatte.

*Wo ein Mentor angebracht ist*

Manche Situationen verlangen einfach nach einem Mentor und nach besonderer Aufmerksamkeit auf die Schützlinge. Zum Beispiel kann die Firmenpolitik einen Mentor erfordern, wenn die erfolgreiche Entwicklung der Untergebenen zum Kriterium für Belohnung und Beförderung von Managern gemacht wird. *Yukl* (1981) bietet folgende zusätzliche Bedingungen für das Auftreten eines Mentors an (der aber nicht notwendigerweise der unmittelbare Vorgesetzte seines Schützlings sein muß):
- wenn die Arbeit kompliziert und technisch schwierig ist und wenn sie eine lange Lehrzeit und große Erfahrung erfordert,
- wenn die Arbeitsweise und/oder die Technologie sich ändert und die Untergebenen sich neue Fertigkeiten aneignen und sich an neue Verfahrensweisen gewöhnen müssen, ferner wenn manche Untergebene nicht genügend Fertigkeiten besitzen und zusätzliche Unterweisung brauchen, um Leistungsdefizite zu überwinden,
- wenn es ständig nötig ist, neue Untergebene einzuschulen, sie es aufgrund eines hohen Stellenwechsels oder aufgrund einer rapiden Ausdehnung,

- wenn einzelne Untergebene eine Spezialschulung brauchen, die sie befähigen soll, größere Verantwortung oder höhere Positionen zu übernehmen. (S. 295)

Die Untergebenen selbst tragen zu diesem Individualisierungsprozeß der Führung bei. *Zaleznik* (1967) merkt an, daß oft ein rationaler und zweckdienlicher Prozeß zwischen Führern und Geführten abläuft. Es können aber auch Phantasievorstellungen auftreten, die vorangegangene Enttäuschungen und beeinträchtigte Selbstachtung kompensieren sollen.

*Probleme bei der individuellen Behandlung*

Wenn Führer individuelle Beziehungen zu bestimmten Gruppenmitgliedern eingehen, wie wir es anhand des Beispiels von *Eleanor Samuels* zu Beginn von Teil III geschildert haben, gehen sie ein Nahverhältnis zu den Mitgliedern eines inneren Kreises ein. Diejenigen, die sich innerhalb dieses inneren Kreises befinden, übernehmen mehr Verantwortung und erhalten auch mehr Hilfe vom Führer. Zwischen dem Führer und seinem inneren Kreis besteht mehr gegenseitige Unterstützung und mehr Vertrauen.

In einem großen Unternehmensbereich wurden 60 Personen über einen Zeitraum von 9 Monaten beobachtet. Während dieser Zeit fand eine Reorganisation statt. Die Mitglieder des inneren Kreises erhielten mehr Ressourcen, mehr Unterstützung und eine bessere Behandlung als die Mitglieder des äußeren Kreises. Den Mitgliedern des inneren Kreises wurde auch mehr Freiraum eingeräumt und sie erhielten mehr Information. Sie hatten einen größeren Einfluß auf die Entscheidungsfindung und mehr Unterstützung für ihre Handlungen sowie mehr Bedachtnahme auf ihre Gefühle als die Mitglieder des äußeren Kreises. Die Mitglieder des inneren Kreises interessierten und befaßten sich aktiver mit den organisatorischen Belangen als die des äußeren Kreises. Die Mitglieder des inneren Kreises handelten auch mehr in Übereinstimmung mit den Erwartungen ihrer Vorgesetzten. Die Mitglieder des äußeren Kreises wichen in dieser Hinsicht mehr von den Erwartungen ihrer Vorgesetzten ab. Die Mitglieder des äußeren Kreises gaben an, ernste Probleme mit ihren Vorgesetzten zu haben. Die Mitglieder des inneren Kreises erklärten, daß sie sowohl mit ihren Vorgesetzten als auch mit ihrer Entlohnung zufrieden waren.

Diese Tatsachen weisen auf die Notwendigkeit hin, die Forschungsarbeiten mehr auf die Beziehung zwischen dem Vorgesetzten und dem einzelnen Untergebenen zu konzentrieren als auf die Beziehungen zwischen dem Vorgesetzten und der Gruppe (*Graen*, 1975; *Graen & Cashman*, 1975).

Die besondere Behandlung der Mitglieder des inneren Kreises, die so viel mehr Beachtung durch den Führer finden, und die jener, die in einen äußeren Kreis abgeschoben werden, schafft Probleme für beide Gruppen. Die Mitglieder des inneren Kreises haben nicht nur Vorteile, sondern auch Nachteile. Zum Beispiel hängt ihr Ruf sehr stark vom Erfolg oder Mißerfolg ihres Führers ab. Sie können auch aus dem Nahverhältnis zum Führer Schuldgefühle entwickeln. Man erwartet von ihnen mehr Anstrengung und sie fühlen sich dem Führer mehr verpflichtet als die Mitglieder des äußeren Kreises. Die jeweiligen Cliquen des inneren und äußeren Kreises schotten sich gegeneinander ab, was die Kommunikation und die Zusammenarbeit beeinträchtigt. Wenn ein transformationaler Führer also seine Mitarbeiter ihren Fähigkeiten und Bedürfnissen entsprechend behandeln will, dann muß er darauf achten, daß er nicht »innere« und »äußere« Gruppen schafft. Dies kann er vermeiden, indem er seine besondere Beachtung zu unterschiedlichen Zeiten unterschiedlichen Mitarbeitern schenkt. Er kann sich dabei je nach Notwendigkeit auf verschiedene Untergebene konzentrieren. Er darf aber über der individuellen Behandlung seiner Untergebenen die Gruppen- und Organisationsziele nicht aus den Augen verlieren. Er muß dafür sorgen, daß die Untergebenen ihre persönlichen Bedürfnisse auf das Wachstum und die Bedürfnisse der Organisation ausrichten. Der transformationale Führer muß die individuelle Beachtung, die er seinen Untergebenen schenkt, sorgfältig abwägen. Individuelle Beachtung darf nicht zu langfristigen Ungerechtigkeiten führen.

## Ein Modell individueller Behandlung

Abb. 6 zeigt, wie individuelle Behandlung als Bestandteil eines Mentor-Prozesses abläuft. Der Mentor erhöht die Zuversicht und erfüllt das Bedürfnis »es zu wissen« auf seiten der Geführten. Individuelle Behandlung bedeutet auch Person-zu-Person-Kontakt und Kommunikation nach beiden Richtungen. Solche Kontakte sind für das Selbstbewußtsein des Geführten, seinem Wunsch nach Information, und für sein Gefühl, an wichtigen Entscheidungsprozessen teilzuhaben, von besonderer Bedeutung. Wenn der Führer die Geführten individuell behandelt, fördert er diese Reaktionen und trägt entscheidend zum Informationsprozeß bei (siehe Abb. 2).

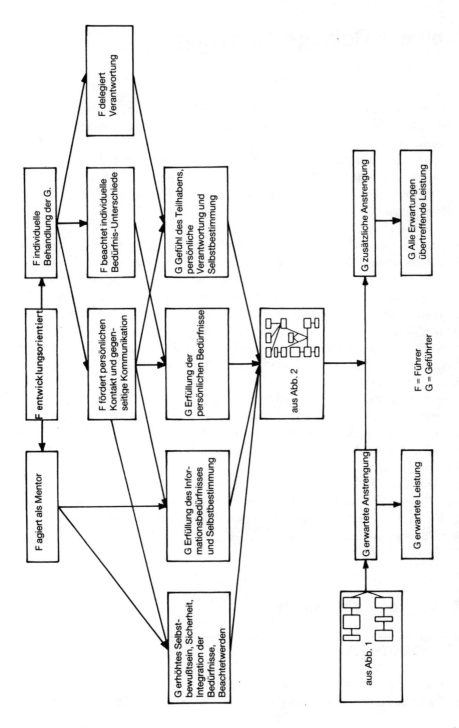

Abb. 6: – Individuelle Behandlung durch den Führer – Anstrengung der Geführten

# Kapitel 6: Geistige Anregung

Der transformationale Führer vermag die Geführten entweder durch sein Charisma oder durch individuelle Behandlung anzuregen, verstärkte Anstrengungen zu unternehmen.

*Thomas Jefferson* war ein vielseitiger Gelehrter und er war stolz darauf, seine Urteilskraft und seine geistigen Fähigkeiten an seine Untergebenen weiterzugeben. Dadurch gewann er bleibenden Einfluß. Er »transformierte« 13 Kolonien, indem er sie zu den Vereinigten Staaten zusammenschloß.

*Edwin Land*, der Gründer und die treibende Kraft der Firma Polaroid, ist ein weiteres Beispiel dafür, wie geistige Überlegenheit, gekoppelt mit technischem Wissen – in seinem Fall in der Chemie und der Physik – zu Innovation und wirtschaftlichem Aufschwung führen können. Es bedurfte aber auch seines Selbstvertrauens und seiner Selbstsicherheit als Charismatiker, um trotz aller Rückschläge und Widrigkeiten das Konzept der Sofort-Photographie durchzusetzen. Er hatte es ja Kodak und anderen Unternehmen erfolglos angeboten, bevor er seine eigene Firma gründete. Und doch hat er schließlich die amerikanische Industrie transformiert, indem er den Beweis lieferte, daß neue Produkte neue Märkte schaffen können (*Olshaker*, 1978).

Ein weiterer Industrieführer mit starker geistiger Ausstrahlung ist *Dr. Armand Hammer* von der Occidental-Petroleum-Gesellschaft. Seine geschäftlichen Aktivitäten reichen von Kunstgalerien bis hin zu Whiskey-Brennereien, von Goldminen bis zu Multimilliarden-Dollar-Geschäften mit der Sowjetunion (*Considine*, 1975).

Es gibt aber auch geistige »Fliegengewichtler«, die große Erfolge erzielten. *Louis B. Mayer* wurde von vielen seiner Zeitgenossen als Analphabet angesehen. Für Henry Ford war Wissenschaft »leeres Geschwätz«, intellektuelle Ansätze pflegte er im Keim zu ersticken.

## Die geistige Komponente

*Der intellektuelle Führer*

Wenn wir von intellektueller Anregung sprechen, die von einem transformationalen Führer ausgeht, meinen wir, daß sie bei den Geführten die Problemerkennung und die Problemlösung fördert, und Gedankenbilder, Vorstellungskraft, Glaubenssätze und Wertvorstellungen verändert, nicht jedoch zu unmittelbaren Handlungen führt. Es geht eher um Ideen und Überlegungen, die dem Handeln vorangehen. Hierbei wollen wir den Begriff »geistig« nicht unbedingt als intellektuell verstanden wissen.

*Wortman* (1982) ist der Ansicht, daß Spitzenmanager sich nicht so sehr auf kurzfristige Ziele als auf langfristiges strategisches Denken und geistige Aktivitäten konzentrieren und daß sie und ihre Untergebenen sich selbst mit analytischen Aufgaben, Formulierungen, Interpretationen und Evaluationen befassen sollten.

Auf diese Weise spielen Manager eine transformationale Führungsrolle, die sie instand setzt, die positiven und negativen Aspekte ihrer Organisation zu erkennen und Möglichkeiten zu finden, sie ihren Mitarbeitern gegenüber zu artikulieren und begreiflich zu machen, damit sie die Stärken und Schwächen der Organisation erkennen können.

Alternative und innovative Strategien und ihre Evaluation können ebenfalls transformierende Auswirkungen auf die Organisation und ihre Führung haben.

*Luis Munoz Marin*, der Gouverneur von Puerto Rico, faßt den geistigen Beitrag politischer Führer wie folgt zusammen:

»Die Fähigkeit, sich nicht existierende Situationen vorzustellen, kombiniert mit der Fähigkeit, andere dahingehend zu beeinflussen, daß sie dieselben herbeiführen« (*Paige*, 1977, S. 65). In ähnlicher Weise sieht *Kolb* (1982) die Führung komplexer Organisationen als »die Fähigkeit, den Problemlösungsprozeß in einer Weise zu handhaben, bei der die wichtigsten Probleme erkannt, die besten Lösungsmöglichkeiten gefunden und unter vollem Einsatz der Organisationsmitglieder ausgeführt werden« (S. 1–2).

Sowohl Marx als auch Lenin waren Intellektuelle. Aber Marx, der eigentliche Schöpfer neuer Ideen, kam bei seinem sozialistischen Publikum nur bedingt an. Lenin hingegen wurde gefeiert. Viele russische Marxisten sagten anläßlich einer Konferenz im Jahr 1906 »die Logik von Lenins Reden ist wie ein riesiger Polypenfangarm, der sich um einen herumwindet und aus dessen Zugriff man sich nicht befreien kann« (*Tucker*, 1970).

Diese Art geistiger Anregung ist es, die wir transformierend nennen. Aber lediglich Ideen zu haben, ist nicht genug. Die Schriften von *Voltaire, Rousseau* und *d'Alembert* haben sicherlich zu dem Gärungsprozeß beigetragen, der schließlich zur französischen Revolution führte, aber die wahren Revolutionäre, die schließlich den Ausschlag gaben, waren *Mirabeau, Danton* und *Robespierre*.

*Der transformationale Führer als Lehrer*

Es wurde schon oft betont, daß Führer auch Lehrer sein müssen. Der Rabbi ist ein Führer, weil er auch ein Lehrer ist. Aber auch umgekehrt spielen professionelle Lehrer oft die Rolle eines transformationalen Führers, indem sie die Glaubenssätze und Wertvorstellungen zumindest einiger ihrer Schüler drastisch verändern (*Burns*, 1978). Revolutionäre, besonders aus Mitte-Rechts-Kreisen, können durch den Kontakt mit einem liberal-intellektuellen Establishment transformiert werden. Ähnlich ist es auch bei Studenten aus der Arbeiterklasse oder aus bäuerlichen und kleinbürgerlichen Familien – auch sie können durch konservative Lehrer zu Reaktionären werden.

*Die Bedeutung der transformationalen Führung*

»Seine Ideen haben mich veranlaßt, einige meiner eigenen, die ich vorher nie in Frage gestellt hatte, neu zu überdenken.«

Dieser Satz ist bezeichnend für die geistige Anregung, die von einem transformationalen Führer ausgehen kann – und dies ganz unabhängig von seinem Charisma – wie wir später in Kapitel 12 anhand von quantitativen Analysen feststellen werden. Weitere Führungseinflüsse, die wir als »geistig« einstufen würden, könnten folgende Feststellungen sein: »Er lehrte mich, alte Probleme aus neuer Sicht zu betrachten«, »Er verhalf mir dazu, Dinge klarer zu sehen, die mir vorher rätselhaft waren.«

Die geistige Komponente kann von oberflächlichen Dingen überlagert sein. Als man General *George Patton* vorwarf, vorschnelle Entscheidungen zu treffen, sagte er: »Ich habe mich vierzig Jahre lang mit der Kriegskunst beschäftigt ... ein Chirurg, der sich im Verlauf einer Operation für eine andere Arbeitsweise entscheidet, trifft keine vorschnelle Entscheidung, sondern stützt sich auf jahrelange Erfahrung, auf sein Wissen und Können. Genauso ist es bei mir« (*Puryear*, 1971, S. 382).

Viele Forscher sind der Ansicht, daß die Bedeutung des technischen Fachwissens und der geistigen Kapazität von Führern, besonders in Hochleistungssystemen, bisher im Vergleich zu ihrer interpersonalen Kompetenz zu wenig Beachtung geschenkt wurde (*Vaill*, 1978). Aber die Notwendigkeit, auch die »technische« und nicht nur die interpersonale Komponente in Betracht zu ziehen, ist nicht neu. Zur Zeit Nelsons war in der britischen Marine Disziplin oberstes Gebot. Ob der gewöhnliche Matrose seinen Kommandanten liebte oder haßte, hing aber dennoch in ganz erheblichem Maß von dessen technischem Fachwissen ab.

»Die HMS Goliah geriet in der Seeschlacht bei Cape St. Vincent in arge Bedrängnis, als sie am 14. Februar 1797 den feindlichen Flottenverband durchbrach. Der Kapitän, Sir *C. H. Knowles,* führte das Schiff in einer Weise, daß man glauben konnte, die Augen von ganz England seien auf ihn gerichtet ... aber Kapitän Knowles wurde dennoch wegen unterlassener Hilfeleistung vor das Kriegsgericht gestellt ... er wurde aber in allen Ehren freigesprochen ... man befahl uns, ihm keinen Beifall zu spenden, als er wieder an Bord kam, aber wir liebten unseren Käptn zu sehr, um uns davon abhalten zu lassen ... Wir stellten uns auf und gaben ihm drei herzliche Hurras. Es gab keinen Mann an Bord, der sich nicht für Captain Knowles in Stücke reißen lassen würde ... Zu unserem größten Bedauern aber mußte er das Schiff eben zu dieser Zeit verlassen – der beste Kapitän, unter dem ich je gedient hatte, wurde zum Admiral ernannt, und kehrte auf der ›Britannia‹ nach England zurück« (*Nicol,* 1983, S. 44–45).

Sogar ausgesprochene Tyrannen können all ihre schädlichen zwischenmenschlichen Einflüße durch die schiere Meisterschaft, mit der sie ihr Handwerk verstehen, wettmachen.

*McCall & Lombardo* zitierten (1978) die Beschreibung eines Chefkochs folgendermaßen:
1) Er regierte mit eiserner Hand
2) Er ließ niemals einen Fehler durchgehen
3) Er protzte mit seinem hohen Lohn
4) Er inspizierte jedes einzelne Gericht, und
5) Er fand kaum jemals ein Wort des Lobes für irgendeinen seiner Untergebenen.
   Nichtsdestoweniger »hätte der Corps-Geist seiner Küchenmannschaft sogar bei der Marine Ehre eingelegt«. Worin bestand das Führungsgeheimnis dieses Küchentyrannen? Er war der beste Koch weit und breit und er wußte es (S. 159).

*Was das mit Charisma zu tun hat*

Obwohl geistige Anregung sich als ganz bedeutender Faktor herausgestellt hat, zeigen unsere Item-Korrelationen in Kapitel 11 und auch die Literatur über Charisma ganz deutlich, daß diese beiden Faktoren sich überschneiden und nicht voneinander zu trennen sind. Charismatische Propheten sind Seher, die wissen, woran es den Geführten mangelt, und die auch die Fähigkeit haben, ihnen dies begreiflich zu machen. Von 1933 bis 1940, als er Premierminister wurde, hat Churchill nicht aufgehört, dem britischen Parlament und der britischen Bevölkerung die Gefahren einzuhämmern, die seiner Meinung nach Europa von dem hektisch aufrüstenden und kriegslüsternen Deutschen Reich drohten.

*Charles de Gaulle's* Charisma wurzelte in seiner Überzeugung, daß die Alliierten schließlich Hitler in die Knie zwingen würden. Andererseits gibt es aber auch charismatische Führer, die sich mehr auf Pragmatik und geschickte Menschenführung stützen. *Franklin D. Roosevelt* wird oft als Beispiel eines nicht-intellektuellen Charismatikers angeführt. Manche seiner Zeitgenossen sahen ihn als »geistig zweitrangig« an. Dennoch war er schlau genug, sich mit einem »Brain-Trust« von Intellektuellen zu umgeben, die ihm Ideen und Anregungen für dringend notwendige wirtschaftliche Reformen lieferten, die er sofort in Kraft setzte. Auch *Ronald Reagan* würden wir zu den nicht-intellektuellen Charismatikern zählen.

*Kemal Atatürk*, der transformationale Führer und Reformer der Türkei, hatte »keine unfehlbare Voraussicht, aber eine nahezu unüberwindliche Standfestigkeit. Kaum war einer seiner Pläne gescheitert, hatte er schon einen neuen, der das jeweilige Hindernis umging. Er ließ keine auch noch so unerwartete Gelegenheit vorübergehen, ohne sie beim Schopfe zu packen. Das langfristige Ziel – die Unabhängigkeit der Türkei – ließ er nie aus den Augen, und um es zu erreichen, zögerte er nicht, sein Fähnlein nach dem jeweiligen Wind zu drehen. Wenn es um neue Institutionen ging, bediente sich Kemal ganz bewußt vager Formulierungen, die zugleich verschleierten und ihm seine Handlungsfreiheit bewahrten« (*Rustow*, 1970, S. 218).

Wenige von Atatürks Ideen (wie übrigens auch Roosevelts) waren originell. Konservativ war er nicht. Er gab den Anstoß zu nötigen Reformen, die die Türkei modernisieren und westernisieren sollten (*Rustow*, 1970).

*Marx* war im Grunde genommen ein intellektueller Prophet, obwohl er eine revolutionäre Bewegung ins Leben rief. *Lenin* war ein Ideologe und ein Visionär – vor allem aber war er ein pragmatischer Politiker. *Hitler* hatte von allem etwas. Er war ein Beispiel dafür, daß Charisma und geistige Führung untrennbar sind. Er war ein »konspirativer Theoretiker«, der pseudo-intellektuelle Argumentationen benützte, um von ihm gewünschte, barbarische Lösungen bestimmter Probleme herbeizuführen, was ihm dazu verhalf, bei den Geführten eine Aura des Charisma zu erlangen. Dies paßte genau zu den ihm eigenen paranoiden Vorstellungen, daß Deutschland von einer jüdischen Konspiration bedroht sei – und es paßte auch zu dem Gefühl der Deutschen, 1918 von ihrer eigenen Regierung verraten und verkauft worden zu sein (*Tucker* 1970).

*Wo geistige Anregung besonders wichtig ist*

Geistige Anregung durch den Führer ist besonders dann vonnöten, wenn Gruppen oder Organisationen mit schlecht strukturierten Problemen zu tun haben (*Mitroff*, 1978).

*Yukl* (1981) gibt einige Situationsbeispiele, bei denen die Problemlösungsfähigkeiten des Führers an sich zur Transformation der Gruppe oder der Organisation beitragen.

Wenn die Gruppe sich in einer feindseligen Umgebung befindet und ihre Überlebenschancen von externen Faktoren abhängen, die Krisen verursachen.
Wenn ernstliche Probleme die Effektivität der Einheit gefährden.
Wenn unzureichende Ausrüstung, ungeeignete Verfahrensweisen, Verzögerungen, exzessive Kosten usw. auftreten.
Wenn die Arbeit durch Nachschubschwierigkeiten, Absentismus etc. behindert wird.
Wenn der Führer genügend autoritär ist, Veränderungen herbeizuführen und Handlungen in Gang zu setzen, die geeignet sind, Problemlösungen herbeizuführen (S. 196).
Wenn *Mintzbergs* (1975) Beobachtungen der Regel entsprechen, haben Manager relativ wenig Zeit, sich mit Problemlösungen zu befassen. Er stellte fest, daß Führungskräfte sich ständig mit einer Vielfalt von Angelegenheiten befassen müssen und dauernd von einem Strom von Besuchern oder Posteinlauf in ihrer jeweiligen Tätigkeit unterbrochen werden. Sie können einer einzelnen Sache nur relativ wenig Zeit widmen, ganz zu schweigen davon, daß sie sich ernsthaft und intensiv mit langfristiger Problemlösung befassen könnten. Es scheint, daß Manager, die sich selbst und ihre Mitarbeiter mit langfristigen Denkprozessen über eine bestimmte Problemstellung befassen, wie es nach *Peters* (1980) die erfolgreichsten Wirtschaftsführer tun, ganz bewußt ihre Macht einsetzen, um ihre Türen dem Besucherstrom zu verschließen und Telefongespräche abwimmeln zu lassen. Allerdings kann eine solche Vorgangsweise den transformationalen Führungsstil beeinträchtigen, der ja durch den tagtäglichen Kontakt mit den Untergebenen einen Leistungsansporn bieten soll.
In manchen Organisationen wird dieses Problem dadurch gelöst, daß man die Manager von Zeit zu Zeit aus der täglichen Tretmühle herausnimmt und sie speziellen Task Forces zuteilt, deren einziger Zweck die langfristige Planung ist. Es werden Stäbe geschaffen, deren primärer Zweck die Planung und die Problemlösung ist, und die sich nicht mit Routine-Angelegenheiten befassen müssen.
Aber auch eine solche Trennung von Stab und Linie schafft nicht alle Probleme hinsichtlich Engagement, Kommunikation etc. aus dem Weg (*Fisch*, 1961).
Eine andere Lösung liegt in der Fähigkeit und der Bereitschaft von Führungskräften, Aufgaben zu delegieren. Viele Manager schaffen es auf diese Weise, sich von den Zwängen der täglichen Routine zu befreien und Zeit für die Lösung großer organisatorischer Probleme zu gewinnen.
*Drenth & Koopman* (1984) führten eine Untersuchung bei der Firma Dutch durch und fanden, daß Problemlösung in Organisationen am besten dann funktioniert, wenn die obersten Führungskräfte das Problem erkennen, Lösungsmöglichkeiten gegeneinander abwägen und dann eine davon in Kraft setzen – wobei der Schwerpunkt auf der Diagnose liegt. Wenn das einmal geschehen ist,

kann die Problemlösung an das mittlere Management delegiert und ihre Verwirklichung den Abteilungsleitern überlassen werden.

*Kilmann* (1979) ist da gegenteiliger Ansicht. Er meint, daß »Manager viel eher Entscheidungsfinder als Problemlöser sind«. In diesem Sinne wäre Entscheidungsfindung überhaupt nur die Wahl zwischen zwei klar strukturierten Alternativen.

Wenn jedoch das Problem noch nicht so klar definiert ist und die Alternativen noch nicht abzusehen sind, kann auch die Entscheidung nicht optimal sein (1979, S. 214, 215).

Die geistige Komponente kommt auch dann zum Tragen, wenn das Management nicht sehr wirkungsvoll ist oder wenn die Führungskräfte sich eher transaktional verhalten.

*Die geistige Kapazität der Untergebenen*

Die geistige Anregung, die ein Führer den Geführten geben kann, hängt auch von der Intelligenz der Untergebenen ab. Der Führer – sei er nun transaktional oder transformational – muß den Geführten geistig überlegen sein, zumindest in einem oder zwei entscheidenden Bereichen. Er darf ihnen aber nicht so überlegen sein, daß die Kommunikation darunter leidet. Der Führer muß imstande sein, sich den Geführten verständlich zu machen – er sollte also »zwar clever, aber nicht zu clever« sein (*Riley & Flowerman*, 1951).

Eine Reihe von Faktoren spricht gegen den zu überlegenen Führer – ganz abgesehen von den Kommunikationsschwierigkeiten. Wenn der Führer den Geführten geistig zu sehr überlegen ist, kann er entweder die Probleme der Geführten nicht richtig einschätzen, oder aber er ist zu wenig an ihnen interessiert. Auch können sich die Geführten gegen die innovativen Ideen eines zu hochkarätigen Führers auflehnen, weil sie zu drastische Verhaltensänderungen von ihnen verlangen (*Bass*, 1960).

*Ghiselli* (1963) stellte einen Beweis dafür auf, daß der (IQ-mäßig) zu intellektuelle Führer gegenüber einem weniger begabten Kollegen schlechter abschneidet. *Kraut* (1969) wiederum fand, daß Manager mit einem hohen IQ zwar von ihren Kollegen höher eingeschätzt wurden, aber dennoch nicht schneller Karriere machten als andere.

*Gill* (1982) ist den Gründen hierfür nachgegangen. Er fand, daß Studenten von mittlerer Intelligenz bei Prioritäts- und Entscheidungsfindungsprozessen besser abschnitten. Er schlug vor, daß die hochintelligenten unter ihnen zu viel Zeit auf die »Intellektualisierung« des jeweiligen Problems aufwandten und daß die Rationalisierung der Entscheidungsfindung ihre gedanklichen Prozesse negativ beeinflußte.

Diejenigen, die mit weniger Intelligenz begabt waren, verhielten sich viel pragmatischer. Sie begnügten sich mit nicht ganz so optimalen Lösungen und sie akzeptierten ihre Grenzen. Nach *Simon* (1960) war ihre Entscheidungsfindung »normaler«.

*Was bei der transaktionalen Führung anders ist*

Im Bereich dieser intellektuellen Sphäre treten die systematischen Unterschiede zwischen dem transformationalen und dem transaktionalen Führer besonders deutlich zutage. Der transformationale Führer ist weniger geneigt, sich mit Teillösungen zufriedenzugeben, er mag den Status quo nicht akzeptieren. Er ist eher geneigt, neue Wege zu suchen und Veränderungen um der Veränderung willen herbeizuführen. Er wird sich ergebende Gelegenheiten beim Schopfe nehmen, auch wenn sie ein Risiko enthalten.

Nach *Gill* ist der erfolgreiche Manager mehr darauf bedacht, transaktional zu handeln. Er konzentriert sich mehr auf das, was funktioniert, behält den Zeitfaktor im Auge und tut das, was am effizientesten und am wenigsten riskant ist.

Was transformationale Führer möglicherweise von transaktionalen unterscheidet, ist vielleicht die Tatsache, daß der transformationale Führer eher aktiv als reaktiv denkt; daß seine Gedanken kreativer, ungewöhnlicher und innovativer sind; daß er ideologisch gesehen eher radikal und reaktionäre als reformistisch oder konservativ und weniger inhibitiv bei seiner Suche nach Problemlösungen ist.

Transaktionale Führer können zwar ebenso intelligent wie transformationale sein, aber sie konzentrieren sich eher darauf, das System, für das sie sich verantwortlich fühlen, zu erhalten, auf Probleme, die durch beobachtete Abweichungen von der Norm entstanden sind, zu reagieren und den Bedingungen entsprechend zu modifizieren. Dabei sind sie sich ständig der organisatorischen Zwänge bewußt, innerhalb derer sie operieren müssen.

Eine indirekte Andeutung, daß mit erfolgreicher transformationaler Führung eine andere intellektuelle Funktion assoziiert wird, geht aus den Ergebnissen der Untersuchungen von *Rusmore* (1984) hervor. Er untersuchte 208 Manager im öffentlichen Dienst, u. a. auch im Hinblick auf ihre intellektuellen Fähigkeiten. Dabei ging er von zwei Faktoren aus:
1) Allgemeine Intelligenz (ermittelt durch verbale Tests, quantitative und abstrakte Vorstellungskraft) und
2) kognitive Kreativität (ermittelt durch Tests über unmittelbare und mittelbare Konsequenzen und ungewöhnliche Situationen)

Wie erwartet korrelierte jeder Faktor mit den Ratings der Vorgesetzten hinsichtlich der Leistung der jeweiligen Vertragsbediensteten.

Die von *Rusmore* untersuchten Personen bestanden aus Aufsehern, Vorarbeitern, mittleren und höheren Führungskräften im öffentlichen Dienst. Auf jeder der drei Führungsebenen wurden wiederholt Analysen durchgeführt. Die mittleren Faktorenwerte (X100) hinsichtlich der allgemeinen Intelligenz variierten je nach Führungsebene innerhalb der Organisation zwischen -34 und +11 bis 29. Auch hinsichtlich der kognitiven Kreativität schwankten sie je nach der Organisationshierarchie zwischen -34 und +17 bis 24. Es ergab sich auch eine in etwa korrespondierende Änderung der Korrelation der einzelnen Faktoren in der Leistung von Aufsehern, mittleren und höheren Managern.

Bei den Leistungs-Ratings der Vorarbeiter hatte der allgemeine Intelligenzgrad mehr Einfluß als bei jenen der hochrangigen Manager. Mittlere Manager befanden sich auch hier im Mittelfeld. Kognitive Kreativität hatte mehr Einfluß auf die Leistungs-Ratings der hochrangigen Manager als auf jene der Vorarbeiter. Auch hier wieder lagen die mittleren Führungskräfte dazwischen.

Wie zu erwarten war, bestätigten diese Befunde die Annahme, daß sowohl allgemeine Intelligenz als auch kognitive Kreativität bei höheren Führungskräften stärker ausgeprägt ist. Es scheint demnach, daß erfolgreiche transformationale Führung auf den unteren organisatorischen Ebenen mehr von der allgemeinen Intelligenz des Führers abhängt, während auf den höheren Ebenen die kognitive Kreativität mehr ausschlaggebend ist. Aber natürlich besteht auf höheren Ebenen auch mehr Gelegenheit, Kreativität zu entwickeln.

Diese Ergebnisse, die die Bedeutung der kognitiven Kreativität für die Leistung höherer Führungskräfte unterstreichen, sprechen für die Notwendigkeit einer umfassenderen Allgemeinbildung von Wirtschaftsführern. Dies war wohl auch der Grund dafür, daß man im Jahr 1950 den Gedanken fallen ließ, Studenten dazu zu veranlassen, sich besonders mit dem Studium der jeweils herrschenden Geschäftspraktiken zu befassen. Statt dessen hat man sie ermuntert, sich mehr der humanistischen Bildung, den allgemeinen Wirtschaftswissenschaften, der Mathematik, der Technik und den Sozialwissenschaften zuzuwenden, um sich die für ihre spätere Laufbahn als Manager nötige breite Bildungsgrundlage zu erwerben und sie instand zu setzen, mit den neuesten Entwicklungen in Wirtschaft, Gesellschaft und Technologie Schritt zu halten. Unglücklicherweise scheint der Trend jetzt wieder in die entgegengesetzte Richtung zu gehen. Neuerdings werden wieder hauptsächlich die laufenden Wirtschaftsbelange und -Verfahrensweisen gelehrt, jetzt die der 80er Jahre, zusätzlich legt man natürlich Wert auf Computer-Ausbildung.

*Praxis und Konflikte mit den Vorgesetzten*

*Fiedler & Leister* (1977) sind der Ansicht, daß die Frage, ob die geistige Kapazität eines Vorgesetzten überhaupt einen Einfluß auf seine Führungsqualität hat, hauptsächlich von seiner Erfahrung, also seiner Praxis abhängt, aber auch davon, wie sehr er sich im Konflikt zu seinen eigenen Vorgesetzten befindet. Erfahrene Manager können ihre Intelligenz besser einsetzen und mit ihren Vorgesetzten besser umgehen. Gescheite junge Manager sind oft durch ihren Mangel an Erfahrung gehandicapt.

Wenn sich Vorgesetzte über Gebühr in das Management einmischen, diktatorische Verhaltensweisen zeigen, und/oder wenn sie bei ihren Untergebenen Rollen-Unklarheit und das Gefühl der Desorganisation hervorrufen, tritt bei den Geführten Streß auf. Ausgehend von der Tatsache, daß Streß zu einer Verminderung der geistigen Leistung führt, betonen *Fiedler* und *Leister*, daß das geistige Funktionieren eines Managers beeinträchtigt wird, wenn er mit seinen Vorgesetzten in Konflikt steht. Mit Streß kann man fertigwerden, wenn man auf vorher gelernte Verhaltensmuster zurückgreifen kann – also sollten Praxis und Erfahrung hierbei von Nutzen sein.

*Fiedler* und *Leister* (1977) schlugen vor, daß Führer mit größerer Intelligenz mehr aufgabenorientierte Gruppen hervorbringen, wenn sie führungsmotiviert und erfahren sind, und wenn sie durch ihre eigenen Vorgesetzten nicht unter Streß gesetzt werden. Auch eine gute Beziehung zu ihren Untergebenen spielt hierbei eine Rolle.

In einer Feldstudie mit 158 Infanterie-Zugführern wurde gefunden, daß der Intelligenzgrad erfahrener Führer mit der Leistung der Gruppe positiv korreliert – ganz im Gegensatz zu unerfahrenen Führern. Auch zeigten sich Unterschiede zwischen motivierten und weniger motivierten Führern, und auch bei Führern, die von ihren Vorgesetzten unter Streß gesetzt wurden. Die Korrelation war höher bei jenen Vorgesetzten, die gute Beziehungen zu ihren Untergebenen hatten, und niedriger bei jenen, die schlecht mit ihnen auskamen.

Besonders wichtig in dieser Gleichung, so berichteten *Fiedler* und *Leister* (1977), war die geistige Anforderung der jeweiligen Aufgabe. Bei Führungsaufgaben wie Beratung war die Intelligenz für die Leistung militärischer Führer, die wenig Konflikte mit ihren Vorgesetzten hatten, von großer Bedeutung, im Gegensatz zu Führern, die ihren Vorgesetzten gegenüber in einer Streß-Beziehung standen. Bei Aufgaben mit geringerer geistiger Anforderung, wie z. B. routinemäßiger Büroarbeit, erwies sich Intelligenz als weniger ausschlaggebend. Der Wert der Praxis bzw. der Erfahrung hingegen wurde durch die Beschaffenheit der Aufgabe nicht beeinträchtigt. Erfahrung korrelierte positiv mit der Leistung sowohl bei intelligenten als auch bei nicht intelligenten Aufgaben.

Vorgesetzte, die übermäßig kontrollieren, sich ständig einmischen, autokratisch und diktatorisch waren, sowie Vorgesetzte, die durch die Schaffung von Rollen-Unsicherheit und desorganisierter Führung Verunsicherung schaffen, können die geistigen Beiträge von Armee-Offizieren und ihre Führungseigenschaften sehr stark einschränken. Man könnte auch sagen, daß rücksichtslose Führer auf einer bestimmten Ebene den intellektuellen Beitrag ihrer Untergebenen reduzieren. Dieser Effekt ist um so stärker, je hochrangiger der jeweilige Vorgesetzte ist. Bei hohen Offizieren und leitenden Angestellten ist er viel größer als beispielsweise bei Unteroffizieren.


## Symbole und Leitbilder

*Die Manipulation mittels Symbolik*

Transformationale Führer, die bestimmten Ideen anhängen, können diese zu Leitbildern für ihre Kollegen und Untergebenen machen. Durch solche Leitbilder können sie klare und unmißverständliche Botschaften vermitteln.

Der intellektuelle Beitrag des transformationalen Führers zeigt sich der Schaffung, Interpretation und Auslegung von Symbolen. Die Symbole stellen Informationsbruchstücke dar und Kognitionssätze mit sich überschneidenen funktionalen Assoziationen (*Eoyang*, 1983).

Die amerikanische Nationalflagge symbolisiert einen solchen Kognitionssatz – Militärparaden, Ballspiele, Nationalbewußtsein, Zeremonien und Patriotismus. Bei den Briten wird dieser Zweck durch die Krone erfüllt. *Eoyang* ist sich mit *Burns* darüber einig (1978), daß transformationale Führer nicht nur die Motive, Wertvorstellungen und Glaubenssätze der Geführten verändern, sondern ihnen darüber hinaus auch akzeptable symbolische Problemlösungen bieten. Transformationale Führer können bei den Geführten die psychologischen Konflikte zwischen verschiedenen Kognitionen und Erfahrungen ausgleichen, indem sie »einen verständlichen symbolischen Kontext herstellen, der die einzelnen Elemente zu einem sinnvollen und konsistenten ›Gestalt-Prinzip‹ macht«.

So konnte zum Beispiel ein beträchtlicher Teil der ursprünglich indifferenten amerikanischen Bevölkerung davon überzeugt werden, daß die USA in Guatemala, Honduras und El Salvador unpopulären Regierungen im Kampf gegen die Aufständischen helfen, andererseits aber in Nicaragua die Aufständischen gegen die dortige Regierung unterstützen müssen, weil Nicaragua mit den kubanischen und somit den sowjetischen Expansionsbestrebungen in Zentralamerika sympathisiert, während die Regierungen in El Salvador, Honduras und Guatemala gegen solchen kubanisch-sowjetischen Opportunismus sind.

Für jene, die ohnehin schon grundsätzlich von der Theorie überzeugt sind, daß die Sowjetunion eine Welt-Dominanz anstrebt, ist Zentralamerika ein Symbol für die immer größer werdende Bedrohung des nordamerikanischen Vaterlandes. Für andere wieder ist die Vorstellung von Flüchtlingsströmen, die sich über die südlichen Grenzen Nordamerikas ergießen, ein Pfeiler ihrer politischen Theorien. Von *Harry Truman* bis *Richard Nixon* haben alle US-Präsidenten versucht, die amerikanische Vietnam-Politik als jenen Domino-Stein darzustellen, der verhindern sollte, daß alle anderen Dominosteine von Burma bis Australien zusammenbrechen.

»Glaubenssätze basieren ganz sicher nicht nur auf reiner Logik ... transformierende Führung kann ein symbolisches äußeres Rahmenwerk bilden, das geeignet ist, konfuse oder schlecht verstandene Kognitionen und Erfahrungen zu realisieren« (*Eoyang*, 1983, S. 12.)

Transformierende Symbole können frühere Kognitionen und Glaubenssätze total verändern. Ein gutes Beispiel hierfür ist die Marlboro-Zigaretten-Werbung. Ursprünglich war Marlboro eine für weibliche Raucher gedachte Zigarette. Aber zu jenen Zeiten war der Zigaretten-Markt für Männer viel größer und noch kaum ausgeschöpft. Also stellte man die Werbung um. Ein Cowboy mit einem tätowierten Arm, der eine Marlboro rauchte, wurde durch massive Werbemaßnahmen zum Symbol der Männlichkeit schlechthin. Auf diese Weise wurde Marlboro zu »einer Zigarette für harte Männer«.

*Neue Symbole und Leitbilder*

Transformierende Symbole wie das Hakenkreuz der Nazis und das Hammer-und-Sichel-Emblem der Kommunisten können durch die Einführung neuer Ideen »den Wert und die Bedeutung etablierter Glaubenssätze stark beeinflussen und damit Symbole schaffen, die eine große, wenn auch den vorherigen Symbolen nicht unbedingt überlegene Bedeutung erlangen« (*Eoyang*, 1983).

Man denke nur daran, wie die bekannt abergläubischen römischen Legionäre, die der Mitra verschworen waren, vor der Schlacht bei Milvian Bridge im Jahr 312 auf das Gerücht reagiert haben, daß am Himmel ein Kreuz erschienen sei, das die Erlösung und das ewige Leben verhieß. Konstantins Sieg über den Heiden Maximilian und der darauffolgende Triumph des Christentums wurden oft den naiven Theorien über das Erscheinen eines Kreuzes am Himmel zugeschrieben (was möglicherweise durch eine bestimmte Sonnen-Wolken-Konfiguration erklärt werden kann).

Symbole dienen als Ersatz für echte Werte. Beim Prozeß der sekundären Verstärkung, die in symbolischer Form auftritt, ersetzt die sekundäre Belohnung die primäre Belohnung. Bei der Erforschung der Lebensgewohnheiten der Schimpansen hat sich unter anderem herausgestellt, daß Chips als Ersatz für Nahrung dienen können. Chips können auch zum Symbol für Geld werden, sofern man sich dafür etwas kaufen kann. Die Geführten weisen den Intentionen und Visionen ihrer Führer symbolische Werte zu.

Der transformationale Führer benützt symbolische Ausdrucksformen wie Zeremonien und Insignien, um zu demonstrieren, daß er in der Tat der Führer ist. All diese »Kronen und Krönungen, Luxuslimousinen und Konferenzen« stellen die Arena dar, in der die Führer sich den Geführten gegenüber zur Schau stellen können. Die wichtigsten Ereignisse innerhalb diese Arena »werden von den Geführten als das wahrgenommen, was die Intentionen in die Tat umsetzt« (*Bennis*, 1982, S. 56).

*Eoyang* ist der Meinung, daß es gewöhnlich ein mühsamer Prozeß ist, transformationale Symbole, die den alten diametral entgegengesetzt sind, einzuführen. Der transaktionale Führer hat es da leichter. Er bedient sich der schon vorhandenen, erprobten Symbole, die zu den alten Glaubenssätzen passen. Zum Beispiel kann der Staatshaushalt einfach als größere Variante des privaten Haushaltsbudgets dargestellt werden. Jedermann weiß ja, wie leicht man über seine Verhältnisse leben kann. So wird das Deficit Spending der Regierung vom Staatsbürger akzeptiert, auch wenn er es nur oberflächlich begreifen kann. Dies führt zu konfiskatorischen Steuerbelastungen, die den Bürger – bildlich gesprochen – in Sack und Asche gehen lassen.


*Der Zusammenhang zwischen den Symbolen und der transformationalen Führung*

Das Hauptmerkmal wirkungsvoller transformationaler Führung ist, ein neues, stabiles und beständiges System von Wertvorstellungen, Glaubenssätzen und Assoziationen einzuführen und zu etablieren. Der Aspekt der Dauerhaftigkeit der neuen Symbole, die die alten Leitbilder ersetzen sollen, ist eine wichtige Komponente bei der geistigen Anregung der Geführten. Er trägt dazu bei, die neuen Ideen und Glaubenssätze zu vermitteln, zu propagieren und zu verankern. Gleichzeitig verleiht es ihnen einen emotionalen Wert.

Die Veränderung der Symbole ist eine wichtige Waffe im Arsenal des transformationalen Führers. Das von *Kemal Atatürk* verhängte Verbot des Tragens eines Fez (der es erlaubte, beim Gebet den Boden zu berühren) symbolisierte in der Türkei die ostentative Loslösung vom Islam (*Rustow*, 1970). *Franklin D. Roosevelts* »New Deal« stellte ein ganz neues Konzept massiver staatlicher Einflußnahme auf das Gesundheits- und Wohlfahrtswesen dar – diese Belange waren bis dahin den lokalen Institutionen überlassen worden.

Das Kreuz symbolisiert für die Christen die Erlösung und ein neues Leben auf Erden wie im Himmelreich.

*Gandhi's* wirbelndes Rad symbolisierte die Ablehnung der britischen Herrschaft und die Selbstverantwortung für ein unabhängiges Indien.

*De Gaulle's* Kreuz von Lothringen symbolisierte die alten französischen Tugenden der Ehre, der Würde und der Glorie.

Die konservativen Kleidungsvorschriften von *Thomas Watson* bei IBM sollten sowohl den Kunden als auch den Angestellten den Eindruck vermitteln, daß man allergrößten Wert auf gleichbleibend hohe Qualität, guten Service und Seriosität legte.

## Die verschiedenen Formen geistiger Anregung

Während des amerikanischen Wahlkampfes im Jahr 1960 konnte man den Unterschied zwischen zwei Politikern, die sich beide bemühten, die Geführten geistig anzuregen, sehr deutlich sehen. Während *Nixon* sich in seinen Wahlreden immer an dieselben Themen hielt, brachte *John F. Kennedy* immer wieder neue Themen ins Spiel (*Sorensen*, 1966). *Quinn & Hall* (1983) schlugen vor, daß Führer auf vier verschiedene Arten geistigen Einfluß auf die Geführten nehmen können – je nachdem, ob sie selbst rational, existentiell, empirisch oder idealistisch ausgerichtet sind. Diese vier Arten von Führern unterscheiden sich voneinander auch dadurch, ob ihre Führung transaktional oder transformational ist. Der existentiell orientierte transformationale Führer konzentriert sich auf Kreativität und Orientierung, der idealistisch ausgerichtete auf Wachstum – beides wirkt tranformational, während rationale und empirische Ausrichtung bei einem transaktionalen Führer den Status quo aufrechtzuerhalten sucht. Der transformationale Führer wird sich eher auf die adäquate Strukturierung künftiger Bedingungen konzentrieren.

*Die rational orientierte geistige Anregung*

Rational orientierte Führer sind meist auf Leistungsmotivation ausgerichtet. Sie legen Wert auf Kompetenz, Unabhängigkeit und Fleiß. Dabei stützen sie sich im Wesentlichen auf formale Strukturen und à priori auf Logik. Solche Führer sind entscheidungsfreudig und benötigen zur Problemlösung nur wenige Informationen. Sie legen Wert auf Tempo und Effizienz und sind direktiv, zielorientiert, und in ihrer geistigen Anregung stark auf Strukturbildung ausgerichtet.

*Die existentiell orientierte geistige Anregung*

Existentiell orientierte Führer sind mehr auf Sicherheit, Vertrauensbildung und die Schaffung von Teamarbeit bedacht. Sie stützen sich auf nicht-formale Prozesse und vertreten die Ansicht, daß geistiges Verständnis nur aus der Wechselbeziehung zwischen dem Menschen und seiner Umgebung entspringt. Existentiell orientierte Führer benötigen zur Entscheidungsfindung viel Information, viele Lösungs- und Durchführungsmöglichkeiten. Sie benützen ihren Intellekt sowohl zur Unterstützung ihrer eigenen Ideen als auch jener anderer.

*Die empirisch orientierte geistige Anregung*

Empirisch orientierte Personen neigen zu Erhöhung der Sicherheit, des Schutzes und der Kontinuität. Bei empirischer Denkungsart tendiert man dazu, sich auf von außen kommende Daten zu verlassen. Man bevorzugt einen hierarchischen Entscheidungsstil, bei welchem eine Vielzahl von Informationen herangezogen werden – um schließlich zur bestmöglichen Lösung zu gelangen. Strenge, Präzision und langfristige Planung führen zu Lösungen, die sorgfältig durchdacht und dann in Kraft gesetzt werden. Solche Führer sind hinsichtlich der geistigen Beeinflußung von Untergebenen eher konservativ und vorsichtig. Sie zeichnen sich als transaktionale Führer aus, da sie strukturerhaltend, informationsfreudig, überwachend und koordinierend sind.

*Die idealistisch orientierte geistige Anregung*

Idealistisch orientierte Führer sind für Wachstum, Anpassung, kognitive Zielsetzung, Abwechslung und Kreativität. Sie stützen sich dabei stets auf interne Informationen, aber auch auf ihre Intuition. Ihr Entscheidungsstil ist flexibel. Idealistisch ausgerichtete Führer benötigen zu ihrer Entscheidungsfindung nur ein Minimum an Information, sammeln aber dennoch ständig zusätzliche Daten und kommen dann, wenn nötig, zu neuen Schlußfolgerungen.

Sie legen Wert auf Tempo, Anpassungsfähigkeit, Intuition und Kompromißbereitschaft. Solche transformationalen Führer sind (wie die Charismatiker) besonders gewandt bei der Einführung von Veränderungen und bei der Beschaffung der dazu nötigen Mittel. Auch kann man bei idealistisch orientierten Führern oft beobachten, daß sie äußerst erfinderisch und besonders risikofreudig sind.

## Geistige und emotionale Anregung

Wenn geistige mit emotionaler Anregung einhergeht, ist sie ganz besonders wirkungsvoll. Intellektuelle Stimulation gekoppelt mit emotionaler Anregung kann zur Bewußseinserweiterung, zur Gedankenreform, ja sogar zur Gehirnwäsche führen. Die Umerziehungspraktiken der chinesischen Kommunisten sind eine ganz bewußte und systematische Anwendung dieses Prinzips geistiger und gleichzeitig emotionaler Beeinflussung, um die Wertvorstellungen, Glaubenssätze und die Leistungen der Massen zu verändern.

*Die chinesischen Umerziehungsmethoden*

Als im Januar 1928 der kommunistische chinesische General *Chu Teh* erfuhr, daß sechs Kompanien junger Studenten, die von *Chiang Kai-shek* angeheuert worden waren, beabsichtigten, die Rotarmisten bei Ichang anzugreifen, beschloß Chu Teh, die Studenten gefangenzunehmen und sie einer ideologischen Umerziehung zu unterziehen. Die sechs Kuomintang-Kompanien wurden in einen Hinterhalt gelockt, entwaffnet und gefangengenommen. Ein Mitglied von Chus Stab, ein Gelehrter, führte Gespräche mit den Gefangenen und behandelte sie wie Freunde. Ein junger Offizier erzählte ihnen sodann, daß auch er früher Student gewesen war und daß seine Schwester und zwei seiner Brüder aufgrund ihrer revolutionären Betätigung hingerichtet worden waren. Dann beschrieb ein aus einer Bauernfamilie stammender Soldat, wie seine Familie von einem Großgrundbesitzer ausgebeutet und schließlich ruiniert worden war. Diese Berichte waren alle so sehr emotionell gefärbt, daß die Sprecher und viele der Zuhörer in Tränen ausbrachen. Dann sagte man den Gefangenen, sie hätten die Wahl, ob sie der Revolutionsarmee beitreten oder lieber Päße und Reisegeld erhalten wollten, um zu ihren Familien heimkehren zu können. Bis auf einige wenige Ausnahmen traten alle der Gefangenen der Revolutionsarmee bei.

In den folgenden 20 Jahren wurde diese Verfahrensweise zur Standardpolitik der Rotchinesen. Man hielt den gefangenen Soldaten Vorträge über die Entbehrungen, denen die Anhänger der Revolution ausgesetzt waren. Die Schlechtigkeit des Regimes von Chiang Kai-shek wurde ihnen vor Augen geführt. Sie wurden ermuntert, ihrer Unzufriedenheit mit ihren Offizieren, mit den Großgrundbesitzern und mit der Regierung Ausdruck zu verleihen.

*Die Bewußtseinserweiterung*

Hierauf dehnte man dieses Konzept auf »Bewußtseinserweiterung« aus. Als 1950 die Landreform einsetzte und in den Dörfern und Fabriken die »demokratische Reform« und die »Produktionsreform« begann, wurde die Bewußtseinserweiterung zu einem Teil dessen, was *Mao Tse-tung* die »Führung der Massen« nannte. Die kommunistische Partei sollte die verstreuten und unsystematischen Ideen der Massen übernehmen und sie gezielt in konzentrierte und systematische Gedanken verwandeln und in dieser veränderten Form wieder an die Massen zurückleiten, bis diese dieselben als ihre eigenen ansahen (*Mao*, 1967). Mittels dieses geistigen Prozesses sollte die Partei zum Bindeglied des transformationalen Geschehens werden.

Natürlich entsprangen viele dieser Ideen in Wirklichkeit den Massen. Was als konsultativer Führungsstil dargestellt wurde, war in Wirklichkeit direktiv und manipulativ, ja sogar Nötigung. Nichtsdestoweniger gab es in China aber tatsächlich eine beträchtliche Veränderung der ursprünglich rein vertikal ausgerichteten Politik, an der die Massen sehr wesentlich beteiligt waren. Kompromisse wurden geschlossen – es gab z. B. eine Reform des Eherechts, eine Landreform und eine Vereinfachung der Schriftzeichen (*Barlow*, 1981). Die Chinesen wurden konvertiert, aber nicht besiegt.

*Die geistige Reform*

Der geistige Prozeß bei der Führung der Massen – Gruppendiskussionen, Kollegendruck, öffentliche Beichten, Selbstbeschuldigungen, öffentliches Lob und öffentlicher Tadel – stellt die Grundlage der kommunistischen »Gedankenreform« in China dar. Die grundlegenden Bestandteile politischer und sozialer Veränderungen in China seit 1949 sind sogenannte »Studiengruppen«, die sich jeweils aus 10–20 Personen zusammensetzen. In diesen Gruppen wird das chinesische Volk transformiert und reformiert. Dabei handelt es sich um »freiwillige« Zusammenkünfte. Man sagt auch, daß sich jeder seine Gruppe aussuchen könne, aber nicht verpflichtet sei, einer beizutreten. Diese Gruppen haben auf keiner Ebene etwas mit der Regierung zu tun. Sie sind sozusagen die Wurzeln der politischen Organisation und bilden die grundlegende Basis der neuen chinesischen Gesellschaft.

Die innerhalb dieser Gruppen angewendeten Verfahrensweisen stellen die Mittel zur »Bewußtseinserweiterung« und zur Selbstkritik der Massen dar ... Eine Gruppe wählt gewöhnlich ihren Führer selbst (nach vorgegebenen Kriterien und abhängig von der Billigung der Wahl durch höhere Instanzen) und trifft sich regelmäßig zu Studienzwecken. Die Zeit, die der einzelne in solchen Studiengruppen zubringt, erscheint enorm. Sie variiert natürlich, aber bis zu vier Stunden pro Tag sind während einer bestimmten Kampagne keine Seltenheit. Das Studienmaterial kann aus einer Auswahl der Schriften von *Marx* und *Lenin* bestehen, oder aus den Lehren *Mao Tse-tungs*, oder aus Parteipolitik und Direktiven, es kann laufende regionale oder nationale Kampagnen betreffen, oder Themen, die mit der Arbeit in der jeweiligen Nachbarschaft der Studiengruppe zu tun haben. Die übliche Verfahrensweise ist es, bestimmtes Material vorzulesen und dann alle Mitglieder aufzufordern, es zu diskutieren. Man erwartet, daß alle an der Diskussion teilnehmen und auf die eine oder andere Art wird auch jeder zur Teilnahme ermuntert (jeder muß sich zumindest von Zeit zu Zeit zu Wort melden) (*Barlow*, 1981, S. 304–305).

Die Elemente der Nötigung machen sich auch durch den Kollegen-Druck bemerkbar, der in einem System des Gesichtsverlustes, der öffentlichen Selbstkritik und Selbstanklage eine große Rolle spielt.

Wenn man dieses Prinzip auf ausländische Gefangene anwendet, führt es zu extremer Nötigung und Manipulation, da es ständig mit physischen und psychischen Belohnungs- und Strafreizen arbeitet. Dadurch wird »geistige Reform« zur Gehirnwäsche (*Barlow*, 1981).

## Ein Modell geistiger Anregung

Abb. 7 zeigt ein Modell geistiger Anregung der Geführten durch den Führer. Die Intelligenz und die geistige Ausrichtung des Führers bestimmen sein Konzept und seinen Erfolg bei der Lösung schwieriger Probleme – zusammen mit den Geführten und für sie. Die erfolgreiche Durchführung dieses Führungsvorhabens hängt von der Zeit ab, die der Führer zum Durchdenken des Problems hat, darüber hinaus aber auch von seiner Konfliktfreiheit mit seinen eigenen Vorgesetzten. Die Interaktion zwischen der Problemerkennung, der Diagnose und der Lösungsfindung wird den Geführten in symbolischer Weise und durch lebhafte Vorstellungskraft vermittelt. Zum Zweck der leichteren Verständlichkeit und der besseren Einprägung wird es in einfacher Sprache dargestellt. Dies erhöht das Rollenverständnis und die Bereitschaft der Geführten, zu dem in Abb. 2 dargestellten transformationalen Prozeß beizutragen.

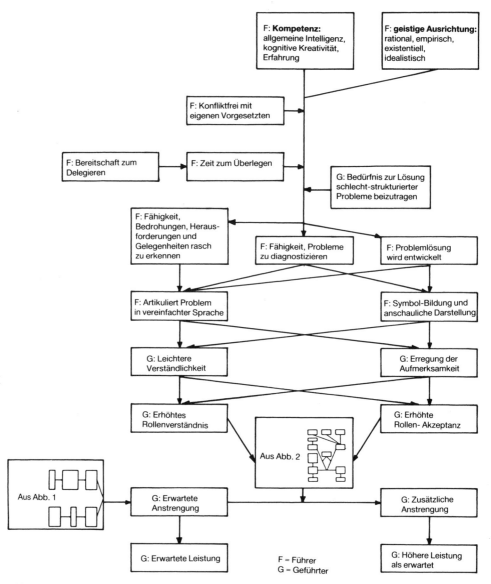

Abb. 7

## Die drei transformationalen Faktoren: Charismatische Führung, individuelle Behandlung und geistige Anregung

In der Praxis tritt die geistige Anregung durch den transformationalen Führer höchstwahrscheinlich nicht für sich allein auf. Mit größter Wahrscheinlichkeit wendet der tranformationale Führer eher eine Kombination von geistiger Anregung, charismatischer Führung und/oder individueller Behandlung an. Wie wir in Kapitel 12 zeigen werden, treten diese transformationalen Faktoren eher interkorreliert als isoliert auf. Im allgemeinen besitzt der transformationale Führer alle drei dieser Eigenschaften.

Um ein Beispiel zu nennen: der Industrieführer *Lorenz Iversen*, ein transformationaler Führer, besaß alle drei Eigenschaften in hohem Maß: er hatte Charisma, zeigte individuelle Bedachtnahme und regte seine Untergebenen geistig an.

Iversen begann im Jahr 1902 bei der Mesta Machine Company, arbeitete sich im Lauf der Jahre hoch, um 1930 den Generaldirektor-Sessel zu beziehen. Er war ein äußerst inspirierender Führer. Manchmal brüllte er seinen Arbeitern von einer Plattform aus zu: »Diesen Auftrag haben wir nur bekommen, weil ihr die besten Mechaniker der Welt seid.« Der charismatische Effekt solcher Handlungen ist einem Arbeiter, der 1933 in die Firma eintrat, noch 1984 in lebhafter Erinnerung.

»Wenn ich daran zurückdenke, kriege ich heute noch eine Gänsehaut. Der Mann wußte, wie man die Belegschaft mit Stolz erfüllte! Wir hatten damals schon das, womit die Japaner sich heute brüsten.« (*O'Boyle*, 1984, S. 31)

Seine individuelle Bedachtnahme auf die einzelnen Mitarbeiter zeigte sich auf mancherlei Weise. Selten gab es Arbeitsfreistellungen. Wenn die Auftragslage schlecht war, gab es Kurzarbeit und Lohneinbußen, aber die Arbeiter nahmen das hin. Er praktizierte »Management by-walking-around« – im wahrsten Sinne des Wortes: er ging in den Fabrikshallen herum und führte persönliche Gespräche mit den Arbeitern über ihre beruflichen und privaten Probleme – und dies nicht nur während der Tag-Schicht, sondern auch nachts und an Wochenenden und Feiertagen. Aber er war auch ein Perfektionist und er wollte immer über alle Details des Geschäfts genauestens informiert sein.

Seine geistige Anregung verhalf der Firma Mesta auch zu vielen patentierten Erfindungen. Manchmal kam es zu hitzigen Auseinandersetzungen zwischen ihm und seinen Partnern, wenn es Meinungsverschiedenheiten hinsichtlich der vorteilhaftesten Verfahren und Arbeitsweisen gab (*O'Boyle*, 1984).

*Roberts* (1984) untersuchte in einer zweijährigen Fall-Studie das transformationale Führungsverhalten einer Schulinspektorin und ihren Einfluß auf ihre Gefolgschaft. Diese Studie von Roberts unterstrich ebenfalls die Bedeutung der oben erwähnten drei Faktoren transformationaler Führung. Roberts bezog ihre Informationen, indem sie Meetings beiwohnte, alle verfügbaren Aufzeichnungen studierte, und 45 Intensiv-Interviews mit Schuldirektoren, Lehrern, Eltern, Schülern und unterstützenden Mitgliedern durchführte. Es war bei der untersuchten Schulinspektorin ein ganz deutlicher schrittweiser Transformationsprozeß ihrer Umgebung wahrzunehmen. Besonders auf dem Gebiet der Innovationen wirkte sie als geistiger und motivationaler Katalysator. Sie war auch ursächlich für eine positive Klimaveränderung verantwortlich.

Zunächst einmal kam es zu einer Krisensituation: es gab eine drastische Kürzung des Schulbudgets. Mit Geschick und Bestimmtheit stellte sich die Schulinspektorin dieser Krise. Sie mobilisierte die Verantwortlichen, erweckte in ihnen ein Missionsbewußtsein und motivierte sie dazu, die Krise abzuwenden. Sie sah die Krise nicht als Unglück, sondern als Herausforderung an. Im Schulbezirk wurde das Motto herausgegeben »Jeder Schüler und jeder Auszubildende ist als individuelles Wesen mit individuellen Fähigkeiten zu behandeln«. Sie wurde nicht müde, anderen dieses Motto einzuhämmern, und half mit, es in die Tat umzusetzen. Für sie war es die strategische Grundlage für die Verwirklichung einer Vision. Sie wollte dem sich bereits abzeichnenden gesellschafts- und unterrichtspolitischen Trend Rechnung tragen oder zuvorkommen, der auf mehr demokratische Mitbestimmung, mehr Selbstverantwortung, individuelles Lernen und Einbeziehung der Computer-Technologie in das Schulwesen hinzielte.

Anfangs bediente sie sich des »Management by-walking-around«, um sich eine Gefolgschaft von Lehrern aufzubauen, die sie bei ihren beabsichtigten Veränderungen unterstützen sollte. Sie suchte persönliche Kontakte und private Gespräche mit ihren »Gegnern«. Sie griff »Schlüsselpersonen« heraus, die Veränderungen am ehesten zugänglich waren, und belohnte sie individuell durch öffentliches Lob für ihre Mitwirkung an ihren Veränderungsbemühungen. Sie benützte auch Überredung und Anfeuerung und versuchte, jene Personen in Erfahrung zu bringen, die im Bezirk das Sagen hatten. Diese wollte sie zuallererst auf ihre Seite bringen. Sie schuf die erforderliche Struktur, um die anstehenden Probleme in Angriff zu nehmen, sie reorganisierte die Verwaltung, teilte den Mitarbeitern andere Funktionen zu und besetzte manche Positionen neu mit Mitarbeitern, die den Veränderungen im Bezirk besser gerecht wurden. Außerdem bezog sie das Verwaltungspersonal, die Lehrer und die Gemeindebediensteten in einen partizipativen Prozeß ein, um ein breites gemeinsames Engagement für die gewünschten Veränderungen zu erzielen. Das Ergebnis war eine Fülle von innovativen Ideen für Programme und neue Projekte, sowie das Gefühl, daß sich individuelle und organisatorische Ziele im Einklang befanden, daß gegenseitige Unterstützung, Achtung und Anteilnahme herrschten.

Nach zweijähriger Amtszeit schien die Schulinspektorin eine »kultähnliche« Gefolgschaft in ihrem Bezirk zu haben und sie schien fast alles tun zu können, was sie wollte – sie war außergewöhnlich »aufrüttelnd« – eine Visionärin, die einen sehr inspirierenden Einfluß auf ihren Bezirk hatte. Sie war ein typisches Beispiel dafür, wie transformationale Führung Leistungen hervorbringen kann.

Es gibt aber auch transformationale Führer, denen es an einer dieser drei Eigenschaften mangelt. *Ronald Reagan* ist ein typisches Beispiel hierfür. Der Charismatiker Reagan, der Leuten wie *James Watt* und *Edward Meese* noch die Treue hielt, als sie für ihn schon längst zu einer politischen Hypothek geworden waren, zeigte immer wieder einen totalen Mangel intellektueller Rigorosität. *Reagans charismatischer Zauber verschaffte ihm 1981 die Möglichkeit, eine enorme Erhöhung des Verteidigungsbudgets, massive Steuersenkungen und drastische Einschränkungen bei den Sozialausgaben durchzusetzen. Dennoch fand der erfahrene Regierungsbeobachter David Broder*, daß »Reagan in intellektueller Hinsicht nur Symbole verwendet und gegen Logik völlig immun ist. Bei Reagan sind Ursache und Wirkung voneinander getrennt. Er negiert die Logik und ersetzt die Substanz durch Symbolismus.

Nichtsdestoweniger sind seine Selbstüberzeugung und seine inspirationalen und transformationalen Fähigkeiten sehr stark ausgeprägt. Reagan vermochte das amerikanische Volk zu überzeugen, weil er stets seinen eigenen Überzeugungen treu blieb. Die Heilige Schrift ist ihm sehr wichtig. Er war imstande, seine romantischen Vorstellungen trotz ihrer Irrationalität, ihrer mangelnden Logik und ihrer Diskrepanz zwischen Worten und Taten dem Volk zu vermitteln. Seine Stärke liegt in der Sprache der einfachen Worte – eben jener Worte, die den emotionalen Inhalt am besten vermitteln.« (*Broder*, 1984)

Einer von Reagans Wahlkampfstrategen, *John Sears*, bemerkte, daß Reagan »viel öfter politische Fahrerflucht begangen hat als irgend ein anderer ... er ging einfach weg und drehte sich nicht einmal um« (*Glass*, 1984).

Während seiner ersten vierjährigen Amtszeit
»verursachte Reagans Politik die schlimmste Rezession seit den dreißiger Jahren ... Der Staat ist mit Milliarden und Abermilliarden Dollar in den roten Zahlen, die Beziehungen zur Sowjetunion sind unter den Gefrierpunkt gesunken, im Mittleren Osten und in Lateinamerika gibt es unzählige verheerende ›Nicht-Kriege‹. Und dennoch ist Reagan in den Augen der amerikanischen Öffentlichkeit ein Muster an Seriosität und Würde ...

Aufgrund irgendeiner mystischen Eigenschaft, die selbst seine engsten Mitarbeiter nicht ganz begreifen und sie daher schlicht und einfach den ›Reagan-Zauber‹ nennen, gelingt es ihm, ruhig und gelassen über den Dingen zu schweben.« (S. 22)

Eine repräsentative nationale Umfrage Anfang des Jahres 1984 ergab, daß der Großteil der amerikanischen Bevölkerung großes Vertrauen zu Reagan hat und ihn persönlich sehr schätzt. Vier von fünf Befragten gaben an, daß sie es »schätzten, wie er sich für Amerika einsetzt«. Dabei braucht er sich noch nicht einmal anzustrengen. Er ist der »Gute« in einer Welt von »Guten« und »Bösen«, der die Feinde in die Flucht schlägt. Er ist der »Amerikaner schlechthin«.

»*Reagan* besitzt die augenzwinkernde, apfelbäckige Warmherzigkeit eines guten Nachbars. Er ist anständig, bodenständig, und im übrigen auch schon zu alt, um noch zu politischen Intrigen Zuflucht nehmen zu müssen.«

All diese in der Bevölkerung vorherrschenden Ansichten führten im Jahr 1984 zu seiner erdrutscharigen Wiederwahl.

Obwohl es weder von seiner Ideologie noch von der Politik, die er verfolgte, ganz überzeugt war, vertraute das amerikanische Volk darauf, »daß er schon das Rechte tun werde« (*DeFrank* et al. 1984). Zu den transformationalen Folgen von Reagans Führung zählten 1984 eine starke Wiederbelebung des politischen und sozialen Konservatismus in den USA, ein neuer Optimismus bei den wirtschaftlich starken Schichten, eine Stärkung des Big Business, eine Schwächung der Gewerkschaften und ein gewaltiger wirtschaftlicher Aufschwung – trotz des Staatsdefizits und der Politik der hohen Zinsen.

# Teil IV: Transaktionale Führung

Von dem Moment an, als ich Carla's Gruppe zugeteilt wurde, begriff ich, daß er ein überzeugter Anhänger der These der Verhaltensänderung war. Er zerlegte die jeweiligen Aufgaben in ihre Einzelkomponenten – von der einfachsten bis zur schwierigsten – und erklärte einem, wie man sie angehen mußte. Zuerst sollte man die einfachsten erledigen. Wenn man eine Teilkomponente erfolgreich gelöst hatte, sparte er nicht mit Lob. Wenn man in Schwierigkeiten geriet, war er mit Rat und Tat zur Stelle und ermunterte einen, es nochmals zu versuchen. Dies war neu für mich, unterschied es sich doch sehr von den Erfahrungen, die ich mit meinen bisherigen Vorgesetzten gemacht hatte. Da war z. B. mein ehemaliger Verkaufsleiter *Barry Barton*, mit dem ich nur einmal alle sechs Monate zusammentraf. Da wurden meine Verkaufserfolge im letzten halben Jahr untersucht und die Verkaufsziele für die nächsten sechs Monate festgesetzt. Wir besprachen die Fälle, bei denen ich Erfolg und jene, bei denen ich Mißerfolg gehabt hatte – in letzterem Fall wollte er wissen warum, was uns bei der Vorausplanung half. Solange meine Tagesberichte Barton zeigten, daß ich am Ball blieb, hörte ich meist sechs Monate lang nichts von ihm. Er pflegte mich nur anzurufen oder mir zu schreiben, wenn er keinen Bericht von mir erhielt, wenn ein Kunde sich bei ihm beschwerte, oder wenn es in meinem Gebiet plötzlich einen Verkaufsrückgang gab.

Carla und Barry waren beide transaktionale Führer, nur jeder auf seine Art. Carla konzentrierte sich auf bedingte Belohnung, was, wie wir sehen werden, recht gut funktioniert, obwohl die Auswirkungen in der Praxis oft bescheidener sind als die Theoretiker wahrhaben wollen. Barry praktizierte »Management by Exception«, einen Führungsstil, den wir trotz seiner Beliebtheit bei vielen Führungskräften eher kontraproduktiv finden.

# Kapitel 7: Bedingte Belohnung

Transaktionale Führung bedeutet bedingte Verstärkung. Der Führer und der Geführte sind übereingekommen, was der Geführte zu tun hat, um Belohnung zu erlangen und Strafe zu vermeiden. Wenn der Geführte sich entsprechend verhält, wird er vom Führer belohnt, zumindest aber erfährt er keine negative Verstärkung in Form von Korrekturmaßnahmen, Vorwürfen, Strafen oder Arbeitsentzug. In der amerikanischen Arbeitswelt sind die meisten Belohnungs- und Strafreize nicht materieller Natur. Sie bestehen vielmehr aus einem Feedback, aus dem die Untergebenen ersehen, was sie richtig und was sie falsch gemacht haben. Gewöhnlich handelt es sich dabei nicht um finanziellen Gewinn oder Verlust. Eine im Jahr 1983 bei amerikanischen Arbeitnehmern durchgeführte Untersuchung ergab, daß 73 % von ihnen der Meinung waren, daß Lohnerhöhungen meistens nicht von der Qualität oder der Quantität der Leistung abhängen. Das soll jedoch nicht heißen, daß der amerikanische Arbeiter nicht an materieller Belohnung interessiert wäre. 61 % der amerikanischen Arbeitnehmer wünschen sich einen engeren Zusammenhang zwischen Leistung und Entlohnung (*Yankelovich & Immerwahr*, 1983).

Ein Teil des Feedbacks kommt aus der Arbeit selbst, ein Teil von Kollegen und anderen Personen innerhalb und außerhalb der Organisation. Aber jener Teil, der vom eigenen Vorgesetzten kommt – sei es nun in materieller oder immaterieller Belohnung – ist jenes Element, das wesentlich für die transaktionale Führung ist.

## Der Führer als Verstärkermechanismus

Ein Geschäft wird abgeschlossen. Ein Vertrag wird unterzeichnet. Eine Vereinbarung wird getroffen. Vorgesetzte und Untergebene arbeiten dabei Hand in Hand und jeder übernimmt einen Teil der Verantwortung für das Gelingen des Vorhabens. Der Vorgesetzte kann direkte oder indirekte Belohnungen für die Zielerreichung aussetzen. Bei negativem Ausgang kann er Strafen verhängen, die bis zur Kündigung reichen können. Positive oder negative Verstärkung sind zwei Möglichkeiten, Untergebene innerhalb von Organisationen nach dem transaktionalen Führungsstil zu motivieren. Entsprechende positive Verstärkung, nämlich Belohnung, wenn die vereinbarte Leistung erbracht wird, verstärkt beim Untergebenen das Bestreben, dieselbe Leistung abermals hervorzubringen und das erforderliche Arbeitstempo und die dafür notwendige Arbeitsqualität beizubehalten.

Bedingte negative Verstärkung ist die Reaktion des Vorgesetzten auf das Versagen des Untergebenen bei einer vereinbarten Leistung. Die Reaktion des Vorgesetzten soll einen weiteren Leistungsabfall des Untergebenen hinsichtlich Arbeitstempo und Arbeitsqualität verhindern und das Verhalten des Untergebenen ändern. Sie dient auch dazu, dem Untergebenen die Aufgabe erneut klarzumachen.

In Dienstleistungs- und Produktionsbetrieben zeigt sich die angemessene Belohnung gewöhnlich in zwei Formen: Verbales Lob für gute Arbeit einerseits und materielle Belohnung (Gehaltserhöhung, Leistungsprämien, Beförderung etc.) andererseits (*Sims*, 1977). Darüber hinaus kann es auch öffentliche Anerkennung und Ehrungen für außergewöhnliche Dienste geben.

Wenn der Untergebene die Erwartungen seines Vorgesetzten nicht erfüllt, kommt es zu bedingter Strafe. Auch diese kann in verschiedenen Formen auftreten. Ein Abweichen von den Normen, ein Produktionsabfall, Qualitätsverminderung etc. verlangen nach einem Eingreifen des Vorgesetzten. Manchmal genügt es schon, wenn der Manager energisch auf die Mängel hinweist. Es kann als negative Verstärkung hinreichend sein, den Untergebenen vor Augen zu halten, daß die vereinbarten Leistungsstandards nicht erreicht wurden. Bei ungeschickten oder unerfahrenen Untergebenen kann auch schon die Bekanntgabe des Grundes für die Unzufriedenheit des Vorgesetzten, verbunden mit einer neuerlichen Leistungszieldefinition als negatives Feedback ausreichen. Natürlich können in schwereren Fällen auch andere Strafen verhängt werden – Geldbußen, Suspendierung, Entzug des Wohlwollens und Entlassung. Diese Strafen kommen jedoch weniger häufig vor und sind als leistungssteigernde Maßnahmen auch weniger geeignet.

Wenn Manager, aus welchen Gründen auch immer, nur dann einschreiten, wenn Fehler, Mißerfolge oder gröbere Abweichungen auftreten, nennt man das »Management by Exception«. Das Motto dieser Führungskräfte lautet »solange es nicht kaputt ist, sollte man nicht versuchen, es zu reparieren«.

Sowohl bedingte Belohnung als auch bedingte Strafe sind charakteristische Merkmale des transaktionalen Führers, weil dieser – zum Unterschied vom transformationalen Führer – mehr Wert auf die Effizienz der Abläufe als auf die Inhalte legt. Der transaktionale Führer ist mehr daran interessiert, was funktioniert, als an der Richtigkeit der Sache selbst. Seine Taktik ist flexibel, er setzt seine Macht je nach Bedarf in Form von Belohnung oder Strafe ein, um zufriedenstellende organisatorische Abläufe zu gewährleisten und Leistungssteigerungen zu erzielen (*Zaleznik*, 1967).

## Die bedingte Verstärkung als transaktionaler Prozeß

In knappen, klaren Worten fassen *Blanchard & Johnson* (1982) in ihrem Werk »One Minute Manager« den gegenwärtigen Wissensstand hinsichtlich der transaktionalen Prozesse, die bei bedingter Belohnung auftreten, wie folgt zusammen:
 Als Vorgesetzter sollten Sie den Untergebenen
 Zielsetzungen vorgeben und ihnen erklären, welche Leistungen für die Zielerreichung erforderlich sind,
 unerfahrenen Untergebenen mitteilen, was sie richtig gemacht haben, wie Sie mit ihnen zufrieden sind, und sie dazu ermuntern, mit ihren Bemühunge fortzufahren,
 erfahrenen Untergebenen, wenn nötig, sagen, was sie falsch gemacht haben, ihnen mitteilen, daß Sie damit unzufrieden sind, ihnen aber gleichzeitig versichern, daß sie dennoch weiterhin geschätzt werden.
 Dieser Austauschprozeß sollte aber keine kalte, unpersönliche Transaktion von hie Willfährigkeit – da Belohnung, hie Ungehorsam – da Strafe, sein. Der Führer muß den Untergebenen immer wieder beweisen, daß er sie schätzt – was auch passieren mag. Diese Vertrauensbildung stellt eine grundlegende, umfassende und fortgesetzte Belohnung der Untergebenen dar und veranlaßt sie, den Anordnungen und Wünschen des Führers weiterhin nach besten Kräften Folge zu leisten. Diese Transaktion kann darüber hinaus durch ein transformationales Interesse des Führers an der beruflichen Entwicklung der Untergebenen »menschlicher« gemacht werden. Jeder Zielerreichung-Belohnungs-Zyklus ist ein Schritt in Richtung der Entfaltung der Untergebenen – zur Übernahme von mehr Verantwortung für seine Handlungen, so daß der Untergebene mit wachsender Erfahrung immer mehr Selbstverstärkung erlebt. Dann wird der Führer nahezu überflüssig, weil der voll entfaltete Untergebene ein Stadium erreicht hat, in dem, wie *Ralph Waldo Emerson* es ausdrückte, »die Belohnung für eine gut erledigte Aufgabe im Erfolg selbst besteht«.
 Vorgesetzte sollten mit dem Loben ihrer Untergebenen nicht warten, bis die nächste periodische Leistungsbeurteilung fällig ist. Sie sollten ihnen statt dessen kleinere Leistungsziele (nicht mehr als drei bis sechs) setzen, die auf einem Blatt Papier Platz haben. Auf erfolgreiche Zielerreichung sollte sofort und unmittelbar ein kleines Lob folgen und weitere Leistungsbemühungen sollten Unterstützung und Ermutigung erfahren.
 Wenn irgend möglich sollten die Untergebenen auch in die Lage versetzt werden, ihre eigenen Leistungsfortschritte zu beobachten. Dabei sollte das Auseinanderklaffen zwischen Leistung und Zielsetzung klar ersichtlich sein. Die Zielsetzung muß realistisch und erreichbar und in kleine, aber wachsende Schritte aufge-

teilt sein. Positives Feedback sollte nicht bis zur endgültigen Erreichung langfristiger Ziele aufgeschoben werden, noch sollte negatives Feedback so lange auf sich warten lassen, bis die Fehler katastrophale Ausmaße angenommen haben.

*Einige Beispiele*

In unzähligen Experimenten und Feldstudien wurde die Wirksamkeit der Führung durch entsprechende Verstärkung bewiesen. In einer Labor-Untersuchung stellten *Spector* und *Suttell* (1957) verschiedene Führungsstile einander gegenüber: Führung durch Verstärkung, autoritäre Führung und demokratische Führung. Bei der Führung durch Verstärkung wurde bei einem Versuchspersonen-Team, das mit Planungsaufgaben betraut war, die positive Verstärkung maximiert. Der Führer drückte dem Team jedesmal, wenn es eine besonders gelungene Problemlösung erarbeitet hatte, sein ganz besonderes Lob aus. Wenn es zu Fehlplanungen kam, machte der betreffende Führer Vorschläge, wie man zu besseren Lösungen gelangen könnte, und er ermutigte die Versuchspersonen, es immer wieder aufs neue zu versuchen.

Der autoritäre Führer traf die Gruppenentscheidungen selbst und gestaltete auch die Planung.

Unter dem demokratischen Führer wurde sowohl die Planung als auch die Entscheidungsfindung als Gruppenprozeß durchgeführt.

Am besten schnitten bei diesem Test die Teams unter der verstärkten Führung ab. Auch profitierten Mitglieder mit geringeren Fähigkeiten von diesem Führungsstil am meisten.

*Hunt* und *Schuler* (1976) sowie *Oldham* (1976) fanden, daß Lob und Anerkennung sowie materielle Belohnung bei entsprechender Leistung außerordentlich leistungsfördernd wirken. In einer Feldstudie kam *Reitz* (1971) zu ähnlichen Ergebnissen. Die Arbeitszufriedenheit der Untergebenen war am höchsten, wenn die Vorgesetzten ihnen für annehmbare Leistungen Lob und Anerkennung zollten und sie für schlechte Leistungen tadelten. Auch *Luthans* und *Krietner* (1975) kamen zu dem Schluß, daß angemessene Strafe für unakzeptable Handlungen leistungsfördernd wirkt, wenn sie mit bedingter Belohnung für gute Leistungen einhergeht.

Belohnungsreize wie Lob, Anerkennung und Gehaltserhöhung für gute Leistungen dienen nach *Keller* und *Szilagy* (1976) nicht nur der Leistungssteigerung, sondern erhöhen auch die Leistungserwartungen der Untergebenen selbst. Auch schienen sie die Position des Führers zu stärken (*Sims*, 1977).

*Podsakoff* et al. (in Druck) fanden, daß im Spitalsdienst stehende Pharmazeuten mit ihrer Situation viel zufriedener waren, wenn ihre Vorgesetzten ihnen – entsprechend ihrer Leistung – Belohnungsreize (positives Feedback) boten. Diese Zufriedenheit trat jedoch nicht zutage, wenn die Belohnung nicht der Leistung entsprach. Als besonders unbefriedigend wurde unangemessenes negatives Feedback empfunden – das heißt, wenn der Betreffende nicht imstande war, einen Zusammenhang zwischen dem Tadel und dem Verhalten, das ihn hervorgerufen haben könnte, zu erkennen.

Die Unfähigkeit eines Vorgesetzten, seine Untergebenen ihren Leistungen entsprechend zu belohnen, kann, wie sich herausstellte, die verschiedensten negativen Folgen haben. Untergebene sagten aus, daß die Unfähigkeit zu belohnen nicht nur einen Machtverlust darstellt, sondern auch den Wunsch der Untergebenen, sich mit dem Führer zu identifizieren, untergräbt und sein innerorganisatorisches Ansehen und seinen Einfluß schmälert (*Green & Podsakoff*, 1981).

Überkreuz-Kausalanalysen von *Greene* (1976) ergaben, daß das Belohnungsverhalten von Vorgesetzten Leistungssteigerungen und erhöhte Zufriedenheit bei jenen Untergebenen zur Folge hat, deren Leistungen eine Belohnung verdienen. Dieser Effekt erwies sich als ziemlich anhaltend und trat nicht nur in übereinstimmenden Korrelationen von Vorgesetzten-Verhalten und Untergebenen-Leistung auf.

Nach *Peters & Waterman* (1982, S. 123) unternehmen die »besser geführten Firmen« wie z. B. Tupperware, große Anstrengungen, um ihren Mitarbeitern für die erfolgreiche Lösung ihrer Aufgaben positive Verstärkung zu bieten. Das Management von Tupperware ist ganz gezielt bemüht, die Mitarbeiter, ganz gleich auf welcher Unternehmensebene, für gute Leistungen entsprechend zu belohnen. Die Führung sucht auch ständig nach Gelegenheiten zum Meinungsaustausch.

Diese Management-Praxis paßt genau in das Konzept der kognitiven und behavioristischen Theorien und entspricht auch den Forschungsergebnissen hinsichtlich Zielsetzung, Motivation, Lernprozessen, Verstärkermechanismen und Belohnungsreize. Dafür gibt es auch bereits empirische Unterstützung. So ist es nicht weiter verwunderlich, daß Führung mittels bedingter Belohnung sich bei den experimentellen Psychologen größter Beliebtheit erfreut.

## Eine Faktoren-Analyse der Auswirkungen bedingter Belohnung

*Sims* entdeckte (1977) zwei Faktoren des positiven Verstärkerverhaltens von Vorgesetzten ihren Untergebenen gegenüber. Faktor 1 (37 % Varianz) enthielt folgende hochkorrelierende Items.

Ihr Vorgesetzter würde großes Interesse zeigen, wenn Sie Erneuerungs- oder Verbesserungsvorschläge machten.

Ihr Vorgesetzter würde Ihnen besondere Anerkennung zuteil werden lassen, wenn Sie besondere Leistungen erbringen.

Ihr Vorgesetzter würde Ihnen persönliches Lob zollen, wenn Sie hervorragende Arbeit leisten (S. 126).

Faktor 2 (18 % Varianz) bezog sich auf Empfehlung für Beförderung und beruflichen Aufstieg. Folgende Items korrelierten stark mit Faktor 2:

Wenn Ihre Arbeitsleistung konstant über dem Durchschnitt liegt, würde Ihr Vorgesetzter dafür sorgen, daß Sie innerhalb der Organisation aufsteigen.

Ihr Vorgesetzter würde Sie zur Beförderung vorschlagen, wenn Ihre Arbeitsleistung besser ist als die anderer, gleich qualifizierter Mitarbeiter.

Ihr Vorgesetzter würde Ihnen zu einer Versetzung verhelfen, wenn Sie eine solche wünschten (S. 126).

Diese beiden Faktoren scheinen jene Elemente zu enthalten, die wir als individuelle Bedachtnahme und bedingte Verstärkung ansehen. Aus unseren quantitativen Analysen in Kapitel 12 wird ersichtlich, daß es einen Faktor gibt, der transaktionale Prozesse und auch das Verankern solcher Prozesse zwischen Vorgesetzten und Untergebenen einschließt. In unseren Faktoren-Analysen scheinen unter anderem folgende Items des Führungsverhaltens auf:

Er sagt mir, was ich tun muß, um für meine Anstrengungen belohnt zu werden.

Er spricht oft davon, daß gute Leistungen zu besonderen Empfehlungen und zur Beförderung führen.

Er versichert mir, daß ich im Austausch für besondere Anstrengung alles bekommen kann, was ich mir persönlich wünsche.

Die Wechselbeziehungen zwischen Untergebenen und Vorgesetzten hinsichtlich des Austausches von bedingter Belohnung für akzeptable Leistung enthalten auch folgende Items:

Ich kann jederzeit mit ihm/ihr darüber reden, was mir für meine Leistungen zusteht.

Wir sind uns darüber einig, was ich zur Gruppen-Anstrengung beitragen kann und was dabei für mich herausschaut.

Im Austausch für meine Unterstützung gibt er mir, was ich brauche.

Ich werde mir klar darüber, was ich will, und er/sie zeigt mir, wie ich es erreichen kann.

Für *Hollander* (1978) war diese Verhandlungsbereitschaft die Quintessenz dynamischen Führungsverhaltens. Er ist der Ansicht, daß Führer und Geführte einen Austauschprozeß eingehen sollten, der mit einer »Verhandlung« beginnt, bei der festgesetzt wird, was wogegen ausgetauscht werden soll. Auch wird zu klären sein, ob dieser Prozeß für beide Teile befriedigend ist.

Nach *Yukl* (1981) stellt das Strukturieren der Belohnungsreize eine der wesentlichen Kategorien des Führungsverhaltens dar. Es ging ihm um »das Ausmaß, in dem ein Führer die effektiven Leistungen der Untergebenen belohnt – mit solch greifbaren Vorteilen wie Gehaltserhöhung, Beförderung, attraktiveren Aufgaben, besserer Arbeitseinteilung, mehr Freizeit usw.

Verhaltensbeispiele waren:

Mein Vorgesetzter führte ein neues System ein, nach welchem jeder Untergebene, der der Firma einen neuen Kunden brachte, 10 % des Vertragswertes erhielt. Mein Vorgesetzter schlug auch jeden Untergebenen, der den Leistungsrekord innerhalb der Gruppe hielt, zur Beförderung vor.« (S. 122)

Was wir hier als Teil eines transaktionalen Übereinkommens zwischen Vorgesetzten und Untergebenen sehen, wird von *Yukl* als »Zielsetzung« bezeichnet, als das »Ausmaß, in dem ein Führer sich der Wichtigkeit bewußt ist, für jeden Untergebenen bestimmte Leistungsziele zu setzen, seine Fortschritte zu kontrollieren, und ihm zur Zielerreichung konkretes Feedback anzubieten.«

Er führt folgende Beispiele an:

»Der Vorgesetzte hielt eine Besprechung ab, bei der die Verkaufsquoten für den nächsten Monat festgelegt wurden« (und) »mein Vorgesetzter setzte sich mit mir zwei Stunden lang zusammen, um die Leistungsziele für das kommende Jahr zu besprechen und einen Aktionsplan aufzustellen« (S. 123).

Solche Zielsetzungen sind ein zentraler Punkt der Weg-Ziel-Theorie.

## Die Weg-Ziel-Theorie

Die Weg-Ziel-Theorie versucht zu erklären, warum und in welcher Weise das Konzept der bedingten Belohnung funktioniert und inwieweit es die Motivation und die Arbeitszufriedenheit der Untergebenen beeinflußt. Die erste Version dieser Theorie wurde von *Georgopolous* et al. (1957) aufgestellt und konzentrierte sich hauptsächlich auf das Bestreben des Führers, »Wege zum Erfolg aufzuzeigen« (*Bass*, 1965, S. 150). Führer erreichen dieses Ziel, indem sie

die sich für die Untergebenen durch die Zielsetzung ergebenden Vorteile erhöhen, den Weg zur Zielerreichung ebnen, indem sie die Ziele klar erkennbar machen, Hindernisse beseitigen, Fallgruben reduzieren, und für den Untergebenen auf seinem Weg zum Ziel persönliche Befriedigungen einbauen (*House*, 1971, S. 324).

*Evans* (1970) fand, daß ein Führer verschiedene Möglichkeiten hat, die Untergebenen in diesem Weg-Ziel-Prozeß positiv zu beeinflussen. Er kann die Rolle des

Untergebenen klarstellen, d. h. ihm erklären, was von ihm erwartet wird. Er kann die Belohnung von zufriedenstellender Leistung abhängig machen, und das Ausmaß und die Attraktivität der Belohnung erhöhen. *House & Mitchell* (1974) kamen sehr schnell zu dem Schluß, daß solches Führungsverhalten nur unter ganz bestimmten Umständen nötig und nützlich ist.

Es ist nur dann nötig, wenn die Zielklarheit, die Anleitung und die bedingte Belohnung nicht schon von der Organisation, der Arbeitsgruppe oder durch die Situation selbst gegeben sind. Die Motivation der Untergebenen hinsichtlich Selbständigkeit, Leistungsbereitschaft oder Zuwendung zum Vorgesetzten spielt ebenso eine Rolle wie ihr Selbstwertgefühl und ihre eigenen Verstärkermechanismen.

*Blanchard & Johnson* (1982) schlugen vor, daß für den unerfahrenen Untergebenen, der sich noch nicht darüber im klaren ist, was genau von ihm erwartet wird, bedingtes Lob und bedingter Tadel zur rechten Zeit und am rechten Ort wahrscheinlich am wirkungsvollsten sind.

In dem Maße, in dem der Untergebene mehr Erfahrung und mehr Selbständigkeit gewinnt, können diese Intervalle ausgedehnt werden. Lenkung und Führung durch den Vorgesetzten wird dann notwendig sein, wenn die Untergebenen unerfahren sind oder die Aufgabe komplex ist. Wenn die Untergebenen mit einfachen, aber langweiligen oder aber mit gefährlichen Aufgaben betraut sind, sollte der Führer eher bedachtsam und unterstützend als direktiv agieren. Ein beruhigender Einfluß von seiten des Führers kann auch nötig werden, wenn Übermotivation oder Ängstlichkeit vorliegt. In einem solchen Fall sollte jede Erwähnung bedingter (und somit für den ängstlichen Untergebenen unsicherer) Belohnung vermieden werden, weil dies seine Unsicherheit noch verstärken könnte. Hier sollte Vertrauensbildung den Vorrang vor erhöhter Motivation gegeben werden (Yukl, 1981).

Besonders wichtig ist in diesem Zusammenhang natürlich, daß der Führer wirklich weiß, was zu tun ist.

## Das Führungsverhalten und seine Auswirkungen auf die Untergebenen

*Klimoski & Hayes* (1980) haben die Elemente der bedingten Belohnung in einer sehr verfeinerten und ausgefeilten Studie untersucht. Sie konnten sechs Arten von Vorgesetzten-Verhalten herausschälen:

Die Genauigkeit der Anweisungen (Unmißverständlichkeit)
Die Häufigkeit der aufgabenbezogenen Kommunikation (Kommunikation)

Das Mitspracherecht der Untergebenen bei der Festsetzung von Leistungsnormen (Mitspracherecht)
Die Unterstützung der Untergebenen zur Erzielung wirkungsvoller Leistungen (Unterstützung)
Die Häufigkeit der Leistungsbeurteilungen (Leistungsbeurteilung)
Die Beständigkeit in der Behandlung der Untergebenen (Konsistenz)

Bei 231 professionellen Führungskräften wurde eine genaue Bestandsaufnahme ihres Belohnungsverhaltens durchgeführt und mit der Motivation und der Arbeitszufriedenheit der Untergebenen korreliert[1]. Nur wenn die Vorgesetzten sich den Untergebenen gegenüber klar ausdrückten und ihnen ein Mitspracherecht beim Festsetzen der Leistungsnormen einräumten, ihnen Unterstützung gaben und die Konsistenz wahrten, erwarteten die Untergebenen, daß ihre Anstrengungen zu erfolgreichen Leistungen und diese zu angemessener Belohnung führen würden. Die Häufigkeit der Leistungsbeurteilung und die Häufigkeit der Kommunikation erwiesen sich für die Erwartungen der Untergebenen als irrelevant.

Der Einfluß des Vorgesetzten auf die Zufriedenheit der Untergebenen war schwerer zu ermitteln. Besonders starke Assoziationen bestanden zwischen der Zufriedenheit der Untergebenen mit ihren Vorgesetzten und der klaren Ausdrucksweise der Unterstützung und der Beständigkeit im Verhalten der Vorgesetzten. Die Verständlichkeit und die Verhaltenskonsistenz der Vorgesetzten hatten eine bescheidene Wirkung auf die Verminderung der Rollenzweideutigkeit und der Rollenkonflikte. Die Verhaltensbeständigkeit des Vorgesetzten trug ebenfalls bis zu einem gewissen Grad zur Leistung der Untergebenen bei, obwohl diese in der Hauptsache durch das Mitspracherecht der Untergebenen beim Festsetzen der Leistungsnormen erhöht wurde. Es scheint daher, daß das Verhalten des Führers im Belohnungs- und im Weg-Ziel-Prozeß ganz unterschiedlichen Einfluß auf die Anstrengung und die Leistung der Untergebenen hat. Jedenfalls sollten die Erwartungen der Untergebenen hinsichtlich der Belohnung ihrer Anstrengungen klargestellt werden.

In einem geringeren Ausmaß trägt das Belohnungsverhalten auch indirekt zu erhöhter Leistung und zur Zufriedenheit mit dem Vorgesetzten bei, indem es die Rollenzweideutigkeit und die Rollenkonflikte reduziert.

---

[1] Bei einer Überkreuz-Korrelationsanalyse werden zwei Variablen, X und Y, innerhalb einer gewissen Zeitspanne – etwa innerhalb von drei Monaten – zweimal gemessen. Zusätzlich zu den übereinstimmenden Korrelationen von X und Y zum Zeitpunkt 1 und Zeitpunkt 2 werden auch Korrelationen $X_1, Y_2$ und $Y_1, X_2$ ermittelt, um zu sehen, welche größer ist. Wenn $X_1 Y_2$ größer ist als $Y_1 X_2$, wird angenommen, daß X einen größeren Effekt auf Y hat als Y auf X. Wenn die Reliabilität und die Varianzen von X und Y unterschiedlich sind, müssen die Ergebnisse entsprechend angepaßt werden.

## Die Mitwirkung der Untergebenen bei der Zielsetzung

Die Auswirkungen auf die Rollenunsicherheit, die Anstrengung und die Leistungen der Untergebenen müssen noch weiter qualifiziert werden. In einer Laboruntersuchung mit 40 Studenten fanden *Dosset* et al. (1983), daß die Produktivität bei einer Büroarbeit erwartungsgemäß dann am höchsten war, wenn der Vorgesetzte hochgesteckte und klar definierte Leistungsnormen vorgab und den Untergebenen hilfreich zur Seite stand. Die Mitwirkung der Untergebenen bei der Zielsetzung selbst trug jedoch nicht zur Steigerung der Produktivität bei. Diese mangelnde Auswirkung der Partizipation der Untergebenen bei der Zielsetzung mag ihre Erklärung in der Art und Weise der Mitwirkung haben. *Neider* (1980) zeigte in einer Leistungsuntersuchung im Einzelhandelsgewerbe, daß solche Mitwirkung nur dann positive Auswirkungen hat, wenn im Partizipationsprozeß die Verkettung zwischen Anstrengung und Leistung klar ersichtlich ist, und nur, wenn die Belohnung für geistige Leistung attraktiv genug ist.

Diese Sichtbarmachung der Zusammenhänge hängt von der Kompetenz des Führers ab. *Podsakoff* et al. (1983) fanden, daß erfahrene Führer, die sich um eine Klarstellung der Zielsetzung bemühen, die Rollenunsicherheit der Untergebenen verringern. Bei einem unerfahrenen Führer ist genau das Gegenteil der Fall. Seine Bemühungen haben eine Erhöhung der Rollenunsicherheit der Untergebenen zur Folge!

## Andere bescheidene Auswirkungen bedingter Belohnung

Folgende Bedingungen machen es für einen Führer ratsam, die Belohnungskontingenzen zu strukturieren und die Zielsetzungen klar zu definieren (*Yukl*, 1981):
  Wenn der Führer genügend Autorität und Umsicht besitzt, den Untergebenen greifbare Belohnungen zu geben.
  Wenn die Untergebenen ... dabei vom Führer abhängig sind (hinsichtlich der Belohnungen).
  Wenn die Leistungsergebnisse primär von der Anstrengung und den Fertigkeiten der Untergebenen und nicht von Umständen außerhalb ihrer Kontrolle bestimmt werden.
  Wenn die Leistungen der Untergebenen exakt meßbar sind.
  Wenn die Arbeit gleichbleibend, monoton und langweilig statt abwechslungsreich, interessant und sinnvoll ist (S. 194).
  (Mitwirkung bei der) Zielsetzung ist äußerst nützlich:

Wenn objektive Leistungsindikatoren vorhanden sind und zur speziellen Zielsetzung herangezogen werden können.

Wenn die Leistungsergebnisse in hohem Maße von der Anstrengung der Untergebenen abhängen und kaum von wechselnden Bedingungen außerhalb der Kontrolle der Angestellten berührt werden.

Wenn die Untergebenen zumindest in bescheidenem Maße leistungsmotiviert sind und auf herausfordernde Ziel- und Terminsetzungen ansprechen (S. 195).

## Warum wird das System der bedingten Belohnung so wenig genützt?

Wie wir schon festgestellt haben, kann bedingte Belohnung für die Erfüllung einer vereinbarten Leistung in verschiedenen Formen gewährt werden: einerseits durch Lob und Anerkennung und andererseits durch Empfehlung für Gehaltserhöhung und Beförderung. In der Praxis scheinen diese Möglichkeiten trotz der inzwischen vorliegenden Beweise, daß bedingte Belohnung ein wirkungsvolles Führungsinstrument darstellt, das es dem Vorgesetzten ermöglicht, den Untergebenen zu Rollenklarheit, Rollenakzeptanz, Arbeitszufriedenheit und erhöhter Leistung zu verhelfen, recht wenig genützt zu werden. Die Verknüpfung von Gehaltserhöhung mit Leistung wird in der Industrie – wie *Yankelovich & Immerwahr* in einer Untersuchung mit 845 amerikanischen Arbeitern feststellten (1983), immer noch äußerst selten angewendet.

Nur 22 % der Arbeiter gaben an, daß bei ihnen ein direkter Zusammenhang zwischen ihrer Arbeitsleistung und ihrer Entlohnung besteht. Die Interviewer berichteten, daß 73 % der Arbeitnehmer zugaben, ihre Leistungsbemühungen reduziert zu haben, weil andere, die nicht so hart arbeiteten, dieselben Lohnerhöhungen erhielten. Sie fanden, daß sich mehr Anstrengung nicht lohne und daß jegliche sich daraus ergebenden Leistungssteigerungen nur ihren Arbeitgebern und nicht ihnen selbst zugute kommen würden. Wie schon erwähnt, wünschten sich 61 % eine engere Verbindung zwischen Leistung und Entlohnung. Da nur 20 % der amerikanischen Arbeiter gewerkschaftlich organisiert sind, kann die Schuld hierfür nicht bei den üblichen gewerkschaftlichen Forderungen nach Berücksichtigung der Vordienstzeiten und der erhöhten Lebenserhaltungskosten (anstatt nach Leistungslohn) liegen.

*Auch der Feedback-Effekt wird zu wenig genützt*

Das kostenlose aber wirkungsvolle Führungsinstrument »Lob und Anerkennung« wird ebenfalls viel zu wenig genützt. Dies ist, wie eine kleine Gruppe von Industriepsychologen vorschlug, möglicherweise zum Teil auf Zeitdruck, schlechtes Urteilsvermögen, Unbehaglichkeit bei Führer und Geführten, Zweifel an der Nützlichkeit positiver Verstärkung und Ungeschicklichkeit zurückzuführen (*Komaki*, 1981).

Vielfach ist auch zu beobachten, daß die Vorgesetzten behaupten und auch glauben, ihren Untergebenen Feedback zu geben, letztere aber nicht das Gefühl haben, Feedback zu erhalten.

Die Situation wird noch dadurch verschlimmert, daß Untergebene und Vorgesetzte den verschiedenen Arten des Feedback unterschiedliche Bedeutung zumessen. In einer Untersuchung eines großstädtischen Transitunternehmens fand *Greller* (1980), daß die Untergebenen dem Feedback durch die Lösung der Aufgabe selbst (Selbstverstärkung) viel mehr Bedeutung beimaßen als die Vorgesetzten.

Hierbei spielten der Vergleich der eigenen Leistung mit der anderer und die Kommentare der Arbeitskollegen eine große Rolle. Die Vorgesetzten wiederum fanden ihre eigenen Kommentare, ihre Empfehlungen für Gehaltserhöhung, Beförderung und interessantere Aufgabenbereiche viel wichtiger als die Untergebenen.

Gelegentlich kann Leistungsfeedback auch negative Auswirkungen haben. *Kuggundu* (1983) berichtet von einer Untersuchung mit 138 Büroangestellten einer Verwaltungszentrale, bei denen Feedback eher negative als die erwarteten positiven Auswirkungen hatte.

*Das Akkord-System*

Der Leistungslohn – also die Bezahlung je nach geleisteter Arbeit anstatt eines Stundenlohnes oder Monatsgehaltes – stellt eine direkte Verknüpfung von Leistung und Lohn dar. Dennoch werden solche Systeme bedingter Belohnung oft zugunsten unbedingter Belohnung, d. h. eines feststehenden Monatsgehaltes, vermieden. Die Befürworter des Akkord-Systems weisen auf die generell höhere Arbeitsleistung hin, die erzielt wird, wenn die Arbeiter nach Quantität und/oder Qualität der »Fördermenge« bezahlt werden anstatt nach Stundenlohn oder Monatsgehalt. Wenn die Belohnung voll von der Leistung abhängt, das heißt, wenn die Angestellten nur auf einer Stückzahl- oder Provisionsbasis arbeiten, erhöht sich die Produktivität einigen Untersuchungen zufolge um bis zu 30 %.

Die Gegner dieses Systems aber wenden ein, daß Akkordarbeit ausbeuterische Züge trägt und daß hierbei außerhalb der Kontrolle der Arbeiter liegende Faktoren, die die Produktivität beeinflußen können, nicht berücksichtigt werden. Auch könne die Bezahlung nach Quantität geeignet sein, die Qualität zu reduzieren. Nicht von der Führung vorgeschriebene Leistungsstandards, sondern Gruppennormen können bestimmen, wieviel produziert wird. Akkordlöhne können auch zur Unzufriedenheit der Arbeiter und zu Konflikten mit Kollegen und dem Management führen. Es werden Eigeninteressen angeregt, die zu den Interessen der Kollegen und der Führung in Konflikt stehen können.

So kann es beispielsweise sein, daß Schuhverkäufer, die auf einer reinen Stückzahl-Provisionsbasis arbeiten, auf die Kunden zustürzen, um sie »festzunageln«, anstatt sie ihren Kollegen zu überlassen. Es kann sein, daß Verkäufer es ablehnen, sich mit Kundenbeschwerden und Reklamationen auseinanderzusetzen und sich von allen nicht unmittelbar verkaufsbezogenen Arbeiten drücken.

Angestellte mit einem fixen Monatsgehalt, das nicht in direktem Zusammenhang mit ihrer Leistung steht, können, wenn sie engagiert und loyal sind und sich dem Unternehmen verbunden fühlen, durch Eigenplanung, Selbstbestimmung und Selbstkontrolle zu den Unternehmenszielen beitragen. Mithilfe bei der Entwicklung der Untergebenen zu »Selbstverstärkern« ist ein Führungsziel, das die Notwendigkeit bedingter Belohnung weitgehend überflüssig machen kann. Obwohl bedingte Belohnung gut funktionieren kann, und in Fällen, wo das Auftreten von Selbstverstärkung der Untergebenen unwahrscheinlich ist, auch unerläßlich sein mag, müssen auch die Nebeneffekte dieses Systems in Betracht gezogen werden.

Entlohnung der Arbeiter auf der Basis von Quantität und/oder Qualität ihrer Leistung kann zu einer Leistungssteigerung führen, wenn sich die Arbeiter darüber im klaren sind, wie sie die gewünschten Fördermengen erzielen können, wenn sie begreifen, wie der Akkordlohn berechnet wird, wenn sie darauf vertrauen können, daß die Führung die Akkordsätze nicht kürzt, wenn sie nicht zu befürchten brauchen, daß es zu Überproduktion und dadurch zu Arbeitsfreistellungen kommt, und wenn sie das Gefühl haben, daß das Entlohnungsschema gerecht ist (*Bass & Barrett*, 1981).

Erstaunlicherweise scheinen die Erwartungen der Arbeiter, daß ihre vermehrten Anstrengungen zu größerer Produktivität führen und die Wichtigkeit des Geldverdienens für sie weniger von Bedeutung zu sein (*Schwab & Dyer*, 1973).

Wenn Entlohnung mit Leistung assoziiert werden soll, zieht man Lohnerhöhungen im Zusammenhang mit Praxis, Arbeitswert, Beförderungen und Leistungsprämien vor. Gruppen-Bonuspläne, Gewinnbeteiligung und Bonusbeteiligung für erfolgreiche Gruppenleistungen zur Verringerung der Produktionskosten werden dahingehend gesehen, daß der Beitrag des einzelnen von den Kollegen, dem Vorgesetzten und den organisatorischen Praktiken und Verfahrensweisen abhängt.

*Die mangelnde Belohnungsfähigkeit des Vorgesetzten*

Mit ein Grund, warum viele Vorgesetzte die bedingte Belohnung nicht richtig nutzen, mag die Tatsache sein, daß sie oft selbst nicht den nötigen Rückhalt besitzen, um die entsprechenden Belohnungen auszuteilen. Manager, die den Erwartungen ihrer Untergebenen hinsichtlich ihrer Eigeninteressen entsprechen, erwerben und erhalten sich den Ruf, über Entlohnung, Beförderung und Anerkennung entscheiden zu können. Diejenigen, die das nicht können, verlieren in den Augen der Untergebenen an Ansehen und können daher nicht mehr ernstlich als transaktionale Führer angesehen werden (*Tsui*, 1982).

*Auch unbedingte Belohnung kann funktionieren*

Schließlich bietet sich auch noch eine letzte Erklärung dafür an, warum bedingte Belohnung so wenig genützt wird: weil nämlich unbedingte Belohnung manchmal als leistungssteigernder Faktor auch recht gut funktioniert. So berichteten *Podsakoff* et al. (1982), daß bei 72 Vorgesetzten von 101 Untergebenen einer großen gemeinnützigen Organisation zwar die bedingte Belohnung durch die Vorgesetzten mit der Leistung der Untergebenen erwartungsgemäß mit .26 korrelierte, unbedingte Belohnung aber (mein Vorgesetzter behandelt mich gleichbleibend gut, ganz gleich wieviel ich leiste) fast ebenso hoch (.20) mit der Leistung der Untergebenen korrelierte. Nichtsdestoweniger aber war, wie wir im folgenden zeigen werden, die Zufriedenheit der Untergebenen mit dem Vorgesetzten viel höher, wenn dieser Lob, Lohnerhöhung und Beförderung von der Anstrengung und der Leistung der Untergebenen abhängig machte.

| Führungsverhalten | Die Zufriedenheit der Untergebenen mit | | | | |
| --- | --- | --- | --- | --- | --- |
| | Arbeit | Vorgesetztem | Kollegen | Entlohnung | Verwaltung |
| Bedingte Belohnung | .43 | .68 | .27 | .21 | .39 |
| Unbedingte Belohnung | .11 | .27 | .00 | -.01 | .14 |

Unbedingte Belohnung dann ein Klima der Sicherheit schaffen, in dem die Selbstverstärkung der Untergebenen die Kontingenz-Elemente auf die Leistung überträgt. Auch das allgemeine Gefühl der Verpflichtung gegenüber der Organisation, das aus der Dankbarkeit für unbedingte Belohnungen entspringt, kann den Wunsch der Untergebenen nach adäquater Leistung hervorbringen. Die Erfahrungen der Japaner sind ein gutes Beispiel hierfür.

Bei den in der Erfolgsstatistik im obersten Drittel liegenden japanischen Unternehmen wie Toyota, Sony und Mitsubishi haben die Angestellten und die Firmenleitung ein lebenslanges Gefühl der Verpflichtung füreinander. Ein gutes Familienmitglied zu sein, führt zwar nicht unmittelbar zu einer Gehaltserhöhung oder zur Beförderung, aber der allgemeine Erfolg der Familie bringt am Jahresende auf jeden Fall einen Bonus ein. Und letztendlich hängen die Aufstiegschancen und die Entlohnung auch ganz entscheidend von generell verdienstvollen Leistungen ab.

Ähnlich ist es bei unseren eigenen bestgeführten Firmen, wie z. B. IBM: auch hier hält man es – unabhängig von der Anzahl der Arbeitsstunden oder der produzierten Stückzahlen – sowohl bei Angestellten wie auch bei Arbeitern, bei Fachleuten wie auch bei Managern, eher mit fixen Monatsgehältern, die aufgrund von Position, Dienstjahren und Verdiensten um die Firma festgesetzt werden.

# Kapitel 8: Management-by-Exception, negatives Feedback und bedingte aversive Verstärkung

Was haben Management-by-Exception (Exception = Vorbehalt), negatives Feedback und bedingte aversive Verstärkung miteinander gemein? Führer, die sich primär oder ausschließlich des Management-by-Exception, des negativen Feedback oder der bedingten aversiven Verstärkung bedienen, schreiten nur dann ein, wenn etwas schiefgegangen ist. Solange die Untergebenen die Leistungsnormen einhalten, bleibt der Servokontrollmechanismus im Ruhezustand. Aber wenn die Leistung der Untergebenen unter eine gewisse Schwelle absinkt, wird dies durch das Feedback des Vorgesetzten angezeigt. Dieses negative Feedback kann von einer Klarstellung und einer Ermutigung begleitet sein, wenn der Führer ein Mensch ist, der auch auf bedingte Belohnung Wert legt. Es kann aber auch extremere Formen annehmen: Mißbilligung, ernster Verweis oder schlimmeres.

Negatives Feedback, besonders wenn es unpersönlich ist und mit positiver Unterstützung einhergeht, kann einem Anfänger zur nötigen Klarstellung dessen verhelfen, was er nicht tun darf. Aber wenn Vorgesetzte Management-by-Exception und negatives Feedback praktizieren und dies die einzige Form ihres Beitrages zu ihren Beziehungen mit den Untergebenen darstellt, ist es wahrscheinlich relativ wirkungslos – im Vergleich zu bedingter Belohnung. Wenn das Einschreiten des Vorgesetzten nur aus Bestrafung besteht, kann es kontraproduktiv sein.

Das Delegieren von Aufgaben, das ebenfalls als Motivation und zur Weiterentwicklung der Untergebenen genützt werden kann und gleichzeitig den Vorgesetzten entlastet, kann manchmal mit Management-by-Exception verwechselt werden, es kann aber sehr viel mehr sein als das. Ein Vorgesetzter kann Verantwortung an einen Untergebenen delegieren und dann Management-by-Exception praktizieren. Aber er kann auch Verantwortung delegieren und dann mit zusätzlicher Klarstellung, mit Fragen, ob Hilfestellung gewünscht wird, und periodisch verlangten Berichten über den Fortschritt, sowie mit Lob und Belohnung für erfolgreiche Anstrengung nachfassen.

Die am häufigsten genannten Gründe, warum Führer keine bedingte positive Verstärkung geben, ist, daß sie zu oft Management-by-Exception praktizieren, das heißt, daß sie mit negativem Feedback und Disziplinarmaßnahmen eingreifen, wenn die Leistung der Angestellten zu weit unter die Standards abfällt.

Diese Manager wenden bedingte aversive Verstärkung an (*Komaki*, 1981). Aber in diesen Fällen führt das Unbehagen der Manager beim Austeilen von negativem Feedback dazu, daß der Zweck verfehlt wird. Wenn Vorgesetzte mit schlechten Leistungen ihrer Untergebenen konfrontiert werden, die sie mangelnden Fähigkeiten zuschreiben, neigen sie oft dazu, »sich einzubremsen«. Sie verzerren das Feedback und machen es positiver als es sein sollte (*Ilgen & Knowlton*, 1980). Aber ganz offensichtlich schrecken starke Führer nicht davor zurück, Untergebene, die ihren Erwartungen nicht entsprechen, mit schweren Sanktionen zu bestrafen.

Die bedingte aversive Verstärkung eines Führers, wenn die Geführten die vorgeschriebenen Leistungsnormen nicht erreichen, kann in vielen Formen auftreten – von der mildesten bis zur einschneidensten Strafe.

Der Vorgesetzte kann dem Untergebenen mitteilen, was er nicht in Ordnung findet, er kann ihn tadeln, rügen, verurteilen oder beschuldigen; er kann Strafen, Geldbußen oder den Verlust des Arbeitsplatzes, den Verlust der Sicherheit oder des Lebens verhängen. Ein Manager, der nur dann mit solcher Verstärkung einschreitet, wenn die Untergebenen die Leistungsnormen nicht erfüllen, praktiziert Management-by-Exception. *Helena Rubinstein* zum Beispiel konnte, obwohl sie für die Vorschläge ihrer Untergebenen stets ein offenes Ohr hatte, ganz verheerende Strafen verhängen, wenn nicht alles genau nach ihrem Kopf ging. Sie zögerte nicht einen Moment, einen Mitarbeiter hinauszuwerfen, wenn sie der Meinung war, daß er ihre Anordnungen nicht befolgte.

In dieser Hinsicht kann man einen großen Unterschied feststellen zwischen dem mehr transformationalen Führer, der frei von inneren Es-Über-Ich-Kämpfen ist, und dem mehr transaktionalen Manager, der seiner Verantwortung der Organisation gegenüber nicht ins Auge blicken will, wenn es darum geht, einen Untergebenen zu bestrafen, besonders wenn es sich dabei um jemanden handelt, mit dem er eng zusammenarbeitet. Solche transaktionalen Führer finden zwar nichts dabei, einen Brief zu unterschreiben oder auf einen Knopf zu drücken, was die Kündigung von Hunderten fernen Mitarbeitern zur Folge hat, sie winden und drehen sich aber, um nur ja nicht einen unfähigen engen Mitarbeiter entlassen zu müssen. Ein transformationaler Führer mit einer starken Entwicklungsorientierung wird wahrscheinlich ebenfalls die Entlassung eines unfähigen engen Mitarbeiters zu vermeiden suchen, aber er wird doch immer wieder auf die eine oder andere Art versuchen, den Betreffenden zu »bessern«, bis er endgültig von der Hoffnungslosigkeit des Falles überzeugt ist. Der charismatische Führer wird wahrscheinlich ebenfalls eine Disziplinarmaßnahme gegen den engen Mitarbeiter zu vermeiden suchen, vielleicht weil er blinde Loyalität und die Fähigkeit, sich liebkind zu machen, mit Kompetenz verwechselt.

*Mintzberg* (1975) ist der Ansicht, daß Management-by-Exception, obwohl es allgemein als die Regel angesehen wird, dennoch mehr ein Mythos als ein Faktum ist. Es ist ein weitverbreiteter Irrglaube, daß

> ein guter Manager ebenso wie ein guter Dirigent alles im voraus sorgfältig orchestriert und sich dann zurücklehnt, um die Früchte seiner Arbeit zu genießen und diese Untätigkeit nur gelegentlich unterbricht, wenn irgend etwas Unvorhergesehenes seine Aufmerksamkeit erfordert (S. 51).

Ein guter Manager muß aber sehr viel mehr tun als sich einfach »zurückzulehnen« und sich nur gelegentlich allfälligen Abweichungen von seiner Vorausplanung zu widmen. Nichtsdestoweniger sind einige Manager diesem Konzept nicht abhold. Andere wiederum sehen sich – vielleicht aufgrund ihrer Arbeitsüberlastung – gezwungen, zu solchen Methoden zu greifen. Unseren quantitativen Untersuchungen in Kapitel 12 zufolge trägt Management-by-Exception weniger zu den Anstrengungen und der Produktivität der Untergebenen bei als transformationales Führungsverhalten und bedingte Belohnung.

Das Konzept des Management-by-Exception entspringt direkt dem Konzept des Managers als Kontrollinstrument. Solange das Schiff sich auf Kurs befindet, ist nichts zu tun. Der Manager braucht nur aufzupassen, daß es nicht vom Kurs abkommt. Wenn letzteres der Fall ist, muß er signalisieren, daß ein Fehler aufgetaucht ist und daß Korrekturmaßnahmen erforderlich sind. Management-by-Exception liegt auf derselben Linie wie die Kybernetik des negativen Feedback – jenem Feedback, das signalisiert, daß das System wieder zu seinem ursprünglichen Equilibrium zurückkehren muß. Der Manager achtet besonders auf Abweichungen und gibt je nach Bedarf negatives Feedback. Normen werden aufgestellt. Der Manager interveniert nur dann zwischen dem Untergebenen und der zu erledigenden Aufgabe, wenn ersichtlich ist, daß die Normen nicht erfüllt werden (*Drucker*, 1954).

## Verhaltensweisen, die das Management-by-Exception kennzeichnen

*Yukl* und *Van Fleet* befragten (1982) Kadetten des Reserve Officer Training Corps (ROTC) hinsichtlich der Festsetzung von Normen, der Disziplinierung und der Kritik durch den Führer. Zu den am häufigsten genannten Beispielen zählten:
– Er überprüft, ob die Aufgaben zufriedenstellend erledigt wurden.
– Er legt ebensoviel Wert auf intellektuelle wie auf militärische Leistungen.
– Er kümmert sich um die äußere Erscheinung der Kadetten.
– Er zeigt sich enttäuscht, daß die Einheit keine besseren Leistungen erbracht hat.

Folgende Beispiele für Kritik und Disziplinierung wurden am häufigsten genannt:
- Weist in ruhiger Form auf das Fehlverhalten des Untergebenen hin.
- Nennt spezifische Beispiele für Fehlverhalten, anstatt Kritik zu verallgemeinern.
- Erklärt einem, warum man gemaßregelt wird.

Im Korea-Krieg wurde beobachtet, daß Luftwaffen-Offiziere in kritischen Situationen hohe Leistungsanforderungen an ihre Untergebenen stellten. Inkompetente Personen wurden von verantwortungsvollen Positionen abgezogen.

*Sims* (1977) fand einen Faktor des Vorgesetzten-Verhaltens im Hinblick auf bedingte Strafe, der von folgenden Items besonders gekennzeichnet war:
- Ihr Vorgesetzter würde Sie sich vorknöpfen, wenn Ihre Arbeit nicht ebensogut wäre wie die Ihrer Kollegen.
- Ihr Vorgesetzter würde Sie (mündlich oder schriftlich) ermahnen, wenn Ihre Leistungen kontinuierlich unterdurchschnittlich wären (S. 126).

Kritik und Disziplinierung gehörten zu den 19 von *Yukl* (1981) in sechs Untersuchungen gefundenen Kategorien des Führungsverhaltens. Dieses Verhalten des bedingt aversiv verstärkenden Führers wurde von *Yukl* als »das Ausmaß, in welchem ein Führer einen Untergebenen mit Kritik und Disziplinierung bestraft, wenn er konstant schleche Leistungen aufweist, eine Vorschrift übertritt oder sich einer Anordnung widersetzt, wobei die Disziplinarmaßnahmen aus einer offiziellen Verwarnung, einem Tadel, einer Suspendierung oder einer Entlassung bestehen können« (S. 125).

Es wurden folgende Beispiele gegeben:
- Der Vorgesetzte war verärgert, weil der Untergebene immer wieder dieselbe Art von Fehlern machte und ermahnte ihn, seine Leistung zu konzentrieren.
- Der Vorgesetzte rief mich zu sich, um mir mitzuteilen, daß ich in einem wichtigen Bericht zwei wesentliche Punkte ausgelassen hatte (S. 125).

In den quantitativen Analysen, die wir in Kapitel 12 beschreiben werden, kamen Items wie »Solange die alten Methoden funktionieren, ist er/sie zufrieden mit meiner Leistung« und »Solange alles in Ordnung ist, versucht er/sie nicht, etwas zu ändern«.

Beachten Sie aber, daß dieses Verhalten nicht mit Laissez-faire-Führung identisch ist. In letzterem Fall haben wir es nämlich mit einer Entmutigung jeglicher Initiative und mit einem minimalen Leistungsdruck zu tun. Die Kommunikation ist hier drastisch eingeschränkt. Der Laissez-faire-Führer absentiert sich oder zieht sich zurück, wenn er mit Abweichungen konfrontiert wird, während der Manager-by-Exception solche Abweichungen sehr aufmerksam beobachtet und sofort, wenn sie auftreten, mit entsprechenden Korrekturmaßnahmen einschreitet.

## Wie wirksam ist bedingte aversive Verstärkung?

*Podsakoff* et al. (1982) berichten, daß bedingte Strafe weniger Unterstützung fand als bedingte Belohnung. Bei einer Untersuchung von 101 Untergebenen und 72 Vorgesetzten in einer gemeinnützigen Organisation stellte sich erwartungsgemäß heraus, daß bedingte Belohnung bei den Untergebenen zu Leistungssteigerung und erhöhter Zufriedenheit führte. Bedingter Tadel, Mißbilligung oder Bestrafung hatten keinerlei Auswirkung auf Leistung und Zufriedenheit. Unbedingte Strafe war sogar ausgesprochen kontraproduktiv. Auch *Fulk* und *Wendler* (1982) konnten für bedingte negative Verstärkung nur wenig unterstützende Ergebnisse finden. Bedingte Billigung oder Mißbilligung von seiten leistungsorientierter Führer erwies sich zwar als förderlich für die Rollenklarheit der Untergebenen, hatte jedoch nur sehr wenig Einfluß auf ihre Motivation oder Leistung. Und die Untergebenen selbst zogen natürlich bedingte Belohnung bedingter Mißbilligung vor.

Nach den Ergebnissen, die wir in Kapitel 12 beschreiben werden, finden Offiziere, daß bedingte Belohnung ungefähr 25 % der Varianz im Leistungshandeln einer Einheit ausmacht, Management-by-Exception aber nur 5 %. Als jedoch 400 Kadetten, die sich im vierten Ausbildungsjahr an der Westpoint-Militärakademie befanden, gebeten wurden, typische Beispiele guten und schlechten Führungsverhaltens zu beschreiben, stellte sich heraus, daß Fälle, die mit bedingten Sanktionen zu tun hatten, am häufigsten (in 44 % der Fälle) als Indikatoren schlechten Führungsverhaltens angesehen wurden. Allerdings schienen sie auch mit 28 % als Beispiele guten Führungsverhaltens auf (*Adams* et al., 1981). Diese Ergebnisse beweisen, zusammen mit einigen Beispielen aus dem Zivilleben, die wir in Kapitel 12 erwähnen werden, daß Management-by-Exception ein kontraproduktives Führungsverhalten darstellt.

## Warum wird dem Negativen mehr Beachtung geschenkt als dem Positiven?

Es gibt keinen triftigen Grund, warum jemand, der Management-by-Exception betreibt, sich nicht auch mit den positiven Abweichungen von der Norm beschäftigen und sich der Methoden der bedingten Belohnung bedienen sollte. Aber gewöhnlich sind es eben die negativen Abweichungen von der Norm, die mehr beachtet werden. Wenn nun aber bedingte Belohnung nachweislich viel wirkungsvoller ist, warum bedient man sich dann hauptsächlich der bedingten Strafe? Die Gründe hierfür mögen in der Natur vieler Organisationen liegen. Die Organisation kann eine flache Struktur aufweisen, bei der viele Untergebene einem einzelnen Vorgesetzten unterstehen, dessen Zeit voll damit ausgefüllt ist, auf die negativen Abweichungen zu achten. Wenn er die negativen Abweichungen übersieht, kann dies verheerende Folgen haben. Das alleinige Befassen mit möglichen negativen Abweichungen schränkt die Beachtung der positiven ein, besonders wenn klare Zielsetzungen, einheitliche Richtlinien, langfristige Pläne und ein stabiles äußeres Umfeld fehlen.

Einem Manager kann die Fähigkeit zu belohnen entweder von vornherein fehlen oder aber im Laufe der Zeit abhanden kommen. Wenn Manager ständig mit der Forderung nach mehr Produktivität konfrontiert sind, kann sich ihre Neigung, Strafe als Führungsinstrument einzusetzen, im selben Maße erhöhen, wie ihre Fähigkeit zu belohnen abnimmt (*Greene & Podsakoff*, 1981).

*Larson* schlug (1980) vor, daß die unterdurchschnittliche Leistung von Untergebenen für den Vorgesetzten augenfälliger ist als die überdurchschnittliche. So stellte sich im Laufe einer Laboruntersuchung heraus, daß die »Vorgesetzten« für die Leistungsbeurteilung eines unterdurchschnittlich arbeitenden Untergebenen eine wesentlich kleinere Stichprobe benötigen, als für jene eines überdurchschnittlich arbeitenden Untergebenen (*Fisher*, 1979). Auch Wirtschaftsführer berichten, daß es ihnen leichter fällt, schlechte Leistungen zu erkennen, als gute (*Scontrino*, 1979).

Diese »Asymmetrie« mag darauf zurückzuführen sein, daß die Kriterien für die Minimalwerte (und somit auch für schlechte Leistung) meist viel klarer definiert sind als die Kriterien für überragende Leistung. Auch hat schlechte Leistung oft einen signifikanteren Einfluß auf das Funktionieren der Gruppe an sich als hervorragende Leistung. Dieser letztere Faktor trägt wahrscheinlich dazu bei, die Vorgesetzten für das Erkennen der ersten Anzeichen eines Leistungsabfalls zu sensibilisieren (*Larson*, 1980, S. 199).

Nichtsdestoweniger konnte *Fisher* (1979) beobachten, daß Studenten, die als Vorgesetzte agierten, wie andere Leute auch, nur ungern negatives Feedback gaben. Die Augenfälligkeit schlechter Leistungen muß dieses Zögern wettmachen. Sie muß auch die Sympathie wettmachen, die Vorgesetzte ihren Untergebenen entgegenbringen. So kann es sein, daß selbst bei schlechten Leistungen negatives Feedback vermieden wird, damit die zwischenmenschlichen Beziehungen zwischen Vorgesetzten und Untergebenen nicht belastet werden. Möglicherweise wird oft auch vermieden, die schlechten Ergebnisse den mangelnden Leistungen eines Untergebenen zuzuschreiben, mit dem der Vorgesetzte in guten persönlichen Beziehungen steht.

Wenn die Frage, wie gut ein Vorgesetzter seine Aufgaben wahrnimmt, davon abhängt, wie gut seine Untergebenen ihre Arbeit tun, reagiert der Vorgesetzte auf das Versagen seiner Untergebenen wahrscheinlich schon empfindlicher. Diese

Empfindlichkeit hat wiederum eine rasche Zuflucht zur Mißbilligung zur Folge. Der gleiche Effekt tritt ein, wenn die Entlohnung, die Anerkennung oder der berufliche Aufstieg des Vorgesetzten von der Leistung seiner Untergebenen abhängt (*Larson*, 1980).

Vorgesetzte schreiben ihren Untergebenen ein unterschiedliches Maß an Verantwortung für ihre Leistungen zu. Der eine Vorgesetzte mag einem Untergebenen für das, was er trotz widriger Umstände geleistet hat, loben. Der andere wiederum kann den Untergebenen trotz der unkontrollierbaren widrigen Umstände für seinen Mißerfolg tadeln.

*Larson* schlägt vor, daß Vorgesetzte sich insoferne voneinander unterscheiden, daß sie unterschiedlichen impliziten Theorien über das Feedback im allgemeinen und auch über die Folgen, die es im Fall des einzelnen Untergebenen hat, anhängen. So kann Tadel verworfen werden, weil man Angst vor Vergeltung hat, während man befürchtet, daß Lob unglaubwürdig erscheinen könnte.

Ob ein Führer bedingte Mißbilligung oder bedingte Billigung anwendet, mag mit auch von seinen eigenen Wertvorstellungen abhängen. Wenn Rationalität, Objektivität und Bestimmtheit als wichtiger angesehen werden als Anpassungsfähigkeit, wenn mehr Wert auf Sicherheit als auf Anschließung gelegt wird, greift man wahrscheinlich eher zur bedingten Mißbilligung. Der zu bedingter Mißbilligung neigende Führer strebt Homogenität, Regelmäßigkeit, Standardisierung, Sicherheit und Konsolidierung an (*Quinn & Hall*, 1983).

Der Führer, der sich eher der Mißbilligung, des Tadels und der Strafe als Führungsinstrument bedient, attribuiert die schlechten Leistungen seiner Untergebenen auf mangelnde Motivation und nicht auf mangelnde Fähigkeit. Erfahrung scheint dabei ein entscheidender Faktor zu sein. Erfahrene Führer suchen den Grund für die schlechten Leistungen eines Untergebenen wahrscheinlich eher in seinem Umfeld als in seiner Person (*Mitchell & Kalb*, 1982).

Auch kann man feststellen, daß der Vorgesetzte es lieber sieht, wenn gute Leistung aus erhöhter Anstrengung als aus der Fähigkeit des Untergebenen resultiert (*Knowlton & Mitchell*, 1980).

## Bedingte aversive Verstärkung besser nützen

Nach *Blanchard* und *Johnson* (1982) sollten sowohl Lob als auch Tadel immer zur rechten Zeit erfolgen. Beides sollte sich speziell auf das jeweilige Verhalten beziehen und nicht auf die Person selbst. Besonders wichtig ist es auch, dem Untergebenen zu erklären, was er falsch gemacht hat und was der Vorgesetzte davon hält. Aber auch hier wieder sollte der Tadel mit einer positiven Note abschließen, etwa mit dem Ausdruck der Hoffnung, daß die Leistung des Untergebenen sich bessern werde. Jeder einzelne Mißerfolg sollte für sich allein betrachtet werden. Die Untergebenen akzeptieren Feedback von einem Vorgesetzten, der ihr Fehlverhalten erkennt. Aber der Untergebene als Person sollte niemals direkt angegriffen werden.

Beispielsweise sollte ein Verkaufsleiter einen Verkäufer sehr wohl dafür tadeln, daß er einen Kunden nicht zurückgerufen hat, aber er sollte es vermeiden, dem Verkäufer pauschal Faulheit und Inkompetenz vorzuwerfen.

*Dem Fehlverhalten auf den Grund gehen*

Wenn der Vorgesetzte das Unvermögen des Untergebenen, seinen Pflichten nachzukommen und seine Aufgaben entsprechend zu erfüllen, festgestellt hat, sollte er erst einmal nach den Gründen hierfür suchen. Wenn der Vorgesetzte bei einem Untergebenen fortwährend schlechte Leistungen feststellen muß, während dessen Kollegen laufend zufriedenstellend arbeiten, kann der Vorgesetzte mit Sicherheit annehmen, daß der Mißerfolg des betreffenden Untergebenen auf einem Mangel an Anstrengung oder einem Mangel an Fähigkeit beruht. Wenn es sich um Mangel an Anstrengung handelt, kann er Strafmaßnahmen ergreifen; wenn mangelnde Fähigkeit der Grund ist, kann vielleicht Schulung oder Versetzung des Untergebenen Abhilfe schaffen (*Mitchell & Wood*, 1980).

Wenn der Vorgesetzte zu dem Schluß kommt, daß die schlechte Leistung des Untergebenen auf sein Umfeld oder auf die Schwierigkeit der Aufgabe zurückzuführen ist, dann sollte das negative Signal des Führers in einer Veränderung der Arbeitsbedingungen oder der Aufgabe bestehen und nicht aus einer Kritik am Untergebenen selbst.

Negative Leistungsabweichungen der Untergebenen von den Erwartungen des Vorgesetzten können von zahlreichen Faktoren verursacht werden. So kann beispielsweise das sich außerhalb der Kontrolle des Untergebenen befindliche Umfeld die Ursache sein, in welchem Fall Korrekturmaßnahmen und negatives Feedback mit einer nur minimalen Bestrafung des Untergebenen einhergehen sollten. Schlechte Leistungen können auch noch auf folgende andere Ursachen zurückzuführen sein:
1) Der Vorgesetzte und der Untergebene haben sich nicht genügend darüber verständigt, was erwartet wird – das heißt, was genau der Vorgesetzte unter zufriedenstellender Leistung versteht.
2) Dem Angestellten mangelt es an entsprechendem Fachwissen und/oder an den erforderlichen Fähigkeiten und er weiß nicht, wie er diese erwerben soll.
3) Der Angestellte fühlt sich von seiner Arbeit nicht genügend gefordert.

4) Der Angestellte fühlt sich nicht verpflichtet, die gewünschten Ergebnisse zu erbringen.
5) Der Angestellte hat das Gefühl, daß er/sie zuviele Ziele auf einmal erreichen muß, oder daß er Ziele erreichen soll, die nicht miteinander vereinbar sind.
6) Der Angestellte erhält von seinem Vorgesetzten bei Teilerfolgen nicht genügend Feedback.
7) Die Arbeit des Angestellten wird durch eine verankerte Verfahrensweise, Methode oder ein bestimmtes bestehendes System behindert.
8) Die Arbeit des Angestellten wird durch Kollegen, die ihren Pflichten nicht nachkommen, und die Tatsache, daß er/sie nichts dagegen tun kann, beeinträchtigt.

(*Anonymous*, 1981, S. 13)

Wenn für einen Untergebenen nicht ersichtlich ist, was von ihm erwartet wird, ist nicht Bestrafung am Platz, sondern Rollenklarstellung. Mißerfolg, der auf mangelndes Wissen zurückzuführen ist, erfordert Schulung oder Versetzung, wenn die Schulung ohne Erfolg bleibt. Mangel an Herausforderung kann durch eine Erweiterung des Aufgabengebietes, eine Versetzung, eine Erhöhung der intrinsischen Werte der Aufgabe, oder die Akzeptanz der vorherrschenden Bedingungen von seiten des Angestellten, der seine Befriedigung sonst anderswo sucht, behoben werden. Einem Mangel an Engagement kann abgeholfen werden, indem man den Angestellten mehr in den Planungs- und Kontrollprozeß einbezieht.

Zielüberhäufung und Zielkonflikte erfordern eine Klarstellung und das Setzen von Prioritäten. Mangel an entsprechendem Feedback erfordert zeitlich abgestimmte und spezifische Reaktionen des Führers auf die Fortschritte des Geführten. Probleme mit Verfahrensweisen, Methoden und Systemen verlangen Umstellung, Transfer oder vielleicht auch mehr Toleranz. Wenn der Mißerfolg des Untergebenen auf das Versagen von Kollegen zurückzuführen ist, verschiebt sich der Tenor des oben Gesagten auf das Umfeld des Untergebenen.

Zusammenfassend: es ist von wesentlicher Bedeutung, daß die »Botschaften«, die der Vorgesetzte an die Untergebenen aussendet, wenn ihre Leistungen seinen Vorstellungen nicht entsprechen, nicht das Selbstwertgefühl des Untergebenen verletzen. Darüber hinaus sollte das negative Feedback sich auf Verhaltensweisen beschränken, die innerhalb der Kontrolle des Untergebenen liegen, und nicht auf Dinge, auf die er keinen Einfluß hat, wie etwa organisatorische Fehler oder mangelhafte Ausrüstung. Der Ausdruck der Mißbilligung sollte auch mit einer Klarstellung verbunden sein, welche Verhaltensänderungen vom Untergebenen erwartet werden, damit er wieder auf den rechten Weg zur gewünschten Zielerreichung zurückgelangt.

# Revson und Kitchener

Führer von weltweiter Bedeutung, die sich ständig des Management-by-Exception bedienten, waren unter anderem *E. I. Dupont*, der Industrielle, sowie US-Präsident *Gerald Ford* und Argentiniens *Evita Peron* (*Bass*, 1984).

Viele Führungspersönlichkeiten von Weltruhm zögerten nicht, zu rügen, zu tadeln und zu disziplinieren, ganz gleich, wie transformational sie nach außen hin auch wirken mochten. Tatsächlich wird eine solche Handlungsweise durch die besonderen persönlichen Merkmale dieser Führer sehr begünstigt. Sie besitzen Selbstvertrauen, ein ausgeprägtes Ego und sind frei von inneren Es-Über-ich-Konflikten. Aus den Reihen der großen Industrieführer sticht in dieser Hinsicht *Charles Revson* besonders hervor. Revson pflegte nie jemanden zu loben. Furcht war die vorherrschende Motivation seiner Mitarbeiter.

Charles Revson behandelte seine leitenden Angestellten wie den letzten Dreck. Manager, die sich, bevor sie zu Revlon kamen, bei den besten und renommiertesten Firmen des Landes große Verdienste erworben hatten, mußten Demütigungen und Erniedrigungen hinnehmen, die ihre Effizienz empfindlich beeinträchtigten und sie schließlich zur Beendigung ihres Dienstverhältnisses mit Revlon veranlaßten. Diese Praktiken Charles Revsons und die notorisch schlechten Arbeitsbedingungen bei der Firma Revlon führten schließlich dazu, daß der Ruf der Firma nicht nur schlecht, sondern schlichtweg lächerlich wurde – bis es schließlich im Jahr 1957 praktisch ein Ding der Unmöglichkeit wurde, überhaupt noch einen Manager zu finden, der willens war, für Revlon zu arbeiten und der Personalwechsel bei den Führungskräften von Revlon zum Gegenstand vulgärer Witze wurde (*Tobias*, 1976, S. 173).

Im militärischen Bereich war *Kitchener* ein typisches Beispiel solch extremen Führungsverhaltens. Er bestrafte einen vom Wege abgekommenen Offizier, auch wenn diesen überhaupt keine Schuld traf. Als er Oberkommandierender der ägyptischen Armee war,

> erwies sich Kitchener seinen englischen Offizieren gegenüber ausgesprochen undankbar und oft sogar äußerst brutal. Ihre ägyptischen und sudanesischen Kameraden zitterten nur noch vor ihm. Er stellte extrem hohe Leistungsanforderungen und tolerierte weder Mißerfolg, noch Schwäche oder Krankheit. Ein Offizier, der, nachdem er vorher sein Menschenmöglichstes geleistet hatte, einen Befehl Kitcheners aufgrund einer Situation, auf die er keinen Einfluß hatte, wie etwa eines plötzlichen Sandsturms oder eines Versagens der Ausrüstung, nicht ganz nach dessen Vorstellungen ausführte, mußte gewärtig sein, daß dieses Mißgeschick, was Kitchener anlangte, sein Ende war – er wurde gemieden wie ein Leprakranker.

Kitchener war mit ihm fertig. Das war hart und natürlich auch ungerecht. Es war jedoch »Kitcheners Art« und dieser erwartete, daß seine Handlungsweise verstanden und akzeptiert wurde (*Magnus*, 1968, S. 114).

## Unbeabsichtigte Folgen der bedingten Verstärkung

Die zerstörerische Wirkung auf die Arbeitsmoral und die Leistung, die Führungsverhalten wie das von *Revson* hervorbringen kann, braucht nicht weiter kommentiert zu werden, aber was oft nicht so klar ersichtlich ist, sind die unbeabsichtigten Konsequenzen, die bedingte Verstärkung zur Folge haben kann, auch dann, wenn die Verstärkung eigentlich als Belohnung gedacht ist.

*Die Reaktion auf Manipulation*

Transaktionale Führung hängt von entsprechender Verstärkung ab. Niemand stellt in Frage, daß das Verhalten der Untergebenen *im allgemeinen* durch Verstärkung beeinflußt wird. Nichtsdestoweniger haben wir hier einige Einwände. Erstens: wenn das Versprechen von Belohnung oder die Androhung von Strafe für die Leistungen der Untergebenen als zwingend oder manipulativ angesehen wird, kann sich – wie wir schon früher angemerkt haben – eine Unzahl von unbeabsichtigten Konsequenzen ergeben. Zusätzlich können auch noch subtilere und nicht auf den ersten Blick erkennbare Folgen auftreten.

Vizeadmiral *Stockdale* (1981) legte die Prinzipien des Führungsverhaltens folgendermaßen aus: Menschen wollen nicht programmiert werden.

Man kann Menschen nicht dazu bringen, ständig so zu handeln, wie es am besten für sie ist. Ein guter Führer versteht Widersprüchlichkeiten im menschlichen Verhalten ... Manche Menschen handeln ständig, manche zeitweilig, so, daß es zu ihrem eigenen Nachteil ist – wenn oft auch nur, weil sie der Zuckerbrot-und-Peitsche-Nötigung entgehen wollen. Nach dem Motto »ich will keine Druckknopf-Person sein und ich will mich nicht der Diktatur des reinen Verstandes beugen« (S. 15).

Wahrscheinlich sieht man einen nicht abhängigen Untergebenen als in Opposition zu dem stehend an, was der Führer mit bedingter Verstärkung erreichen will. Aber dieses Phänomen kann man auch bei abhängigen Untergebenen feststellen. Ausgehend von den fünf Kategorien des Führungsverhaltens – direktiv, manipulativ, konsultativ, partizipativ und delegierend – haben *Bass* et al. (1975) gefunden, daß manipulative Führung für die Untergebenen am wenigsten befriedigend und auch am wenigsten wirkungsvoll ist. Die Reaktion der Geführten auf einen solchen Führungsstil kann sogar ausgesprochen kontraproduktiv sein.

Die Untergebenen können im Austauschprozeß von Gehorsam gegen Belohnung Abkürzungen suchen. Zum Beispiel kann die Qualität der Leistung leiden, wenn sie vom Führer nicht genauso im Auge behalten wird wie die Quantität des Ausstoßes. Zweitens müssen sich Führer und Geführte über die Bedingungen dieses »Tauschhandels« genau im klaren sein. Komplizierte Stückzahl- und Akkordsysteme, die eine Form der bedingten Belohnung sein sollen, sind mit den Versuchsanordnungen zu vergleichen, die bei Ratten in Laborsituationen mit unklaren Bedingungen zu Neurosen führen. Sie sollen »game playing« induzieren, führen aber nur zu Furcht. In einem solchen Fall wird der Untergebene wahrscheinlich eher defensiv als adäquat reagieren. Reaktionsformation, Rückzug oder Feindseligkeit können dann die Folge sein. Drittens haben auch die zeitliche Abstimmung, die Variabilität und die Konsistenz der Verstärkung einen beträchtlichen Einfluß auf ihre Wirksamkeit.

Bedingtes negatives Feedback ist ein zweischneidiges Schwert. Tadel für unerwünschtes Verhalten der Untergebenen kann nicht nur eine Klarstellung dessen, was erwünscht ist, bewirken, sondern auch Inhibition (*Reitz*, 1971). Er kann ferner Ängstlichkeit hervorrufen, was wiederum zu einer Vielfalt von dysfunktionellen Verhaltensweisen führen kann, die aus der Notwendigkeit, mit der Ängstlichkeit fertigzuwerden, resultieren – z. B. Reaktionsformation, Schuldgefühle und Feindseligkeit. Dies trifft besonders auf hochmotivierte Untergebene zu, die ohnedies schon überlastet und gestreßt sind. In solchen Fällen kann bereits eine Prädisposition bestehen, das in guter Absicht gegebene negative Feedback als persönlichen Angriff anzusehen.

Die negativen Auswirkungen der aversiven Verstärkung durch den Führer scheinen vielfältig zu sein. *Podsakoff* et al. (1984) schlossen aus einem Survey von 1 946 Staatsbeamten und Spitalspharmazeuten in sechs Stichproben, daß bedingte Belohnung durch Vorgesetzte zwar erwartungsgemäß die Zufriedenheit und die Leistungen der Untergebenen steigert, daß bedingte Strafe jedoch keinerlei solche Wirkung hat, und daß unbedingte Strafe sogar kontraproduktiv wirkt. Situative Faktoren wie die charakteristischen Merkmale der Führung und des jeweiligen Aufgabengebietes vermochten die erreichten Schlußfolgerungen nicht zu erschüttern.

Obwohl sich das sowjetische Wirtschaftssystem in der Hauptsache auf Stückzahlen und Quoten stützt, bleibt die allgemeine Produktivität der Angestellten weit hinter den Erwartungen zurück, und dies sowohl in bezug auf Qualität als auch auf Quantität. Dies ist zumindest teilweise gerade auf die sehr anreizorientierten Pläne, nach denen man arbeitet, zurückzuführen. Die russischen Entlohnungspläne sehen Bußen und Strafen für das Nichterreichen vorgeschriebener Planziele, aber auch Bonus-Zahlungen bei Erfolg vor. Eine unbeabsichtigte Konsequenz bedingter positiver und aversiver Verstärkung für das Erreichen der vorgeschriebenen Monatsquoten ist das Auftreten eines monatlich wiederholten Zyklus des Ansteigens und Absinkens von Anstrengung und Leistung. In den letzten zehn Tagen des jeweiligen Monats herrscht hektische Betriebsamkeit: an Abenden und Wochenenden werden Überstunden geleistet, was zu einer Übermüdung führt, die während der ersten zehn Tage des folgenden Monats durch Ruhe- und Erholungsphasen wieder wettgemacht werden muß. Unnötig zu sagen, daß sich dieser Prozeß auf die Qualität höchst abträglich auswirkt (*Smith*, 1975).

## Individuelle Unterschiede in der Reaktion auf bedingte Verstärkung

In ihrer Präferenz der externen oder internen Verstärkung unterscheiden sich die Menschen sehr wesentlich voneinander. Aufgabenorientierte und erfahrene Untergebene sind meist eher selbstverstärkend. Interaktionsorientierte und selbstorientierte Untergebene reagieren andererseits sowohl auf positive als auch auf aversive Verstärkung durch andere sehr sensibel (*Bass*, 1967). *Parsons* et al. (1981) konnten drei Kategorien von Konsequenzen herausschälen, nach denen sich die untersuchten 339 Führungskräfte eines öffentlichen Dienstleistungsunternehmens voneinander unterschieden. Die Manager differierten in ihrer Präferenz für externes Feedback. Es gab Aussagen wie »Obwohl ich glaube, gute Arbeit geleistet zu haben, ist es mir doch lieber, wenn ein anderer mir das bestätigt.« Sie unterscheiden sich auch in ihrer Selbstverstärkungsfähigkeit: »Wenn ich etwas gut gemacht habe, dann weiß ich es, auch ohne daß es mir jemand anderer sagen muß« und »Solange ich der Meinung bin, daß ich etwas gut gemacht habe, ist es mir ziemlich egal, was andere darüber denken.«

Wenn sich stark erfolgsmotivierte Personen vernichtender Kritik und demütigenden Niederlagen ausgesetzt sehen, reagieren sie ihre Enttäuschung auf verschiedene Weise ab. Als der ehemalige Verteidigungsminister *James Forrestal* von Präsident *Truman*, mit dem er um die Macht konkurrierte, aus seinem Amt entfernt wurde, hatte er nicht die nötigen emotionalen Ressourcen, mit diesem plötzlichen Verlust seiner Machtposition fertigzuwerden. Er reagierte übersensibel, war seiner selbst nicht mehr sicher, hatte zu wenig Selbstvertrauen und nicht genügend Selbstverstärkung. Es fehlte ihm auch die natürliche Alternative zur Aufgabenorientierung: nämlich die Selbstorientierung, die er zur Kanalisierung seiner hochgradigen Motivation hätte heranziehen können. Psychosen und schließlich Suizid waren der einzige Ausweg für ihn.

*Winston Churchill* hingegen überstand im Laufe seiner Karriere mehrere schwere Rückschläge. Im Ersten Weltkrieg aufgrund des Gallipoli-Desasters (für das er verantwortlich war) aus dem Amt geworfen, wurde er in den dreißiger Jahren erneut entmachtet, weil er den Standpunkt vertrat, daß England sich gegen die wachsende Bedrohung durch die Nazis durch Aufrüstung wappnen müsse. Und im ersten Wahlgang nach dem Sieg der Alliierten im Zweiten Weltkrieg mußte er erneut eine Niederlage hinnehmen, weil die Öffentlichkeit seine Wirtschafts- und Sozialpolitik nicht billigte. Nichtsdestotrotz führten bei ihm diese Enttäuschungen eher zu Ansporn als zu Inhibition. Aufgrund seiner vielfältigen Begabungen und auch seines glücklichen Familienlebens sowie seiner inneren Selbstverstärkungskraft konnte er mit all diesen Enttäuschungen fertigwerden. Er konnte die Macht abgeben, seine Situation realistisch überdenken und mit neuer Kraft und neuen Erkenntnissen wiederauferstehen (*Zaleznik*, 1967).

*Richard Nixon* war ebenfalls ein solcher Phönix, der sich immer wieder aus der Asche erheben konnte. Im Jahr 1960 verlor er die Präsidentschaftswahl, im Jahr 1962 die Gouverneurswahl, und im Jahr 1974 wurde er gezwungen, als Präsident der Vereinigten Staaten zurückzutreten. All dies vermochte ihn nicht zu brechen. Zehn Jahre später war er wieder da – als American Elder Statesman.

## Ein Modell der bedingten Verstärkung

Abbildung 8 versucht, einige der wichtigsten Verbindungsglieder zwischen bedingter positiver und aversiver Verstärkung durch Vorgesetzte und die daraus resultierenden Reaktionen ihrer Untergebenen darzustellen.

Führer können Geführte belohnen, indem sie sie ermutigen, ihre Rollen zu akzeptieren. Die Geführten fügen sich den Direktiven der Führer, um die ihnen von diesen in Aussicht gestellten Belohnungen zu erlangen. Wenn die Geführten dabei Erfolg haben, bekommen sie zusätzlich zur Erhöhung ihrer eigenen Zufriedenheit und ihrer Selbstachtung auch materielle Belohnung. All dies wiederum trägt zur Selbstverstärkung im Rollenverhalten der Geführten und zur Fortsetzung ihrer Bemühungen, diesen Status aufrechtzuerhalten, bei, so daß sie den Erwartungen des Führers weiterhin zu entsprechen suchen. Der Verlauf dieses Prozesses hängt mit auch davon ab, inwieweit der Führer den Geführten klarmachen kann, was er genau von ihnen erwartet. Eine solche Klarstellung fördert das Verständnis der Geführten für ihre Rollen und baut ihre Zuversicht auf, was wiederum weiter zu ihrer Fügung beiträgt.

Wenn die Geführten sich nicht fügen und dies vom Führer auf einen Mangel an

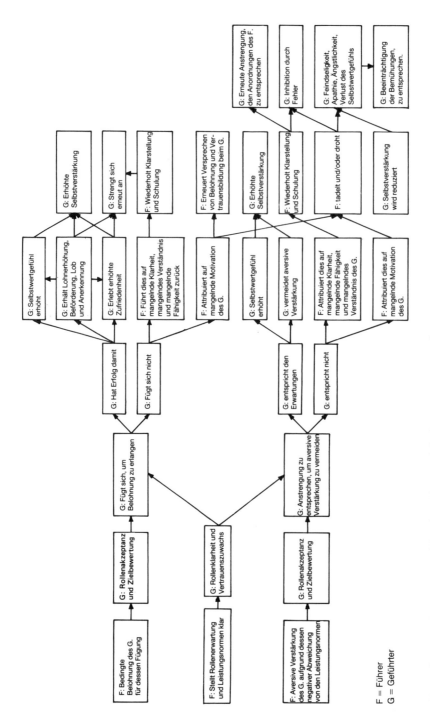

Abb. 8: Bedingte Verstärkung und ihre Auswirkung auf die Anstrengungen der Geführten

F = Führer
G = Geführter

Rollenverständnis zurückgeführt wird, kann er ihnen ihre Rolle erneut klarmachen. Wenn positiv verstärkende Führer das Versagen ihrer Untergebenen auf mangelnde Motivation zurückführen, können sie das Versprechen von Belohnung und die vertrauensbildenden Maßnahmen wiederholen. Natürlich können sie dabei auch zu aversiver Verstärkung wie Tadel greifen, und damit unbeabsichtigte Konsequenzen wie Rückzug und Ängstlichkeit bei den Geführten hervorrufen.

Führer, die bedingte aversive Verstärkung – wie z. B. Management-by-Exception – praktizieren, können die Bemühungen der Geführten, sich den gegebenen Leistungsnormen zu unterwerfen, um allfällige negative Konsequenzen zu vermeiden, verstärken. Wenn die Geführten mit ihren diesbezüglichen Bemühungen Erfolg haben, vermeiden sie damit aversive Verstärkung, was wiederum ihr Selbstwertgefühl und ihre Selbstverstärkung erhöht. Wenn sie dabei versagen, und der Führer dieses Versagen auf mangelnde Klarheit, mangelnde Fähigkeit oder mangelndes Verständnis zurückführt, kann der Führer die Klarstellung erneuern und versuchen, die Fähigkeit der Geführten durch Schulung und Training zu verbessern. Damit erhöht sich die Wahrscheinlichkeit, daß die Untergebenen schließlich doch zu einer zufriedenstellenden Leistung gebracht werden.

Wenn aversiv verstärkende Führer das Unvermögen ihrer Untergebenen, sich ihnen zu fügen, auf deren Mangel an Motivation zurückführen, neigen sie zu Tadel und Drohungen, und generieren möglicherweise dadurch unbeabsichtigte Effekte auf seiten der Untergebenen wie Feindseligkeit, Apathie, Ängstlichkeit oder den Verlust des Selbstwertgefühls. Dies wiederum reduziert ihre Bemühungen, sich zu fügen.

# Teil V: Die Ursprünge der transformationalen Führung

Am Anfang seines Romans »Executive Suite« schildert *Cameron Hawley*, wie *Avery Bullard*, der Präsident der Tredway Corporation, sich nicht entschließen konnte, welchen seiner fünf Vizepräsidenten er zu seinem Nachfolger ernennen sollte.

»Plötzlich hatte er einen Einfall. Er würde sie an diesem Abend noch einmal alle fünf zusammenrufen und sie sich ein letztes Mal ansehen ... er würde ihnen einen Plan unterbreiten ... irgendeinen ... vielleicht die Absicht, in North Carolina ein neues Werk zu errichten ... er würde die Idee einfach in den Raum stellen, sich dann zurücklehnen und es ihnen überlassen, sich damit auseinanderzusetzen ... dabei würde er sie genau beobachten und dann denjenigen zu seinem Nachfolger bestimmen, der dabei am besten abschnitt« (S. 5).

Diese ursprünglich informelle Gruppendiskussion, bei der es keinen Diskussionsleiter gab, enthielt alle situativen Elemente von Streß, Ungewißheit und Unsicherheit. Auf diese Weise konnten die unterschiedlichen Fähigkeiten und Führungsqualitäten der einzelnen Teilnehmer ans Tageslicht kommen und von Avery Bullard beobachtet werden (*Bass*, 1954). Die unstrukturierte Situation würde einem der Teilnehmer – dem fähigsten – die Möglichkeit bieten, sich hervorzutun, falls er die transformationale Führungsqualitität besäße, die erforderlich ist, um Zielsetzungen vorzugeben und Wege aufzuzeigen, wie man diese erreichen konnte.

# Kapitel 9: Das organisatorische Umfeld

In den vorangegangenen Kapiteln haben wir historische Beispiele, gegenwärtige Begebenheiten und individuelle Unterschiede hinsichtlich der Bedürfnisse und Fähigkeiten erwähnt, die das Auftreten von transformationaler und transaktionaler Führung begünstigen und ihre Wirksamkeit beeinflußen. Nun möchten wir diese Diskussion ausdehnen und die Wirkung der externen Umgebung, des organisatorischen Umfeldes und der Persönlichkeit des jeweiligen Führers auf die transformationale Führung besprechen. Auf der Suche nach den Bedingungen, die transformationale statt transaktionaler Führung hervorbringen, werden wir versuchen, einerseits die Voraussetzungen zu finden, die für das Entstehen von Charisma, individueller Bedachtnahme und geistiger Anregung erforderlich sind, und andererseits jene, die das Auftreten von Führung durch bedingte Belohnung und Management-by-Exception verursachen.

Wir werden erkennen, daß die Frage, ob in einer gegebenen Situation transformationales oder transaktionales Führungsverhalten auftritt, von drei Faktoren abhängt, nämlich

1) vom historischen, sozialen und wirtschaftlichen Umfeld, in dem die Führung stattfindet – also von der externen Umgebung
2) von der eigentlichen Organisation, den Aufgaben, den Vorgesetzten, den Kollegen und den Untergebenen des Führers – also vom organisatorischen Umfeld, und
3) von der Persönlichkeit und den Wertvorstellungen des Führers (dieses Thema werden wir in unserem nächsten Kapitel behandeln).

## Die externe Umgebung

Ob innerhalb einer Organisation transformationale oder transaktionale Führung auftaucht, hängt bis zu einem gewissen Grad auch davon ab, was außerhalb der Organisation geschieht oder nicht geschieht. Die transformationale Führung reflektiert mehr soziale Werte und tritt eher in Zeiten der Not oder der raschen Veränderungen auf. Transaktionale Führung hingegen wird man eher in einer wohlgeordneten Gesellschaft finden. Transformationale Führung wird in Gesellschaften anzutreffen sein, in denen die Eltern als Bewahrer und Beaufsichtiger ihrer Kinder angesehen werden; transaktionale Führung dort, wo Eltern sich als Helfer ihrer Kinder betrachten.

*Führungsverhalten und tradierte Wertvorstellungen*

In China wird das Führungsverhalten auch heute noch von der konfuzianischen Vorstellung beeinflußt, daß der Führer den Geführten ein moralisches Vorbild sein sollte. Auch die taoistische Tradition ist immer noch zu spüren, nach der der beste Führer derjenige ist, der sich selbst überflüssig macht, indem er den Menschen die Überzeugung gibt, daß die von ihnen erreichten Leistungen das Ergebnis ihrer eigenen Anstrengungen sind. Zusätzlich zu diesen beiden tradierten Wertvorstellungen gibt es in Singapur, Taiwan und in der Volksrepublik China aber noch die ebenso starken Merkmale transaktionaler Führung, die der Mandarin-Tradition entspringen, die besagt, daß der Führer die Belohnung und die Bestrafung seiner Untergebenen nach seinem Gutdünken festsetzen soll, was im Gegensatz zu den beiden erstgenannten Führungsstilen steht. Die in diesen drei Traditionen wurzelnden Wertvorstellungen beeinflussen auch heute noch das Führungsverhalten in China (*Waley*, 1939).

*Turbulente Zeiten*

Die Struktur der externen Umgebung bestimmt, ob das Führungsverhalten, das sich innerhalb einer Organisation entwickelt, mehr transaktional oder mehr transformational ist. In einem wohlstrukturierten Umfeld mit klaren Richtlinien und Normen, wo Belohnung und Strafe genau definiert und die sozialen und wirtschaftlichen Bedingungen einigermaßen zufriedenstellend sind, wird sich wahrscheinlich transaktionales Führungsverhalten entwickeln.

Wenn sich aber eine Gesellschaft »in Not« befindet und ihre Institutionen nicht mehr ausreichen, mit Übertretungen, Abweichungen und mangelnder Bedürfnisbefriedigung fertigzuwerden, wird wahrscheinlich ein transformationaler Führer auftreten.

Wie wir schon bemerkt haben, sind es Krisensituationen, aus denen charismatische Führer hervorgehen. Churchill kam erst wieder an die Macht, als Großbritannien sich allein einem übermächtigen deutschen Angriff gegenübersah; *de Gaulle* wurde ins Amt zurückgeholt, um die Algerien-Krise zu bewältigen; Hitler gewann seine erste Stimmenmehrheit (38 %), als Deutschland in einer politischen und wirtschaftlichen Krise steckte; Khomeini ging als unumstrittener Führer aus den Wirren der iranischen Revolution hervor. Bisweilen erfinden oder schaffen Charismatiker sogar Krisen (siehe den von Hitler angezettelten Reichstagsbrand im Jahr 1933). Der charismatischste aller unserer Präsidenten, *Kennedy*, ließ sich von einer Welle nationaler Besorgnis über einen nichtexistierenden Lenkwaffenvorsprung der Sowjetunion gegenüber den USA ins Amt tragen. (In Wirklichkeit verhielt sich das genau umgekehrt.)

*Lenins* revolutionäre Transformation eines vom Zaren höchst autoritär geführten Landes zu einem erneut autokratischen System der »Diktatur des Proletariats« war für ihn die logische Folge seiner richtigen Einschätzung der Krisensituation. Der Moment zum Losschlagen ist dann gekommen, wenn die Möglichkeit der Machtergreifung besteht und wenn diese breite Unterstützung bei der Bevölkerung findet. Dann kann eine Umerziehung der breiten Massen folgen – sozusagen ihre eigene Transformation (*Meyer*, 1962).

Die 1917 in Rußland eingeführte parlamentarische Demokratie überlebte nur wenige Monate. Sie war kein zufriedenstellender Ersatz für das über tausend Jahre alte Feudalsystem von Monarchie und Aristokratie, das auf einer traditionellen Kultur, einer starren Organisation und einer Zwangsherrschaft aufgebaut war, ein System, das sich bis auf die Wikinger, die Mongolen und die Byzantiner zurückverfolgen läßt. In Lenins Augen wurden die Not, die Enttäuschung, die allgemeine Verwirrung der Bevölkerung durch die parlamentarische Demokratie nur noch verschlimmert. Seiner Meinung nach konnte man das alte Regime viel leichter durch ein neues, aber ebenso autokratisches, ersetzen, das gleichfalls mit Nötigung arbeitete. In das marxistische Wirtschaftssystem des modernen kommunistischen Rußland wurden viele der alten traditionellen Zwangsmaßnahmen übertragen.

Den amerikanischen Politikern fällt es indes meistens leichter, in einem wohlstrukturierten, von Gesetz und Ordnung beherrschten System transaktional zu operieren, als sich mit der Unberechenbarkeit von Einzelpersonen oder Machtblöcken transformational auseinanderzusetzen. Die amerikanischen Politiker, besonders die Kongreßmitglieder, die sich alle zwei Jahre Neuwahlen stellen müssen, neigen natürlich eher zum transaktionalen als zum transformationalen Führungsstil. Sie müssen ja stets an ihre Wahlversprechen und ihre Wählerstimmen denken und auf bestimmte Interessengruppen Rücksicht nehmen. Nur jene, die auf einem sehr »sicheren Sessel« sitzen, können es sich leisten, über langfristige Transformationen nachzudenken. Hinzu kommt, daß sowohl die Demokraten als auch die Republikaner ein sehr breit gefächertes politisches Spektrum repräsentieren. Ideologische Transformationsversuche, die von der äußersten Linken der demokratischen Partei ausgehen, haben ebensowenig Chancen wie jene der äußersten Rechten der Republikaner. Gefragt und populär ist die politische Mitte, was meist nur zu Verhandlungsbereitschaft und Kompromissen führt. Amerikanische Politiker sammeln »Gutscheine« des Einflusses auf andere Politiker, indem sie diese so oft es geht unterstützen. Im Gegenzug erwarten sie, die »Gutscheine« einlösen zu können, wenn es nötig ist. So wird Gefälligkeit gegen Gefälligkeit getauscht.

*Zeiten des Wechsels und der Abkehr*

Dennoch enthält die gegenwärtige gesellschaftliche und politische Szene in Amerika durchaus auch Elemente, die das Auftreten transformationalen Führungsstils begünstigen. Derzeit findet eine Wegbewegung von den historischen Wurzeln statt. Die Bindung der Menschen an die Vergangenheit und die historische Kontinuität werden von den rapiden gesellschaftlichen und technologischen Veränderungen immer mehr zerstört. Die Massenmedien mit ihren Vorgaukelungen und ihrer nicht enden wollenden und sich ständig im Fluß befindlichen Informationsflut (*Lifton*, 1974) tragen das ihre zu dieser Verschiebung der Wertvorstellungen und Glaubenssätze bei. Institutionen wie Familie, Schule, Staat und Kirche verlieren immer mehr an Einfluß. Nach *Naisbitt* (1982) gibt es in der amerikanischen Gesellschaft derzeit zehn »Megatrends«: Sie bewegt sich

1) von einer wirtschaftsorientierten Industriegesellschaft zu einer, die auf Informationssuche und -verbreitung aufgebaut ist
2) von einer von Menschen geführten zu einer von automatisierter Technologie regierten Gesellschaft
3) von einer selbstversorgenden und selbstgenügenden zu einer globalen Wirtschaft
4) von kurzfristigen zu langfristigen Entscheidungsprozessen
5) von einem »von-unten-nach-oben« zu einem »von-oben-nach-unten«-Konzept
6) von einem institutionellen zu einem Selbsthilfe-System
7) von einer gewählten zu einer partizipativen demokratischen Führung (aufgrund der sofort verfügbaren und sofort verbreiteten Information)
8) von hierarchischen Strukturen hin zu Informations-Netzwerken
9) von der Abwanderung der Bevölkerung vom Schnee- zum Sonnengürtel, und
10) von einem »entweder/oder« – zu einer Gesellschaft der Vielfalt.

Transformationale Führung kann leichter dort entstehen, wo starke, beständige Institutionen fehlen, wo sozio-ökonomische Gärungsprozesse im Gange sind, oder wo die von Naisbett erwähnten rasanten technologischen Entwicklungen den bisherigen Rahmen sprengen.

Die von *Gary Hart* im Präsidentschaftswahlkampf des Jahres 1984 propagierten »Neuen Ideen« waren ein erfolgloser transformationaler Versuch, diesen Trends Rechnung zu tragen.

Nach *Quinn* und *Hall* (1983) ist eine Umgebung, die sich in Gärung befindet, von hoher Intensität und großer Unsicherheit gekennzeichnet. Führungsverhalten in einer solchen Situation ist höchstwahrscheinlich idealistisch und transformational zugleich. Wenn die Intensität nachläßt und ein Teil der Unsicherheit abgebaut ist, ist solche Führung nicht mehr sehr gefragt. *Winston Churchills* Karriere zwischen 1930 und 1945 ist ein gutes Beispiel hierfür. In den dreißiger Jahren von einer pazifistisch orientierten Bevölkerung abgelehnt, wurde er, als der Zweite Weltkrieg den Briten im Mai 1940 wirklich an den Lebensnerv ging, sofort zum alleinigen Führer aller Briten gewählt und mit ganz außerordentlichen Machtbefugnissen ausgestattet. Und diese sollte er behalten, bis Deutschland im Jahr 1945 besiegt war. Innerhalb eines Monats nach dem Sieg wurde *Churchill* von der Bevölkerung erneut aus dem Amt gewählt, weil man im Nachkriegsengland nichts mehr mit ihm zu tun haben wollte.

*Die marktwirtschaftlichen Aspekte*

In einer Organisation, besonders an ihrer Spitze, taucht transformationales Führungsverhalten am ehesten in wirtschaftlich turbulenten Zeiten auf. Die angespannte Marktlage färbt auf die Organisation ab. Jetzt wird ein Führer gebraucht, der imstande ist, neue Lösungen anzubieten, schnell zu reagieren, Untergebene entsprechend zu motivieren – kurz ein Führer, der der schwierigen Situation gewachsen ist.

Transaktionale Führung hingegen taucht wahrscheinlich eher in einer Organisation auf, die in eine stabile Marktwirtschaft eingebettet ist. Hier liegt der Schwerpunkt mehr auf langfristigen Verträgen und Vereinbarungen, so daß man von gewissen Dingen Abstand nehmen und mit bedingter Belohnung arbeiten kann.

In Zeiten des wirtschaftlichen Rückgangs und der Geldknappheit braucht man transformationale Führer. In solchen Zeiten herrschen Ängstlichkeit und Unsicherheit; mit geringeren Ressourcen muß das gleiche wie früher oder sogar noch mehr erreicht werden. Da braucht man Manager, die agieren, statt nur zu reagieren. Sie müssen

> die Untergebenen anregen und motivieren, Prioritäten neu überdenken, den Nutzen verschiedener Aktivitäten überprüfen, Ressourcen auftreiben, tauschen oder mit anderen teilen, Alternativen finden, nach innovativen und weniger kostenintensiven Dienstleistungs- und Produktionsmethoden suchen, Rollen umstrukturieren und Verfahrensweisen finden, die eine maximale Nutzung menschlicher und technischer Ressourcen gewährleisten (*Lippit*, 1982, S. 398).

Die Manager müssen auch inspirierend wirken, um die Untergebenen zu freiwilligen Leistungen zu motivieren, sie müssen zu individueller Behandlung greifen, um die in wirtschaftlich schlechten Zeiten in vielen Organisationen üblichen »quer-durch-den-Gemüsegarten«-Kürzungen zu vermeiden. Und sie müssen auch an die Zukunft denken. Umfassende und langfristige Pläne sind erforderlich, um den Anforderungen einer Zeit entsprechen zu können, in der die wirtschaftliche Spirale sich wieder nach oben dreht.

Die transformationale Wirkung von *Frank Borman* von Eastern Airlines und *Lee Iacocca* von Chrysler Anfang der achtziger Jahre sind ein gutes Beispiel dafür – sie waren damals Tagesgespräch, weil sie es verstanden, die Wende für ihre Firmen zu bringen.

*Elterliche Erziehung und Gesellschaftsnormen*

*Demause* (1982) behauptet, daß die Grundlagen der psychologischen Geschichtsforschung in den sich ändernden Normen der Kindererziehung zu finden sind. In historischen Zusammenhängen gesehen, geben diese systematischen Veränderungen Grund zu der Annahme, daß in der zweiten Hälfte unseres Jahrhunderts im Vergleich zu früher zum ersten Mal ein Anstieg der individuellen Bedachtnahme, eine Zunahme der Führung durch geistige Anregung und ein Zurückgehen der charismatischen Führung auftritt. Dieser Wandel im Führungsverhalten wird der Veränderung elterlicher Erziehungsmaßnahmen zugeschrieben. Bis ins 18. Jahrhundert hinein konnte *Demause* keine Beweise für elterliches Einfühlungsvermögen in die Bedürfnisse und Nöte ihrer Kinder finden, von elterlichen Bemühungen, die Kinder glücklich zu machen, ganz zu schweigen. Die Menschen zeigten in früheren Zeiten wohl Zärtlichkeit zu Kindern, aber meist nur wenn diese schliefen oder gestorben waren. Wenn man noch weiter in der Geschichte zurückgeht – in heidnische Zeiten oder ins klassische Altertum – stößt man sogar auf noch viel ärgere Beweise mangelnder elterlicher Zuneigung. Kindesmord und Kindesaussetzung waren weitverbreitet. Mit dem Anwachsen des kirchlichen Einflusses und der Reformation verschoben sich die elterlichen Verhaltensweisen insoferne, daß man nun dem Kind zwar Liebe zugestand, aber nur solange es sich der elterlichen Herrschaft total unterwarf und es die von den Eltern gewünschten Ziele erreichte. Erst in unserem Jahrhundert etablierten sich Normen, nach denen die Eltern ihre Erziehungsaufgabe primär darin sehen, ihrem Kind zu helfen, seine eigenen Ziele zu erreichen.

Man nimmt an, daß sich die Eltern-Kind-Beziehungen später, wenn die Kinder erwachsen sind, in den Beziehungen zwischen Führer und Geführten widerspiegeln. In Zeiten, in denen Kindesmord und Kindesaussetzung an der Tagesordnung waren, sahen jene Kinder, die überlebten, ihre Eltern als Retter vor dem Tod und der Aussetzung an. Mit dem Beginn der industriellen Revolution wurden die Eltern als Autoritätspersonen und absolute Herrscher über ihre Kinder angesehen und das Kind wurde aus dieser Herrschaft erst entlassen, wenn es die von den Eltern gesetzten Ziele erreicht hatte.

Solche Wahrnehmungen werden von den Eltern auf den Vorgesetzten übertragen. In früheren Zeiten war der Vorgesetzte Retter und Autoritätsperson zugleich. Er konnte auch leichter transformationales Führungsverhalten an den Tag legen. Dasselbe traf auch auf die häusliche Welt zu, in der die Eltern als autoritäre Herrscher angesehen wurden. Die Führungsmuster, die sich daraus ergaben, waren patriarchalisch und transaktional – so konnten z. B. Firmeninhaber oder -chefs die gewöhnlich sehr bescheidenen materiellen Belohnungen ihrer Untergebenen in direkten Zusammenhang mit den abgedienten Stunden oder erreichten Stückzahlen setzen oder sogar verweigern.

Für das Kind der Spock-Generation, dessen Eltern ihre Aufgabe darin sehen, ihm Liebe zu schenken und ihm Hilfestellung bei der Erreichung seiner eigenen Ziele zu geben – und dies in einer Gesellschaft, in der die Rechte des Kindes fest verankert sind –, muß sich aufkommende Führung mehr auf die individuelle Bedachtnahme, des Lehrens und Leitens und auf die geistige Anregung konzentrieren als auf das Charisma des »Retters«.

## Das organisatorische Umfeld

Nach *Burns & Stalker (1961)* hängt die Art der Führung auch davon ab, ob eine Organisation organisch oder mechanistisch ist. Wir vermuten, daß transformationale Führung wahrscheinlich eher in organischen Organisationen auftritt, in denen die Strukturen unscharf sind und in denen menschliche Wärme und Vertrauen herrschen, deren Mitglieder Bildung und Kreativität besitzen.

Transaktionale Führung taucht wahrscheinlich eher in mechanistischen Organisationen auf, wo die Zielsetzungen klar und die Strukturen gefestigt sind, und/oder die Mitglieder nach formalen Arbeitsanleitungen arbeiten. Wir könnten noch weitere Beispiele von Organisationsmerkmalen aufzählen, die das Auftreten des einen oder anderen Führungsstils begünstigen. Im militärischen Bereich zum Beispiel würden wir hier zwischen Kampf- und Nachschubeinheiten unterscheiden.

*Kampf- und Nachschubtruppen*

Je turbulenter die Umgebung militärischer Kampfeinheiten ist, je mehr Streß sie ausgesetzt sind, je mehr Situationen sie konfrontieren, in denen es um Leben oder Tod geht, je mehr persönliche Initiative, Risikobereitschaft und Engagement für die gemeinsamen Ziele nötig ist, desto mehr wird charismatische Führung erforderlich, um den Leistungsanreiz und die Überwindung und Zurückstellung der Eigeninteressen zu gewährleisten. In Kampfeinheiten sollte sich eher tranformationale Führung entwickeln als in Nachschubeinheiten. In Kapitel 12 werden wir Beweise für diese unsere Annahme vorlegen.

*Die Art des Unternehmens*

*Woodward* untersuchte (1965) die Bedeutung der Branche, der eine Organisation angehört, im Hinblick auf den Führungsstil, der sich dort entwickelt. In Firmen, die sich mit der Förderung von Rohstoffen befassen, wie es zum Beispiel in petrochemischen Raffinerien der Fall ist, werden Entscheidungen meist von Experten-Gremien getroffen. Solche Entscheidungen werden zu Präzedenzfällen und zur Firmenpolitik. In Firmen, die mit Produktion oder Konstruktion zu tun haben, z. B. Architekturbüros, wird wahrscheinlich eine einzelne Führungsperson, beispielsweise der leitende Architekt, die Entscheidungsgewalt haben. Solche Entscheidungen haben keinen Präzedenzcharakter. Wir würden annehmen, daß in Produktions- und Konstruktionsfirmen transformationale Führung leichter durchzusetzen ist als in Förderfirmen, weil in ersteren eine individuellere Behandlung der Untergebenen möglich ist. Der Chefingenieur steht ja ohnehin schon im Rampenlicht. Geistige Anregung ist ein zentraler Punkt in jenem kreativen Prozeß, der in der Konstruktion oder Produktion erforderlich ist, wie z. B. beim Bau einer neuen Turbine für ein Wasserkraftwerk, oder beim Kreieren einer neuen Mode oder der Konstruktion eines neuen Prototyps.

*Die Universitäten*

Die modernen Universitäten, besonders die staatlichen Universitäten in Amerika, stellen Organisationen dar, in denen transformationale Führung kaum anzutreffen ist. Veränderungen sind in öffentlichen amerikanischen Universitäten besonders schwer durchzusetzen, weil diese in eine staatliche Bürokratie eingebunden sind, oft auch noch in ein Netz von Vorschriften, Verträgen, Fakultäts- und Institutsnormen. Veränderungen ergeben sich oft nur als Folge politischer Vereinbarungen zwischen mächtigen Koalitionspartnern.

Statt sich auf Weitblick, individuelle Bedachtnahme und geistige Anregung und auf die Ziele der Universität, nämlich das Bewahren und Verbreiten des vorhandenen und das Schaffen von neuem Wissen zu konzentrieren, muß sich die Führung auf den Prozeß des Management-by-Exception beschränken und allenfalls, soweit möglich, noch das System der bedingten Belohnung anwenden. Oft wird Führung auch durch organisatorische Prozesse wie Komitee-Sitzungen, kollegiale Entscheidungsgremien und die Einhaltung der Vorschriften eingeschränkt. Nichtsdestoweniger sind die eigentlichen Ziele der Universitäten, das Bewahren,

Verbreiten von Wissen, und der Aufbruch zu neuen geistigen Grenzen sehr breitgefächert. Sie erlauben einen verhältnismäßig großen Spielraum. Hoch-subventionierte Privatuniversitäten können eher durch einen starken Führer transformiert werden – siehe *Robert Hutchins* von der Universität Chicago oder *Charles Eliot* von der Harvard-Universität.

## Wirtschaftsunternehmen

Nach *Peters* und *Waterman* (1982) sind die 60 bestgeführten amerikanischen Firmen Organisationen, in denen transformationales Führungsverhalten wahrscheinlich gang und gäbe ist. (Beim Auswerten der Schlußfolgerungen von *Peters* und *Waterman* ist allerdings eine gewisse Vorsicht geboten. Ihr populärer Schreibstil und ihre selektive Interviewtechnik lassen vermuten, daß sie genau das gesucht zu haben scheinen, was sie gefunden haben.)

Diese Firmen sind handlungsorientiert und scheinen sowohl transformationale als auch transaktionale Prozesse anzuwenden. Sie werden von großen Visionen und Zielen inspiriert und nähern sich diesen Zielen mit kleinen Schritten, anstatt zu warten, bis sie auf alle Fragen eine Antwort haben. Auf die geistige Anregung der Mitarbeiter wird großer Wert gelegt. Diese Firmen sind hinsichtlich neuer Ideen, neuer Produkte und neuer Dienstleistungen stets an vorderster Front. Es wird aber auch großer Wert auf fortschrittliches Denken gelegt. Die Firmen gehen mit Experimenten in kleinem Rahmen kleine Risiken ein, anstatt von vornherein zu entscheiden, was machbar ist und was nicht. Diese Firmen sind offen für Transformation. Sie sind organisch und nicht mechanistisch. Sie sind bereit, willens und imstande, sich den rasch ändernden Verhältnissen unserer heutigen turbulenten Welt schnell und reibungslos anzupassen. Die Flexibilität dieser Firmen erleichtert die Transformation. Sie setzen ad hoc temporäre Task Teams zur Lösung von Problemen ein. Von den Task Teams wird erwartet, daß sie mit Vorschlägen kommen, die auf einer Seite Platz haben, nicht mit 500-Seiten-Berichten. Die Beziehungen untereinander sind informell. Das Sagen hat derjenige, der das Wissen und die Fachkenntnisse hat, und nicht der, der im Organigramm höher steht. Die Führungskräfte werden nicht durch Traditionen, Regeln und Sanktionen eingeschränkt. So lassen sich Veränderungen leichter durchsetzen.

Transformationale Führungskräfte werden auf allen Ebenen dieser bestgeführten Firmen eingesetzt. Man will

Führer mit Charisma, die den anderen ein Missionsbewußtsein vermitteln können,

Führer, die imstande sind, intensive Beziehungen aufzunehmen und abzubrechen,

Führer, die sich mit Ideen befassen und diese Ideen in die Realität umsetzen können, die ihre Kollegen anregen und deren Erfolgserwartungen erhöhen Führer, die risikofreudig sind und jede sich bietende Gelegenheit wahrnehmen, Führer, die Mittelmäßigkeit hassen und nach Spitzenleistungen streben.
(*Zaleznik*, 1977)

Nichtsdestotrotz gibt es in diesen gut geführten Firmen auch Manager, die sich eines transaktionalen Führungsstils bedienen. In diesen Firmen wissen die Angestellten nämlich, daß sie entsprechend belohnt werden, wenn sie die mit ihren Vorgesetzten vereinbarten Aufgaben entsprechend erfüllen. Management-by-Exception wird ebenfalls praktiziert, nämlich insoferne, als die Vorgesetzten die Untergebenen in Ruhe arbeiten lassen, solange sie sich innerhalb des vorgesehenen Rahmens bewegen. Aber die Vorgesetzten sind stets verfügbar, wenn Hilfe oder Anleitung gebraucht wird. Sowohl die Vorgesetzten als auch die Untergebenen sind Anhänger der Kleingruppendynamik, sie wissen, wie gut die Zusammenarbeit in kleinen Gruppen funktioniert und wie man sich als Gruppenmitglied in die Gruppe einfügt. Sie wissen auch über die organisatorischen Entscheidungsprozesse Bescheid.

*Führungsverhalten in Arbeitsgruppen*

*Shull* et al. (1970) unterscheiden vier Arten von Arbeitsgruppen:
eine für Routineaufgaben (Fließbandarbeit, ungelernte Arbeiter)
eine für technische Aufgaben (gelernte und technische Arbeiter)
eine für handwerkliche Aufgaben (Facharbeiter) und
eine für heuristische Aufgaben (richtungsweisende Teams)

In dieser Reihenfolge aufsteigend erwarten wir zunehmend mehr Berufsqualifikation und weniger gleichförmige Arbeit. Wir nehmen an, daß von unten nach oben, also von der Routine-Arbeit bis zu den heuristischen Aufgaben entsprechend mehr transformationales Führungsverhalten anzutreffen ist.

In der Routine-Gruppe, der »Fließbandarbeiter«, werden die Entscheidungen von einem Stab mit einem ernannten Führer an der Spitze getroffen. Diese Gruppe ist am meisten systemorientiert. Sie unterliegt qualitativen und quantitativen Zielsetzungen. Die Arbeitsergebnisse werden durch Stichproben kontrolliert. Die Arbeit soll so gut wie möglich und so rationell wie möglich erledigt werden. Eine höhere Instanz bestimmt die Zielvorgaben und die Arbeitsanteile. Die Kontrolle erfolgt durch Stichproben und persönliche Verantwortung. Hier erwarten wir eine mit bedingter Verstärkung arbeitende transaktionale Führung.

In der Gruppe der technischen Arbeiter, wo die Aufgaben keinen Fließbandcharakter haben, unterstehen die Arbeiter einem Projektleiter. Die Gruppenprozesse sind von Stichproben, periodischen Überprüfungen und speziellen Quantitäts- und Qualitätsvorgaben gekennzeichnet. Hier findet man schon etwas mehr unabhängige Planung und persönliche Verantwortung, aber immer noch mit einer starken Betonung auf rationelle und effiziente Arbeitsweise. Hier gibt es schon Verhandlungen mit höheren Instanzen über den Leistungs-Input und Leistungs-Qutput sowie Feedback-Mechanismen. Wir nehmen an, daß auch hier die transaktionale Führung überwiegt, aber wahrscheinlich wird auch schon teilweise transformationale Führung auftauchen.

In der Facharbeiter-Gruppe hängen die »maßgeschneiderten« Definitionen und Problemlösungen vom handwerklichen Geschick der Mitglieder ab. Die Aufgaben können in geringem Maß immer noch einen gewissen Fließbandcharakter haben. Der Entscheidungsträger befaßt sich eher mit unabhängigen Handlungen, Diagnosen und Beratung mit Kollegen. Bei der Planung und der Kontrolle gibt es Konsultationen mit höheren Instanzen. Abgeschlossene fachliche Berufsausbildung ist hier die Norm. Wir nehmen an, daß in dieser Gruppe schon etwas mehr transformationale Führung entstehen kann, aber wahrscheinlich überwiegt die transaktionale Führung immer noch.

Im heuristischen Team haben die Mitglieder es mit unstrukturierten, sich nicht wiederholenden Aufgaben zu tun, mit unabhängigen Analysen und partizipativen Problemlösungen, Mehrheitsbeschlüssen und Konsensbildung. Diese Gruppe ist mehr problemorientiert. Zustimmung und Ablehnung werden offen diskutiert. Es gibt weniger Zeitzwang und mehr Kreativität. Bei der Planung und Kontrolle wird selten eine höhere Instanz eingeschaltet. Hier erwarten wir das höchste Maß an transformationaler Führung mit einem sehr geringen Anteil transaktionaler Führung.

*Die Firmenpolitik als Ersatz für transformationale Führung*

Firmen, die nach der Z-Theorie geführt werden, jenem Management-Modell, nach dem japanische Elitefirmen arbeiten (*Duchi*, 1981), ersetzen transformationales Führungsverhalten bis zu einem gewissen Grad durch die ihnen eigene Firmenpolitik. Jede dieser japanischen Firmen hat eine ganz spezifische und detaillierte Firmenpolitik, die den Mitarbeitern ein klares Bild von den Zielsetzungen und Wertvorstellungen des Unternehmens vermittelt. Dabei wird allergrößter Wert auf die Zurückstellung der Eigeninteressen zugunsten harmonischer Beziehungen unter den Angestellten und zum Nutzen der Organisation gelegt.

Aber die Firmenpolitik dient nicht nur als Ersatz für transformationale, sondern auch für viele transaktionale Elemente. Stellenbewerber werden sorgfältig durchleuchtet, um sicherzugehen, daß sie auch zur Philosophie und zu den Wertvorstellungen des Unternehmens passen. Lebenslanges Engagement und unverbrüchliche Firmentreue wird mit der absoluten Sicherheit des Arbeitsplatzes vergolten. Von den Vorgesetzten wird erwartet, daß sie sich mit den Bedürfnissen und Belangen ihrer Untergebenen befassen – auch das gehört zur Firmenpolitik.

Die Z-Theorie enthält aber noch mehr solcher »Tauschgeschäfte«: sie bevorzugt Gruppenarbeit und aufgabenbezogene Entscheidungen. Für das Privileg solcher Entscheidungsspielräume müssen die Angestellten sich einem System unterwerfen, in dem ständige Beaufsichtigung und hoher Kollegendruck herrscht. Die Unterdrückung des eigenen Selbst ist obligatorisch. Die Tatsache, daß sich der Mitarbeiter ein ganzes Arbeitsleben lang psychologisch für die Firma engagiert, bedeutet, daß seine Möglichkeiten, berufliche Gelegenheiten, zu denen mobilere Arbeitnehmer Zugang haben, zu ergreifen, sehr beschränkt sind. Es kann vorkommen, daß er sich mit weniger befriedigenden Arbeitsbedingungen abfinden muß (*Robbins*, 1983).
(Aber bei den Japanern gilt es ja als Schande und Gesichtsverlust für einen Vorgesetzten, wenn seine Untergebenen unzufrieden sind und er nicht imstande ist, die Harmonie unter ihnen wiederherzustellen.)

*Die Untergebenen und die Vorgesetzten des Führers*

Führung ist eine Wechselbeziehung zwischen Führer und Geführten. Bis jetzt liegen allerdings noch keine direkten Beweise dafür vor, in welcher Weise die Vorgesetzten und/oder Untergebenen eines Führers seine Neigung zu transformationaler oder transaktionaler Führung beeinflussen. Wir können jedoch aufgrund dessen, was wir über deren Auswirkung auf das Führungsverhalten im allgemeinen wissen, einige plausible Vermutungen anstellen. Die Erfahrungen und die Fähigkeiten des Führers jedenfalls sollten seine Neigung in Richtung Transformation oder Transaktion beeinflussen.

Vorgesetzte und Untergebene beeinflussen die Leistung des Führers, indem sie als Kontrollgruppen fungieren. Das Verhalten des Führers hängt davon ab, inwieweit er sich mit seinen eigenen Vorgesetzten oder seinen Untergebenen identifiziert und eine Ähnlichkeit zwischen ihm und ihnen wahrnimmt. Das Führungsverhalten von Vorgesetzten wird ferner durch die Erwartungen beeinflußt, die seine Vorgesetzten und seine Untergebenen in ihn setzen (*Pfeffer & Salancik*, 1975).

*Crowe* et al. (1972) beobachteten, daß sowohl autokratische als auch demokratische Manager sich demokratischen Untergebenen gegenüber demokratisch und autokratischen Untergebenen gegenüber autokratisch verhielten. Die Untergebenen können also tatsächlich unter Umständen bei ihrem Vorgesetzten ein Führungsverhalten hervorrufen, das im Gegensatz zu seiner eigenen Einstellung steht.

*Blanchard* und *Johnson* (1982) schlagen vor, daß Untergebene, die unreif, ungeschult und unerfahren sind, einen instruktiven Führer brauchen, der ihnen die Zielsetzungen klarmacht und ihnen zeigt, wie sie die Ziele erreichen können, daß sie darüber hinaus aber auch individuelle Beachtung (transformational) brauchen, die ihnen zu Entfaltung, Wachstum und Verhaltensänderung verhilft, so daß sie schließlich zur Selbstverstärkung gelangen und der Führer mehr delegieren kann.

Wir können uns weiter überlegen, welche anderen Attribute der Untergebenen noch zum transformationalen oder transaktionalen Führungsverhalten ihres Vorgesetzten beitragen können. Wie wir schon erwähnten, hängt charismatische Führung mit auch davon ab, ob die Untergebenen dem Vorgesetzten von sich aus besondere Bedeutung und Macht zuschreiben. In einem solchen Fall mag ein Entwicklungsprozeß in Gang kommen. Nach *Zaleznik* (1967) neigen die Untergebenen dazu, in den Anfangsstadien ihrer Beziehung den Vorgesetzten zu idealisieren, indem sie übertriebene Vorstellungen von seinen positiven Eigenschaften und seiner Macht haben. Auf diese erste Phase folgt dann ein Stadium, in dem sich die Begeisterung abkühlt und einer Geringschätzung Platz macht. Es sind also die eigenen Einbildungen der Untergebenen für das Auftreten und Verschwinden unrealistischer Vorstellungen von ihrem Chef verantwortlich.

Trotz dieser Prozesse werden hoch-abhängige Untergebene weiterhin den Initiativen ihres Vorgesetzten folgen. Wenn es sich jedoch um Untergebene handelt, die sich etwas auf ihre Urteilsfähigkeit, ihre Skepsis, ihre Unabhängigkeit und ihre Beachtung von Regeln, Vorschriften und Präzedenzfällen einbilden, ist es weniger wahrscheinlich, daß sie den Schmeicheleien des charismatischen Führers, der soviel Wert auf emotional Anregung legt, unterliegen. Wir vermuten, daß Untergebene sich gegen charismatische Führung als resistent erweisen, wenn sie hochgebildet, egalitär, selbstsicher und hochrangig sind. Auch Untergebene, die wenig flexibel sind, sprechen wahrscheinlich weniger auf individuelle Bedachtnahme und geistige Anregung an. Auf transaktionale Führung sprechen Untergebene an, die hauptsächlich extrinsisch motiviert, empfänglich für Belohnungs- und Strafreize und etappenweise Zielerreichung sind.

Manche Untergebene schätzen es auch, wenn ihnen eine Aufgabe persönliche Herausforderungen, Entfaltungsmöglichkeiten, Selbstverwirklichung und das Gefühl, etwas Wertvolles geleistet zu haben, bietet. Für andere Untergebene stellen solche Faktoren keinen Anreiz dar.

*Abdel-Halim* (1980) fand, daß sich besonders im Verkauf tätige Personen in dieser Hinsicht sehr unterscheiden. Daraus könnte man eigentlich folgern, daß transaktionale Führer, die eine Befriedigung solcher höherrangiger Bedürfnisse versprechen, es leichter haben würden, jene Untergebenen bedingt zu belohnen, die ohnehin schon solche Wertvorstellungen haben. Es wäre demnach die Aufgabe des transformierenden Führers, die Bewertung solcher Ergebnisse durch die Untergebenen zu erhöhen.

*Hollander* (1978) erläuterte die Wechselbeziehung der transaktionalen Führung wie folgt:

Führung ist eine Wechselbeziehung zwischen zwei oder mehr Personen, die zur Erreichung gemeinsamer Ziele innerhalb einer gegebenen Situation voneinander abhängen ...

Diese Beziehung baut sich langsam auf und bringt es mit sich, daß zwischen Führer und Geführten Vorteile ausgetauscht werden, so daß beide voneinander Nutzen haben (S. 152).

Sowohl der Führer als auch der Geführte »geben etwas und erhalten etwas«. Für den transaktionalen Prozeß ist von wesentlicher Bedeutung, wieviel der eine dem anderen bieten kann. Der Einfluß des Geführten auf den transformationalen Führer hängt davon ab, inwieweit der Geführte bereit ist, oder vom Führer dazu gebracht werden kann, auf umfassendere und höhere gemeinsame Ziele hinzuarbeiten. Der direkte und unmittelbare Nutzen tritt dabei in den Hintergrund. Eine solche Transformation wird dann schwieriger zu bewerkstelligen sein, wenn die Geführten hochresistent gegen Veränderungen oder sehr selbstinteressiert sind.

*Die Austauschbarkeit und die Gegenseitigkeit*

*Hollander* kommt weiter zu dem Schluß, daß der Zwei-Weg-Charakter der transaktionalen Führung darauf hindeutet, daß die Positionen des Führers und des Geführten austauschbar sein können. Die Tatsache, daß der eine ein Führer und der andere ein Geführter ist, muß kein Dauerzustand sein. Der Führer scheint eine Autoritätsposition innezuhaben, aber er braucht dazu die Geführten, und diese haben potentiell die Möglichkeit, sich selbst zu Führern zu entwickeln (S. 153).

Nach *Burns* (1978) haben transformationale Führer die Fähigkeit, ihre Geführten zu Führern zu erziehen. Dies ist am Beispiel der transformierenden Wirkung des Mentors zu sehen. Es kann damit ein »gegenseitiges Charisma« auftreten. Man schreibt auch zum Beispiel den Mitgliedern »ausgewählter Gruppen« spezielle Fähigkeiten und Begabungen zu und vertraut einander vollständig. Die Juden betrachten sich kollektiv als auserwähltes Volk. Den Calvinisten verleiht ihr Glaube die Überzeugung, daß sie für die Erlösung prädestiniert sind.

Gegenseitige Inspiration und geistige Anregung können solche Prozesse ermöglichen, obwohl geistige Anregung wahrscheinlich eher einseitiger Natur ist. Zum Beispiel fanden *Price* und *Garland* (1981) in einer Laboruntersuchung, daß die Geführten sich am ehesten der Beeinflussung durch ihren Führer unterwarfen, wenn der Führer als hochkompetent angesehen wurde und die Geführten sich selbst als wenig kompetent wahrnahmen. Daraus folgt, daß Personen, die sich selbst als wenig kompetent ansehen (verglichen mit jenen, die sich als hochkompetent ansehen) eher bereit sind, sich durch einen inspirierenden, geistig überlegenen und charismatischen Führer transformieren zu lassen.

*Die Aufgabenstellung*

Auch die Aufgabe selbst, d. h. die zu erledigende Arbeit, kann transformationales Führungsverhalten anregen. Nehmen wir zum Beispiel einmal an, daß die Aufgabe kooperative Anstrengung von seiten der Untergebenen erfordert, daß sie aber nur individuelle materielle Belohnung bringt.

In einem früheren Abschnitt haben wir das Beispiel eines Schuhverkäufers zitiert, der nur nach der Anzahl der verkauften Schuhe bezahlt wird. Er »stürzt« sich auf die Kunden und versucht sie festzunageln. Für die anderen Pflichten, die auch wahrgenommen werden müssen, wie das Behandeln von Reklamationen, die Lagerbestandsaufnahme, die Nachbestellungen und das Inordnunghalten des Ladens, erhalten die Verkäufer keine direkte Belohnung. In einem solchen Fall muß der Manager ihnen die übergeordneten Zielsetzungen klarmachen und sie motivieren, die gesamtgeschäftlichen Ziele, nämlich zufriedene Kunden und ordentliche Lagerhaltung, obwohl das Erreichen dieser Ziele nur langfristig und indirekt Auswirkungen auf die finanziellen Eigeninteressen des Verkäufers haben. Auch hier wieder könnte eine entsprechende Firmenpolitik (wie z. B. Gruppen-Bonus-Pläne) ein Ersatz für transformationales Führungsverhalten sein.

Der Teamgeist verlangt, daß die Team-Mitglieder ihre Selbstinteressen zugunsten des Teamerfolgs zurückstellen. Basketball, Fußball und Hockey sind gute Beispiele dafür. Der Mannschaftstrainer ist insoferne transformational, als er die Wichtigkeit des Sieges und die Notwendigkeit der Zurückstellung der Eigeninteressen der einzelnen Spieler zugunsten des Teams betont. Für die Leistung der Spieler im Mannschaftssport ist auch der emotionelle Anreiz der Anfeuerung von Bedeutung.

## Eine Zusammenfassung situativer Effekte

Die vielfältigen Umfeld-, Organisations- und Aufgabenvariablen, die wir als Voraussetzungen und Ursprünge für Führungsverhalten in diesem und in den vorangegangenen Abschnitten besprochen haben, können kaum auf einen Nenner gebracht werden. Trotzdem unternehmen wir in Abb. 9 den Versuch, einige der wichtigsten Aspekte der Wechselbeziehungen zwischen Führern und Geführten zusammenzufassen.

Der charismatische Prozeß wird in einem schlecht strukturierten krisenhaften Umfeld in organischen Organisationen auftreten und in einer Gesellschaft, in der Eltern als Bewahrer angesehen werden. Individuelle Bedachtnahme wird bevorzugt in organischen Organisationen auftreten und in Gesellschaften, in denen Eltern als Helfer angesehen werden. Geistige Anregung gedeiht am besten, wenn das Umfeld schlecht strukturiert ist und wo Kinder so erzogen werden, daß sie mit den immer größer werdenden schwierigen Problemen fertig werden können, wenn sie aufwachsen. Bedingte Belohnung und Management-by-Exception werden in gut strukturierten, stabilen Umgebungen und in mechanistischen Organisationen bevorzugt.

Wir müssen lernen, in welchem Ausmaß das Organisationsklima, die Struktur, die Aufgabenstellung und die Zielsetzungen für das Auftreten von transformationaler und transaktionaler Führung föderlich sind. Wir erwarten, daß in effektiveren Organisationen die Führer mehr transformational in ihrem Führungsverhalten werden, je höher sie in der Organisationshierarchie aufsteigen. Gleichzeitig müssen wir vermuten, daß auf den unteren Ebenen solcher Organisationen mehr transaktionale Führung gebraucht wird. Wenn dies der Fall ist, ergeben sich daraus offensichtliche Folgerungen für die Auswahl und die Entwicklung von Junior- und Senior-Managern.

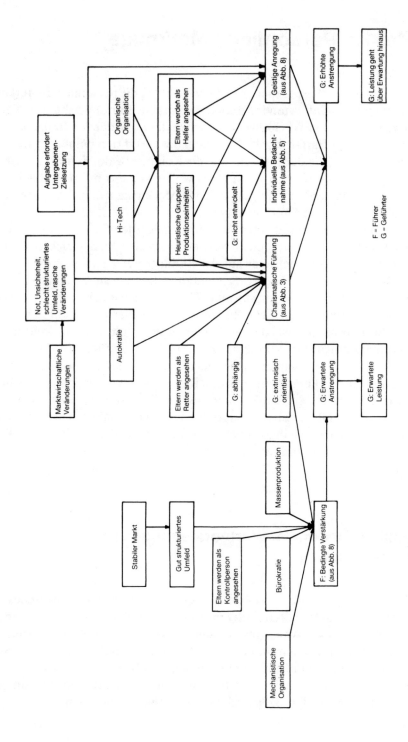

Abb. 9: Die situativen Voraussetzungen transaktionalen und transformationalen Führungsverhaltens

195

# Kapitel 10: Persönliche Merkmale

In Kapitel 3 haben wir besprochen, welche Bedeutung die persönlichen Merkmale des Führers und der Geführten für die charismatische Führung haben. In Kapitel 4 haben wir uns mit dem Wechselspiel zwischen der individuellen Bedachtnahme des Führers und den Entfaltungsbedürfnissen der Geführten befaßt. In Kapitel 5 ging es um die Rolle, die der Intellekt und die Kompetenz des Führers für die geistige Anregung der Geführten spielt. Nun wollen wir uns mit den allgemeinen Auswirkungen befassen, die die persönlichen Merkmale des jeweiligen Führers auf die transformationale Führung haben.

Die Tatsache, daß während einer Revolution alle alten Ordnungssysteme niedergerissen werden, bedeutet nicht notwendigerweise, daß gleich darauf ein transformationaler Schimmelreiter auf der Bildfläche erscheinen muß, der Staat und Gesellschaft radikal verändert. Revolutionen können auch republikanischen oder demokratischen Regierungsformen Platz machen (siehe die Vereinigten Staaten oder die dritte französische Republik). Wenn aber gerade ein transformationaler Führer vorhanden ist, der das Ruder an sich reißt, wird die künftige Regierungsform natürlich stark von seiner Persönlichkeit geprägt sein. *Louis Napoleon* transformierte, nachdem er an die Macht gekommen war, die liberale Revolution von 1848 in das konservative zweite Kaiserreich. Wir wollen hier nicht mit einer Theorie über »die großen Männer unserer Zeit« spielen, aber wir können nicht umhin festzustellen, daß die unterschiedlichen persönlichen Merkmale und Wertvorstellungen der jeweiligen Führer doch einen entscheidenden Einfluß darauf haben, ob in einer bestimmten Situation transformationale oder transaktionale Führung entsteht.

## Persönliche Merkmale, Wertvorstellungen und Führungsverhalten

Eine Untersuchung des Einflusses der persönlichen Wertvorstellungen des Führers auf das Führungsverhalten findet man bei *Bass* (1981, S. 41–145). Zum Beispiel werden überzeugte Anhänger des autoritären Führungsstils diesen auch bei ihren eigenen Untergebenen praktizieren. Veränderte Bedingungen oder Situationen haben wenig Einfluß auf eine persönliche Vorliebe für direktive Führung. Dagegen können Führer, die zu Egalitarismus neigen, ihren Führungsstil geänderten situativen Anforderungen leichter anpassen (*Farrow*, 1976).

Die psychologische Geschichtsforschung konzentriert sich hauptsächlich auf bestimmte charismatische Führer. Man sieht diesen Führungsstil hauptsächlich als Folge der individuellen Persönlichkeit des Führers und seiner Entfaltung an (*Davis*, 1975). Eine der Forschungslinien schlägt z. B. vor, daß mit besonderen Fähigkeiten ausgestattete Personen durch frühkindliche Erlebnisse wie beispielsweise den Verlust des Vaters geprägt werden. Sie »wenden sich nach innen« und ersetzen die fehlende Vaterbeziehung durch starkes Selbstgefühl, Selbstvertrauen und Sendungsbewußtsein. (Franklin D. Roosevelt und Josef Stalin haben beide ihre Väter schon sehr früh verloren.) Auch über den Einfluß, den willensstarke Mütter auf ihre Söhne ausüben, wurde viel geschrieben. Man denke nur an die Mütter von Douglas McArthur, Dwight D. Eisenhower, Gary Hart, Harry S. Truman, Winston Churchill, Napoleon Bonaparte und Franklin Roosevelt.

Es wird angenommen, daß die starken Bedürfnisse der Mütter nach Erfolg und Heldentum, nach Macht und Anerkennung, die nur durch Söhne befriedigt werden können, bei der Entwicklung der Söhne eine große Rolle spielen.

*Vorbilder*

In Kapitel 2 haben wir einige der erforderlichen Fähigkeiten, Interessen und Merkmale beschrieben, die den charismatischen Führer kennzeichnen, wie z. B. Selbstvertrauen und Selbstbestimmung. Der Charismatiker kehrt seine inneren Konflikte nach außen und löst sie auf der politischen oder wirtschaftlichen Bühne. Aber es gibt noch weitere Faktoren, die eine Rolle spielen, zum Beispiel die Tatsache, daß der transformationale Führer gerne einem Vorbild nacheifert. Es gibt viele Beispiele, wie sehr die Vorbilder der transformationalen Führer ihr eigenes Verhalten beeinflussen.

Angehende Führer beschäftigen sich gerne mit der Lektüre von Büchern über frühere Führer. Manchmal schreiben sie sogar selbst Biographien ... von Napoleon erzählt man sich, daß er immer ein Exemplar von Plutarchs Vergleichenden Lebensbeschreibungen mit sich trug ... Mao Tse-tung pflegte in seiner Jugend nicht nur Bücher über die chinesischen Helden zu lesen, sondern auch über Washington, Napoleon, Katharina die Große, Peter den Großen, Gladstone, Rousseau, Montesquieu und Lincoln ... Woodrow Wilson schrieb eine Biographie über George Washington ... Stalin schrieb ein Essay über Lenin, Trotzki schrieb eine kritische Abhandlung über Stalin, John F. Kennedy ging in seinem Werk »Zivilcourage« den Wurzeln politischer Unabhängigkeit nach, und Winston Churchill schrieb in der Zwischenkriegszeit eine Chronik über das Leben seines Vorgängers Marlborough. (*Paige*, 1977, S. 196).

*Der Wunsch nach politischer Unsterblichkeit*

Was treibt einen Führer zu transformationaler statt zu transaktionaler Führung? Vielleicht das Gefühl oder der Wunsch, auf diese Weise politisch unsterblich zu werden. *Litton* (1974) definierte dieses Phänomen als »den Wunsch, an einem permanenten revolutionären Gärungsprozeß teilzuhaben, den Wunsch, über den eigenen Tod hinaus in einer immerwährenden Revolution weiterzuleben«. Bis zu einem gewissen Grad ist dieser Wunsch allen Revolutionären eigen.

*Trotzki* sprach von einer »permanenten Revolution«; *Hitler* vom »Tausendjährigen Reich«. Im Gegensatz hierzu war es *Ludwig XV.* völlig egal, was nach seinem Tod passieren würde. Seine 60jährige Regierungszeit war gekennzeichnet von seiner Unfähigkeit, sich den veränderten wirtschaftlichen, gesellschaftlichen und politischen Gegebenheiten anzupassen – obwohl für die Monarchie die Zeichen schon längst auf Sturm standen. Er faßte seine Philosophie mit den Worten »Aprés moi le déluge!« zusammen. Transaktionale Führer gehen oft an den Zeichen der Zeit vorbei.

*Innere Konflikte und ihre Auflösung*

In Übereinstimmung mit dem, was wir in Kapitel 3 über die Art und Weise gesagt haben, wie charismatische Führer mit ihren inneren Konflikten fertigwerden, schlägt *Wolfenstein* (1967) vor, daß der revolutionäre politische Führer, dessen Ziel es ist, Staat und Gesellschaft zu transformieren, ein Mensch ist, der mit einem ungelösten Ödipus-Komplex behaftet ist. Er ist jemand, »der sich der Ödipus-Schuld- und -Ambivalenz entledigt, indem er diesen Konflikt in autoritärer Weise auf die Welt der Politik überträg.« (S. 307). Wie wir jedoch ebenfalls bereits erwähnt haben, scheint er aber aufgrund der Tatsache, daß es ihm gelungen ist, seinen Es-/Über-Ich-Konflikt zu lösen, auch starke Ich-Ideale zu haben.

Wie wir gesehen haben, sind künftige transformationale Führer Menschen mit Visionen, die andere dazu bringen, alte Probleme von einer neuen Warte aus zu sehen. Sie halten trotz aller Enttäuschungen und Rückschläge an ihren inneren Überzeugungen fest, sie können sich in sich selbst zurückziehen und dann ihre Energien neu konzentrieren, sie sind imstande, ihr eigenes Schicksal in die Hand zu nehmen und sie haben eine Vielfalt von Talenten und Fähigkeiten, die ihnen helfen, Zeiten der Not und der Widrigkeiten zu überstehen. Aus den Legenden über die großen transformationalen Helden wie *Moses, Buddha, Jesus* und *Mohammed* geht hervor, daß sie die Fähigkeit hatten, sich immer wieder vor Widrigkeiten zurückzuziehen und später mit neuer Kraft und verstärktem Glauben an die jeweiligen Lehren wieder zurückzukehren. Widrigkeiten und Rückschläge erzeugen bei solchen Führern ein erhöhtes Selbstwertgefühl (*Zaleznik*, 1967).

Für die Führung eines großen Unternehmens ist nicht nur Weitblick, sondern auch Scharfblick erforderlich. Das erhöhte Selbstgefühl ist sowohl ein Aktivum als auch eine Belastung für die Unternehmensführung und für den Führer selbst. Ein Aktivum ist es insoferne, als es durch die Selbsteinbringung zu jener Unabhängigkeit führt, die nötig ist, um die Meinungen und Vorschläge anderer zu relativieren. Während es dem gesunden Menschenverstand entspricht, die Untergebenen zu veranlassen, Vorschläge zu machen, basieren die große Geschäftspolitik und die letzten Entscheidungen doch ausschließlich auf den Überzeugungen des Unternehmensführers. Wie gelangt er zu diesen Überzeugungen? Wenn er aufgrund zu geringen Selbstvertrauens auf andere angewiesen ist, wird es ihm schwerfallen, eine Position einzunehmen, die geeignet ist, das Schicksal des Unternehmens zu bestimmen (*Zaleznik*, 1967, S. 63).

In marktwirtschaftlich schwierigen Zeiten müssen Industrieführer ihre ganze innere Kraft mobilisieren.

Dies erfordert ... daß man seiner inneren Stimme lauscht, dem inneren Dialog zwischen positiven und negativen Gefühlen, der Risikobereitschaft einerseits und der Mahnung zur Vorsicht andererseits ... und die verschiedenen Handlungsalternativen gegeneinander abwägt (*Lippitt*, 1982, S. 398).

*Der ausgesprochen transformationale Führer*

*Charles de Gaulle* ist exemplarisch für den transformationalen Führer schlechthin. Seine Persönlichkeit und sein ganzer Werdegang waren für den Erfolg seiner transformationalen Bemühungen von maßgeblicher Bedeutung. Zweimal trat er als Retter Frankreichs auf, und sein »Grandeur-Bewußtsein« stellt den Triumph seiner eigenen Persönlichkeit über nationale und internationale Konflikte dar. Er wuchs in einer Familie auf, die den damals unpopulären monarchistischen Glaubenssätzen anhing, und dies in einer Zeit, in der die dritte Republik allgemein befürwortet wurde.

Aber die Familie de Gaulle hatte ihre eigenen Wertvorstellungen. Es waren Bescheidenheit, Würde, Festigkeit und Selbstachtung, und eine Zurückstellung der Eigeninteressen zugunsten höherer Ziele. Der christliche Glaube, die Kultur und die Vaterlandsliebe hatten in dieser Familie einen hohen Stellenwert. Der Soldat wurde als Verteidiger der Nation und als Träger des christlichen Glaubens angesehen. Aber den Kindern wurde auch ein profundes Verständnis für die Not Frankreichs nach dem französisch-preußischen Krieg von 1870 vermittelt. Gleichzeitig wurden dem jungen de Gaulle sowohl im Elternhaus als auch in der Schule die griechischen Ideale der Selbstgenügsamkeit, der Selbstzucht und er Charakterstärke nahegebracht. Aus dieser Erziehung ging de Gaulle als Führungspersönlichkeit mit außergewöhnlicher innerer Kraft hervor. Er war ein Mensch, der stets das Richtige tun wollte, nicht das, was unmittelbaren Erfolg versprach. Seine große Mission war, Frankreich zu dienen und seine Größe zu erhalten bzw. wiederherzustellen. Er kümmerte sich nicht um unmittelbare Popularität oder irgendwelche gesellschaftlichen oder wirtschaftlichen Ideologien. Er wußte seine Rolle gut zu spielen und hatte ein unfehlbares Gefühl für das richtige Timing. Seine Ideale waren hoch und seine Ziele langfristig. »Die gute Sache« war das einzig Wichtige und Charles de Gaulle machte sich dafür zur »Stimme der Nation« (*Hoffmann & Hoffmann, 1970*).

Die Franzosen riefen ihn in ihrer Not, und er rief sie für die Sache Frankreichs. Er mußte den Bedürfnissen Frankreichs Rechnung tragen, sein Erbe beschützen und seine Zukunft sichern. Er mußte die »Persönlichkeit« Frankreichs erhalten, auf daß es weiterhin eine Rolle auf der Weltbühne spielen konnte, er durfte nur tun, was im nationalen Interesse lag, ungeachtet aller Ideologien, Einflüsse und Einzelinteressen. Er war der Vereiniger, der über den Dingen stand, und der andere über ihr eigenes Selbst hinaushob (*Hoffmann & Hoffmann*, 1970, S. 266)

Er war ein »Instrument des Schicksals«. Wie er selbst in seinen Memoiren ausführte, sah er seine Rolle darin, Frankreich und die Franzosen zu inspirieren, ihnen Hoffnung und Zuversicht zu geben, und die »Seele« der Nation zu erhalten. Und indem er das tat, befriedigte er auch seine eigenen Bedürfnisse.

Frankreich gab de Gaulle nicht nur die Transzendenz, sondern auch die Grenzen, die er brauchte. Der »Vorkämpfer Frankreichs« zu sein, bedeutet auch, von niemandem abhängig zu sein, in sich selbst zu ruhen. Aber um die Persönlichkeit Frankreichs zu bewahren, bedurfte es auch der Unterordnung der eigenen Person. Im Dienste des Staates zu stehen, erfordert Weisheit, Vorausblick, Harmonie, Mäßigung – Eigenschaften, die sowohl das Land als auch seinen Führer vor den Exzessen eines Napoleon oder Hitler bewahrten, die ihr Land als Werkzeug zur Erlangung persönlichen Ruhms und als Instrument zur Verwirklichung ihrer ideologischen und psychologischen Besessenheit benützten (*Hoffmann & Hoffmann*, 1970, S. 267).

Aber de Gaulle war nicht der einzige Führer, der nach Ruhm strebte. Dieses Bedürfnis ist vielen großen Führern gemein und es unterscheidet die *Gerald Fords* unserer Zeit von den *Fidel Castros*, die transaktionalen von den transformationalen Führern.

*Aktivitäten und Teilnahme*

Führungspersonen unterscheiden sich auch voneinander in dem Ausmaß, in dem sie an den Anstrengungen der Geführten teilnehmen. Geistige Anregung und inspirierende transformationale Führung erfordern eine Persönlichkeit, die aktiv, initiativ und proaktiv ist. Transaktionale Führer können mehr reaktiv handeln und sich weniger um die Belange der Geführten kümmern, besonders wenn sie Management-by-Exception praktizieren und nicht bedingte Belohnung.

*Die Erfahrungen im Erwachsenenalter*

Die Erfahrungen der Kindheit und der Adoleszenz tragen viel zur Entwicklung der Persönlichkeit des transformationalen Führers bei. Im frühen Erwachsenenalter kann man bereits eine Person erkennen, die schon eine gewisse Stärke entwickelt hat und die organisatorischem oder gesellschaftlichem Druck widerstehen kann. Eine solche innere Kraft wird von organisatorischen Einflüssen nicht beeinträchtigt. Eine sich zum transformationalen Führer entwickelnde Persönlichkeit erhält schon im frühen Erwachsenenalter ständig zusätzliche Verstärkung. Die Persönlichkeit kristallisiert sich heraus, der künftige transformationale Führer schafft sich innerhalb der Organisation einen Ruf als Problemlöser. Letzteres sieht man aus dem Beispiel des gegenwärtigen Vorsitzenden eines großen multinationalen Unternehmens. Als junger mittlerer Manager eines kleineren Unternehmensbereiches, der in einem Gruppenwettbewerb mit anderen kleinen Unternehmensbereichen stand, erregte er Aufsehen, als er sich in der Hitze des Gefechts mit einer der »gegnerischen« Unternehmenseinheiten zusammentat, um so den Wettbewerb für sich zu entscheiden – ein höchst ungewöhnlicher und für die Firmenleitung recht überraschender Schachzug.

Während das Über-Ich von Familie, Schule, Kollegen, gesellschaftlichen Standards und kulturellen Normen geprägt wird, dürfen wir nicht vergessen, in welchem Ausmaß die Persönlichkeit auch noch im Erwachsenenalter durch verschiedene Erfahrungen und Verstärkungen geformt wird. Junge Radikale können zu alten Konservativen, Führer im mittleren Alter »verjüngt« werden. Wertvorstellungen und Verhaltensweisen werden durch die Medien verändert und durch den technologischen Fortschritt revolutioniert.

Auch der Militärdienst kann eine gute Schule für Führungsverhalten sein. Die Mentoren innerhalb einer Organisation können völlig neue Wege aufzeigen und Anschauungen verändern. Ganz gleich, welche persönlichen Merkmale ein US-Präsident hatte, bevor er ins Amt kam: der plötzliche Machtzuwachs, die Rollenanforderungen und die unzähligen, vorher nie aufgetretenen Probleme, die Erfolgs- und Mißerfolgserlebnisse haben ungeahnte Auswirkungen auf seinen Charakter.

Als der selbstsichere politische Schlaufuchs *Lyndon Johnson* 1963 ins Amt kam, war dies die Krönung seines lebenslangen politischen Strebens. Aber bereits 1968 war er so zermürbt, daß er sich als Folge des Vietnam-Fiaskos entschloß, nicht mehr zu kandidieren. Er verschwand still und leise in der Versenkung.

*Lord Actons* wohlbekanntes Sprichwort »Absolute Macht korrumpiert absolut« faßt den Einfluß, den unbegrenzte Macht und Autorität auf eine Person ausübt, sehr anschaulich zusammen. Das Amt formt die Persönlichkeit des Führers ebenso wie dieser das Amt formt.

*Christensen* (1979) argumentierte, daß wir uns weniger darum kümmern sollten, was die Präsidentschaftskandidaten im Wahlkampf sagen, sondern mehr darum, was wir von ihrer Vergangenheit wissen: wie sie sich, bevor sie zu Präsidentschaftskandidaten wurden, im frühen Erwachsenenalter als Inhaber öffentlicher Ämter verhalten haben. Konservative Kandidaten pflegen fast immer Steuersenkungen, weniger Staatsausgaben, ein ausgeglichenes Haushaltsbudget, höhere Militärausgaben und einen härteren Standpunkt gegenüber der UdSSR zu versprechen. Liberale Kandidaten kündigen unweigerlich mehr Unterstützung für die Unterprivilegierten, mehr Umweltschutz und weniger Militärausgaben an. Wahlkampagnen zeigen uns nur, wie gut die Kandidaten als Wahlkämpfer sind, sagen aber sehr wenig über ihre Leistungen als künftige Präsidenten aus.

*Christensen* meint, daß man die Leistungen eines Präsidentschaftskandidaten vorhersagen könnte, indem man seine Kindheits- und Jugenderfahrungen durchleuchtet, vor allem und viel mehr aber noch seine Verdienste als Erwachsener, die er in Ausübung eines öffentlichen Amtes erworben hat, bevor er sich als Präsidentschaftskandidat aufstellen ließ. Im Fall von Ronald Reagan hat sich *Christensen* 1979 als wahrer Prophet erwiesen. Viel von *Ronald Reagans* Verhalten als Präsident der Vereinigten Staaten konnte aufgrund dessen, was er als Gouverneur von Kalifornien sagte oder tat, vorhergesagt werden – seine Einstellung zu Steuern, sozialer Wohlfahrt, dem Erziehungswesen etc.

*Die Führungsmotivation*

Der Charismatiker steht oft als Berühmtheit im Licht der Öffentlichkeit. In welchem Ausmaß er sich diese Tatsache in seinem Führungsverhalten zunutze macht, hängt von seinen individuellen persönlichen Merkmalen ab. Nicht alle bedienen sich ihrer Berühmtheit, um in Führungspositionen zu gelangen. Die Astronauten *John Glenn* und *Frank Borman* haben sich aus ihren frühen Erfolgen als Raumfahrer politische oder geschäftliche Karrieren aufgebaut. Andere Astronauten wieder taten nichts dergleichen. Dies hängt wohl von der unterschiedlichen Ausprägung des Karrierestrebens, der persönlichen Energie und des Engagements des einzelnen ab. Aber welche Persönlichkeitsmerkmale unterscheiden nun den transformationalen vom transaktionalen Führer? Warum strebt der eine danach, die Welt zu verändern, während der andere sich damit zufriedengibt, den Status quo aufrechtzuerhalten?

*Erikson* (1969) schlug vor, daß transformationale Führer wie etwa *Martin Luther King* oder *Mahatma Gandhi* Personen waren, die mit ihren eigenen Problemen nicht fertigwerden konnten und diese, um sie in den Griff zu bekommen, nach außen kehrten – sozusagen auf die Weltbühne projizierten. Dabei verdrängten sie ihre eigenen Gefühle. Und indem sie anstatt sich selbst die Gesellschaft transformierten, lösten sie schließlich auch ihre eigenen Probleme.

*Die unterschiedlichen persönlichen Merkmale*

Rein spekulativ würden wir annehmen, daß der Wille zur Konfrontation zwischen bestehenden Verhältnissen und Transformation möglicherweise bei couragierten (aber nicht notwendigerweise umgänglichen) Personen stärker ausgeprägt ist als bei anderen. Der soziale Druck, das zu tun, was für seine Umgebung und ihn selbst im Moment am günstigsten ist, scheint die Bestimmtheit des transformationalen Führers nicht zu beeinflußen, während der transaktionale Führer einem solchen sozialen Konformitätsdruck eher nachgibt.

Ein Führer, der geistig anregen und transformationale Lösungen für anstehende Probleme finden will, muß aber auch nachdenklich und introspektiv sein. Vom transaktionalen Führer hingegen nehmen wir an, daß er eher kooperativ und nach außen gekehrt ist. Wahrscheinlich erfordert es mehr Energie, eine Änderung herbeizuführen, als den Status quo aufrechtzuerhalten.

Zusammenfassend und rein spekulativ würden wir annehmen, daß Führer, die sich ständig transformational verhalten, eine (im Vergleich zu vornehmlich transaktionalen Führern) höhere Ausprägung des Durchsetzungsvermögens, der Introspektive, der Nachdenklichkeit und der Tatkraft aufweisen, jedoch weniger soziale Konformität, Kooperationsbereitschaft und äußere Freundlichkeit zeigen. Es müßte anhand einer Stichprobe von Führungskräften untersucht werden, inwieweit transformationale Führung einerseits und transaktionale Führung andererseits mit autoritären Maßnahmen, Entschiedenheit, Introspektive, Leistungsbedürfnis, Reife, Integrität, Unabhängigkeit, Kreativität und Ursprünglichkeit assoziiert wird. Diese Merkmale scheinen uns mehr auf den transformationalen als auf den transaktionalen Führer hinzuweisen. Beim transaktionalen Führer würden wir mehr Konformität, Unparteilichkeit und mehr Präferenz für gesellschaftliche als für politische Konzepte erwarten. Der transformationale Führer findet Befriedigung in der Machtausübung; der transaktionale eher in der Affiliation. Eine Hypothese, die noch überprüft werden muß, besagt, daß die Persönlichkeit des Führers für die transformationale (und besonders für die charismatische) Führung von größerer Bedeutung ist als für die transaktionale Führung. Das heißt, daß man von einem transformationalen Führer selbstsicheres Verhalten, wie es zum Beispiel *de Gaulle* an den Tag legte, erwartet. Von transaktionalen Führern erwartet man, daß sie mehr von situativen Effekten abhängig sind.

*Macht, Zielsetzung und Informationszugang*

Die Macht, die Zielsetzungen und der Informationszugang sind für den transformationalen Führer von großer Bedeutung. Transformationale Führung tritt wahrscheinlich häufiger auf, wenn langfristige Ziele bestehen oder wenn der Führer einen deutlichen Vorsprung hinsichtlich Macht und Informationszugang gegenüber den Geführten hat. Die transaktionale Führung hingegen tritt häufiger auf, wenn kurzfristige Ziele angestrebt werden und wenn zwischen Führern und Geführten keine allzugroßen Unterschiede hinsichtlich Macht und Informationszugang bestehen.

*Erfolgreiche Führung und Beliebtheit*

Wenn man sich mit der Literatur über erfolgreiche Führer beschäftigt, erkennt man, daß ein künftiger Führer zu seinem Erfolg die Wertschätzung und Zuneigung jener benötigt, die er zu beeinflussen gedenkt. Er muß die künftigen Geführten von seiner Glaubwürdigkeit überzeugen. Seine Handlungen müssen entschieden und nachdrücklich, dürfen aber nicht aggressiv sein. Er muß rücksichtsvoll zu seinen Mitarbeitern sein und sich mehr den gemeinsamen Aufgaben als seinem eigenen Heiligenschein widmen. Trotzdem: wenn wir uns die Persönlichkeit und die Wertvorstellungen eines der erfolgreichsten Führer unserer Zeit – *Lyndon Johnson* – ansehen, erkennen wir ein Muster von ganz unterschiedlichen, ja widersprüchlichen persönlichen Merkmalen und Bedürfnissen. Alles was wir glauben, daß für einen erfolgreichen Führer notwendig ist, reicht noch nicht aus, um erfolgreiche Führung wirklich zu erklären. Dazu müssen wir uns schon fragen, inwieweit die Führung transaktional und/oder transformational ist. Trotz seiner Unbeliebtheit bei all seinen Kollegen gelang es Lyndon Johnson, sowohl das San Marco College, wo er studierte, als auch die Machtstrukturen des amerikanischen Senats, wo er von 1948 bis 1963 als Senator und später Vizepräsident diente, total zu transformieren. Sein Great-Society-Programm und seine Führung und Ausweitung des Vietnam-Konflikts transformierten ganz Amerika, und zogen gesellschaftliche, politische und wirtschaftliche Folgen nach sich, die heute noch spürbar sind.

Aber er bediente sich auch transaktionaler Praktiken, er benützte seine Macht, um seine Untergebenen zu Willfährigkeit und zur Unterstützung seiner Pläne zu zwingen – allerdings belohnte er sie auch entsprechend.

Obwohl er selbst weder Ideale noch Prinzipien hatte, erfand und verkaufte er ständig neue Lösungen für alte Probleme. Er motivierte seine Untergebenen, sich bis zur Erschöpfung für ihn aufzuopfern, aber er nahm seine Protegés auch mit, als er an die Macht gelangte. Er gewann an Charisma im selben Maß, in dem er an Macht, Erfolg und Bedeutung gewann.

*Johnson* wurde arm geboren und starb als reicher Mann. Aber nicht das ist wesentlich. Was ihn antrieb, war sein enormer Machthunger und sein ausgeprägtes Dominanzbedürfnis. Er manipulierte seine Umgebung, um zu Macht zu gelangen und benützte dann eben diese Macht als Hebel, um noch mehr Macht zu gewinnen.

Der junge Lyndon Johnson kehrte im Jahr 1930 nach einiger Zeit der Abwesenheit, verachtet und gehaßt von seinen Kommilitonen, als Senior-Student wieder an das Southwest State Teachers College in San Marcos, Texas, zurück. Er war dort keineswegs willkommen und es gelang ihm auch nicht, zu der einflußreichen Elite-Gruppe des Campus Zugang zu finden. Aber als er im August 1931 promovierte, war er der größte, mächtigste und wichtigste Mann des ganzen Campus, zwar immer noch verachtet und verhaßt, aber versehen mit einer persönlich ausgesuchten Gefolgschaft, die die Kontrolle über die Studentenzeitung und die Studenten-Arbeitsplatzvermittlung innehatte. Er war zu seiner Gefolgschaft äußerst autoritär, der Fakultät und der Collegeverwaltung gegenüber jedoch gab er sich extrem unterwürfig. Er wurde von einem ständigen Zwang angetrieben, seine Kommilitonen zu beherrschen, und er führte sie mit Entschiedenheit und Strenge.

Johnson scheint wenig mit der Mehrzahl jener Führer gemein zu haben, deren Charaktereigenschaften in der Literatur der experimentellen Sozialpsychologie mit »Beliebtheit, Intelligenz und Integrität« beschrieben werden. Aber er hatte den eisernen Willen, sich durchzusetzen, zu dominieren und aus der Menge herauszuragen, ganz gleich, was es ihn selbst und andere kostete. Er konnte andere überraschen, überrumpeln und verfügte über Tricks, Falschheit und Tücke, aber auch über politischen Scharfsinn. Innerhalb eines einzigen Jahres transformierte er nicht nur das College-Leben von über 1 000 Studenten, sondern er beeinflußte auch die Zukunft einer ganzen Reihe von ihnen, nämlich jener, die sich gezwungen sahen, die Universität vorzeitig zu verlassen, und jener, die später zu seinen Gefolgsleuten oder Untergebenen wurden (*Caro*, 1982).

Lyndon Johnsons Aufstieg mag rapide und spektakulär gewesen sein; aber viel spektakulärer als all seine anderen Leistungen war das, was er in San Marco erreichte: Innerhalb eines Jahres nach seiner Rückkehr aus Cotulla gelang es ihm, nicht nur eine politische Organisation im College zu schaffen, sondern er *machte* auch College-Politik, was ihm, so unbeliebt er auch war, zu ungeahnter Macht verhalf (*Caro*, 1982, S. 200).

Nach dem gleichen Muster gestaltete er auch seine spätere politische Laufbahn, die ihn zuerst zum Mehrheitsführer im amerikanischen Senat und schließlich zum Präsidenten der Vereinigten Staaten werden ließ. Je größere Karrierefortschritte *Johnson* in Washington machte, desto mehr bemühte er sich um die Ultrakonservativen und die Erzliberalen. Was seine inneren Werte anbelangt, war er ein Chamäleon. Er schöpfte maximale Vorteile aus *Roosevelts* »New Deal« und beklagte sich gleichzeitig bei seinen konservativen Freunden bitter über den Schaden, den dieses Programm der Nation zufügte.

Eine Facette von Lyndon Johnsons politischem Genius trat bereits 1940 zutage: seine Fähigkeit, sich eine Organisation anzusehen und in ihr potentielle politische Möglichkeiten zu entdecken, die niemand sonst wahrgenommen hätte, und diese Organisation dann in eine politische Kraft zu verwandeln, aus der er persönliche Vorteile schöpfte.

Er ... (transformierte) einen gesellschaftlichen Klub (die White Stars), einen Debattierklub (den Little Congress) und ... das Kongreßkomitee der demokratischen Partei ... und machte sie zu politischen Machtfaktoren, aus denen er persönlichen Nutzen zog (*Caro*, 1982, S. 607).

Später inszenierte er einen politisch vernichtenden Schlag gegen seinen langjährigen Freund und Helfer *Sam Rayburn*, den Sprecher des Repräsentantenhauses.

In Lyndon Johnson findet man auch jene Gewandtheit, die in der Verhaltensforschung so selten erwähnt wird (außer vielleicht als Warnung, daß machiavellische Taktiken wie Bluff, Prahlerei und Humbug einem künftigen Führer nur zum Schaden gereichen können).

Taktgefühl darf nicht mit Unehrlichkeit, Vertrauen nicht mit Abhängigkeit verwechselt werden. Authentizität und Offenheit sind zu befürworten. Es ist offensichtlich, daß transformationale Führer auch ohne Takt, Vertrauen, Authentizität und Offenheit auskommen. Der transformationale Führer kann geliebt, bewundert und verehrt werden, aber er kann auch, wie *Josef Stalin*, ein Land transformieren, das ihn haßt, fürchtet und verabscheut. Wie wir schon bemerkt haben, waren viele transformationale Führer, wie beispielsweise Feldmarschall *Kitchener* und *Charles Revson*, bei den meisten ihrer Mitarbeiter unbeliebt und verhaßt.

*Tucker* (1970) bemerkte im Zusammenhang mit dem charismatischen Faktor in der transformationalen Führung: »Um ein charismatischer Führer zu sein, braucht man nicht unbedingt ein bewundernswerter Mensch sein.« Nach *Weber* (1958) ist sogar »ein Manisch-Depressiver, ein berserker Wikinger und ein Demagoge wie *Cleon* genauso ›charismatisch‹ wie ein *Napoleon, Jesus* oder *Perikles*« (S. 73).

In *Machiavellis* (1513) Mahnungen an den Fürsten spielten Wertvorstellungen eine große Rolle. Der Fürst sollte, wenn es vonnutzen für ihn war, bereit sein »nicht nur Gutes zu tun«. Er sollte dem Volk gegenüber religiös, aufrichtig, human und treu erscheinen. Er sollte bei seinen Untertanen gefürchtet, aber nicht verhaßt sein und immer den Anschein erfolgreichen Handelns erwecken.

*Persönliche Schwächen*

Es sollte inzwischen offensichtlich sein, daß persönliche Stärken für die Entwicklung und Zielerreichung des transformationalen Führers eine große Rolle spielen. Solche Führungsqualitäten entwickeln sich je nach dem Charisma des Führers, seiner individuellen Bedachtnahme und seiner Fähigkeit, die Geführten geistig anzuregen. Analog dazu aber können persönliche Schwächen verhindern, daß ein Führer trotz seines Charisma, seiner Rücksichtnahme und seines Intellekts bei seinen transformationalen Bemühungen Erfolg hat.

*William Bligh*, der Kapitän der »Bounty«, ist eines der besten Beispiele hierfür. Obwohl Bligh das Zeug zu einem großen Seemann hatte, war er aufgrund seiner Unfähigkeit, Inkompetenz zu tolerieren, und infolge des falschen Images, das man ihm andichtete, schlußendlich zum Scheitern verurteilt.

Es scheint, daß William Bligh durch eine intensive Publicity-Kampagne verleumdet wurde, die Fletcher Christians Bruder Edward zusammen mit dem Bootsmannsmaat der »Bounty«, *James Morrison*, angezettelt hatte. Die beiden fabrizierten und verbreiteten Geschichten über Bligh, den Tyrannen, um Fletcher Christians Meuterei zu beschönigen. Die Darstellung von Bligh als Bösewicht trat erst mehrere Jahre nach der Meuterei auf. Die Fakten weisen jedoch in eine ganz andere Richtung. Bligh war gutmütiger und humaner als die meisten Kapitäne seiner Zeit.

Tatsächlich mag dieser Zug an ihm eines seiner Probleme gewesen sein. Sein großes Vorbild war James Cook, mit dem er vorher gesegelt war. Bligh ergriff einige Maßnahmen gegen die Geißel Skorbut, die aber bei den Matrosen auf Widerstand stießen. Bligh folgte auch Cooks Beispiel, indem er statt der traditionellen Vierstunden-Wachen drei Achtstundenwachen einführte, was den Matrosen viel mehr natürliche Ruhepausen gönnte. Das Ergebnis all dieser Maßnahmen war, daß die Matrosen auf den langen Fahrten, die er kommandierte, wesentlich gesünder blieben und sicherer waren als auf irgendeinem anderen Schiff.

Bis zum Zeitpunkt der Meuterei hatte sich Bligh Christian gegenüber äußerst rücksichtsvoll benommen. Die kleinliche Auseinandersetzung zwischen ihm und

Christian, die angeblich zur Meuterei führte, war gänzlich irrelevant im Vergleich zu dem, was der wahre Grund gewesen zu sein scheint – der sexuellen Frustration von Christian und den anderen Meuterern, als sie Tahiti verlassen und ihre tahitischen Frauen zurücklassen mußten. Die Bedingungen für die Meuterei wurden noch verschärft durch den Mangel an qualifiziertem Personal. Bligh war der einzige reguläre Marineoffizier an Bord der »Bounty«. Er hatte ständig Probleme mit seinem Zimmermann, aber er wagte nicht, ihn zu maßregeln, weil er fürchtete, dadurch seiner dringend benötigten Dienste verlustig zu gehen. Wenn Bligh Fehler machte, waren es höchstens Fehler aus Nachsicht, weil er sich stets vor Augen halten mußte, was mit dem Schiff passieren würde, wenn er die Mannschaft zu streng behandelte.

Denn vor allem war Bligh ein höchst kompetenter, pflicht- und aufgabenbewußter Mensch, Seemann und Navigator. Dies ersieht man deutlich daraus, wie er nach der Meuterei das kleine überladene Boot führte: in 36 Tagen segelte er 3 400 Meilen vom Zentralpazifik durch die gefährliche Torres-Straße bis nach Timor. Aber auch hier schien sein Hauptproblem darin zu bestehen, daß seine Untergebenen stets versagten, wenn er Verantwortung an sie delegieren mußte. Seine fachliche Kompetenz hat Bligh im Laufe seiner Karriere nach der Meuterei wiederholt bewiesen. Trotz des ungerechtfertigt schlechten Rufs, den ihm die falsche Publicity über die Meuterei eingetragen hatte, schaffte er es, mit großem Erfolg immer bedeutendere Schiffe zu befehligen. Das begann schon damit, daß er ein anderes Schiff zurück nach Tahiti führte, um die Brotfruchtbäume zu holen, und fand seine Fortsetzung in den Meriten, die er sich als Kommandant verschiedener Kriegsschiffe bei den Schlachten von Kopenhagen und Camperdown erwarb. Mit den fähigeren seiner Untergebenen stand er meist auf bestem Fuß, auch mit seinem Chef *Joseph Banks* und mit seinen unmittelbaren Vorgesetzten einschließlich *Horatio Nelson* und den höchsten Offizieren der Admiralität. Aber sein zwischenmenschliches Verhalten war mit einem Makel behaftet. In der Folge gab es ernste zwischenmenschliche Probleme: Seine durch seine Frustration ausgelösten Temperamentsausbrüche und seine Intoleranz angesichts von Unfähigkeit trugen zu seinem schlechten Ruf bei. Er pflegte seine Leutnants zu beschimpfen und vor versammelter Mannschaft Schurken und Halunken zu nennen. Schließlich wurde er im Zusammenhang mit seinem Kommando der HMS »Warrior« (74 Kanonen) vor ein Kriegsgericht gestellt, wo man diese verbalen Beschimpfungen als »außerordentlich degradierend und abträglich für die Würde eines Offiziers« ansah (*Kennedy*, 1978, S. 337).

Blighs Verhalten, während er die HMS »Warrior« befehligte, war auch nicht dazu angetan, ihn bei irgend jemand beliebt zu machen. Wenn ihm etwas nicht schnell genug ging, bekam er einen Wutanfall, beschimpfte den Steuermannsmaat und die Matrosen, die herumstanden, und drohte ihnen mit erhobener Faust.

Bligh war »ein ziemlich wortgewandter Flucher«. All das meinte er aber nie persönlich. Er wurde einfach wütend, wenn etwas schiefging, weil irgend jemand nicht aufgepaßt hatte.

Bligh gab dies selbst zu und begründete es damit, daß die komplexen Befehle auf See eben eine sofortige Reaktion von seiten seiner Untergebenen und ihrer Crews erforderten. Er schrieb sein »heftiges Temperament« seinem Diensteifer zu. Aber er behauptete auch, daß gegenseitige Unterstützung zwischen Vorgesetzten und Untergebenen viel besser geeignet sei, die Disziplin auf einem Kriegsschiff aufrechtzuerhalten als Bestrafungen.

Gleichzeitig konnte Bligh aber auch überraschend viel Rücksichtnahme zeigen. Er erteilte den Seekadetten und den Unteroffizieren aus freien Stücken Unterricht in Navigation, pflegte seine Mahlzeiten regelmäßig zusammen mit seinen Offizieren einzunehmen, sogar mit jenen, die bei der Kriegsgerichtsverhandlung gegen ihn ausgesagt hatten. In der Terminologie unserer Tage würde man ihn einen fachlich hochkompetenten, wohlwollenden Autokraten nennen, der stolz auf seine Arbeit war und der wollte, daß jeder andere in seiner Umgebung ebenso aufgabenorientiert war wie er.

»Seine Güte trat sofort zutage, wenn die Leute, mit denen er zu tun hatte, ihm höflich und achtungsvoll begegneten.« Wenn sie aber unverschämt und ungehorsam waren, kamen seine schlechtesten Eigenschaften ans Licht und er »geriet in Rage«. »Bligh war bei weitem nicht so hart wie Cook, der ein hemmungsloses Temperament und eine gewalttätige Ader hatte, wenn es ums Auspeitschen ging.«

Und Bligh war auch lange nicht so hart wie der vielbewunderte Seeheld (Horatio) Nelson, der »Meuterer mit extremer Grausamkeit bestrafte« (*Kennedy*, 1978, S. 398).

## Transformationale Führung und persönliche Wertvorstellungen

Um die transformationalen Bemühungen eines Führers verstehen zu können, muß man seine persönlichen Wertvorstellungen kennen. Ob ein Spitzenmanager individuelle Bedachtnahme befürwortet und anwendet, indem er die Angestellten in den Entscheidungsprozeß miteinbezieht, hängt davon ab, ob und wieviel Wert er auf partizipativen Führungsstil legt. *Dickson* (1982) fand, daß Manager, die eine starke humanistische Ausprägung haben, die Teilnahme ihrer Untergebenen am Entscheidungsprozeß als Mittel der Kommunikation ansehen und schätzen. Führer, die hauptsächlich unternehmnensorientiert waren, sahen im Mitspracherecht ihrer Untergebenen ein Mittel, sie dazu zu bringen, ihre Entscheidungen zu akzeptieren. Diejenigen, die hauptsächlich einer Entfremdung ihrer Angestellten vorbeugen wollten, wiederum sahen die Teilnahme ihrer Untergebenen am Entscheidungsprozeß als deren moralisches Recht an und als Mittel zur Hebung der Arbeitsmoral. So kommt also die Mitbestimmung der Angestellten aus ganz unterschiedlichen Motiven und von ganz verschiedenen Wertvorstellungen her zustande, aber das Resultat bleibt das gleiche. Andererseits aber waren jene, die den Wert der Arbeitsethik am meisten betonten, am wenigsten bereit, die Untergebenen am Entscheidungsprozeß teilhaben zu lassen.

Führer mit bestimmten Wertvorstellungen, Prinzipien und Idealen werden höchstwahrscheinlich transformationale Anstrengungen unternehmen, wenn der Ist-Zustand ihres Umfeldes diesen Bedingungen nicht entspricht. Ob die Wertvorstellungen und Zielerreichungen gut oder schlecht sind, ob der transformationale Führer ein weißes oder ein schwarzes Schaf ist, hängt letztlich von der Authentizität der durch die Transformation angestrebten Ziele ab.

*Führungsverhalten und Moral*

Nach *Burns* (1978) ist transformationale Führung dann moralisch, wenn sie den wahren Bedürfnissen der Geführten – so wie diese selbst sie sehen – Rechnung trägt.

Es gibt allgemein anerkannte und nahezu universelle ethische Werte wie z. B. die Achtung vor der Menschenwürde, das Prinzip der Gleichheit und die Erhaltung der Menschenrechte. Das Führungsverhalten sollte der Bewahrung der »allgemeinen und umfassenden Werte und den fundamentalen und dauernden Bedürfnissen der Geführten Rechnung tragen« (S. 42). Moralisches Führungsverhalten hilft den Geführten, den bestehenden Konflikt zwischen miteinander in Konkurrenz stehenden Wertvorstellungen zu lösen und die Unterschiede zwischen den Wertvorstellungen und den erworbenen Verhaltensweisen zurechtzurücken.

*Burns* findet, daß Führungsverhalten dann unmoralisch ist, wenn der Führer die Bedürfnisse der Geführten anhebt, ohne daß die Geführten echte höhere Bedürfnisse haben. *Hitlers* Führung war unmoralisch, weil er die Aufmerksamkeit der Geführten auf einen einzigen Feind konzentrierte, indem er den Anschein erweckte, daß die verschiedenen Gegner alle ein und demselben Lager angehörten, und indem er die Geführten dazu aufforderte, die Zielerreichung mit aller Brutalität voranzutreiben. Er gaukelte dem Volk eingebildete Konspirationen vor und erweckte fiktive Bedürfnisse, die nur durch die Vernichtung des fiktiven Feindes befriedigt werden konnten. Hitler transformierte das deutsche Volk – auf Kosten von vielen Millionen Menschen, die versklavt oder getötet wurden.

Führungsverhalten, das für Pseudoprobleme Pseudolösungen anbietet, um Pseudobedürfnisse durch Verblendung und Massenwahn zu befriedigen, ist zutiefst unmoralisch. Das Erwecken von Gruppenwahnvorstellungen – ein beliebtes Mittel der Demagogen – ist transformationale Führung der schlimmsten Art. Nach *Demause* (1982) ist Gruppenwahn eine kollektive Einbildung, die
> einen paranoiden Zusammenbruch vermeiden und einen als unerträglich empfundenen Zustand emotioneller Dissonanz zwischen einer relativ ruhigen äußeren Welt und einem tumultartigen inneren Aufruhr aus der Welt schaffen soll. So wird der unerträgliche Spannungszustand des drohenden Zusammenbruchs durch eine Spaltung aufgehoben: der unterdrückte narzisstische Zorn wird auf einen gemeinsamen Feind gelenkt, während die unerfüllte Liebe und der Größenwahn auf die Gruppe übertragen werden. Das Vaterland wird nun als unendlich wertvoll und allen anderen überlegen empfunden und die Gefahr, die ihm droht, kommt von außen, nicht von den eigenen unterdrückten Haßgefühlen (S. 186).

Um den Gruppenwahn wieder in den Griff zu bekommen, läßt man auf diesen Prozeß eine nicht-authentische Bedürfnisbefriedigung folgen. *Holsi* und *North* (1965) fanden, daß die paranoide Beeinflussung der deutschen Bevölkerung solange anhielt, bis der 1. Weltkrieg ausbrach. Die Kriegserklärung befriedigte die vorher geschaffenen Schein-Bedürfnisse und unmittelbar danach nahm die Spannung und die ängstliche Besorgtheit ab. Jetzt konnte der äußere Feind identifiziert und der erforderliche Handlungskurs bestimmt werden. Kriegserklärungen pflegen dem Volk nach all den vorangegangenen Unsicherheiten und Spannungen eine eingebildete Erleichterung zu verschaffen. Der Sieg erhält so eine moralische Bedeutung und liefert den Beweis für den Wert der gerechten Sache (*Demause*, 1982).

*Moralische Führung und das Wohl der Organisation*

Langfristig ist dem Wohl der Organisation mit einer moralischen Führung besser gedient. Damit meinen wir, daß Transformationen, die der Erfüllung der tatsächlichen Bedürfnisse dienen, sich als nützlicher erweisen als Transformationen, die sich auf künstlich erzeugte Bedürfnisse und Gruppen-Einbildungen stützen. Unternehmensführer sollten nach Möglichkeit keine schwarzen Schafe sein, sondern einen ethischen Code zur Unterscheidung von Recht und Unrecht haben, der von der Gesellschaft und der Arbeitswelt akzeptiert werden kann.

Nichtsdestoweniger gibt es aber auch hier Widersprüchlichkeiten. Jesus, jener große transformationale Führer, sagte: »Es steht geschrieben, daß ... Ich aber sage Euch ...!« Man sieht also, daß der transformationale Führer unter Umständen alles auf den Kopf stellen kann, was von der Gesellschaft vorher als Recht oder Unrecht angesehen wurde.

Im organisatorischen Bereich bedeutet moralisches Führungsverhalten eine Veränderung in Übereinstimmung mit den ethischen Prinzipien der jeweiligen Gesellschaft und Berufsgruppe, das Artikulieren und Erhöhen der Wahrnehmung authentischer Bedürfnisse. Dabei sollte den Untergebenen Gelegenheit gegeben werden, die Inkonsistenzen zu verstehen und ihre eigene Wahl zu treffen.

Moralisches Führungsverhalten trägt zum Wohl der Organisation bei und geht Hand in Hand mit der Integrität des Führers. Im militärischen Bereich zum Beispiel sollte der Führer

>»sagen was er meint und meinen was er sagt ... Aufrichtigkeit und Ehrlichkeit sind von vitaler Bedeutung. Wenn Soldaten im Krieg ihr Leben riskieren, müssen sie sich auf andere verlassen können. Sie mußten sich ja immer schon auf das Wort ihrer Untergebenen und ihrer Vorgesetzten verlassen können ... Menschenleben, Karrieren, Schlachten und das Schicksal der ganzen Nation hängen von der Fähigkeit militärischer Führer ab, die wahren Fakten nach bestem Wissen und Gewissen zu berichten, ganz gleich welche Folgen dies für sie selbst und andere nach sich ziehen kann. Die Untergebenen müssen die Gewißheit haben, ihrem Vorgesetzten bedingungslos vertrauen zu können. Nichts kann die Moral und die Schlagkraft der Truppe schneller untergraben als ein unzuverlässiger, Ausflüchte suchender, hinhaltender oder abwartender Führer. Schwindel, Betrug und Vertrauensbruch oder das Opfern anderer aus selbstsüchtigen Interessen: das sind die Krebsübel militärischer Organisationen, die ausgerottet werden müssen, wo immer sie angetroffen werden, wenn das Militär seine Vitalität und seine Schlagkraft erhalten will« (*Hays & Thomas*, 1967, S. 52).

Persönliche Integrität ist die unerläßliche Voraussetzung für den guten Ruf eines militärischen Führers. Es ist sein guter Ruf, der seinen Einfluß und seine Wirkung auf Vorgesetzte, Kollegen und Untergebene bestimmt. Seine Glaubwürdigkeit geht verloren – manchmal sogar unwiederbringlich – wenn sich herausstellt, daß er doppelzüngig ist. Allerdings muß man hinzufügen, daß Doppelzüngigkeit zum Zweck der Täuschung des Feindes manchmal dazu beiträgt, Schlachten zu gewinnen.

*Persönliche Wertvorstellungen und Leistung*

*England* und *Lee* (1974) haben sechs Punkte aufgestellt, die beschreiben, in welcher Weise die persönlichen Wertvorstellungen des Führers seine Leistung beeinflussen können. Was ein Führer für gut, richtig und wichtig hält, beeinflußt seine

Wahrnehmung von Situationen, anderen Menschen, Gruppen und Problemen ebenso, wie seine Entscheidungen und Problemlösungen. Auch Erfolg und Zielerreichung sowie das Erkennen dessen, was ethisch ist, und welche organisatorischen Zwänge akzeptiert oder abgelehnt werden müssen, werden von den persönlichen Wertvorstellungen des Führers beeinflußt. Die persönlichen Wertvorstellungen des Führers sind von so großer Bedeutung, daß ihre Darstellung unerläßlich ist. Dies gilt ebenso für die Werte von Gruppen, Institutionen und Gemeinden.

»Die Schaffung und Darlegung von Wertvorstellungen und ihre Evaluation sollte für den Führer so selbstverständlich sein wie für den Wissenschaftler die Schaffung und Überprüfung empirischer Lehrsätze. Das Erkennen und die Lösung von Diskrepanzen zwischen den Wertvorstellungen und der Realität sollten zu einem Unterrichtsgegenstand für Führungskräfte werden« (*Paige*, 1977, S. 199).

*Idealistische und pragmatische Wertvorstellungen*

Es gibt transformationale Führer, die höchst idealistisch sind und andere, die überhaupt keine Ideale haben. Transformationale Führer wie *de Gaulle* und *Woodrow Wilson* rühmten sich ihrer hohen Ideale. Andere transformationale Führer wiederum, wie beispielsweise *Franklin D. Roosevelt*, stützten sich hauptsächlich auf ihren Pragmatismus. *Roosevelt* bemerkte einmal zu einem seiner Vertrauten, *Harold Ickes*, »natürlich ist es nicht gut, sich in einen Krieg einzulassen, wenn man nicht sicher ist, daß man ihn gewinnt« (*Caro*, 1982, S. 588). *Lyndon Johnson* demonstrierte seinen totalen Mangel an gesellschaftlichen, wirtschaftlichen und politischen Idealen, indem er, wenn er mit Liberalen zusammen war, dem New-Deal-Liberalismus das Wort redete, und sich, wenn er mit Konservativen zusammentraf, als Anhänger eines altmodischen Konservatismus gab. Nichtsdestoweniger sind transformationale Führer, was immer ihre Ideale und Wertvorstellungen auch sein mögen, für ihre eigenen Handlungen verantwortlich – wie alle anderen Menschen auch. Und danach wird man sie letztendlich auch beurteilen. Manchmal geschieht dies sofort, manchmal sehr viel später oder auch gar nicht (*Stockdale*, 1981).

Manager, besonders jene auf den unteren Ebenen, legen meist sehr viel Wert auf Pragmatismus. Was in der Praxis funktioniert, wird als wichtiger angesehen als alles, was in der Theorie als richtig angesehen wird. Die Gewährleistung der Produktivität und die Aufrechterhaltung der bestehenden Normen werden als richtig, wichtig und gut angesehen (*Bass* et al. 1979). Daraus würde folgen, daß beim typischen unteren Manager oder Bürokraten, dem die Kooperation und die Konformität wichtiger ist als individuelle Initiative und Kreativität, mehr transaktionaler als transformationaler Führungsstil vorherrscht.

## Führung und der Zweck des Unternehmens

Die Wertvorstellungen des Führers hängen auch mit dem Zweck des Unternehmens zusammen. Ob er sich eines transformationalen oder eines transaktionalen Führungsstils bedient, hängt bis zu einem gewissen Grad auch von seiner Überzeugung ab, daß er Teil eines Systems ist, dessen Zweck die Maximierung der Erträge, die Zufriedenstellung verschiedener Gefolgschaften, oder ein Beitrag zur Erhöhung der Lebensqualität ist. *Hay* und *Gray* (1974) sind der Ansicht, daß die Geschichte des Managements im letzten Jahrhundert drei Entwicklungsphasen durchgemacht hat:

Die Gewinn-Maximierung, die verantwortliche Verwaltung und die Verbesserung der Lebensqualität.

Im späten 19. und frühen 20. Jahrhundert war das Management auf ein einziges Ziel ausgerichtet, dem alle anderen untergeordnet wurden – auf die Gewinn-Maximierung. Auf diese Art des Managements folgte dann ein Führungsstil, der am besten mit »verantwortlicher Verwaltung« beschrieben werden kann und der seine Aufgabe darin sah, systemausgleichend zu wirken, indem er die Interessen der Firmeninhaber, der Manager, der Angestellten, der Lieferanten, der Kunden, der Klienten und der kommunalen Belange gegeneinander abwog und miteinander in Einklang zu bringen suchte. In der jüngsten Vergangenheit hat sich ein neuer Management-Stil herauskristallisiert, bei dem größter Wert auf die von dem geführten System geschaffene Lebensqualität gelegt wird.

*Die Gewinn-Maximierung*

Manager, die auf Gewinn-Maximierung ausgerichtet sind, scheinen mehr dem Muster des transaktionalen Führers zu entsprechen – mit seiner Betonung der Eigeninteressen und seiner Ansicht, daß Arbeit eine Ware ist, die man für Geld kaufen und verkaufen kann. Für den transformationalen Faktor der charismatischen Führung bleibt bei Managern, die sich einzig und allein auf die Gewinn-Maximierung konzentrieren, wenig Raum. Auch in den Beziehungen zu den Untergebenen bleibt wohl wenig Raum für subjektive Gefühle. Die Beziehungen bleiben streng »businesslike«, unsentimental und sind nur darauf ausgerichtet, aus den geleisteten Diensten die bestmöglichen Erträge bei den niedrigstmöglichen

Kosten herauszuwirtschaften. *Hay* und *Gray* sowie auch eine Stichprobe von Führungskräften, die vom Verfasser untersucht wurde, schlugen vor, daß das »System der verantwortlichen Verwaltung« gegenwärtig bei Unternehmen und Unternehmensführern das beliebteste ist, obwohl noch eine Minderheit besteht, die der Gewinn-Maximierungsmethode des 19. Jahrhunderts anhängt, und auch eine zweite Minderheit, die sich für das Lebensqualität-Management des späten 20. Jahrhunderts einsetzt.

Wir nehmen an, daß die Anhänger der Profitmaximierung transaktionale und die Befürworter des Lebensqualität-Managements transformationale Führer sind. Die dazwischenliegenden Manager der verantwortlichen Verwaltung können sowohl das eine wie auch das andere, oder sogar beides zugleich sein.

Beim System der Gewinn-Maximierung würden Entwicklungsbestrebungen wahrscheinlich nur als gerechtfertigt angesehen werden, wenn sie langfristig zur Ertragssteigerung beitragen. Wenn irgend möglich bezahlt man nur Löhne, die gerade das Existenzminimum abdecken. Der Glaube an den Darwinismus führt zu der Annahme, daß Untergebene und Manager höchst unterschiedliche Rollen spielen und infolge ihrer unterschiedlichen angeborenen oder ererbten Fähigkeiten und Ambitionen auch ganz unterschiedliche Rechte und Belohnungen erhalten sollten.

In einem solchen System würde, wie wir annehmen, geistige Anregung der Untergebenen als unnütze Zeitverschwendung, wenn nicht gar als gefährliches Unterfangen angesehen werden. Für den Gewinn-Maximierer wäre wahrscheinlich der Abriß transaktionaler Beziehungen zwischen den Angestellten und dem Management – Bezahlung auf reiner Provisionsbasis oder Stückzahl-Akkordlöhne, die in direktem Zusammenhang mit der verkauften Ware oder den produzierten Einheiten stehen, das Sinnvollste. »Jeder hat seinen Preis, man muß ihn nur aushandeln.«


*Die verantwortliche Verwaltung*

Bei diesem Führungsstil werden eher vernünftige Zuwachsraten als gigantische Produktionssteigerung angestrebt. Auch hier kann transaktionale Führung auftreten – wenn es um Verhandlungen in Organisationen mit fluktuierenden Koalitionsbedingungen und Interessenkonflikten geht.

Die transaktionalen Prozesse der bedingten Belohnung sollten von gewinnorientierten Managern bevorzugt und von Managern, die sich der Erhöhung der Qualität des Arbeitslebens verschrieben haben, abgelehnt werden. Nach Ansicht der letzteren sollten die Angestellten infolge ihrer Einbeziehung in die Arbeitsplanung und Leistungskontrolle eine Selbstverstärkung entwickeln.

Daraus sollte sich ein erhöhtes Engagement und verstärkte Firmentreue ergeben.

Wir würden annehmen, daß die verantwortliche Verwaltung – im transaktionalen Sinn der bedingten Belohnung gesehen – in der Mitte zwischen den Systemen der Gewinn-Maximierung und der Lebensqualitätsverbesserung steht. Eine Bezahlung auf reiner Stückzahlbasis würde wohl schon aufgrund der potentiellen Nebenwirkungen, wie einer Verlangsamung des Arbeitstempos oder einer Verringerung der Qualität, abgelehnt werden. Verantwortliche Manager würden bedingte Belohnung wahrscheinlich höchstens in Form von Leistungsprämien befürworten. Ähnliche Spekulationen könnte man wahrscheinlich auch über die Anwendung des transaktionalen Prinzips des Management-by-Exception anstellen.

In der Wertsystemwelt der Gewinn-Maximierung wird zwischen dem Management und den Angestellten ein Preis für die von den Angestellten im Dienste des Unternehmens aufgewendete Zeit, Anstrengung und Arbeit festgesetzt. Wenn die Angestellten ihren Teil dieser Vereinbarung nicht erfüllen, schreitet das Management ein. Diese Intervention kann in Form von Tadel, Buße oder Entlassung erfolgen.

In der Sowjetunion wird nicht auf Gewinn-Maximierung, sondern auf Leistungs-Maximierung Wert gelegt. Auch bei diesem System gibt es bei Nicht-Erreichung der monatlichen Produktionsquoten Bußen (bis zu 30 %) und viele andere Strafen, wenn die vom zentralen Planungskomitee in Moskau festgesetzten Planziele nicht erreicht werden.

Für den Manager, der verantwortliche Verwaltung praktiziert, könnten manche Elemente des Management-by-Exception, beispielsweise das Überwachungssystem, von Bedeutung sein. Er muß zwar immer ein kritisches Auge auf die Ausgewogenheit des Systems haben, aber wenn ein Fehler entdeckt wird, kann er Korrekturmaßnahmen ergreifen, die sich nicht nur auf den Ort, an dem der Fehler aufgetaucht ist, sondern auch auf andere Bereiche des Systems auswirken können.

Wir nehmen an, daß der transaktionale Führungsstil des Management-by-Exception bei den Lebensqualität-Managern am seltensten anzutreffen ist, da diese ja erwarten, daß die Angestellten selbst die Verantwortung für ihre Handlungen übernehmen. Bei einem solchen Führungsstil sollten die Angestellten, falls nötig, selbst Korrekturmaßnahmen ergreifen – immer vorausgesetzt, daß sie über die nötigen Kenntnisse und Erfahrungen verfügen.

*Der auf Lebensqualität ausgerichtete Manager*

Transformationale Führung kann die Management-Ziele vom Prinzip der Gewinn-Maximierung über das System der verantwortlichen Verwaltung bis hin zum Lebensqualität-Management beinhalten. Aber wahrscheinlich kann man auch in einem System der verantwortlichen Verwaltung bis zu einem gewissen Grad transformationales Führungsverhalten antreffen. Verschiedene Gefolgschaften können durch eine transformationale Führung insoferne beeinflußt werden, als sie Kompromisse oder Lösungsmöglichkeiten für ihre zueinander in Konflikt stehenden Interessen suchen, indem sie diese zugunsten höherer organisatorischer Ziele und Interessen zurückstellen. Transformationale Führer können Interessengemeinschaften zu einer gemeinsamen Anstrengung im Interesse der Organisation bilden.

Schon von der Definition her verlangt das Lebensqualität-Management eine transformationale Konzentration auf umfassende und langfristige gesellschaftliche Ziele und Bedürfnisse, die über die eigenen unmittelbaren Interessen des Unternehmens hinausgehen. Es besteht der Wunsch, zum Wohl der Allgemeinheit beizutragen. Ein Sendungsbewußtsein wird angeregt: was gut für die Allgemeinheit ist, muß auch gut für die Firma sein.

Gleichzeitig akzeptiert der Lebensqualität-Manager als Wertvorstellung an sich aber auch die Konzentration des transformationalen Führers auf die individuelle Entwicklung der Angestellten. Das Management der verantwortlichen Verwaltung akzeptiert das Bedürfnis nach einer solchen Entwicklung auch, aber eher als Mittel zum Zweck, nämlich um das Bedürfnis der Angestellten nach Entfaltung zu befriedigen und um gleichzeitig ein wirkungsvolleres System aufzubauen.

Die Transformation von Untergebenen durch geistige Anregung wird wahrscheinlich bei Managern, die eine Verbesserung der Lebensqualität anstreben, am ehesten anzutreffen sein. Die Mitbestimmung der Angestellten wird als Mittel zum Zweck des Wachstums, der Problemlösung und des Beitrags der Firma zur Verbesserung der Umwelt und zum Nutzen der Allgemeinheit angesehen. Manager, die auf eine verantwortliche Verwaltung Wert legen, können ebenfalls für die geistige Anregung ihrer Untergebenen sein, aber ihre diesbezüglichen transformationalen Bemühungen werden von der Gesamtzielsetzung der Systemerhaltung eingeschränkt.

*Die Wertvorstellungen des Führers bestimmen sein Eingreifen*

Wie ein Manager eine Problemsituation einschätzt und ob er es für nötig hält einzuschreiten, hängt von seinen Wertvorstellungen ab. Ein Beispiel: Er bemerkt, daß Arbeiter müßig herumstehen. Der gewinnorientierte Manager wird darin einen »Vertragsbruch« sehen – die Arbeiter werden schließlich dafür bezahlt, zu arbeiten und nicht herumzustehen. Werkzeug und Maschinen werden nicht genügend ausgelastet, die Arbeiter drücken sich vor ihren Pflichten. Korrekturmaßnahmen werden ergriffen. Der Manager, dessen Wertvorstellungen in Richtung verantwortliche Verwaltung gehen, wird erst einschreiten, wenn er sich vergewissert hat, daß das müßige Herumstehen der Arbeiter tatsächlich Drückebergerei ist und nicht auf fehlerhafte Anweisungen oder mangelnden Materialnachschub zurückzuführen ist. Der Lebensqualität-Manager wird nur insoferne einschreiten, als er die Arbeiter fragt, ob sie Hilfe brauchen. Es kann aber auch sein, daß er überhaupt nicht einschreitet, weil er annimmt, daß die Unterhaltung der Arbeiter beim Herumstehen nützlich und sinnvoll ist.

## Der Führungsstil ist situationsabhängig

Bisher haben wir den Einfluß des externen und internen organisatorischen Umfelds und der persönlichen Merkmale auf den transformationalen Führungsstil besprochen. In vielen Fällen kann es aber auch sein, daß die Einbeziehung beider Effekte erforderlich ist, um das Auftreten transformationaler Führung zu erklären. So ist der Bedarf an charismatischer und inspirierender Führung sehr situationsabhängig. Führungspersonen müssen, wenn die Umstände dies erfordern, auf die potentielle Notwendigkeit transformationaler Führung aufmerksam gemacht werden.

*Ludendorffs* (9. April 1918) gewaltige Anstrengungen, die Briten zum englischen Kanal zurückzuwerfen, veranlaßten Feldmarschall Sir *Douglas Haig*, einen höchst ungewöhnlichen Tagesbefehl an alle Ränge herauszugeben. Schon die Ausdrucksweise allein war äußerst uncharakteristisch für ihn:

Uns bleibt keine andere Wahl als dies durchzukämpfen! Jede Stellung muß bis zum letzten Mann gehalten werden; ein Rückzug kommt nicht in Frage. Wir stehen mit dem Rücken zur Wand, und da wir an die gerechte Sache glauben, muß jeder von uns kämpfen bis zum Ende.

Die Sicherheit unserer Heimat und die Freiheit der ganzen Welt hängen davon ab, wie jeder einzelne von uns sich in dieser kritischen Situation verhält! (*Toland*, 1982, S. 156)

Diese von dem sonst gleichmütigen Haig kommenden Worte inspirierten sogar die Reservetruppen, die Lücken in den Linien zu schließen. Ein australischer Subalterner gab seiner Einheit den Befehl, die Stellung solange zu halten, bis sie abgelöst würde. »Wir werden diese Stellung nicht aufgeben, auch wenn wir sie bis zum Tode verteidigen müssen« (*Toland*, S. 159).

Haig war an sich kein charismatischer Führer, aber seine »mit dem Rücken zur Wand«-Botschaft hat im Jahr 1918 die kriegsmüden Truppen in Flandern wirklich transformiert.

Abb. 10 ist ein Modell, das die Auswirkungen der persönlichen Merkmale beschreibt, die wir in diesem Kapitel besprochen haben.

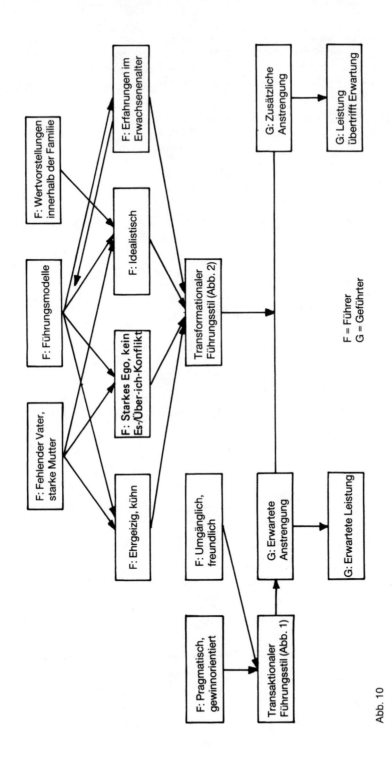

Abb. 10

# Teil VI: Quantitative Untersuchungen

*Kelvin* sagte »wenn man es nicht messen kann, weiß man nicht, wovon man spricht«. Wir würden einschränkend sagen, wenn man es nicht messen kann, weiß man möglicherweise nicht, wovon man spricht. Es gibt die unterschiedlichsten Führer. Um hier zu wissen, wovon wir sprechen, müssen wir messen, in welchem Maß und in welcher Weise sich transaktionale und transformationale Führer voneinander unterscheiden.

# Kapitel 11: Beschreibung des transaktionalen und des transformationalen Führungsverhaltens

Ausgehend von den Definitionen transaktionalen und transformationalen Führungsverhaltens und ermutigt durch die Ergebnisse einer Pilot-Untersuchung der in Kapitel 2 beschriebenen Konzepte, gingen wir daran, quantitative Analysen
1) der Austauschprozesse zwischen dem transaktionalen Führer und seinen Untergebenen (Willfährigkeit – Belohnung) und
2) der Motivation und der Hinführung der Untergebenen zu höheren und selbstloseren Zielen durch den transformationalen Führer
durchzuführen.

## Die Intensität des Führungsverhaltens

Zuerst versuchten wir nachzuweisen, daß Führungspersonen, die wir als transformational eingestuft hatten, ein intensiveres Führungsverhalten pflegen als transaktionale. Diese Hypothese, die auf den in Kapitel 1 beschriebenen Anregungs- und Motivationsprozessen aufbaute, wurde jedoch durch die Ergebnisse nicht unterstützt.

*Sheridan* et al. (1982) entwickelten daraufhin verhaltensbezogene Beurteilungsskalen, mittels derer die Intensität, die höchste Ausprägung und die Ausrichtung des jeweiligen Führungsverhaltens anhand von sieben Faktoren gemessen wurde: Aufgabenorientierung, Mitspracherecht, Bedachtnahme, Leistungsfeedback, persönliche Integrität, Leistungsbelohnung und Selbstdarstellung.

Auf der Leistungsfeedback-Skala beispielsweise war die positivste und am höchsten (mit 90 von 100 Punkten) bewertete empirische Aussage »Der Vorgesetzte sagt den Untergebenen, auf welchen Gebieten ihre Leistungen gut sind und auf welchen Gebieten sie sich noch verbessern sollten, um ihren beruflichen Aufstieg zu fördern.« Fast ebenso hoch bewertet wurde die Aussage »Der Vorgesetzte teilt den Untergebenen immer wieder seine Ansicht über ihre Arbeitsleistung mit«.

Eine neutrale Aussage, die mit etwa 55 Punkten bewertet wurde, war »Der Vorgesetzte kritisiert die Untergebenen, wenn ihre Arbeit nicht zufriedenstellend ist, macht aber selten eine Bemerkung über gute Arbeit«. An unterster Stelle des Leistungsfeedback-Faktors stand »Der Vorgesetzte beklagt sich über die Leistung eines Untergebenen bei allen möglichen Leuten, nur nicht beim Betreffenden selbst«. Etwas höher auf der Bewertungsskala stand »Der Vorgesetzte bewertet die Leistungen aller Untergebenen gleich, ganz egal wie gut ihre Arbeit ist«.

Zweiundfünfzig Studenten der Wirtschaftswissenschaften wurden nach den sieben Führungsverhaltens-Skalen getestet. Die charakteristischen Merkmale des transaktionalen Führers wurden ihnen wie folgt geschildert:
1) Er erkannte, was Sie für Ihre Arbeit bekommen möchten und sah dazu, daß Sie es bekamen, wenn Ihre Leistung seinen Vorstellungen entsprach.
2) Er belohnte Anstrengung und gute Leistung, oder versprach zumindest, sie zu belohnen, und/oder
3) Er ging auf Ihre unmittelbaren Eigeninteressen ein, wenn die von Ihnen geleistete Arbeit dies rechtfertigte.

Die Studenten wurden gebeten, auf den sieben Skalen für Führungsverhalten den höchsten, den mittleren und den niedrigsten Verhaltenswert eines transaktionalen Führers anzukreuzen, unter dem sie gearbeitet hatten oder den sie gut genug kannten, um ihn beurteilen zu können.

In ähnlicher Weise wurden 50 andere Studenten der Wirtschaftswissenschaften die charakteristischen Eigenschaften des transformationalen Führers beschrieben:
1) Er motivierte Sie dazu, mehr zu tun, als Sie ursprünglich vorhatten
2) Er erhöhte Ihr Bewußtseinsniveau
3) Er erhöhte Ihr Bedürfnis-Niveau von dem Bedürfnis nach Sicherheit oder Anerkennung auf das Bedürfnis nach Leistung oder Selbstverwirklichung, und/oder
4) Er führte Sie dazu, Ihre Eigeninteressen zugunsten jener der Gruppe oder des Unternehmens zurückzustellen.

Auch diese Studenten wurden gebeten, das Verhalten eines transformationalen Führers, unter dem sie gearbeitet hatten, oder den sie gut genug kannten, um ihn zu beurteilen, auf den jeweiligen Skalen anzukreuzen.

Als Arbeitshypothese nahmen wir an, daß die Versuchspersonen bei transformationalen Führern ein intensiveres Führungsverhalten angeben würden. Bei fünf der sieben Faktoren wurden keine signifikanten Unterschiede festgestellt. Entgegen unseren Erwartungen stellte sich auch heraus, daß transaktionalen Führern eine signifikant höhere Intensität hinsichtlich der Bedachtnahme auf die persönlichen Bedürfnisse und Gefühle der Untergebenen zugeschrieben wurde (siehe Tabelle 1). Sie wurden auch hinsichtlich der Intensität des Leistungsfeedback signifikant höher eingestuft – dem Ausmaß, in dem der Führer die Arbeit der Untergebenen bewertet und sie über ihre jeweiligen Leistungen informiert.

Wir würden annehmen, daß in der Retrospektive die höhere Intensität des unmittelbaren Feedback in logischer Übereinstimmung mit der Austausch-Beziehung steht, die von den transaktionalen Führern befürwortet wird. Die Ergebnisse der hochgradigen Bedachtnahme auf die persönlichen Bedürfnisse der Geführten widerspiegelte aber nicht das, was im Hinblick auf die Häufigkeit solchen Verhaltens gefunden wurde.

Tabelle 1 – Mittelwerte der höchst intensiven, normalen und am wenigsten intensiven Verhaltensweisen transaktionaler und transformationaler Führer.

|  | 50 transaktionale Führer | 52 transformationale Führer |
|---|---|---|
| **AUFGABENORIENTIERUNG** | | |
| Höchst intensiv | 88,2 | 85,1 |
| Normal | 61,2 | 65,4 |
| Am wenigsten intensiv | 40,3 | 34,2 |
| **MITSPRACHERECHT** | | |
| Höchst intensiv | 79,7 | 78,8 |
| Normal | 63,7 | 60,2 |
| Am wenigsten intensiv | 39,9 | 37,9 |
| **BEDACHTNAHME+** | | |
| Höchst intensiv | 84,9 | 81,4 |
| Normal | 73,0 | 65,0 |
| Am wenigsten intensiv | 52,9 | 47,8 |
| **PERSÖNLICHE INTEGRITÄT** | | |
| Höchst intensiv | 85,5 | 81,4 |
| Normal | 69,9 | 65,0 |
| Am wenigsten intensiv | 55,1 | 47,8 |
| **LEISTUNGSFEEDBACK** | | |
| Höchst intensiv | 81,4 | 80,6 |
| Normal | 67,0 | 65,1 |
| Am wenigsten intensiv | 45,4 | 45,4 |
| **SELBSTDARSTELLUNG** | | |
| Höchst intensiv | 85,4 | 83,5 |
| Normal | 69,0 | 65,6 |
| Am wenigsten intensiv | 44,1 | 44,9 |

+ - $p < 01$ für die Gesamtunterschiede zwischen transaktionalen und transformationalen Führern.

Die 50 bzw. 52 MBAs wurden auch gebeten, die Stogdill-Version (1963) des Fragebogens zur Erfassung des Führungsverhaltens LBDQ (Leader Behavior Description Questionnaire) auszufüllen. Die Ergebnisse stimmten im Hinblick auf die Häufigkeit (nicht aber die Intensität) des jeweiligen Verhaltens transaktionaler und transformationaler Führer überein. Bei der Skala zur Bewertung der Bedachtnahme auf die Untergebenen betrug der Mittelwert für die transaktionalen Führer 21,7 und für die transformationalen 21,8. Bei der Skala für die Strukturierung lagen die Werte jeweils bei 17,6 und 17,3.

Wie es schon bei unserer Pilotstudie der Fall war, wiesen auch diese Ergebnisse darauf hin, daß die Untergebenen sich rückblickend an mindestens einen, wenn nicht an mehrere transformationale Führer erinnern konnten, unter dem sie gearbeitet hatten. Transformationale Führer sind also keine Seltenheit. Zweitens stellte sich heraus, daß sich transaktionale und transformationale Führer hinsichtlich der Intensität, Extremheit und Ausrichtung des Führungsverhaltens nicht voneinander unterschieden. Die einzigen Ausnahmen waren die Befriedigung der unmittelbaren Bedürfnisse der Untergebenen und das Feedback. Drittens gab es auch hinsichtlich der allgemein üblichen Maßnahmen und der Bedachtnahme keine Unterschiede zwischen transaktionalen und transformationalen Führern. Wir schlossen daraus, daß wir uns der Untersuchung der Häufigkeit dieses Verhaltens und der mehr spezifischen Verhaltensweisen der transaktionalen und transformationalen Führer widmen sollten. Auch hatten wir das Gefühl, daß den Probanden, wenn wir sie einfach baten, das Verhalten transaktionaler und transformationaler Führer zu beschreiben, unsere Unterscheidung zwischen den beiden Führungstypen möglicherweise nicht ganz klar war. Wir mußten also ein unabhängiges Instrument schaffen, mit dem die Unterschiede zwischen transaktionalen und transformationalen Führern mit letzter Reliabilität und Validität gemessen werden konnten.

## Zuordnung und Auswertung der Antworten

Unser nächster Schritt war, spezifische transformationale und transaktionale Merkmale zusammenzustellen und sie verläßlich voneinander zu unterscheiden. Hierzu benützten wir mehrere Quellen.

Die in Kapitel 2 beschriebenen Open-end-Antworten der in unserer Pilotstudie untersuchten 70 Führungskräfte war eine davon. Eine Sichtung der Literatur (*Bass, 1981*) mit besonderer Beachtung von Beeinflussungsprozessen, Charisma, und der Dynamik der Austauschprozesse ergab viele zusätzliche Items zur Beschreibung des transformationalen und transaktionalen Führers. Insgesamt stellten wir 142 Items zusammen. Diese Liste übergaben wir dann 11 promovierten Absolventen von Wirtschafts- und Sozialwissenschaftlichen Universitäten, die gerade an einem Seminar für Führungsverhalten teilnahmen. Es wurde jedem von ihnen eine detaillierte Beschreibung transformationalen und transaktionalen Führungsverhaltens gegeben und sie wurden gebeten, die betreffenden Abschnitte der Bass'schen Untersuchung (1981, Seiten 20, 455, 609–611) zu lesen. Sie wurden außerdem gebeten, sich selbst ganz genau über die Definition solcher Begriffe wie Charisma, Idiosynkrasie, Wertschätzung und Macht klarzuwerden. Daraufhin teilte jeder für sich die 142 in drei Kategorien ein: transformational, transaktional oder »weiß ich nicht«.

Dreiundsiebzig der 142 Items wurden schließlich für den revidierten Fragebogen ausgewählt. Ein Item wurde als transformational genommen, wenn 8 oder mehr der 11 Beurteiler es als transformational einstuften und keiner oder höchstens einer es als transaktional ansah. Als transaktional wurde ein Item gewählt, wenn 9 oder mehr von den 11 es als transaktional und einer oder keiner es als transformational einstufte.

Ein ganz eindeutig transformationales Item, das von allen elf Beurteilern einstimmig als solches eingestuft wurde, war »Er/Sie veranlaßt mich, meine Eigeninteressen zugunsten jener der Gruppe zurückzustellen«.

Ein eindeutiges transaktionales Item, bei dem alle 11 übereinstimmten, war »Er/Sie veranlaßt mich, mich mehr auf meine eigenen Interessen als auf die der Gruppe zu konzentrieren«.

Hier noch ein Beispiel eines unklaren Items, das von fünf der Beurteiler als transformational eingestuft wurde, von vier als transaktional und von zwei als »das kann ich nicht sagen«, war »Sein Führungsverhalten hatte zur Folge, daß ich alle Anstrengungen unternahm, um die Arbeit zufriedenstellend zu erledigen«.

Ein zweites Beispiel eines zweideutigen Items, das zehn von den elf mit »das weiß ich nicht« beantworteten, war »Er/Sie hält die gemachten Zusagen ein«.

## Die Skalierung der Beschreibung der Vorgesetzten durch die Untergebenen

Als nächstes gingen wir daran zu untersuchen, ob die Items, die eindeutig als transformational oder transaktional identifiziert worden waren, für psychometrische Studien mit den gleichen zwei Dimensionen skaliert werden konnten.

Die 73 Items wurden in Zufallsreihung in einen Fragebogen aufgenommen, der am Ende dieses Kapitels abgedruckt ist. Dieser Fragebogen wurde 104 Personen vorgelegt – US-Army-Offizieren, ausländischen Offizieren und Zivilisten von vergleichbarem Rang. Sie alle studierten am Army War College. Die amerikanischen Offiziere machten über 95 % der Stichprobe aus. Weniger als 2 % waren weiblichen Geschlechts. Von den zu beschreibenden Vorgesetzten unserer Probanden waren 91,3 % im Rang von Generälen oder Obersten, 1,9 % waren Oberstleutnants und die verbleibenden 6,7 waren Zivilisten von vergleichbarem Rang.

Mittelwerte und Varianzen der Items des Fragebogens über Führungsverhalten (Formular 1)

| Item | Mittelwert | Var. | Item | Mitt. | Var. | Item | Mitt. | Var. |
|---|---|---|---|---|---|---|---|---|
| 1 | 2.58 | 1.35 | 26 | 2.24 | 1.44 | 51 | 2.13 | 1.37 |
| 2 | 2.66 | 1.25 | 27 | 2.55 | 1.39 | 52 | 2.54 | 1.30 |
| 3 | 3.41 | 0.85 | 28 | 2.45 | 1.19 | 53 | 1.97 | 1.46 |
| 4 | 2.76 | 1.15 | 29 | 2.17 | 1.31 | 54 | 1.62 | 1.26 |
| 5 | 2.87 | 1.22 | 30 | 2.09 | 1.10 | 55 | 2.29 | 1.25 |
| 6 | 3.31 | 1.01 | 31 | 2.17 | 1.30 | 56 | 1.73 | 1.39 |
| 7 | 2.14 | 1.22 | 32 | 2.12 | 1.06 | 57 | 1.68 | 1.20 |
| 8 | 2.76 | 1.14 | 33 | 3.00 | 1.15 | 58 | 1.60 | 1.28 |
| 9 | 2.27 | 1.18 | 34 | 2.60 | 1.10 | 59 | 2.53 | 1.24 |
| 10 | 2.14 | 1.30 | 35 | 2.27 | 1.29 | 60 | 2.39 | 1.33 |
| 11 | 2.73 | 1.25 | 36 | 2.00 | 1.15 | 61 | 2.38 | 1.20 |
| 12 | 2.75 | 1.22 | 37 | 2.56 | 1.45 | 62 | 2.48 | 1.35 |
| 13 | 2.27 | 1.36 | 38 | 2.24 | 1.41 | 63 | 1.47 | 1.21 |
| 14 | 2.25 | 1.31 | 39 | 2.25 | 1.35 | 64 | 1.08 | 1.09 |
| 15 | 1.98 | 1.13 | 40 | 2.62 | 1.30 | 65 | 1.54 | 1.19 |
| 16 | 2.06 | 1.30 | 41 | 2.61 | 1.35 | 66 | 2.90 | 1.18 |
| 17 | 2.25 | 1.45 | 42 | 2.18 | 1.32 | 67 | 2.16 | 1.25 |
| 18 | 2.43 | 1.40 | 43 | 2.75 | 1.11 | 68 | 2.17 | 1.32 |
| 19 | 2.03 | 1.15 | 44 | 2.68 | 1.04 | 69 | 1.91 | 1.11 |
| 20 | 2.62 | 1.42 | 45 | 2.40 | 1.10 | 70 | 1.50 | 1.35 |
| 21 | 1.75 | 1.25 | 46 | 2.87 | 1.15 | 71 | 1.80 | 1.27 |
| 22 | 2.59 | 1.30 | 47 | 0.91 | 1.15 | 72 | 1.68 | 1.19 |
| 23 | 0.79 | 1.14 | 48 | 1.47 | 1.14 | 73 | 1.38 | 1.19 |
| 24 | 1.77 | 1.29 | 49 | 1.97 | 1.18 | | | |
| 25 | 2.12 | 1.27 | 50 | 2.78 | 1.36 | | | |

26,9 % gehörten der Infanterie, 11,5 % der Artillerie, 11,5 % der Panzertruppe, 22,1 % den Nachschubtruppen und 25,0 % anderen Sparten an. Die Probanden hatten ihre jeweiligen Vorgesetzten über folgende Zeiträume gekannt: 12,5 % über zwei Jahre, 47,1 % über ein, aber weniger als zwei Jahre, 37,5 % über sechs Monate, aber weniger als ein Jahr, 2,9 % weniger als sechs Monate.

Die Probanden wurden ersucht, ihren derzeitigen unmittelbaren Vorgesetzten (oder einen in ihrer jüngsten Vergangenheit, den sie besser kannten) zu beschreiben und sie wurden gebeten anzugeben, wie oft ihr Vorgesetzter jede der 73 Verhaltensweisen oder Einstellungen gezeigt hat, wobei folgende Einteilung galt:

A = häufig oder immer
B = ziemlich oft
C = manchmal
D = hin und wieder
E = nie

Das Größenordnungs-Schätzungs-Verhältnis zueinander war 4:3:2:1:0 (nach *Bass* et al. 1974). Daraus ergab sich folgendes Scoring: A = 4 Punkte, B = 3, C = 2, D = 1 und E = 0. Das heißt, daß beispielsweise »ziemlich oft« eine Häufigkeit impliziert, die dreimal so hoch ist wie »hin und wieder« und so drei Punkte ergibt. »Hin und wieder« ergab einen Punkt.

Unsere Aufstellung zeigt die Mittelwerte und Varianzen aller 73 Items. Das am häufigsten beobachtete Führungsverhalten war das transaktionale Item, das anzeigte, daß die Probanden im Durchschnitt mehr als oft das Gefühl hatten, daß der Führer mit ihnen zufrieden war, wenn sie die vereinbarten Leistungsnormen für »gute Arbeit« erreichten. Dies ist Item 3, das einen Mittelwert von 3,41 bei den 104 Führern ergab. Im Vergleich zu allen anderen war die Varianz dieses Items mit .85 am geringsten. Die höchste Varianz von 1,46 ergab sich bei Item 53 »Ich kann mit ihm/ihr, wenn immer ich es für notwendig finde, darüber verhandeln, was ich für meine Leistungen zu bekommen habe«. Dieses Item hatte einen Durchschnittswert von 1,97, was bedeutet, daß das beschriebene Verhalten »manchmal« auftrat. Gleichzeitig wurden diese 104 Führer sehr selten (X = .79) mit der Aussage »er sagt mir, ich soll mich mehr auf meine eigenen Interessen als auf jene der Gruppe konzentrieren« beschrieben (Item 23).

## Die Skalierung des transaktionalen und transformationalen Führungsverhaltens

Mittels Interner-Konsistenz-Analysen wurden zwei Skalen aufgestellt. Jene Items, die zuerst aus der Antwort-Zuordnungs-Analyse als transaktional oder transformational hervorgegangen waren, wurden jeweils zusammengefaßt, um zu Gesamt-Scores für transaktionale und transformationale Items zu gelangen. Die zweiteiligen Reliabilitäten waren .86 und .80. Die transformationalen Scores korrelierten .72 mit den transaktionalen. Auch jene, die hohe Punktezahlen in transaktionaler Führung hatten, korrelierten umgekehrt in gleicher Weise mit den transformationalen. Jene, die geringe transaktionale Führung aufwiesen, traten auch bei transformationaler Führung weniger häufig auf.

Es war also eine Faktorenanalyse erforderlich.

*Fragebogen zur Erhebung des Führungsverhaltens*

Anmerkung: Im folgenden finden Sie deskriptive Aussagen über Vorgesetzte. Wir möchten, daß Sie bei jeder Aussage angeben, *wie häufig* Ihr gegenwärtiger

unmittelbarer Vorgesetzter (oder ein anderer Vorgesetzter ihrer jüngsten Vergangenheit, den sie besser kennen) das beschriebene Verhalten zeigte.
Benützen Sie bitte folgenden Schlüssel für die fünf möglichen Antworten:

| A | B | C | D | E |
|---|---|---|---|---|
| Häufig oder immer | Ziemlich oft | Manchmal | Hin und wieder | Überhaupt nicht |

Wenn ein Item irrelevant oder nicht zutreffend ist, oder wenn Sie unsicher sind oder es nicht wissen, lassen Sie bitte die Antwort aus.

1. Ich bin gerne mit ihm/ihr zusammen.
2. Er bewirkt, daß ich mich wie ein Führer fühle und wie ein solcher handle.
3. Ist mit mir zufrieden, wenn ich die vereinbarten Normen für »gute Arbeit« einhalte.
4. Veranlaßt mich, meine eigenen Interessen zugunsten der Gruppe zu opfern.
5. Gibt mir das Gefühl, daß wir unsere Ziele nötigenfalls auch ohne ihn/sie erreichen können.
6. Ich erreiche sein Wohlwollen, wenn ich gute Arbeit leiste.
7. Versichert mir, daß ich das bekommen kann, was ich persönlich möchte, wenn ich mich anstrenge.
8. Veranlaßt mich, über meine unmittelbaren Selbstinteressen hinaus zum Nutzen der Gruppe zu arbeiten.
9. Setzt die Vorschläge der Gruppe in die Tat um.
10. Ermittelt, was ich haben möchte, und versucht mir zu helfen, es zu bekommen.
11. Man kann damit rechnen, daß er einen lobt, wenn man gute Arbeit geleistet hat.
12. Fordert jedem Respekt ab.
13. Sein Führungsverhalten bringt mich dazu, mich bei Erfüllung all meiner Aufgaben anzustrengen.
14. Seinetwegen/ihretwegen kümmere ich mich weniger um meine eigenen unmittelbaren Bedürfnisse und mehr darum, daß das Gruppenziel erreicht wird.
15. Schenkt jenen Mitgliedern, die anscheinend vernachläßigt werden, seine persönliche Beachtung.
16. Verdient meine Wertschätzung, da er mir hilft zu bekommen, was ich haben möchte.
17. Ist für mich ein Vorbild.
18. In meinen Augen ist er ein Sybmbol für Leistung und Erfolg.

19. Hat mir einen neuen Einblick in Dinge verschafft, die mir vorher rätselhaft waren.
20. Hat Teamgeist.
21. Redet viel über besondere Belohnungen und Beförderungen für gute Arbeit.
22. Ich vertraue seinen Fähigkeiten und seinem Urteilsvermögen – er wird jedes Hindernis überwinden.
23. Veranlaßt mich, mich mehr auf meine eigenen Interessen als auf jene der Gruppe zu konzentrieren.
24. Veranlaßt mich, mehr zu tun als ich erwartet hatte schaffen zu können.
25. Ist damit zufrieden, daß ich meine Arbeit so wie immer tue.
26. Ist ein Ansporn für uns.
27. Macht mich stolz, mit ihm/ihr zusammenzuarbeiten.
28. Sagt mir, wie ich meinen Aufgaben gerecht werde.
29. Hat eine besondere Gabe zu sehen, was für mich wirklich wichtig ist.
30. Seine/ihre Ideen haben mich veranlaßt, manche meiner eigenen Ansichten, die ich vorher nie in Frage gestellt habe, neu zu überdenken.
31. Macht mir klar, was ich zu erwarten habe, wenn meine Leistungen den vorgeschriebenen Normen entsprechen.
32. Versetzt mich in die Lage, alte Probleme von einer neuen Warte aus zu betrachten.
33. Ist eine dominierende Figur innerhalb unserer Gruppe.
34. Gibt mir das Gefühl, daß ich vorwärts kommen kann, wenn ich zufriedenstellende Arbeit leiste.
35. Stellt sicher, daß die Belohnung der guten Leistung der Untergebenen auf dem Fuße folgt.
36. Inspiriert zur Loyalität.

38. Erhöht meinen Optimismus über meine Zukunft.
39. Ist nach innen gerichtet.
40. Inspiriert zur Loyalität gegenüber der Organisation.
41. Ich habe vollkommenes Vertrauen zu ihm/ihr.
42. Seine/ihre Visionen dessen, was wir, wenn wir alle zusammenarbeiten, leisten können, regen uns an.
43. Behandeln jeden Untergebenen individuell.
44. Spricht mit uns über die Zwecke unserer Organisation.
45. Schärft mein Bewußtsein für das, was wirklich wichtig ist.
46. Akzeptiert mich so wie ich bin, solange ich meine Arbeit erledige.
47. Ist für mich eine Vater-Figur.
48. Ich beschließe, was ich haben möchte, und er/sie zeigt mir, wie ich es bekommen kann.

49. Setzt Leistungsstandards, die ich leicht aufrechterhalten kann.
50. Ermutigt mich, meine Vorstellungen und Meinungen auszusprechen.
51. Motiviert mich, mehr zu leisten als ich erwartet hatte.
52. Erhöht meine Erfolgsmotivation.
53. Ich kann mit ihm/ihr jederzeit, wenn ich es für nötig halte, darüber verhandeln, was ich für meine Leistungen zu bekommen habe.
54. Verlangt nicht mehr von mir, als was unbedingt nötig ist, um die Arbeit zu erledigen.
55. Verschafft mir die Möglichkeit der Kommunikation mit anderen.
56. Ermuntert mich, meine Freizeit vernünftig zu nützen.
57. Neigt dazu, sich als »Feuerlöscher« zu betätigen, anstatt sich auf langfristige Vorhaben zu konzentrieren.
58. Sagt mir nur, was ich für meine Arbeit wissen muß.
59. Sagt uns in großen Zügen, was getan werden muß und überläßt es uns, uns um die Details zu kümmern.
60. Veranlaßt uns, die Standpunkte und Ansichten anderer Mitglieder zu verstehen.
61. Solange alles gut geht, versucht er/sie nicht, etwas zu ändern.
62. Vermittelt mir das Gefühl der allgemeinen Zweckgerichtetheit.
63. Sagt mir, was ich tun muß, um Anerkennung für meine Anstrengungen zu finden.
64. Ohne ihn/sie ist es uns unmöglich, unsere Ziele zu erreichen.
65. Gibt mir was ich brauche im Austausch für meine Unterstützung.
66. Hat ein Missionsbewußtsein, das er/sie auf mich überträgt.
67. Sieht dazu, daß meine Bedürfnisse erfüllt werden.
68. Steckt seine Umgebung mit seinem Enthusiasmus über die zu erledigenden Aufgaben an.
69. Solange die alten Methoden funktionieren, ist er/sie mit meiner Leistung zufrieden.
70. Sein/ihr Verhalten ist ein Vorbild für mich.
71. Es macht ihm/ihr nichts aus, wenn ich die Initiative ergreife, aber er/sie ermutigt mich auch nicht dazu.
72. Es gibt eine genaue Vereinbarung, was ich zur Gruppen-Anstrengung beizutragen habe und was ich dafür bekomme.
73. Ohne seine/ihre Visionen hinsichtlich dessen, was vor uns liegt, würden wir es schwierig, wenn nicht unmöglich finden, weiterzukommen.
74. Die Person, die ich beschreibe, ist
    A. Männlich
    B. Weiblich

75. Wenn die Person, die ich beschreibe, dem Militär angehört, ist sie
    A. Oberst oder General
    B. Oberstleutnant
    C. Major
    D. Hauptmann
    E. Leutnant
76. Wenn die Person, die ich beschreibe, ein Zivilist ist
    A. Erstrangiger Vorgesetzter
    B. Zweitrangiger Vorgesetzter
    C. Drittrangiger Vorgesetzter
    D. Viertrangiger Vorgesetzter
    E. Fünftrangiger Vorgesetzter
77. Wie lange haben Sie unter der Person, die Sie beschreiben, gearbeitet?
    A. Drei Monate oder weniger
    B. Über drei, aber weniger als sechs Monate
    C. Mehr als sechs Monate, aber weniger als ein Jahr
    D. Mehr als ein Jahr, aber weniger als zwei Jahre
    E. Über zwei Jahre
78. Die Person, die ich beschreibe, ist in der
    A. Infanterie
    B. Artillerie
    C. Panzertruppe
    D. Nachschubtruppe
    E. Sonstiges

Für die Items 79–82 bedeutet

A = äußerst effektiv
B = sehr effektiv
C = effektiv
D = nur schwach effektiv
E = nicht effektiv

79. die allgemeine Arbeitsleistung Ihrer Einheit kann als .......... bezeichnet werden.
80. Wie stufen Sie die Effektivität Ihrer Einheit im Vergleich zu allen anderen Einheiten, die Sie kennen, ein?
81. Wie effektiv ist Ihr Vorgesetzter im Hinblick auf die Erfüllung der arbeitsmäßigen Bedürfnisse seiner Untergebenen?
82. Wie effektiv ist Ihr Vorgesetzter im Hinblick auf die Erfüllung der Anforderungen der Organisation?

Für die Items 83–84 bedeutet
A = sehr zufrieden
B = ziemlich zufrieden
C = weder zufrieden noch unzufrieden
D = etwas unzufrieden
E = sehr unzufrieden

83. Wie zufrieden sind oder waren Sie im Allgemeinen mit Ihrem Vorgesetzten?
84. Wie zufrieden sind Sie im Hinblick darauf, daß die Führungsmethoden Ihres Vorgesetzten für die Gruppenziele richtig waren?

# Kapitel 12: Faktoren der transaktionalen und transformationalen Führung

Die in diesem Kapitel beschriebenen Ergebnisse stellten die Grundlage für die Gliederung dieses Buches dar. Wir zeigen in diesem Kapitel die quantitativen Analysen, die dieser Struktur zugrundeliegen. Darauf folgt dann eine kurze Übersicht über die Untersuchungen der Korrelation der Faktoren des Führungsverhaltens mit den Meßdaten der Arbeitszufriedenheit, der zusätzlichen Anstrengung und die Leistung der Untergebenen. Die Ergebnisse der Tests des Modells in bezug auf die Relation zwischen transformationalem und transaktionalem Führungsverhalten werden ebenfalls dargestellt.

## Die Faktorenanalyse

Eine Faktorenanalyse der Hauptkomponenten wurde mittels Varimax-Rotation mit den Daten von 104 Offizieren durchgeführt, wie in Kapitel 11 beschrieben. Die Versuchspersonen mußten einen Fragebogen über das Führungsverhalten ihrer unmittelbaren Vorgesetzten ausfüllen. Es ergaben sich sieben Faktoren mit Eigenwerten über 1.0, die 89.5 % der gesamten Varianz der 73 Items aufklärten.

Tabelle 2 zeigt die letzte rotierte Faktoren-Matrix der sieben Faktoren und der 73 Items.

Leider sind für eine Faktorenanalyse mit 73 Items ungefähr sechsmal soviele – also etwa 450 – Probanden erforderlich, wenn man hochstabile Ergebnisse erzielen will. Jedoch trat bei den Faktorenergebnissen für die 104 Fälle, von denen wir hier berichten, keine substantielle Strukturveränderung auf, als wir der Stichprobe noch 72 Senior-Offiziere hinzufügten.

Auch als die Analyse mit den zusätzlichen 72 Fällen wiederholt wurde, traten die ersten fünf Faktoren in derselben Weise auf. Wie wir noch erklären werden, mußten jedoch die letzten zwei als unabhängige Faktoren aufgegeben werden. Im folgenden geben wir eine detaillierte Aufstellung der verbliebenen fünf Faktoren.

Tabelle 2 – *Varimax-rotierte Faktoren-Matrix*

| Item | Factor | | | | | | | $h^2$ |
|---|---|---|---|---|---|---|---|---|
| | I | II | III | IV | V | VI | VII | |
| 1 | .83 | .06 | .26 | .16 | .13 | .03 | −.14 | .96 |
| 2 | .69 | .11 | .31 | .28 | .00 | .12 | −.17 | .91 |
| 3 | .55 | .24 | .50 | .08 | .09 | .00 | .00 | .86 |
| 4 | .61 | .07 | .33 | .10 | .31 | .03 | −.22 | .93 |
| 5 | .27 | .03 | .40 | .20 | −.09 | −.04 | .08 | .78 |
| 6 | .46 | .33 | .42 | .06 | .11 | −.08 | −.13 | .78 |
| 7 | .31 | .42 | .40 | .18 | .20 | .20 | −.13 | .92 |
| 8 | .56 | .09 | .43 | .07 | .20 | .16 | .05 | .93 |
| 9 | .74 | .10 | .29 | .04 | .12 | .09 | .11 | .86 |
| 10 | .61 | .14 | .50 | .11 | .03 | .15 | −.18 | .89 |
| 11 | .55 | .28 | .50 | −.03 | .05 | −.05 | −.09 | .89 |
| 12 | .83 | .08 | .00 | −.03 | .02 | −.04 | −.03 | .95 |
| 13 | .73 | .28 | .06 | −.05 | .06 | .17 | .07 | .90 |
| 14 | .67 | .07 | .28 | .02 | .11 | .18 | .04 | .93 |
| 15 | .53 | .09 | .56 | .09 | .10 | .03 | −.06 | .89 |
| 16 | .65 | .13 | .30 | .17 | .27 | .22 | −.01 | .94 |
| 17 | .86 | .13 | .20 | .17 | .10 | .11 | −.06 | .96 |
| 18 | .79 | .13 | .09 | .13 | .16 | .07 | .04 | .96 |
| 19 | .57 | .01 | .08 | .01 | .46 | .29 | −.03 | .91 |
| 20 | .81 | .04 | .16 | .08 | −.12 | .09 | −.02 | .93 |
| 21 | .20 | .44 | .29 | .04 | .07 | .19 | −.14 | .87 |
| 22 | .80 | .15 | .02 | .17 | .33 | .00 | −.02 | .96 |
| 23 | −.20 | .14 | −.01 | .02 | .02 | .48 | .04 | .77 |
| 24 | .32 | .14 | .13 | −.09 | .19 | .63 | .08 | .80 |
| 25 | .20 | −.03 | −.02 | .67 | −.05 | −.02 | .03 | .80 |
| 26 | .85 | .16 | .10 | .11 | .19 | .07 | −.03 | .96 |
| 27 | .83 | .17 | .18 | .17 | .17 | .10 | −.14 | .97 |
| 28 | .56 | .13 | .44 | −.16 | .12 | .14 | −.09 | .92 |
| 29 | .79 | .17 | .26 | −.04 | .26 | .13 | .06 | .93 |
| 30 | .27 | .07 | .06 | −.15 | .69 | .18 | −.03 | .85 |
| 31 | .46 | .41 | .16 | −.02 | .18 | .06 | .18 | .87 |
| 32 | 48 | .09 | .12 | −.16 | .59 | .17 | −.02 | .90 |
| 33 | .23 | .10 | −.01 | −.13 | .11 | .03 | −.10 | .86 |
| 34 | .39 | .36 | .36 | .22 | .32 | −.05 | .13 | .85 |
| 35 | .62 | .27 | .38 | .01 | .20 | .05 | −.06 | .91 |
| 36 | .50 | .29 | .15 | −.08 | .19 | .08 | −.04 | .84 |
| 37 | .85 | .19 | .18 | .07 | .02 | .11 | .00 | .96 |
| 38 | .73 | .27 | .11 | .24 | .13 | .15 | −.05 | .90 |
| 39 | −.02 | .08 | .01 | .01 | −.04 | .07 | .03 | .59 |
| 40 | .86 | .05 | .12 | .09 | .00 | .02 | −.06 | .92 |
| 41 | .88 | .18 | .00 | .17 | .13 | .00 | −.10 | .96 |
| 42 | .75 | .28 | −.03 | .15 | .01 | .12 | −.16 | .92 |
| 43 | .73 | .10 | .42 | .00 | −.12 | .00 | .09 | .89 |
| 44 | .32 | .08 | .28 | −.05 | .14 | .08 | −.14 | .83 |
| 45 | .68 | .21 | .07 | .05 | .29 | .09 | −.08 | .91 |
| 46 | .64 | .12 | .06 | .39 | .27 | −.09 | .02 | .89 |
| 47 | .45 | .32 | .00 | .06 | .27 | .12 | .08 | .68 |
| 48 | .38 | .41 | .31 | .08 | .27 | .18 | .10 | .86 |

| Item | Factor | | | | | | | $h^2$ |
|---|---|---|---|---|---|---|---|---|
| | I | II | III | IV | V | VI | VII | |
| 49 | .29 | .33 | .18 | .23 | −.08 | .02 | .04 | .76 |
| 50 | .83 | .17 | .16 | .19 | .07 | .04 | −.12 | .96 |
| 51 | .65 | .23 | .06 | −.13 | .21 | .37 | .07 | .91 |
| 52 | .64 | .19 | .15 | −.16 | .14 | .22 | .15 | .87 |
| 53 | .35 | .58 | .01 | −.03 | .24 | −.06 | −.08 | .83 |
| 54 | .05 | .32 | −.09 | .33 | −.02 | .02 | .40 | .75 |
| 55 | .68 | .10 | .20 | .02 | .22 | −.10 | −.03 | .90 |
| 56 | .33 | .22 | .19 | .02 | .14 | .19 | −.11 | .82 |
| 57 | −.48 | .01 | .00 | −.04 | −.14 | .22 | .22 | .83 |
| 58 | −.13 | .05 | −.07 | .08 | −.04 | .06 | .64 | .76 |
| 59 | .56 | .06 | .19 | .27 | .09 | .02 | −.10 | .86 |
| 60 | .81 | .13 | .28 | .16 | .08 | −.02 | −.03 | .94 |
| 61 | .15 | .01 | .03 | .66 | −.01 | .08 | .15 | .84 |
| 62 | .75 | .20 | .14 | .07 | .21 | .02 | −.02 | .91 |
| 63 | .06 | .67 | .11 | −.14 | −.06 | .10 | .07 | .86 |
| 64 | .16 | .15 | .02 | .18 | .20 | .63 | .10 | .83 |
| 65 | .16 | .61 | .12 | .09 | −.01 | .21 | .04 | .81 |
| 66 | .77 | .15 | .08 | −.09 | .10 | .05 | −.03 | .92 |
| 67 | .71 | .14 | .29 | .07 | .08 | −.01 | −.14 | 93 |
| 68 | .90 | .15 | .14 | .06 | .08 | .02 | −.03 | .96 |
| 69 | .15 | .10 | .15 | .72 | −.08 | .05 | .06 | .92 |
| 70 | .66 | .30 | .07 | .16 | .09 | .14 | −.02 | .90 |
| 71 | −.16 | .00 | .03 | .21 | .06 | .14 | .49 | .73 |
| 72 | .31 | .62 | .02 | .20 | .08 | .12 | .06 | .80 |
| 73 | .37 | .26 | −.13 | .24 | .00 | .46 | .03 | .81 |

*Faktor I – die charismatische Führung*

In der ursprünglichen Analyse mit 104 Fällen machte charismatisches Führungsverhalten 64.9 % (bei der erweiterten Stichprobe 66 %) der 89.5 % Konsequenz-Varianz aus. Der Faktor war ganz eindeutig transformational. Er betraf das Vertrauen und den Respekt dem Führer gegenüber und die Inspiration und Ermutigung, die er/sie durch seine Anwesenheit hervorrief. Im folgenden führen wir jene Items an, die mit diesem Faktor am stärksten beladen waren, (.70 und darüber bei der Analyse und der Re-Analyse) zusammen mit der mittleren Häufigkeit ihres Auftretens in den 104 Fällen, die in Klammern angeführt ist. Die Beladung der Faktoren ist in Kursivdruck bei den jeweiligen Items angeführt, wobei die Stichproben auf 176 Fälle ausgedehnt wurde.

| Ladung auf Faktor I | Nr. | Item |
|---|---|---|
| .90 (.80) | 68 | Steckt seine ganze Umgebung mit seinem Arbeitseifer an (2.17) |
| .88 (.87) | 41 | Ich habe vollstes Vertrauen zu ihm (2.61 |
| .86 (.86) | 17 | Er ist für mich ein Vorbild, dem ich nacheifere (2.25) |
| .86 (.82) | 40 | Er inspiriert mich zur Loyalität gegenüber der Organisation (2.62) |
| .85 (.84) | 26 | Er ist eine Inspiration für uns (2.24) |
| .85 (.84) | 37 | Er inspiriert uns, ihm gegenüber loyal zu sein (2.56) |
| .83 (.80) | 1 | Ich bin gerne mit ihm/ihr zusammen (2.58) |
| .83 (.79) | 12 | Fordert jedem Respekt ab (2.75) |
| .83 (.85) | 27 | Macht mich stolz, mit ihm zusammenzuarbeiten (2.55) |
| .80 (.79) | 22 | Ich vertraue auf seine/ihre Fähigkeit, alle Hindernisse zu überwinden (2.59) |
| .79 (.83) | 50 | Ermutigt mich, meine Ideen und Meinungen auszusprechen (2.78) |
| .79 (.71) | 29 | Hat eine besondere Gabe zu erkennen, was mir wirklich wichtig ist (2.17) |
| .79 (.74) | 18 | Meiner Meinung nach ist er/sie ein Symbol für Erfolg und Leistung (2.43) |
| .77 (.71) | 66 | Er besitzt ein Sendungsbewußtsein, das er auf mich überträgt (2.90) |
| .75 (.72) | 42 | Regt uns mit seiner/ihrer Vision dessen an, was wir erreichen können, wenn wir alle an einem Strang ziehen (2.18) |
| .74 (.81) | 60 | Hilft uns, die Standpunkte und Meinungen anderer Mitglieder zu verstehen (2.39) |
| .73 (.73) | 38 | Erhöht meinen Optimismus hinsichtlich meiner Zukunft (2.24) |
| .71 (.75) | 62 | Trägt zu meinem Verständnis des übergeordneten Zwecks bei (2.48) |

*Faktor II – Bedingte Belohnung*

Bei der Analyse der 104 Fälle stellte sich heraus, daß das Bündel der Items transaktionalen Führungsverhaltens dem entspricht, was gegenwärtig im »One Minute Manager« (*Blanchard & Johnson*, 1982) beschrieben wird, nämlich das bedingte Führungsverhalten, das die Weg-Ziel-Theorie impliziert. Es erklärte 6,3 % der Varianz der 73 Items (bei den 176 Fällen betrug der Wert 7.2 %). Die Items mit den höchsten Ladungen (über .40 bei der Analyse und der Re-Analyse) waren:

| Ladung auf Faktor II | Nr. | Item |
|---|---|---|
| .67 (.70) | 63 | Sagt mir, was ich tun muß, um für meine Anstrengung belohnt zu werden (1.47) |
| .62 (.55) | 72 | Es besteht ein Übereinkommen darüber, was ich in die Gruppenanstrengung einbringen muß und was ich dafür bekomme (1.68) |
| .61 (.53) | 65 | Gibt mir, was ich brauche im Austausch für meine Unterstützung (1.54) |
| .58 (.56) | 53 | Ich kann jederzeit wenn ich will, mit ihm/ihr darüber verhandeln, was ich für meine Leistungen bekomme (1.97) |
| .44 (.40) | 21 | Spricht oft über Befürwortung und Beförderung für gute Arbeit (1.75) |
| .42 (.44) | 7 | Versichert mir, daß ich im Austausch für meine Anstrengungen bekomme, was ich persönlich brauche (2.14) |
| .42 (.48) | 48 | Ich beschließe, was ich brauche und will, und er/sie zeigt mir, wie ich es erhalten kann (1.47) |

*Faktor III – Individuelle Bedachtnahme*

Rücksichtsvolles und unterstützendes Führungsverhalten, das auf die Untergebenen individuell Bedacht nimmt, erklärt 6.0 % der Gesamtvarianz von 104 Fällen und 6.3 % der weiteren 176 Fälle. Ladungen über .35 bei der Analyse und Re-Analyse für die 104 bzw. 176 Fälle (in Kursivdruck) waren wie folgt:

| Ladung auf Faktor III | Nr. | Item |
|---|---|---|
| .56 *(.34)* | 15 | Schenkt scheinbar vernachläßigten Mitgliedern seine persönliche Aufmerksamkeit (1.98) |
| .50 *(.37)* | 10 | Ermittelt, was ich will, und versucht mir zu helfen, es zu bekommen (2.14) |
| .50 *(.50)* | 11 | Man kann sich darauf verlassen, daß er einen lobt, wenn man gute Arbeit geleistet hat (2.73) |
| .50 *(.56)* | 3 | Ist zufrieden, wenn ich die festgesetzten Normen für gute Arbeit erreiche (3.41) |
| .42 *(.54)* | 6 | Ich gewinne sein Wohlwollen, wenn ich meine Arbeit gut mache (3.31) |
| .42 *(.34)* | 43 | Behandelt jeden Untergebenen individuell (2.75) |
| .40 *(.47)* | 5 | Gibt mir das Gefühl, daß wir unsere Ziele, falls nötig, auch ohne ihn/sie erreichen können (2.87) |

*Faktor IV – Management-by-Exception (oder bedingte aversive Verstärkung)*

Diese Art des Führungsverhaltens, das nur angeregt wird, wenn bei den Untergebenen negative Leistungsabweichungen auftreten, erklärt 4.3 % der Varianz der 104 Fälle und bei der erweiterten Stichprobe von 176 Fällen 3.1 % der Varianz. Hohe Punktezahlen bei diesem Faktor implizierten einen Führer, der sich darauf konzentrierte, den Status quo aufrechtzuerhalten und der nur eingriff, wenn die Untergebenen von den Erwartungen abwichen, und ließen auf eine bedingte Autorisation schließen. Die darin enthaltenen Items waren in unserer ursprünglichen Antwort-Zuordnungsanalyse als transaktional identifiziert worden. Ein Fehlen positiven Feedbacks wurde impliziert, zusammen mit einem negativen Feedback, das durch die Nichterreichung der Leistungsnormen erforderlich wurde.

Die Faktorenladungen der Analyse und Re-Analyse waren wie folgt:

| Ladung auf Faktor IV | Nr. | Item |
|---|---|---|
| .72 *(.70)* | 69 | Solange die alten Methoden funktionieren, ist er/sie mit meiner Leistung zufrieden (1.91) |
| .67 *(.63)* | 25 | Er ist damit zufrieden, wenn ich meine Arbeit wie bisher tue (2.12) |
| .66 *(.65)* | 62 | Solange alles in Ordnung ist, versucht er/sie nicht, etwas zu ändern (2.38) |

Andere Items, die in den 104 Fällen einen separaten Faktor darstellten, fügten sich zu diesem Faktor des Management-by-Exception zusammen, als die Stichprobe auf 176 Fälle erweitert wurde. Siehe unten.

| Ladung auf Faktor IV | Nr. | Item |
|---|---|---|
| .50 | 54 | Verlangt nicht mehr von mir, als unbedingt erforderlich ist, um die Arbeit zu erledigen (1.62) |
| .45 | 71 | Es geht in Ordnung, wenn ich die Initiative ergreife, aber er/sie ermutigt mich nicht dazu (1.80) |
| .39 | 58 | Sagt mir nur, was ich wissen muß, um die Arbeit zu erledigen. |

*Faktor V – Geistige Anregung*

Dieser Faktor, der ursprünglich als wichtiger Aspekt der transformationalen Führung angesehen wurde, erklärte 2.9 % bzw. 6.3 % der gemeinsamen Varianz der 104 bzw. 176 Fälle. Geistige Anregung hatte eindeutig mit jenen Items zu tun, die bei diesem Faktor stark beladen waren. Die Item-Ladungen bei diesem Faktor wurden auch substantiell mit Faktor I (Charisma) korreliert.
Folgende Ladungen über .45 ergaben sich bei der Analyse und Re-Analyse:

| Ladung auf Faktor V | Nr. | Item |
|---|---|---|
| .69 *(.67)* | 30 | Seine/ihre Ideen haben mich veranlaßt, über einige meiner eigenen Vorstellungen nachzudenken, die ich vorher nie in Frage gestellt hatte (2.09) |
| .49 *(.63)* | 32 | Vermittelt mir neue Einblicke in alte Probleme (2.12) |
| .46 *(.47)* | 19 | Hat mir Einblick in Dinge verschafft, die mir vorher rätselhaft waren (2.03) |

Bei der Analyse der 104 Fälle ergaben sich sechste und siebte Faktoren mit Eigenwerten von über 1.0. Als jedoch die Stichprobe auf 176 Fälle erweitert wurde, fielen die Eigenwerte dieser Faktoren auf unter 1.0 – den Schwellenwert, unter dem Faktoren vernachläßigt werden können. Als also die 72 Armee-Offiziere der ursprünglichen Stichprobe von 104 hinzugefügt wurden (es handelte sich hierbei hauptsächlich um Colonels, die ihre Vorgesetzten beschrieben), so daß sich eine Gesamtstichprobe von 176 Personen ergab, trat eine etwas einfachere Faktoren-Struktur hervor: der siebte Faktor fiel auf einen Eigenwert von .97 zurück und die Items neigten dazu, den Faktor IV – Management-by-Exception oder bedingte aversive Verstärkung – abzuwandern. Auch der sechste Faktor verblaßte als separate Einheit. Als die Stichprobe vergrößert wurde, fielen die Ladungen der drei um den sechsten Faktor – den Leistungsanreiz – gruppierten Items von .63 auf .38, von .63 auf .14 bzw. von .46 auf .31. Dies veranlaßte uns, ihn als separaten Faktor fallenzulassen und ihn in die charismatische Führung einzugliedern, bei welcher die Items nunmehr höhere Ladungen hatten.

Die Items, die ursprünglich in Korrelation mit dem ersten Faktor – Charisma – mit über .70 beladen waren, rangierten in der Re-Analyse zwischen .71 und .87 in Korrelation zu Charisma. Die Items des zweiten Faktors – bedingte Belohnung – nahmen in der Korrelation mit dem Faktor bei der Re-Analyse geringfügig zu oder ab. Ähnliche Resultate ergaben sich bei den Items der Faktoren »individuelle Bedachtnahme«, »Management-by-Exception« und »geistige Anregung«.

*Skalierung des Faktors »zusätzlich Anstrengung«*

Der Faktor »zusätzliche Anstrengung« durch die Untergebenen, nämlich Anstrengung, die über ihre eigenen normalen Erwartungen hinausgeht, wird von uns als abhängige Konsequenz-Variable betrachtet. Eine Anzahl von Items auf unserem Fragebogen fiel in diese konzeptionelle Gruppe. Im folgenden bringen wir eine Skala, die zeigen soll, wie hoch ein Führer seine Untergebenen dazu motivieren kann, sich über ihre eigenen Erwartungen hinaus anzustrengen.

| Transformationaler Faktor | | | Transaktionaler Faktor | | | |
|---|---|---|---|---|---|---|
| I | III | V | II | IV | Item-Nr. | Item |
| .33 | .13 | .53 | .18 | –.08 | 24 | Veranlaßt mich, mehr zu tun, als ich erwartet hatte |
| .61 | .18 | .46 | .24 | –.09 | 51 | Motiviert mich, mehr zu tun, als ich ursprünglich zu tun gedachte |
| .58 | .04 | .37 | .31 | –.05 | 52 | Erhöht meine Erfolgserwartung |

Wie man oben links sieht, wurde die erhöhte Anstrengung der Untergebenen – über ihre Erwartungen hinaus – sehr stark mit charismatischer Führung (Faktor I) und geistiger Anregung (Faktor V) assoziiert, aber nur in bescheidenem Maß mit bedingter Belohnung (Faktor II), noch weniger mit individueller Bedachtnahme (Faktor III) und überhaupt nicht mit Mangement-by-Exception (Faktor IV).

Bei den 176 Fällen hatten diese drei Items eine Interkorrelation von .64. Bei der Zusammenfassung aller Antworten ergab sich ein Index mit einer geschätzten Spearman-Brown-Reliabilität von .84.

*Skalierung des Faktors »Geistige Anregung«*

*Yukl* (1981) hatte die Führung durch geistige Anregung als ein Bündel von Verhaltensweisen unter 19 Kategorien identifiziert. Auch wir stellten innerhalb unserer Gruppe der charismatischen Items eine solche Dreier-Bündelung fest. Weitere Schlußfolgerungen über die Bedeutung der Führung durch Inspiration gewannen wir durch eine nähere Überprüfung der drei Items, die von unserer Stichprobe von 176 Armee-Offizieren benützt wurden, um die hoch charismatisch beladenen Faktoren des Führungsverhaltens zu beschreiben, die in direktem Zusammenhang mit geistiger Anregung standen. Diese Items waren eng miteinander verbunden. Ihre mittlere Interkorrelation betrug .77. Als sie zu einer drei-Item-Skala zusammengefaßt wurden, ergab sich eine Spearman-Brown-Reliabilität von .91.

Im folgenden zeigen wir ihre Korrelation mit den fünf transformationalen und transaktionalen Faktoren.

| Transformationaler Faktor | | | Transaktionaler Faktor | | Item-Nr. | Item |
|---|---|---|---|---|---|---|
| I | III | V | II | IV | | |
| .84 | .00 | .23 | .18 | .05 | 26 | Ist eine Inspiration für uns |
| .84 | .17 | .14 | .18 | .07 | 37 | Inspiriert uns zur Loyalität ihm/ihr gegenüber |
| .82 | .17 | .14 | .06 | .03 | 40 | Inspiriert uns zur Loyalität gegenüber der Organisation |

Daraus wird ersichtlich, daß die Untergebenen primär durch den Faktor charismatische Führung inspiriert werden. In einem geringeren Ausmaß wurde die Loyalität zum Führer auch durch die individuelle Bedachtnahme desselben und durch bedingte Belohnung angeregt. Die geistige Anregung durch den Führer schien ebenfalls eine zwar geringe, aber allgemein inspirierende Wirkung zu haben. Die Loyalität zur Organisation wurde durch die drei transformationalen Faktoren – Charisma, Bedachtnahme und geistige Anregung – erhöht.

Während also die Inspiration in einem bescheidenen Maße mit geistiger Anregung und individueller Bedachtnahme zusammenhängt, liegt die hauptsächliche Assoziation doch bei der emotionalen nicht intellektuellen Anregung durch die charismatische Führung.

*Aktiv-proaktive und passiv-reaktive Führung*

Die Faktoren-Werte jedes der 176 Fälle wurden interkorreliert, um eine Matrix zu schaffen, die dann einer Analyse der Faktoren höherer Ordnung unterzogen wur-

de, aus der zwei Faktoren hervorgingen:
1) Aktiv-proaktive Führung und
2) Passiv-reaktive Führung.

Siehe folgende Tabelle:

|  | Faktoren höherer Ordnung | |
| --- | --- | --- |
| Faktoren erster Ordnung | Faktor I' | Faktor II' |
|  | (Aktiv-proaktive Führ.) | (Passiv-reaktive F.) |
| I. Charisma | .90 | .00 |
| II. Bedingte Belohnung | .78 | .20 |
| III. Individuelle Bedachtnahme | .84 | .01 |
| IV. Management-by-Exception | .16 | .44 |
| V. Geistige Anregung | .72 | .00 |

Wie man daraus entnehmen kann, enthält transformationale Führung drei aktive Dimensionen: Charisma, individuelle Bedachtnahme und geistige Anregung. Transaktionale Führung enthält eine aktive Dimension, nämlich bedingte Belohnung und eine passive Dimension – Management-by-Exception. Die aktive Dimension schien sich auf ein Führungsverhalten zu beziehen, das in Hochleistungssystemen erforderlich ist (*Vaill*, 1978). Andererseits korrelierte die passive Dimension (Faktor II') zu .88 mit einem Bündel von Laissez-faire-Items: »Sagt mir nur soviel, wie ich für meine Arbeit unbedingt wissen muß«, »es geht in Ordnung, wenn ich die Initiative ergreife, aber er/sie ermutigt mich nicht dazu«, und »verlangt nicht mehr von mir, als unbedingt zur Erledigung meiner Arbeit erforderlich ist«.

Bei den 176 untersuchten Fällen korrelierte das Bündel .11 mit dem aktiv-proaktiven Führungsverhalten (Faktor I'). Das Laissez-faire-Bündel korrelierte .45 mit dem Faktor erster Ordnung des Management-by-Exception (Faktor IV).

Der Ruf eines Führers hinsichtlich seines Charisma, seiner individuellen Bedachtnahme, geistigen Anregung und bedingten Belohnung hängt mit proaktiver Voraussicht und Vorausplanung zusammen und auch mit seiner Fähigkeit, in Anbetracht künftiger Gegebenheiten oder drohender Gefahren die nötigen Schritte zu unternehmen.

Die Aufrechterhaltung der Disziplin und das Management-by-Objectives ist eine »abwartende« Politik, die in ihrer extremsten Ausprägung zu einem Laissez-faire-Verhalten wird, bei dem vermieden wird, in eine Situation hineingezogen zu werden, die Initiative ergreifen oder die Verantwortung für etwas übernehmen zu müssen.

Abb. 11 zeigt die Relationen zwischen den Faktoren erster Ordnung und den Faktoren höherer Ordnung.

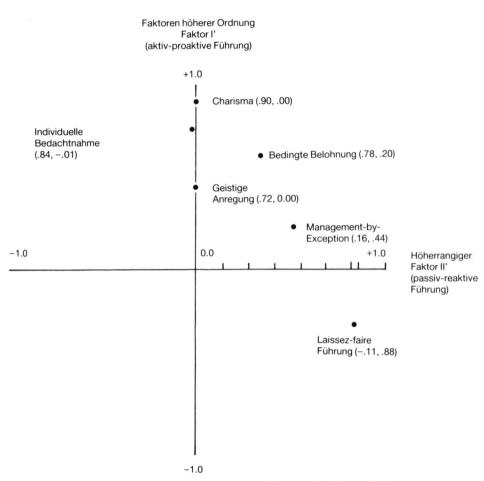

Abb. 11: Die Relation zwischen Faktoren der ersten und Faktoren der höheren Ordnung

Man möchte annehmen, daß aktiv-proaktive Führung das Gegenteil von passiv-reaktiver Führung ist. Die Analysen sprechen dagegen. Manche Führer scheinen beide Verhaltensmuster aufzuweisen. Andere wiederum scheinen keines von beiden zu haben, während wieder andere die eine Dimension in hoher und die andere in niedriger Ausprägung zu besitzen scheinen. Man könnte Spekulationen darüber anstellen, daß jene Führer, die sowohl häufig proaktiv als auch häufig reaktiv handeln, sehr viel mehr Unsicherheit bei ihren Untergebenen hervorrufen als jene, die eine hohe Ausprägung der einen und eine niedrigere Ausprägung der anderen haben. Wenn ein charismatischer Führer sich plötzlich aus dem Geschehen zurückzieht, werden sich sehr viele Leute wundern und sich fragen, ob er je wieder zurückkommt.

Zum gegenwärtigen Zeitpunkt können wir die Möglichkeit nicht ausschließen, daß unsere Ergebnisse ganz oder zum Teil von der Tatsache beeinflußt wurden, daß unsere Stichprobe aus Militärpersonal bestand. Auch die besonderen Meßmethoden, die wir angewendet haben, mögen etwas damit zu tun haben. Wir haben nur Häufigkeitsskalen benützt. Es mag sein, daß die beiden Faktoren höherer Ordnung der Aktivität und der Passivität die besondere Betonung der Unterscheidung reflektieren, die je nach der Häufigkeit des Auftretens verschiedener Arten von Führungsverhalten gefunden wurde. Wenn zum Beispiel die Beurteilung die Qualität, die Dauer, oder die Intensität betroffen hätte, wären möglicherweise andere Faktoren höherer Ordnung zutage getreten.

Für die Charakterisierung des jeweiligen politischen Stils von amerikanischen Präsidenten haben sich die Dimension »Aktivität« und »Passivität« als sehr nützlich erwiesen. *Barber* (1968) stellte so die Unterschiede im Führungsverhalten zwischen Calvin Coolidge und seinem Amtsnachfolger Herbert Hoover fest – ihre unterschiedliche Art, den Anforderungen des Amtes Rechnung zu tragen. Der müde und gelangweilte Calvin Coolidge schlief 11 Stunden am Tag, während der hart arbeitende Herbert Hoover sich mit allen Details befaßte, politische Untersuchungen in Auftrag gab und in endlosen Konferenzen nach praktischen Lösungen suchte.

*Die Länge der Bekanntschaft*

Bei unseren 104 Fällen wurden multivariate Analysen durchgeführt, die die Mittelwerte aller Faktoren nach der Länge der Bekanntschaft zwischen Führer und Geführten verglichen. Vierzig Untergebene, die angegeben hatten, die von ihnen beschriebenen Führer weniger als ein Jahr zu kennen, wurden 62 Probanden gegenübergestellt, die ihre Führer schon mehr als ein Jahr kannten. In der multivariaten Auswertung wurden weder univariate Unterschiede bei den individuellen Faktoren-Scores, noch multivariate Unterschiede bei den jeweiligen Ratings als Funktion der Länge der Bekanntschaft von 1.98 versus 2.03 gefunden, die von irgendeiner praktischen oder statistischen Bedeutung wären.

*Kampftruppen versus Nachschubtruppen*

Als wir 40 Offiziere, die Kampfeinheiten angehörten, mit 35 Offizieren der Nachschubtruppe verglichen, fanden wir systematische Unterschiede in den Faktoren-Scores für charismatische Führung und individuelle Bedachtnahme. Tabelle 3 zeigt diese Ergebnisse. Daraus ist zu ersehen, daß Führungsverhalten von Offizieren der Kampfeinheiten von ihren Untergebenen mehr transformational erlebt wird.

Tabelle 3 – Multivariate Varianzanalyse der Faktorenwerte von Offizieren der Kampftruppen und der Nachschubeinheiten (N = 75)

| Faktor | Art der Einheit | | |
|---|---|---|---|
| | Kampfeinheit | Nachschubeinheit | P |
| Transformational: | | | |
| I. Charisma | 2.65 | 2.12 | <.05 |
| III. Individuelle Bedachtnahme | 2.83 | 2.17 | <.-01 |
| V. Geistige Anregung | 2.05 | 1.63 | <.05 |
| Transaktional: | | | |
| II. Bedingte Belohnung | 2.63 | 1.55 | <.05 |
| IV. Management-by-Exception | 2.04 | 2.08 | >.05 |

Auch der transaktionale Faktor bedingte Belohnung war bei ihnen höher im Vergleich zu Offizieren der Nachschubtruppen, während sie beim Führungsverhalten durch Management-by-Exception gleich lagen. Es konnte gezeigt werden, daß das Führungsverhalten von Offizieren der Kampftruppen im aktiv-proaktiven Bereich höher bewertet wurde als das von Offizieren von Nachschubeinheiten, aber nicht im passiv-reaktiven Bereich.

*Zufriedenheit und Effektivität*

In einem anderen Abschnitt des Fragebogens zur Ermittlung des Führungsverhaltens (siehe Kapitel 11) waren noch die Items 83 und 84 enthalten, die ermitteln sollten, wie zufrieden die Probanden mit dem Führungsverhalten ihrer Vorgesetzten waren: »Alles in allem, wie zufrieden sind Sie mit Ihrem Vorgesetzten?« und »Alles in allem, wie zufrieden sind Sie mit den Führungsmethoden, die Ihr Vorgesetzter anwendet? Waren Sie der Aufgabe Ihrer Einheit angemessen?«.

Hierzu benützten wir Fünfpunkte-Skalen: 4 = sehr zufrieden, 3 = ziemlich zufrieden, 2 = weder zufrieden noch unzufrieden, 1 = etwas unzufrieden, 0 = sehr unzufrieden.

Auch die vier Fragen Nr. 79, 80, 81 und 82 sollten die Effektivität erheben: »Wie würden Sie die allgemeine Arbeits-Effektivität Ihrer Einheit einstufen?«; »Wie würden Sie die Effektivität Ihrer Einheit im Vergleich zu allen anderen Einheiten, die sie je gekannt haben, einstufen?«; »Wie effektiv ist Ihr Vorgesetzter bei der Erfüllung der mit der Arbeit verbundenen Bedürfnisse der Untergebenen?« und »Wie effektiv ist Ihr Vorgesetzter in bezug auf die Anforderungen der Organisation?«. Auch hier wurden Fünfpunkte-Skalen benützt: 4 = außerordentlich effektiv, 3 = sehr effektiv, 2 = effektiv, 1 = nur wenig effektiv, 0 = überhaupt nicht effektiv.

Durch das einfache Addieren der Probanden-Ratings wurden Kennwerte der wahrgenommenen Effektivität und Zufriedenheit gewonnen. Die Koeffizienz-Alpha-Werte für diese zwei Indizes waren .81 bzw. .91 (*Bass* et al., 1975).

Tabelle 4 zeigt die gewonnenen Korrelationen zwischen den fünf Führungsverhalten-Faktoren-Scores und den Kennwerten der wahrgenommenen Zufriedenheit und Effektivität. Eigentlich stellen diese zwei Indizes ein einziges Kriterium dar, weil sie miteinander zu .85 korrelierten. Die wahrgenommene Effektivität und die Zufriedenheit mit dem Führer gingen also Hand in Hand. Obwohl die Faktoren für transformationale und transaktionale Führung als positiv assoziiert mit Zufriedenheit und Effektivität angesehen wurden, wurden die transformationalen Faktoren, besonders Charisma und individuelle Bedachtnahme, in engeren Zusammenhang mit Zufriedenheit und Effektivität gebracht als transaktionale Faktoren.

Charisma an sich war praktisch ein Synonym für Zufriedenheit und Effektivität, es korrelierte .91 und .85 mit den beiden Kriterien. An nächster Stelle in der Höhe der Korrelation kam individuelle Bedachtnahme mit .76 und .70, gefolgt von geistiger Anregung mit .55 und .47.

Der transaktionale Faktor bedingte Belohnung korrelierte .45 und .41 mit Effektivität und Zufriedenheit, während der transaktionale Faktor Management-by-Exception nur mit .29 und .23 mit den beiden Kriterien korrelierte.

Tabelle 4 – Die Korrelation zwischen den Faktor-Werten und der wahrgenommenen Zufriedenheit mit dem Vorgesetzten und dessen effektiven Führungsverhalten (N = 104)

| Faktor | Zufriedenheit | Effektivität |
| --- | --- | --- |
| Transformational: | | |
| I. Charisma | .91 | .85 |
| III. Individuelle Bedachtnahme | .76 | .70 |
| V. Geistige Anregung | .55 | .47 |
| Transaktional: | | |
| II. Bedingte Belohnung | .45 | .41 |
| IV. Management-by-Exception | .29 | .23 |

## Zusätzliche Untersuchungen

Es wurde noch eine Anzahl zusätzlicher Untersuchungen mit kleineren und größeren Stichproben durchgeführt. Dazu gehörten Überprüfungen aufgrund der fünf vorher aufgezählten Faktoren der wahrgenommenen Diskrepanz zwischen tatsächlichem Führungsverhalten verschiedener technischer Direktoren und dem, was diese Direktoren über Führungsverhalten dachten, sowie das Ausmaß, in dem das transformationale Führungsverhalten von weltberühmten Führern in den Termini dieser Faktoren von Studenten nach den Biographien dieser Führer beurteilt werden kann; und die Relation zwischen Führung und den spezifischen Aspekten der zusätzlichen Anstrengung und der Effektivität von Professionisten, Erziehungs- und Verwaltungsbeamten und Managern aus der Industrie.

*Selbst-wahrgenommene Diskrepanzen*

Eine kleine Stichprobe von 11 technischen Vorgesetzten einer großen Erzeugerfirma von medizinischen Geräten wurde gebeten, Formular 2 auszufüllen, eine gekürzte Version des Formulars 1, die nur 31 der 73 Items enthielt, aus der Faktoren-Werte gewonnen werden konnten. Sie beurteilen zuerst ihr eigenes tatsächliches Führungsverhalten und zeichneten dann an, wie sie glaubten, daß es sein sollte. Von ihrem wahrgenommenen tatsächlichen Verhalten und jenem Verhalten, das sie als wünschenswert ansahen, wurden die mittleren Faktorenwerte ermittelt. Es ergaben sich folgende Resultate:

| Faktor | Durchschnittswerte | | |
|---|---|---|---|
| | Istwert | Sollwert | Abweichung |
| Transformational: | | | |
| I. Charismatische Führung | 2.25 | 3.02 | –.77 |
| III. Individuelle Bedachtnahme | 1.86 | 2.23 | –.37 |
| V. Geistige Anregung | 2.17 | 2.27 | –.10 |
| Transaktional: | | | |
| II. Bedingte Belohnung | 1.86 | 2.23 | –.37 |
| IV. Management-by-Exception | 1.28 | 1.29 | –.01 |

Es zeigte sich, daß diese Manager das Gefühl hatten, daß es ihnen besonders an charismatischer Führung mangle und auch an der Fähigkeit, ihre Untergebenen zu inspirieren. Sie erkannten auch, daß sie mehr für die individuelle Bedachtnahme und für das Erteilen bedingter Belohnungen tun sollten. Mit ihren bescheideneren Tendenzen, geistige Anregung zu geben, oder Management-by-Exception zu praktizieren, zeigten sie sich jedoch zufrieden.

*Eine Untersuchung weltbekannter Führer mittels Survey-Fragebogen unter
Zugrundelegung biographischer Berichte*

Von insgesamt 198 Studenten suchte sich jeder eine Führungspersönlichkeit aus insgesamt 67 Führern aus (58 männliche und 9 weibliche). Nachdem sie eine oder mehr Biographien und periodische Berichte über die betreffende Person gelesen hatten, füllten sie Formular 4 des Multifaktoren-Fragebogens über Führungsverhalten aus. Sie sollten den Führer, dessen Verhalten sie studiert hatten, so beurteilen, als wären sie ein »durchschnittlicher Untergebener oder Geführter« desselben.

Diese Formular enthielt zehn zumeist neu aufgestellte Items für jeden unserer fünf Faktoren: charismatische Führung, individuelle Bedachtnahme, geistige Anregung, bedingte Belohnung, und Management-by-Exception. Die einzelnen Meßwerte für jeden Rater und jeden Faktor wurden durch das Addieren der Ergebnisse aus den 10 Items gewonnen, mit einer Wertung von 0–4. Dann wurde die Summe durch 10 dividiert, um eine Durchschnittsantwort auf die 10 Fragen jeder Skala zu erhalten. Obwohl die Beurteilung durch die Rater von der jeweiligen biographischen Berichterstattung, die sie gelesen hatten, abhing, trat ein Bild der beurteilten Führer zutage, das generell mit ihrem jeweiligen öffentlichen Ruf konsistent war.

Im großen und ganzen ergaben sich bei diesen 67 Führern höhere transformationale als transaktionale Werte. Wie schon zuvor, stand auch hier wieder A oder 4.0 für »zeigt dieses Verhalten häufig oder immer« und E oder 0.0 für »zeigt dieses Verhalten nie«. Die Mittelwerte für die transformationalen Faktoren waren wie folgt: Charisma (3.2), geistige Anregung (2.9), individuelle Bedachtnahme (2.7). Bei den transaktionalen Faktoren ergaben sich folgende Mittelwerte: bedingte Belohnung (2.4), Management-by-Exception (2.1). Die transformationalen Faktoren waren sehr viel höher als jene, die bei realen aber gewöhnlichen Verwaltungsbeamten und Professionisten gefunden wurden. Wir werden dies in Tabelle 5 und 6 darstellen. Bei allen weltbekannten Führern, ob sie nun dem Militär, der Politik oder der Wirtschaft angehörten, traten ähnliche Verhaltensmuster zutage. Es gab keine signifikanten Unterschiede zwischen den 58 Männern und 9 Frauen. Es machte auch keinen Unterschied, ob der Rater männlichen oder weiblichen Geschlechts war.

Aus den Skalen ergaben sich folgende mittels Alpha-Koeffizienten ermittelten Reliabilitäten: Charisma .82, individuelle Bedachtnahme .84, geistige Anregung .78, bedingte Belohnung .74 und Management-by-Exception .60.

Da wir zwei bis sechs Untergebene zur Beurteilung der 67 Führer hatten, machten wir eine multivariate Auswertung. Wir untersuchten, inwieweit mehr Varianz auftrat, wenn die »Untergebenen«, die auf den fünf Skalen gegenübergestellt wurden, andere Führer beschrieben als die »Untergebenen«, die denselben Führer beschrieben. Der Multivariat-F-Wert war hoch signifikant. Dann konvertierten wir die resultierenden F-Werte der drei transformationalen und der zwei transaktionalen Skalen zu Eta-Koeffizienten, um die Konstrukt-Validität der Skalen festzustellen, das heißt das Ausmaß, in welchem jeder Skalenwert eine sinnvolle Unterscheidung des Führungsverhaltens darstellte. Die Eta-Werte waren Korrelationen, die Werte von 0 bis 1.0 annehmen konnten. Sie waren wie folgt: Charisma .79, individuelle Bedachtnahme .77, geistige Anregung .77, bedingte Belohnung .66 und Management-by-Exception .69.

In Übereinstimmung mit anderen Untersuchungsergebnissen korrelierten die drei transformationalen Faktoren mit durchschnittlich .63 miteinander und mit nur durchschnittlich .34 mit den zwei transaktionalen Faktoren. Sie korrelierten auch höher mit der angegebenen Zufriedenheit mit dem Führer und mit seiner/ihrer Effektivität, als die zwei transaktionalen Faktoren, die wir im folgenden zeigen werden.

| Faktor | Zufriedenheit mit Vorgesetzten | Effektivität der Führung |
| --- | --- | --- |
| Transformationale Führung: | | |
| I.   Charismatische Führung | .64 | .58 |
| III. Individuelle Bedachtnahme | .50 | .40 |
| V.   Geistige Anregung | .52 | .34 |
| Transaktionale Führung: | | |
| II.  Bedingte Belohnung | .28 | .21 |
| IV.  Management-by-Exception | −.10 | −.17 |

Es schien ziemliche Übereinstimmung zwischen den unterschiedlichen Score-Mustern, die über die Führer gewonnen wurden, und deren allgemeinem Öffentlichkeitsbild zu bestehen. Zum Beispiel erhielten von allen zu beurteilenden 9 US-Präsidenten (John Adams, Gerald Ford, John F. Kennedy, Abraham Lincoln, Richard Nixon, Franklin D. Roosevelt, Theodore Roosevelt, Lyndon B. Johnson und Harry Truman) John F. Kennedy und Franklin D. Roosevelt die höchsten Punktezahlen für charismatische Führung (3.7). In Übereinstimmung mit diesen Ergebnissen ergab eine kürzliche Umfrage der NEWSWEEK (*Anonymous*, 1983), daß 30 % der Befragten heute lieber John F. Kennedy im Amt sähen, als irgendeinen anderen Präsidenten unserer Geschichte. Der nächsthöhere Favorit war Franklin D. Roosevelt, der von 10 % der Befragten nominiert wurde.

Unter den Top-Zehn der von uns genannten 67 Führer rangierten hinsichtlich Charisma drei schwarze Führer, nämlich Andrew Young (4.0), Marin Luther King (4.0) und Malcolm X (3.7).

Tabelle 5 – Beziehungen zwischen den transformationalen und transaktionalen Faktoren-Skalen-Meßwerten und des M.L.Q. (Form. 4) zu den ausgewählten Variablen von 45 neuseeländischen Handwerkern und Managern

| | | | | VARIABLE | | | | | | | | | |
|---|---|---|---|---|---|---|---|---|---|---|---|---|---|
| | | | | Effektivität | | | | Zufriedenheit | | | | | |
| Faktor | Männl. | Org. Niv. | Zus. Anstr. | Einh.[a] | Einh.[b] | Job[c] | Org.[d] | Vorg.[e] | Meth.[f] | Bes. Fall | Alpha-Koeff. | Mittelwert | Streuung |
| Transformational: | | | | | | | | | | | | | |
| I. Charisma | -.11 | .23 | .50 | .29 | .41 | .58 | .56 | .54 | .59 | .23 | .93 | 2.35 | .69 |
| III. Individuelle Bedachtnahme | -.11 | -.22 | .25 | .21 | .36 | .65 | .62 | .51 | .59 | .39 | .88 | 2.58 | .59 |
| V. Geistige Anregung | -.09 | .15 | .49 | .32 | .51 | .48 | .52 | .51 | .52 | .48 | .87 | 2.50 | .63 |
| Transaktional: | | | | | | | | | | | | | |
| II. Bedingte Belohnung | -.06 | .14 | .38 | .25 | .29 | .40 | .43 | .34 | .27 | .53 | .80 | 2.27 | .55 |
| IV. Management-by-Exception | .28 | .21 | -.28 | -.09 | .08 | -.15 | -.03 | -.09 | -.13 | .00 | .66 | 2.51 | .52 |

p < .01 wenn r = .37
p < .05 wenn r = .28

a) Gesamtarbeitseffektivität Ihrer Einheit?
b) Effektivität, verglichen mit anderen Einheiten?
c) Der Vorgesetzte entspricht arbeitsbezogenen Bedürfnissen?
d) Der Vorgesetzte entspricht Anforderungen der Organisation?
e) Zufrieden mit dem Vorgesetzten?
f) Zufrieden mit den Methoden des Vorgesetzten?

In bezug auf individuelle Bedachtnahme befanden sich zwei Frauen an der Spitze der 67: Eleanor Roosevelt mit 3.8 und Margaret Thatcher mit 3.5.

Als wichtiger Aspekt für unser ständiges Argument zu diesem Thema stellte sich heraus, daß einige der untersuchten Wirtschaftsführer, wie George F. Johnson (Endicott Johnson Shoes), Thomas J. Watson Sen. (IBM) und Alfred P. Sloan (General Motors) hinsichtlich charismatischen Führungsverhaltens ihren militärischen und politischen Gegenspielern in nichts nachstanden (*Bass* et al., 1984).

*Eine Untersuchung von 45 Handwerkern und Managern*

45 neuseeländische Handwerker und Manager wurden gebeten, den Multifaktoren-Fragebogen über Führungsverhalten (Formular 4) auszufüllen und damit das Führungsverhalten ihrer unmittelbaren Vorgesetzten zu beschreiben. 64 % von ihnen waren Männer, 34 % Frauen. Die Alpha-Koeffizienten-Mittelwerte und Standardabweichungen aus dieser Untersuchung ergaben das in Tabelle 5 dargestellte Muster. Wie daraus zu ersehen ist, zeigten die in Rede stehenden Führer bei allen Faktoren ein Verhalten, das manchmal bei 2.0 und relativ oft bei 3.0 lag. Individuelle Bedachtnahme wurde (2.58) etwas häufiger beobachtet und bedingte Belohnung (2.27) etwas weniger häufig als die anderen Faktoren.

Die Standard-Abweichungen bei den transformationalen Führungsfaktoren (.69, .59, .63) waren etwas höher als die Standardabweichungen bei den transaktionalen Führungsfaktoren (.55 und .52). Einer der Effekte war abhängig vom Geschlecht des jeweiligen Führers. Männliche Vorgesetzte praktizierten eher Management-by-Exception als ihre weiblichen Gegenspieler.

Die Probanden beschrieben ihre Stellungen innerhalb der Organisation wie folgt: Erste Führungsebene 20 %, zweite 11 %, dritte 18 %, vierte 18 % und fünfte 20 %. Wir hatten erwartet, auf den höheren Führungsebenen mehr transformationales und weniger transaktionales Führungsverhalten anzutreffen. Aber die Ergebnisse waren komplexer. Wie aus Tabelle 5 ersichtlich ist, fand sich auf den höheren Ebenen etwas mehr charismatische Führung. Auf den niedrigeren Ebenen hingegen zeigte sich etwas mehr individuelle Bedachtnahme und Management-by-Exception.

Zusätzliche Anstrengung wurde, wie erwartet, am stärksten mit Charisma und geistiger Anregung in Verbindung gebracht. Aber die bedingte Belohnung schien mehr zu erhöhten Anstrengung beizutragen als die individuelle Bedachtnahme. Management-by-Exception war kontraproduktiv.

Wie erwartet, wurden die transformationalen Faktoren stärker mit Effektivität in Zusammenhang gebracht als die transaktionalen, besonders dann, wenn der Führer in den Augen der Beurteiler zu den Anforderungen der Organisation beitrug und die arbeitsmäßigen Bedürfnisse der Untergebenen befriedigte. Transformationale Führung wurde mehr als zufriedenstellend angesehen. Bedingte Belohnung trug in bescheidenem Maß zur Effektivität und Zufriedenheit bei, während Management-by-Exception im allgemeinen diesbezüglich keine Rolle spielte.

Die Probanden wurden gebeten, an einen besonderen Fall zu denken, bei dem der Vorgesetzte die Anstrengung oder die Leistung ihrer selbst oder ihrer Kollegen beeinflußte. Dann wurden sie gebeten anzugeben, in welchem Maß die Anstrengung oder die Leistung auf diese Weise beeinflußt wurde, wobei A = sehr große Steigerung, B = eine gewisse Steigerung, C = einen gewissen Abfall, D = einen sehr großen Abfall an Leistung bedeutete. Diese Alternativen wurden dann jeweils mit +2, +1, -1; -2 Punkten bewertet.

Die Ergebnisse aus Tabelle 5 deuten darauf hin, daß Vorgesetzte, die häufig bedingte Belohnung und geistige Anregung geben, kurzfristig und bei bestimmten Gelegenheiten mehr zur Leistungssteigerung beitragen als Vorgesetzte, die meist charismatisch handeln und individuelle Bedachtnahme zeigen. Am wenigsten tragen Vorgesetzte, die Management-by-Exception praktizieren, zur Verbesserung einer bestimmten Situation bei.

Alles in allem stellten wir fest, daß aus den fünf Faktoren Meßdaten von hoher Reliabilität gewonnen werden konnten, außerdem, daß die hierarchische Ebene auf eine komplexe Weise mit dem Auftreten transformationaler und transaktionaler Faktoren zusammenhängt; und daß Manager, die bedingte Belohnung praktizierten, kurzfristig am meisten zur Leistung der Untergebenen beitragen, während sich langfristig die transformationalen Faktoren mehr bezahlt machten, besonders wenn es um die Wirkung des Führers auf die Organisation und die zu erledigenden Aufgaben ging.

*Eine Untersuchung von 23 Verwaltungsbeamten im Erziehungswesen*

Die Probanden waren in der Hauptsache hochrangige Mitglieder der Zentralverwaltung des New Zealand South Island; 71 % stuften sich selbst auf der vierten und fünften Führungsstufe ein, nur 29 % lagen unter diesem Niveau. 65 % waren männlichen, 35 % weiblichen Geschlechts. Sie füllten einen etwas modifizierten Fragebogen aus. Wir hatten dabei die Frage nach der spezifischen kritischen Situation und zwei der Management-by-Exception-Items herausgestrichen, die sich bei der Untersuchung der 45 Handwerker und Manager als wenig relevant zu den 10 Bündel-Items herausgestellt hatten. Wie wir in Tabelle 6 zeigen, hatte bei dieser Untersuchung das Geschlecht der Probanden mehr Bedeutung als bei der vorangegangenen Untersuchung der 45 Handwerker und Manager. Hier erwies sich der Faktor bedingte Belohnung bei Frauen als signifikant höher.

Auch hier wieder wurde Management-by-Exception öfter auf den unteren Ebenen beobachtet. Dies mag eine Folge der größeren Kontrollmöglichkeiten auf den unteren Ebenen sein.

Die Verteilung der Mittelwerte war ähnlich wie bei der Handwerker-Manager-Stichprobe, aber es gab eine auffallend höhere Standardabweichung. Die Alpha-Koeffizienten für die Reliabilität waren höher als bei der vorangegangenen Untersuchung, teilweise wohl aufgrund der Abänderung des Fragebogens.

Im ganzen gesehen wurden zusätzliche Anstrengung und Effektivität höher mit transformationalen als mit transaktionalen Faktoren assoziiert, besonders wenn sie sich auf arbeitsmäßige und organisatorische Belange bezogen. Management-by-Exception wurde als kontraproduktiv angesehen. Bedingte Belohnung schien relativ viel zur Zufriedenheit beizutragen, aber charismatische Führung noch mehr. Für diese Versuchspersonen aus dem Erziehungswesen war geistige Anregung als Führungsmethode ebenfalls sehr befriedigend.

Alles in allem trugen die hier erzielten Ergebnisse zusammen mit jenen der vorangegangenen Untersuchung der 45 Handwerker und Manager noch weiter zu unserer Überzeugung bei, daß wir mit unseren Bemühungen auf dem richtigen Weg sind.

*Eine Untersuchung von 256 Vorgesetzten und Führungskräften*

Hierbei handelte es ich um 256 amerikanische Vorgesetzte und Führungskräfte einer Firma auf der Fortune-500-Liste. Sie füllten eine verkürzte Version des Fragebogens mit 37 Items auf fünf Skalen aus einem größeren Fragebogen aus.

Es ergaben sich für die Reliabilität folgende Alpha-Koeffizienten pro Skala: Charisma .94, individuelle Bedachtnahme .87, geistige Anregung .88, bedingte Belohnung .83, Management-by-Exception .70.

Wie aus Tabelle 7 zu ersehen ist, korrelierten sowohl bedingte Belohnung als auch die transformationalen Faktoren hoch mit dem Index der Zufriedenheit mit dem Vorgesetzten. Management-by-Exception stand in negativem Zusammenhang mit der Zufriedenheit mit dem Führer. Unabhängige Leistungsbeurteilungen dieser Untergebenen stellten sich als positiv korrelierend mit den Scores für charismatische Führung und individuelle Bedachtnahme durch die Vorgesetzten heraus.

Bei dieser Untersuchung schien jedoch geistige Anregung, bedingte Belohnung und Management-by-Exception keinerlei Auswirkung zu haben (*Waldman* et al., 1984).

Tabelle 6 – Beziehungen zwischen den transformationalen und transaktionalen Faktoren-Skalen-Meßwerten und des M.L.Q. (Formular 4) zu den ausgewählten Variablen von 23 neuseeländischen Verwaltungsbeamten im Erziehungswesen

| | | | VARIABLE | | | | | | | | | |
|---|---|---|---|---|---|---|---|---|---|---|---|---|
| | | | | Effektivität | | | | Zufriedenheit | | | | |
| Faktor | Männl. | Org. Niv. | Zus. Anstr. | Einh.[a] | Einh.[b] | Job[c] | Org.[d] | Vorg.[e] | Meth.[f] | Bes. Fall | Alpha-Koeff. | Mittel-wert | Streu-ung |
| Transformational: | | | | | | | | | | | | | |
| I. Charisma | -.13 | -.18 | .72 | .36 | .61 | .88 | .76 | .73 | | .83 | .95 | 2.44 | .81 |
| III. Individuelle Bedachtnahme | -.10 | -.16 | .60 | .40 | .52 | .77 | .63 | .54 | | .68 | .91 | 2.30 | .76 |
| V. Geistige Anregung | -.23 | -.04 | .76 | .20 | .37 | .70 | .66 | .47 | | .66 | .89 | 2.21 | .67 |
| Transaktional: | | | | | | | | | | | | | |
| II. Bedingte Belohnung | -.31 | -.04 | .44 | .27 | .34 | .58 | .39 | .51 | | .55 | .80 | 2.25 | .87 |
| IV. Management-by-Exception | -.03 | -.26 | -.42 | -.16 | -.36 | -.37 | -.48 | -.08 | | -.34 | .84 | 2.65 | .66 |

p < .01 wenn r = .50
p < .05 wenn r = .40

a) Gesamtarbeitseffektivität Ihrer Einheit?
b) Effektivität, verglichen mit anderen Einheiten?
c) Der Vorgesetzte entspricht arbeitsbezogenen Bedürfnissen?
d) Der Vorgesetzte entspricht Anforderungen der Organisation?
e) Zufrieden mit dem Vorgesetzten?
f) Zufrieden mit den Methoden des Vorgesetzten?

*Die Überprüfung des Modells*

Wir verglichen die aus den vorangegangenen Untersuchungen gewonnenen Daten mit dem in Abb. 2 gezeigten Modell des transformationalen Führungsverhaltens. Das Modell schlug ja vor, daß transformationale Führung zu höherer Anstrengung und Leistung führt als transaktionale Führung.

Zuerst wurden die Unterschiede bei der zusätzlichen Anstrengung der Untergebenen festgestellt, die auf eine optimale Kombination der transaktionalen Faktoren-Scores des Führers von bedingter Belohnung und Management-by-Exception zurückzuführen sind. Dann wurden die transformationalen Faktoren-Scores zu den transaktionalen Scores hinzugezählt, zu einer erweiterten optimalen Kombination.

Tabelle 7 – Beziehungen zwische transformationalen und transaktionalen Faktoren-Skalen-Meßwerten zu den ausgewählten Variablen von 256 Vorgesetzten und Führungskräften in einer amerik. Firma

| Faktor | Besondere Anstrengung | Zufriedenheit m. d. Vorges. | Leistungsbeurteilg. d. die Untergebenen |
|---|---|---|---|
| Transformational: | | | |
| I.   Charisma | .88 | .67 | .19 |
| III. Individuelle Bedachtnahme | .79 | .68 | .24 |
| V.  Geistige Anregung | .80 | .64 | .08 |
| Transaktional: | | | |
| II.  Bedingte Belohnung | .76 | .65 | .05 |
| IV. Management-by-Exception | –.24 | –.27 | –.04 |

$p < .05$ wenn $r = .12$
$p < .01$ wenn $r = .16$

Auf dieselbe Weise wurden die transformationalen Meßwerte der Führer mit ihren transaktionalen kombiniert, um die erwartete Vergrößerung des Ausmaßes der wahrgenommenen Effektivität oder beurteilten Leistung der Untergebenen berechnen zu können, die dem Führungsprofil des Vorgesetzten zugeschrieben werden konnte.

Bei diesem Modell testeten wir 189 amerikanische Obersten, 72 Armee-Offiziere im Rang von Leutnant bis Oberstleutnant und 256 Wirtschaftsführer. Letztere verteilten sich auf alle Ebenen der Hierarchie einer Fortune-500-Firma. Wie aus nebenstehender Tabelle ersichtlich ist, machten die transaktionalen Scores bei allen drei Stichproben allein 26 bis 59 % der zusätzlichen Anstrengungen der Untergebenen aus. Noch wichtiger, als wir die transformationalen zu den transaktionalen Faktorwerten der Führungskräfte addierten, erhielten wir einen Zuwachs zwischen 25 % und 37 %, hervorgerufen durch besondere Anstrengung der Untergebenen.

Bei dieser militärischen Stichprobe machten die transaktionalen Scores allein auch 18 bis 22 % der Varianz[*] aus. Durch das Hinzufügen der transformationalen Scores zu den Gleichungen ergaben sich Zuwachsraten von 48 und 27 %.

| Stichprobe | Nur transaktionale Faktoren | Steigerungseffekt von transformation. Faktoren | Kombinierte Effekte |
|---|---|---|---|
| | | besondere Leistung | |
| 189 Obersten | 26 % | 37 % | 63 % |
| 72 Offiziere | 37 % | 36 % | 73 % |
| 256 Manager | 59 % | 25 % | 84 % |
| | | wahrgenommene Effektivität | |
| 189 Obersten | 18 % | 48 % | 66 % |
| 72 Offiziere | 22 % | 27 % | 49 % |
| | | Leistungsbeurteilung durch d. Untergebenen | |
| 256 Manager | 0 % | 9 % | 9 % |

Während die transaktionalen Scores die Leistungsbeurteilung der Untergebenen bei der Stichprobe der Wirtschaftsmanager nicht erklären konnten, ergab sich durch die Einbeziehung der transformationalen Scores in die Gleichung eine 9 %-Varianz-Aufklärung bei der Leistung der Untergebenen. Bei diesen Ergebnissen waren Zufallseffekte ausgeschlossen. Die additiven Relationen zwischen transaktionaler und transformationaler Führung, wie sie in dem Modell auf Abbildung 2, Kapitel 2, dargestellt wurden, wurden durch die Ergebnisse aller drei Stichproben unterstützt.

*Zusammenfassung*

Mit diesen quantitativen Untersuchungen konnten wir zeigen, daß
1. fünf Faktoren erforderlich sind, um transformationale und transaktionale Führung zu erklären
2. es möglich ist, jeden dieser Faktoren mit hoher Reliabilität zu messen, so daß aus den Fragebogen-Beschreibungen der einzelnen Führer weit voneinander abweichende Verhaltensprofile gewonnen werden konnten
3. Probanden, die dieselben Führer beschreiben, dieselben Profile hervorbringen
4. transformationale Führung, wie in unserem Modell vorgeschlagen, zu erhöhter Anstrengung, Effektivität und Zufriedenheit mit dem Führer beiträgt und bei den Untergebenen Leistungen hervorbringt, die über die bei transaktionaler Führung zu erwartenden Leistungen hinausgehen.

---

[*] der Wahrnehmung der Effektivität der Untergebenen

# Klinisches Beweismaterial

Die quantitativen Untersuchungen ergaben fünf wesentliche Dimensionen transformationaler und transaktionaler Führung. Die Strukturierung der Dimensionen bedarf noch der empirischen Verifikation durch größere Stichproben als uns zur Verfügung standen; möglicherweise auch noch anderer Meßmethoden. Jedoch sahen wir uns in unserer Zuversicht hinsichtlich der Gültigkeit unserer Faktorenstruktur insofern bestätigt, als wir nach der Fertigstellung unserer Analysen einen Bericht von *Zaleznik* (1977) entdeckten, den wir im folgenden erläutern werden.

*Parallele Strukturen*

*Zaleznik*, der psychoanalytisch versierte Forscher, unterschied aufgrund von klinischen Beobachtungen zwischen »Managern« und »Führern«. Seine Manager zeigten transaktionales Führungsverhalten, seine Führer transformationales.

Parallel mit unserem ersten Faktor (Charisma) schrieb er, daß Führer, aber nicht Manager, starke Identitätsgefühle und intensive Gefühle von Liebe oder Haß auslösen. Führer senden nicht zweideutige Signale aus, sondern klare zweck- und sendungsbewußte Botschaften. *Zaleznik* vermerkt, daß Führer, aber nicht Manager, bei den Untergebenen Arbeitsbegeisterung und erhöhte Erwartungen hervorrufen, indem sie ihnen Leitbilder und Inhalte vermitteln.

Parallel mit unserem dritten Faktor (individuelle Bedachtnahme) schrieb *Zaleznik*, daß Führer, aber nicht Manager, imstande sind, intensive Person-zu-Person-Beziehungen zu schaffen, zu kultivieren und wieder abzubrechen. Sie zeigten Einfühlungsvermögen und wissen, daß verschiedene Ereignisse unterschiedliche Wirkungen auf Personen haben. Manager hingegen sehen sich selbst als Rollenspieler, die mit Handlungen befaßt sind, deren Bedeutung im Handlungsprozeß selbst liegt.

Parallel mit unserem fünften Faktor (geistige Anregung) schrieb *Zaleznik*, daß Führer, aber nicht Manager, sich mehr mit Ideen als mit Abläufen befassen und daß sie ihre Vorstellungen artikulieren und zu Leitbildern machen können.

Ebenfalls in Übereinstimmung mit unseren Analysen, befaßten sich *Zalezniks* Manager öfter mit transaktionalen Handlungen als seine Führer. Wie es auch bei unserem zweiten Faktor (bedingte Belohnung) der Fall ist, machen *Zalezniks* Manager, aber nicht Führer, auf flexible Weise Gebrauch von Belohnung und Strafe.

Ähnlich wie bei unserem vierten Faktor (Management-by-Exception) beobachtete auch *Zaleznik*, daß Manager, aber nicht Führer, versuchten, ein kontrolliertes, rationales und gerechtes System aufrechtzuerhalten (statt es zu verändern). *Zaleznik* wies darauf hin, daß seine Führer mehr zu Aktivität und seine Manager mehr zu Passivität neigten. Während Manager das Alltägliche in Kauf nehmen, reagieren Führer darauf »wie auf ein Gebrechen«.

Obwohl wir hier vielleicht Gefahr laufen, die Diskussion über die fundamentalen Strukturen der transaktionalen und transformationalen Führung vorzeitig abzubrechen, geben uns die von uns durchgeführten quantitativen Analysen und deren Unterstützung durch *Zalezniks* klinische Untersuchungen eine gewisse Zuversicht hinsichtlich der Validität der fünf Faktoren – nämlich der drei transformationalen – charismatische Führung, individuelle Behandlung und geistige Anregung – und der zwei transaktionalen Faktoren – bedingte Belohnung und Management-by-Exception.

# Quellenhinweise

**Abdel-Halim**, A.A. Effects of higher order need strength on the job performance–job satisfaction relationship. *Personnel Psychology*, 1980, 33, 335–347

**Adams**, J., **Instone**, D., **Rice**, R.W., and **Prince**, H.T.II. Critical incidents of good and bad leadership. Paper presented at the American Psychological Association, Los Angeles, 1981.

**Adler** S. Subordinate imitation of supervisor behavior: The role of supervisor power and subordinate self-esteem. Paper presented at International Congress of Applied Psychology, Edinburgh, 1982.

**Aldefer**, C.P. An empirical test of new theory of human needs. *Organizational Behavior and Human Performance*, 1969, 4, 142–175

**Alias**, A.G. On the psychopathology of schizophrenia. *Biological Psychiatry*, 1974, 9, 61–72

**Anonymous**. The chief executive officer: Personal management styles. *Business Week*, May 4, 1974, 2, 43–51.

**Anonymous**. Going down the long lonesome road. *Macleans*, May 25, 1981 A, 10–11

**Anonymous** What to do about the marginal employee. *Supervisory Sense*, 1981 B, 1, 7.

**Anonymous**. The talk of the town. *The New Yorker*, September 12, 1983 A, 37.

**Anonymous**. Kennedy has become America's favorite President. *Newsweek*, November 28, 1983 B, 64.

**Atkinson**, J.W. *An Introduction to Motivation*. Princeton, NJ: Van Nostrand, 1964.

**Ayer** F., Jr. *Before the Colors Fade: Portrait of a Soldier, George S. Patton, Jr.* Boston: Houghton-Mifflin, 1971.

**Ayres** B.D. *The Counseling Function of the Leadership Role*. United States Army Administration Center Leadership Monograph Series, Monograph 11, November 1978.

**Bacharach** S.B., and **Lawler** E.J. *Power and Politics in Organizations*. San Francisco: Jossey-Bass, 1980.

**Bandura**, A. *Social Learning Theory*. Morristown, NJ: General Learning Press, 1971

**Bandura**, A. Self-efficacy mechanism in human agency. *American Psychologist;* 1982, 37, 122–147

**Barber** J.D. Classifiying and predicting presidential styles: »Two weak« presidents. *Journal of Social Issues*, 1968, 24, 51–80.

**Barlow** J.A. Mass line leadership and thought reform in China. *American Psychologist*, 1981, 36, 300–309.

**Bartoleme**, S. Executives as human beings. *Harvard Business Review*, 1972, 50, 62–69

**Bass** B.M. The leadership group discussion as a leadership evaluation instrument. *Psychological Bulletin*, 1954, 51, 465–492

**Bass**, B.M. *Leadership, Psychology and Organizational Behavior*. New York: Harper, 1960.

**Bass**, B.M. *Organizational Psychology*. Boston: Allyn & Bacon, 1965.

**Bass**, B.M. Social behavior and the orientation inventory. *Psychological Bulletin,* 1967, 68, 260–292

**Bass** B.M. *Stogdill's Handbook of Leadership: A Survey of Theory and Research.* Revised and Expanded Edition. New York: Free Press, 1981.

**Bass**, B.M. Anew paradigm for leadership training and research. *International Review of Applied Psychology* (in press).

**Bass**, B.M., **Avolio** B., and **Goodheim** L. A retrospecitive survey analysis of world-classleadership. School of Management, Binghamton, Working Paper 84–76, 1984.

**Bass** B.M., and **Barrett**, G.V. *People, Work and Organizations.* Boston: Allyn & Bacon, 1981.

**Bass**, B.M., **Burger**, P.A., **Barrett** G.V., and **Doktor**, R. *Assessment of Managers: An International Comparison.* New York: Free Press, 1979.

**Bass**, B.M., **Cascio**, W.F., and **O'Connor**, E. Magnitude estimations of frequency and amount. *Journal of Applied Psychology*, 1974, *59*, 313–320.

**Bass**, B.M., and **Farrow**, D.L. Quantitative analyses of biographies of political figures. *Journal of Psychology,* 1977, *97*, 281–296.

**Bass**, B.M., **Valenzi** E.R., **Farrow**, D.L., and **Solomon** R.J. Management styles associated with organizational, task, personal and interpersonal contingencies. *Journal of Applied Psychology*, 1975, *60*, 720–729.

**Bass**, B.M., **Wurster** C.R., and **Alcock** W. A test of the proposition: We want to be esteemed most by those we esteem most highly. *Journal of Abnormal and Social Psychology,* 1961, *63*, 650–653.

**Beale**, H.K. *Theodore Roosevelt and the Rise of America to World Power.* Baltimore: Johns Hopkins University Press. 1956.

**Bennis**, W. Leadership transforms vision into action. *Industry Week,* May 31, 1982, 54–56.

**Bennis**, W. Transformative leadership. *Harvard University Newsletter,* April 7, 1983.

**Berger** P.L. Charisma and religious innovation: The social location of Israelite prophecy. *American Sociological Review*, 1963, *28* 940–949

**Berlew**, D.E. Leadership and organizational excitement. In D.A. Kalb, I.M. Rubin, and J.M. McIntyre (Eds.) *Organizational Psychology: A Book of Readings.* Englewood Cliffs, NJ: Prentice-Hall, 1974.

**Berlyne**, D.E. Arousal and reinforcement. In D. Levine (Ed.), *Nebraska Symposium on Motivation* (Vol. 15). Lincoln: University of Nebraska Press. 1967.

**Blanchard** K., and **Johnson**, S. *The One Minute Manager.* New York: William Morrow, 1982.

**Blau**, P.M., and **Scott**, W.R. *Formal Organizations.* San Francisco: Chandler Publishing Company, 1962.

**Bradley**, D.N. *A Soldier's Story* New York: Holt, 1951.

**Broder** D. Forgetting cause and effect. *Washington Post*, February 12, 1984, F3.

**Bromley**, D.G., and **Schupe**, A.D. *Moonies in America: Cult, Church and Crusade.* Beverly Hills: Sage Publications, 1979.

**Burns**, J.M. *Leadership.* New York: Harper and Row, 1978.

**Burns** T., and **Stalker**, G.M. *The Management of Innovation.* Chicago: Quadrangle Books, 1961.

**Caro**, R.A. *The Power Broker: Robert Moses and the Fall of New York.* New York: Knopf, 1974.

Caro, R.A. *The Years of Lyndon Johnson: The Path to Power.* New York: Knopf, 1982.
Christenson, R.M. The record is all. *New York Times*, November 6, 1979, A19.
Clark, B.R.The organizational saga in higher education. *Administrative Science Quarterly* 1972, *17*, 178–184.
Considine, B.*The Remarkable Life of Dr. Armand Hammer.* New York: Harper and Row, 1975.
Cox, C.M.,*Genetic Studies of Genius* (Vol. 2). *The Early Mantal Traits of Three Hundred Geniuses.* Stanford, CA: Stanford University Press. 1926.
Crowe B.J., **Bochner**, S., and **Clark**, A.W. The effects of subordinates' behavior on managerial style. *Human Relations,* 1972, *25*, 215–237.
Deci E.L.*Intrinsic Motivation.* New York: Plenum Press, 1975.
DeFrank T.M., **Clift** E., and **Beach**, Y.L. Ronald Reagan's magic. *Newsweek*, February 6, 1984, 22–4.
Demause L.*Foundations of Psychohistory.*New York: Creative Roots, 1982.
Dickson J.W. Top managers' beliefs and rationales for participation. *Human Relations*, 1982, *35*, 203–217.
Dossett D.L., **Cella** A., **Greenberg** C.I., and **Adrian** N. Goal setting, participation and leader supportiveness effects on performance. Paper presented at the American Psychological Association, Anaheim, CA, 1983.
Dow, T.The theory of charisma. *Sociological Quarterly,* 1969, *10,* 306–318.
Drachkovitch M.M. Succession and the charismatic leader in Yugoslavia. *Journal of International Affairs,* 1964, 18(1), 54–66.
Drenth, P.J.D., and **Koopman**, P.L. A contingency approach to participative leadership. In J.G. Hunt, D. Hosking, C.A. Schriesheim, and R. Stewart (Eds.) *Leaders and Managers: International Perspectives on Managerial Behavior and Leadership.* New York: Pergamon, 1984.
Driver, M.J., and **Rowe** A.J. Decision-making styles: A new approach to management decision making. In C. Cooper (Ed.), *Behavioral Problems in Organizations.* Englewood Cliffs, N.J.: Prentice-Hall, 1979.
Drucker P. *The Practice of Management.* New York: Harper 1954.
Eden, D., and **Shani**, A.B. Pygmalion goes to boot camp: Expectancy, leadership and trainee performance. *Journal of Applied Psychology*, 1982, *67*, 194–199.
England G.W.,and **Lee**, R. The relationship between managerial values and managerial success in the United States, Japan, India, and Australia. *Journal of Applied Psychology*, 1974, *59*, 411–419.
Eoyang C. K. Symbolic transformation of belief systems. In L. Pondy P Frost, E. Morgan, and T. Dandridge (Eds.), *Organizational Symbolism.* New York: Jai Press, 1983.
Erikson, E. *Gandhi's Truth.* New York: Norton, 1969.
Etzioni, A.*A Comparative Analysis of Complex Organizations.* Glencoe, IL: The Free Press, 1961.
Evans M.G. Extensions of a path-goal theory of motivation. *Journal of Applied Psychology*, 1974, *59*, 172–178.
Farrow D.L. Apath-analytic approach to the study of contingent leader behavior. Doctoral dissertation, University of Rochester, 1976.

**Fermi** L.*Mussolini.* Chicago: University of Chicago Press, 1966.

**Fiedler** A.F., and **Leister** A.F. Leader intelligence and task performance: A test of a multiple screen model. *Organizational Behavior and Human Performance*, 1977, *20*, 11–14.

**Fisch**, G.G. Line-staff is obsolete. *Harvard Business Review*, 1961, *39* (5), 67–79.

**Fischer** L.*The Life of Lenin.* New York: Harper, 1965.

**Fisher**, C.D. Transmission of positive and negative feedback to subordinates: A laboratory investigation. *Journal of Applied Psychology,* 1979, *64*, 533–540.

**Freud**, S. *Moses and Monotheism.* New York: Vintage, 1922/1939.

**Fulk** J.,and **Wendler**, E.R. Dimensionality of leader-subordinate interactions: A path-goal investigation. *Organizational Behavior and Human Performance*, 1982, *30*, 244–264.

**Galanter** M. Charismatic religious sects and psychiatry: An overview. *American Journal of Psychiatry*, 1982, *139*, 1539–1548.

**Gardner** J.W. *Excellence: Can We Be Equal and Excellent Too?* New York: Harper, 1961.

**Geertz**, C. Centers, kings and charisma: Reflections on the symbolics of power. In J. Ben-David and T.N. Clark (Eds.), *Culture and Its Creators: Essays in Honor of Edward Shils.* Chicago: University of Chicago Press, 1977, pp. 150–171.

**Georgopoulos**, B.S., **Mahoney**, G.M., and **Jones**, N.W. A path-goal approach to productivity. *Journal of Applied Psychology*, 1957, *41*, 345–353.

**Gerth**, H.,and **Mills**, C.W. *From Max Weber.*New York: Oxford University Press, 1946.

**Ghiselli**, E.E. Intelligence and managerial success. *Psychological Reports*, 1963, *12*, 898.

**Gill**, R.W.T. A trainability concept for management potential and an empirical study of its relationship with intelligence for two managerial skills. *Journal of Occupational Psychology,* 1982, *55*, 139–147.

**Glass**, A.Pursuing discredited policy. *Washington Post,* February 12, 1984, F3.

**Gordon** L.V. The image of political candidates: Values and voter preference. *Journal of Applied Psychology, 1972 56*, 382–387.

**Graen,** G. Role-making processes within complex organizations. In M.D. Dunnette (Ed.), *Handbook of Industrial and Organizational Psychology.* Chicago: Rand McNally, 1975, pp. 1201–1245.

**Graen** G.,and **Cashman**, J.F. A role-making model of leadership in formal organizations: A developmental approach. In J.G. Hunt and L.L. Larson (Eds.), *Leadership Frontiers.* Kent, OH: Kent State University Press, 1975, pp. 143–165.

**Graen**, G., **Novak**, M.A., and **Sommerkamp**, P. The effects of leadermember exchange and job design on productivity and satisfaction: Testing a dual attachment model. *Organizational Behavior and Human Performance,* 1982, *30*, 109–131.

**Greene**, C.N. A longitudinal investigation of performance-reinforcing bevaviors and subordinate satisfaction and performance. *Midwest Academy of Management Proceedings,* 1976, 157–185.

**Greene** C.N., and **Podsakoff**, P.M. Effects of withdrawal of a performance-contingent reward on supervisory influences and power. *Academy of Management Journal*, 1981, *24* 527–542.

**Greller**, M.M. Evaluation of feedback sources as a function of role and organizational development. *Journal of Applied Psychology*, 1980, *65*, 24–27.

**Grove**, A.S.My turn: Breaking the chains of command. *Newsweek,*, October 3, 1983, 23.

**Hambrick** D.C., and **Mason**, P.A. The organization as a reflection of its top managers. Paper presented at the Academy of Management, Dallas, 1983.

**Handy** C.D. *Understanding Organization*. Baltimore: Penguin Books, 1976.

**Hawley**, C. *Executive Suite*. Cambridge, MA: Riverside Press, 1952. (Quoted in Bass, B.M. The leaderless group descussion as a leadership evaluation instrument. *Personnel Psychology,* 1954, 7, 470–477).

**Hay**, R., and **Gray**, E. Social responsibilities of business managers. *Academy of Management Journal, 1974, 17* (1), 135–143.

**Hayes**, S., and **Thomas**, W.N. *Taking Command*. Harrisburg, PA: Stackpole 1967.

**Henry**, W.E. Conflict, age and the executive. *Business Topics*, 1961, *9*, 15–25.

**Hersey**, P., and **Blanchard** K.H. *Mangement of Organizational Behavior: Utilizing Human Resources*. Englewood Cliffs. NJ: Prentice-Hall, 1977.

**Hewins**, R. *J. Paul Getty: The Richest American*. London: Sedgwick and Jackson, 1961.

**Hill**, N. Self-esteem. The key to effective leadership. *Administrative Management,* 1976, *31* (8), 24.

**Hoffman**, S., and **Hoffman**, I. The will to grandeur: de Gaulle as political artist. In D.A. Rustow (Ed.), *Philosophers and Kings: Studies in Leadership*. New York: George Braziller, 1970.

**Hollander** E.P. *Leadership Dynamics*. New York: Free Press, 1978.

**Holsi** O.R., and **North**, R.C. The history of human conflict. In E.B. McNeil (Ed.), *The Nature of Human Conflict*. Englewood Cliffs, NJ: Prentice-Hall, 1965.

**Holusha** J. Cuts, U.S. aids, and Iacocca were factors in Chrysler turn around. *New York Times,* July 15, 1983, D1, D6.

**House**, R.J. A path-goal theory of leadership effectiveness. *Administrative Science Quarterly,* 1971, *16*, 321–338.

**House**, R.J. A 1976 theory of charismatic leadership. In J.G. Hunt and L.L. Larson (Eds.) *Leadership: The Cutting Edge*. Carbondale: Southern Illinois Universtiy Press, 1977, pp. 189–207.

**House**, R.J., and **Mitchell**, T.R. Path-goal theory of leadership. *Journal of Contemporary Business,* 1974, *5*, (81–97.

**Hummel**, R.P. Charisma in politics: Psycho-social causes of revolution as preconditions of charismatic outbreaks within the framework of Weber's epistemology. Thesis, New York University, 1973.

**Hunt**, D.M., and **Michael**, C. Mentorship: A career training and devolopment tool. *Academy of Management Review*, 1983, *8*, 475–485.

**Hunt** J.G., and **Schuler**, R.S. *Leader Reward and Sanctions: Behavior Relations Criteria in a Large Public Utility*. Department of Administrative Science. Carbondale: Southern Illinois University Press, 1976.

**Ilgen** D.R., and **Knowlton**, W.A. Performance attributional effects on feedback from supervisors. *Organizational Behavior and Human Preformance,* 1980, *25*, 441–456.

**Janis** I.L., and **Mann**, L. *Decision Making*. New York: Free Press, 1977.

**Jennings**, E.E. *An Anatomy of Leadership*, New York: Harper, 1960.

**Jennings**, E.E. The mobile manager: A study of the new generation of top exectives. Ph.D. dissertation, University of Michigan, 1967.

**Jessup**, J.K. *The Ideas of Henry Luce*. New York: Atheneum, 1969.

**Johnson**, M.C. Speaking from experience: Mentors – the key to development and growth. *Training and Development Journal*, 1980, *34* (7), 55–57.

**Johnston**, A. *The Great Goldwyn*. New York: Random House, 1937.

**Jung** C.G. *Psychological Types* (R.F.C. Hall, trans.). Princeton, NJ: Princeton University Press, 1971.

**Kanter**,R.M. *Men and Women of the Corporation*. New York: Basic Books, 1977.

**Kaplan**, E., and **Cowen**, E.L. Interpersonal helping behavior of industrial foremen. *Journal of Applied Psychology,* 1981, *66*, 633–638.

**Katz**, D.,and **Kahn**, R.L. *The Social Psychology of Organizations*. New York: Wiley, 1966.

**Keller**, R.T., and **Szilagyi**, A.D. Employee reactions to leader reward behavior. *Academy of Management Journal* 1976, *19* 619–627.

**Kennedy**,G. *Bligh*. London: Duckworth, 1978.

**Kerr**, S.,and **Jerimer**, J.M. Substitutes for leadership: Their meaning and measurement. *Organizational Behavior and Human Performance*, 1978, *22*, 375–403.

**Kiechel**,W., III. Wanted: Corporate leaders. *Fortune*, May 30, 1983, 135–140.

**Kiggundu**, M.N. Task interdependence and job design: Test of a theory. *Organizational and Human Performance,* 1983, *31*, 145–172.

**Kilmann**, R. Problemmanagement: A behavioral science approach. In M.G. Zaltman (Ed.) *Management Principles for Non-profit Agencies and Organizations*. New York: American Management Association, *1979.*

**Klauss**, R., and**Bass**, B.M. *Interpersonal Communications in Organizations*. New York: Academic Press, 1982.

**Klimoski**, R.J.,and **Hayes**, N.J. Leader behavior and subordinate motivation. *Personnel Psychology*, 1980, *33*, 543–555.

**Knowlton**, W.A., and **Mitchell**, T.R. Effects of causal attributions on a supervisor's evaluation of subordinate performance. *Journal of Applied Psychology*, 1980, *65*, 459–466.

**Kolb**, D.A.Problem solving and the ececutive mind. Symposium: Functioning of the Executive Mind. Case Western Reserve University, April 14–17, 1982.

**Komaki**, J.Applied behavior analysis. *Industrial Psychologist*, February 1981, 7–9.

**Korman**, A.K. A hypotheses of work behavior revisited and an extension. *Academy of Management Review*, 1976, *1*, 50–63.

**Korman** A.K., **Wittig-Berman**, U., and **Lang**, D. Career success and personal failure: Alienation in professionals and managers. *Academy of Management Journal*, 1981, *24*, 342–360.

**Kram**, K.E. Mentoring process at work: Developmental relationships in managerial careers. Unpublished Ph.D. dissertation, Yale University, 1980.

**Kramer**, J.(Ed.), *Lombardi*: Winning Is the Only Thing. New York: Maddick Manuscripts, 1970.

**Kraut** A. Intellectual ability and promotional succes. *Personnel Psychology, 1969, 22,* 281–290.

**Landy** F.J.An opponent process theory of job satisfaction. *Journal of Applied Psychology,* 1978, *63*, 533–547.

**Larson**, A. *The President Nobody Knew*. New York: Popular Library, 1968.

**Larson**, J.R. Some hypotheses about the causes of supervisory performance feedback behavior. Paper presented at the meeting of the Academy of Management, Detroit, 1980.

**Lawler**, E.E.,III. Leadership in participative organizations. NATO Conference, Oxford, 1982.

**Levinson**, D.J., **Darrow**, C.M., **Klein**, E.G., **Levinson**, M.H., and **McKee**, B. *The Seasons of a Man's Life.* New York: Knopf, 1978.

**Lifton**, R.J.*Revolutionary Immortality: Mao Tse-tung and the Chinese Cultural Revolution*. New York: Random House, 1968.

**Lifton**, R.J.*Explorations in Psychohistory: The Wellfleet Papers.* New York: Simon and Schuster, 1974.

**Lippitt**, R. Thechanging leader–follower relationships of the 1980's. *Journal of Applied Behavioral Science,* 1982, *18*, 395–403.

**Locke** E.A.Toward a theory of task motivation and incentives. *Organizational Behavior and Human Performance,* 1968, *3* 157–190.

**Lodahl**, A. Crisisin values and the success of the Unification Church. Bachlor of Arts Thesis in Sociology, Cornell University, Ithaca, NY, 1982 (quoted in Trice and Beyer, 1984).

**Lundberg**, C.The unreported research of Dr. G. Hypothetical: Six variables in need of recognition. In M.W. McCall and M.M. Lombardo (Eds.), *Leadership: Where Else Can We Go?* Durham, NC: Duke University Press, 1978.

**Luthans**, F.,and **Kreitner**, R. *Organizational Behavior Modification.* Glenview, Ill: Scott, Foresman, 1975.

**Maccoby**, M. *The Gamesman.* New York: Simon and Schuster, 1976.

**Machiavelli**,N. *The Prince.* New York: Mentor Press, 1513/1962.

**Magnus**,P. *Kitchener: Portrait of an Imperialist.* New York: Dutton, 1968.

**Mao**, T.*Selected Works of Mao Tse-tung.* Peking: Foreign Language Press, 1967.

**Margerison**,C.J. *How Chief Executives Succeed.* Bradford, England: MCB Publications, 1980.

**Martin**, J.,**Sitkin**, S., and **Boehm**, M. Founders and the elusiveness of a cultural legacy. Research Report no. 726. Graduate School of Business, Stanford University, 1984.

**Maslow**,A. A theory of human motivation. *Psychological Review,* 1943, *50,* 370–396.

**Maslow**,A. *Motivation and Personality.* New York: Harper, 1954.

**McCall**,M.W., Jr. *Leaders and Leadership: Of Substance and Shadow.* Technical Report no. 2. Greensboro, NC: Center for Creative Leadership, 1977. **McCall,M.W., Jr., and Lombardo** M.M. Where else can we go? In M.W. McCall, Jr. and M.M. Lombardo (Eds.), *Leadership: Where Else Can We Go?* Durham, NC: Duke University Press, 1978, pp. 151–165.

**McCall,M.W., Jr., and Lombardo**, M.M. *Off the Track: Why and How Successful Executives Get Derailed.* Technical Report no. 21. Greensboro, NC: Center for Creative Leadership, 1983.

**Meyer**,A.G. Leninism. New York: Praeger, 1962.

**Meyer**, E.C. Leadership: A return to basics. *Military Review, 1980, 60* (7), 4–9.

**Mintzberg**,H. *The Nature of Managerial Work.* New York: Harper and Row, 1973.

**Mintzberg**,H. The manager's job: Folklore and fact. *Harvard Business Review, 1975, 4,* 49–61.

**Missirian**, A.K. The process of mentoring in career development of female managers. Unpublished Ph.D. dissertation, University of Massachusetts, 1980.

**Mitchell**, T.R., and **Kalb**, L.S. Effects of job experience on supervisor's attributions for a subordinate's poor performance. *Journal of Applied Psychology,* 1982, *67*, 181–188.

**Mitchell**, T.R., and **Wood**, R.E. Supervisors' responses to poor performance: A test of an attributions model. *Journal of Applied Psychology,* 1980, *25*, 123–138.

**Mitroff**, I.I. Systematic problem solving. In M.W. McCall and M.M. Lombardo (Eds.), *Leadership: Where Else Can We Go?* Durham, NC: Duke University Press, 1978.

**Mitroff**, I.I., and **Mason**, R.O. Business policy and metaphysics: Some philosophical considerations. *Academy of Management Review,* 1982. *7*, 361–370.

**Mitroff**, I.I., **Kilmann**, H., and *Saxton*, M.J. Organizational culture: Corrective order-making out of an ambiguous world (unpublished manuscript).

**Morse**, J.J., and **Wagner**, F.R. Measuring the process of managerial effectiveness. *Academy of Management Journal,* 1978, *21*, 23–35.

**Mueller** R.K. Leading-edge leadership. **Human Systems Management**, 1980, *1* 17–27.

**Naisbett**,J. *Megatrends: Ten New Directions Transforming Our Lives.* New York: Warner Books, 1982.

**Nance**, J.J. *The Nance Lectures.* Cleveland, OH: Bureau of Business Research, Cleveland State University, 1979).

**Neider**, L.L. An experimental field investigation utilizing expectancy theory view of participation. *Organizational Behavior and Human Performance,* 1980, *26*, 425–442.

**Nicol**, J.The tight ship and her merry hearts. *Sea History*, 1983, *27* (Spring), 45–46.

**Nicholson**, N., **Ursell**, G., and **Blyton**, P. *The Dynamics of White Collar Unions.* London: Academic Press, 1981.

**Nietzche**,F. *Thus Spoke Zarathustra* (1883). In O. Levy (Ed.), *The Complete Works of Friedrich Nietzche.* New York: Gordon Press, 1974.

**Oberg**, W.Charisma, commitment, and contemporary organization theory. *Business Topics,* 1972, *20*, 18–32.

**O'Boyle**, T.F. Rise and fall: Turnabout in fortunes of Mesta Machine is history with a moral. *Wall Street Journal*, January 3, 1984, 1, 31.

**O'Higgins**,P. *Madame: An Intimate Biography of Helena Rubinstein.* New York: Viking, 1971.

**Oldham**, G.R. The motivational strategies used by supervisors. *Organizational Behavior and Human Performance*, 1976, *15*, 66–86.

**Olshaker**,M. *The Instant Image: Edwin Land and the Polaroid Experience.* New York: Stein & Day, 1978.

**Ouchi**, W.G. *Theory Z: How American Business Can Meet the Japanese Challenge.* Boston: Addison-Wesley, 1981.

**Paige**, G.D. *The Scientific Study of Political Leadership.* New York: Free Press, 1977.

**Parsons**,C.K., **Herold**, D.M., and **Turlington**, B. Individual diferences in performance feedback preferences. Paper presented at the Academy of Management, San Diego, 1981.

**Patton**,G.S., JR. *War As I Knew It.* Boston: Houghton-Mifflin, 1947.

**Payne**,P. *The Marshall Story.* New York: Prentice-Hall, 1951.

**Peters**,T.J. A style for all seasons. *The Executive*, Summer 1980.

**Peters**, T.J., and **Waterman**, R.H. Auf der Suche nach Spitzenleistungen. Landsberg: Moderne Industrie, 1983.

**Pettigrew**, A. M. On studying organizational cultures. *Administrative Science Quarterly*, 1979, *24*, 570–581.

**Pfeffer**, J., and **Salancik**, G.R. Determinants of supervisory behavior: A role set analyses. *Human Relations*, 1975, *28*, 139–154.

**Podsakoff**, P.M., **Todor**, W.D., **Grover**, R.A., and **Huber**, V.L. Situational moderators of leader reward and punishment behaviors: Fact or fiction? *Organizational Behavior and Human Performance*, 1984, *34*, 21–63.

**Podsakoff**, P.M., **Todor**, W.D., **Grover**, R.A., and **Huber**, V.L. Relationships between leader reward and punishment behavior and group processes and productivity. *Journal of Management* (in press).

**Podsakoff**, P.M., **Todor**, W.D., and **Schuler**, R.S. Leader expertise as a moderator of the effects of instrumental and supportive leader behaviors. *Journal of Management*, 1983, *8*, 173–185.

**Podsakoff**, P.M., **Todor**, W.D., and **Skov**, R. Effect of leader contingent and non-contingent reward and punishment behaviors on subordinate performance and satisfaction. *Academy of Management Journal*, 1982, *25*, 810–821.

**Polmar**, N., and **Allen**, T.B. *Rickover: Controversy and Genius*. New York: Simon and Schuster, 1982.

**Prahalad**, C.K., and **Doz**, Y.L. Managing managers: The work of top management. Seventh NATO Conference of Leadership, St. Catherine's, Oxford, July 12–17, 1982.

**Price**, K.H., and **Garland**, H. Compliance with a leader's suggestions as a function of perceived leader/member competence and potential reciprocity. *Journal of Applied Psychology*, 1981, *66*, 329–336.

**Puryear**, E.F. *Nineteen Stars*. Washington, D.C.: Coiner Publications, 1971.

**Quinn**, R.E., and **Cameron**, K. Organizational life cycles and shifting criteria of effectiveness: Some preliminary evidence. *Management Science*, 1983, *29*, 33–51

**Quinn**, R.E., and **Hall**, R.H. Environments, organizations, and policy makers: Towards an integrative framework. In R.H. Hall and R.E. Quinn (Eds.), *Organization Theory and Public Policy: Contributions and Limitations*. Beverly Hills, CA: Sage Publications, 1983.

**Reitz**, H.J. Managerial attitudes and perceived contingencies between performance and organizational response. Paper presented at the Academy of Management, Atlanta, 1971; 227–238.

**Reston**, J. Who advises Reagan? *New York Times*, April 26, 1983.

**Riley**, M.W., and **Flowerman**, S.H. Group relations as a variable in communications research. *American Sociological Review*, 1951, *16*, 174–176.

**Robbins**, S.P. *Organization Theory: The Structure and Design of Organizations*. Englewood Cliffs, NJ: Prentice-Hall, 1983.

**Robbins**, S.P. The theory Z organization from a power-control perspective. *California Management Review*, 1983, *25*, 67–75.

**Roberts**, N.C. Transforming leadership: Sources, processes, consequences. Paper presented at the Academy of Management, Boston, 1984.

**Roche**, G.R. Much ado about mentors. *Harvard Business Review*, 1979, *57* (1), 17–28.

**Rosenthal**,R.A., and **Jacobson**, L. *Pygmalion in the Classroom: Teacher Expectation and Pupil Intellectual Development*. New York: Holt, Rinehart & Winston, 1968.

**Ruch**, R.,and **Goodman**, R. *Image at the Top*. New York: Free Press, 1983.

**Rusmore**,J. T. Executive performance and intellectual ability in organizational levels. advanced Human Systems Institute, San Jose State University, 1984.

**Rustow**,D.A. Ataturk as a founder of state. In D.A. Rustow (Ed.), *Philosophers and Kings: Studies in Leadership*. New York: Braziller, 1970.

**Schiffer**,I. *Charisma: A Psychoanalytic Look at Mass Society*. Toronto: University of Toronto Press, 1973.

**Schriesheim**,C.A., and **Kerr**,S. Theories and measures of leadership: A critical appraisal of current and future directions. In J.G. Hunt and L.L. Larson (Eds.), *Leadership: The Cutting Edge*. Carbondale: Southern Illinois University Press, 1977, pp. 9–45.

**Schriesheim**,C.A., and **Von Glinow**, M.A. The path-goal theory of leadership: A theoretical and empirical analysis. *Academy of Management Journal, 1977, 20,* 398–405.

**Schultz**, D.Managing the middle-aged manager. *Business Management, 1974, 7,* 8–17.

**Schwab**,D.P., and **Dyer**, L.D. The motivational impact of a compensation system on employee performance. *Organizational Behavior and Human Performance, 1973, 9,* 215–225.

**Schwartz**, B.George Washington and the Whig conception of heroic leadership. *American Sociological Review, 1983, 48,* 18–33

**Scott**, W.R. *Organizations: Rational, Natural, and Open Systems* Englewood Cliffs, NJ: Prentice-Hall, 1981.

**Shapira**, Z.Expectancy determinants of intrinsically motivated behavior. Unpublished doctoral dissertation, University of Rochester, 1975.

**Shapiro**, E.C., **Haseltine**, F., and **Rowe**, M.P. Moving up: Role models, mentors, and the patron system. *Sloan Management Review*, 1978, *19* (3), 51–58.

**Sheridan**, J.E., **Kerr**, J.L., and **Abelson**, M.A. Leadership activation theory: An opponent process model of subordinate responses t leadership behavior. In J.G. Hunt, U. Sekaran, and C.A. Schriesheim (Eds.), *Leadership: Beyond Establishment Views*. Carbondale: Southern Illinois University Press, 1982, pp. 122–141.

**Shils**, E.A. Charisma, order, and status. *American Sociological Review*, 1965, *30*, 199–213.

**Shull**, F.A., JR., **Delbeco**, A., and **Cummings**, L.L. *Organizational Decision Making*. New York: McGraw-Hill, 1970.

**Siehl**, C.,and **Martin**, J. The role of symbolic management: How can managers effectively transmit organizational culture? Seventh NATO Conference on Leadership, St. Cahtherine's, Oxford, 1982.

**Simon**, H.A. *The New Science of Management Decision*. New York: Harper, 1960.

**Sims**, H.P.The leader as manager of reinforcement contingencies. An empirical example and a model. In J.G. Hunt and L.L. Larson (Eds.), *Leadership: The Cutting Edge*. Carbondale: Southern Illinois University Press, 1977, pp. 121–137.

**Smircich**,L., and **Morgan**, G. Leadership: The management of meaning. *Journal of Applied Behavioral Science, 1982, 18,* 257–273.

**Smith**, H.*The Russians*. New York: Ballantine, 1975.

**Solberg**,C. *Hubert Humphrey: A Biography*. New York: Norton, 1984.

**Sorensen**,T. *Kennedy*. New York: Bantam Books, 1966.

**Spector**,P., and **Suttell**, B.J. An experimental comparison of the effectiveness of three patterns of leadership behavior. Technical Report Contract NONR 89003. Washington, D.C.: American Institute for Research, 1957.

**Stockdale**,J.B. The principles of leadership. *American Educator*, 1981, 5(4), 12, 14, 15, 33.

**Stogdill**, R.M. *Leader Behavior Description Questionnaire*–Form XII. Columbus: Ohio State University, Bureau of Business Research, 1963.

**Suttell**, B.J., and **Spector**, P. Research on the specific leader behavior patterns most effective in influencing group performance. Annual Technical Report, Contract NONR 89003, Washington, D.C.: American Institute for Research, 1955.

**Tarnowieski**,D. *The Changing Success Ethic*. New York: American Management Association, 1973.

**Tobias**,A.*Fire and Ice: The Story of Charles Revson – The Man Who Built the Revlon Empire*. New York: Morrow, 1976.

**Toland**, J.*No Man's Land: The Story of 1918*. London: Methuen, 1982.

**Trice**, H.M., and **Beyer**, J.M. Charisma and its routinization in two social movement organizations. School of Management, State University of New York at Buffalo, Working Paper Nr. 593, 1984.

**Trotsky**,L. *Trotsky's Diary in Exile*. Cambridge, MA: Harvard University Press, 1963.

**Truman**,H.S. *Memoirs*. New York: Doubleday, 1958.

**Tsui**, A.A role set analysis of managerial reputation. Paper presented at the Academy of Management, New York City, 1982.

**Tsurumi**,R.R. American origins of Japanese productivity: The Hawthorne experiment rejected. *Pacific Basin Quarterly,* 1982, 7, 14–15.

**Tuchman**,B. *The March of Folly*. New York: Knopf, 1984.

**Tucker**, R.C. The theory of chairsmatic leadership. *Daedalus*, 1968, 97, 731–756.

**Tucker**, R.G. The theory of charismatic leadership. In D.A. Rustow (Ed.), *Philosophers and Kings: Studies in Leadership*. New York: Braziller, 1970.

**Vaill**, P.B. Toward a behavior description of high-performing systems. In M.W. McCall, Jr. and M.M. Lombardo (Eds.), *Leadership: Where Else Can We Go?* Durham, NC: Duke University Press, 1978, pp. 103–125.

**Von Auw**,A. *Heritage and Destiny*. New York: Praeger, 1984.

**Vroom**, V.H. *Work and Motivation*. New York: John Wiley & Sons, 1964.

**Waldman**, D.A., **Bass**, B.M., and **Einstein**, W.O. Effort, performance, and transformational leadership in industrial and military settings. School of Management, State University of New York at Binghamton, Working Paper 84–84, 1984.

**Waley**,A. *Three Ways of Thought in Ancient China*. London: Allen and Unwin, 1939.

**Wall**, J.F. *Andrew Carnegie*. New York: Oxford University Press, 1970.

**Weber**,M. *The Sociology of Religion*. Beacon, NY: Beacon Press, 1922/1963.

**Weber**,M. *The Theory of Social and Economic Organizations (T. Parsons, trans.)*. New York: Free Press, 1924/1947.

**Weiss**, H.M. Subordinate imitation of supervisor behavior: The role of modeling in organizational socialization. *Organizational Behavior and Human Performance, 1977, 19,* 89–105.

**Weiss**, H.M. Social learning of work values in organizations. *Journal of Applied Psychology*, 1978, *63*, 711–718.
**Weiss**, H.M., and **Shaw**, J.B. Social influences on judgments about tasks. *Organizational Behavior and Human Performance*, 1979, *24*, 126–140.
**Wilner**,A.R. *Charismatic Political Leadership: A Theory*. Princeton, NJ: Princeton University, Center for International Studies. 1968.
**Wolfenstein**,E.V. *The Revolutionary Personality: Lenin, Trotsky, Gandhi*. Princeton, NJ: Princeton University Press, 1967.
**Woodward**,J. *Industrial Organizations. Theory and Practice*. Oxford: Oxford University Press. 1965.
**Wortman**,M.S. Strategic management and changing leader-follower roles. *Journal of Applied Behavioral Science,* 1982, *18*, 371–383.
**Yankelovich**,D., and **Immerwahr**, J. *Putting the Work Ethic to Work*. New York: Public Agenda Foundation, 1983.
**Yukl**, G.A.*Leadership in Organizations*. Englewood Cliffs, NJ: Prentice-Hall, 1981.
**Yukl**, G.A., and **Nemeroff**, Identification and measurement of specific categories of leadership behavior: A progress report. In J.G. Hunt and L.L. Larson (Eds.), *Crosscurrents in Leadership*. Carbondale: Southern Illinois University Press, 1979.
**Yukl**, G.A., and **Van Fleet**, D.D. Cross-situational, multimethod research on military leader effectivenes. *Organizational Behavior and Human Performance*, 1982, *30*, 87–108.
**Zald**, M.N., and **Ash**, R. Social movement organizations: Growth, decay, and change. *Social Forces*, 1966, *44*, 327–341.
**Zaleznik,A. The dynamics of subordinancy.** *Harvard Business Review*, 1965, *43* (6), 59–70.
**Zaleznik**,A. Management of disappointment. *Harvard Business Review*, 1967, *45* (6), 59–70.
**Zaleznik**,A. Managers and leaders: Are they different? *Harvard Business Review,* 1977, *55* (5), 67–80.
**Zaleznik**,A. The leadership gap. *Washington Quarterly*, 1983, *6* (1), 32–39.
**Zaleznik**,A., and **Kets de Vries**, M.F.R. *Power and the Corporate Mind*. Boston: Houghton Mifflin Co., 1975.
**Zander**, A.,and **Curtis**, T. Social support and rejection of organizational standards. *Journal of Educational Psychology, 1965, 56,* 87–95.

# Namen- und Stichwortverzeichnis

Abdel Halim 191
Actons, Lord 202
Adams, John 250
Adams, Sherman 106
Addams, Jane 43
Adler 115
Aldefer 29
d'Alembert 121
Alkoholiker, anonyme 57, 60
Amway 87
Anerkennung 148
Anregung, geistige 124, 126, 192
Anti-Establishment-Bewegung 92
Antioch-College 72
Antizionismus 32
Apple Computer 40
Arafat, Yassir 64, 78
Arbeitszufriedenheit 48
Atatürk, Kemal 33, 124, 132
Atkinson 20
Ayer 83
Ayres 111

Badura 30
Barber 245
Barlow 136, 137
Bartoleme 67
Bass 113, 126, 151, 169, 170, 172, 177, 196, 213, 226, 247, 252
Bass & Barrett 157
Baton Rouge 115
Bedachtnahme, individuelle 104
–, persönliche 111
Bedürfnispyramide 28
Bell Telephon Company 41
Bell, Alexander Graham 41
Belohnung, bedingte 146, 201

Belohnungs- und Strafreize 17, 145
Bennis, Warren 11, 24, 44, 63, 86, 132
Beratung, individuelle 111
Berger 61
Berlew 62
Berlyne 20
Betriebsklima 94
Beyer 57
Blanchard & Johnson 113, 147, 152, 166, 191, 238
Bligh, William 207
Blyton 40
Bolivars, Simon 59
Bonaparte, Napoleon 197
Borman, Frank 184, 202
Bounty 207
Bourghiba, Habib 33
O'Boyle 139
Bradley, General Omar 107
Broder, David 141
Bürgerrechtsbewegung 76
Burns 16, 24, 30, 35, 36, 37, 122, 130, 192, 210
Burns & Stalker 185
Burns, James McGregor 11

Carnegie, Andrew 103
Caro, Robert 11, 18, 37, 43, 96, 113, 205, 206
Carter, Jimmy 106
Cashman 117
Castro, Fidel 68, 78, 200
CBS 40
Charisma 10, 23, 46, 47, 53, 54, 58, 63
Chomeni 79
Christensen 202

Chrysler 75, 81, 184
–, Corporation 18, 29, 55
Churchill, Winston 36, 59, 85, 123, 173, 180, 182, 183, 197
Citicorp 18, 41
Connor, John 68
Considine 103, 120
Coolidge, Calvin 245
Cowen 112
Cromwell 92
Crowe 190
Curtis 40

Dana Corporation 40
Danton 121
Davis 197
Deci 21
Delegieren 107
Demause 211
Deming, Edward 57
Demouse, Lloyd 11, 55, 184
Dewey, George 89
Dickson 209
Diktatur des Proletariats 181
Dosset 154
Drachkowitch 60
Drenth & Koopman 125
Drucker 162
Duchi 189
Dupont, E. I. 169
Dutch 125

Eastern Airlines 184
Eden & Shani 93
Eisenhower, Dwight, D. 31, 76, 91, 106, 197
Eliot, Charles 187
Eltern-Kind-Beziehung 184
Emerson, Ralph Waldo 147
Endicott-Johnson 72

England & Lee 212
Entscheidung durch Konsens 104
Entscheidungsprozesse, Teilnahme an 103
– stil 44
Eoyang 33, 130, 131, 132
Erikson 41, 56, 66, 202
Erlichman, John 106
Erwartungs-mal-Werte-Theorie 20
ES-ÜBER-ICH-Konflikt 67
Evans 151
Experimentieren 94
Exxon 115

Faktoren höherer Ordnung 244
– Analyse 235
– Matrix 235
Farrow 196
Feedback, negatives 148, 160
–, positives 113, 148
Fermi 56
Fiedler & Leister 104, 115, 129
Firmenpolitik 189
Fisch 125
Fischer 85, 165
Ford, Gerald 169, 200, 250
–, Henry 32, 33, 35, 43, 120
Forrestal, James 172
Frank, de 142
Freud 41
Führung durch Inspiration 83, 98
-sanspruch 58
Fulk 164

Galanter 54
Gandhi, Mahatma 12, 29, 41, 56, 66, 133, 203
Gardner 65
Gaulle, Charles de 18, 42, 59, 64, 79, 123, 133, 180, 199, 204, 213

273

Geertz 57
Gehirnwäsche 97, 137
General Motors 34, 72, 252
Georgopolous 151
Gerth & Mills 59
Getty, J. Paul 103
Gewinn-Maximierung 214
Ghadafi 79
Ghiselli 126
Gill 126, 127
Glass 141
Glaubenssätze 130
Glenn, John 202
Goldwyn, Samuel 81, 83
Grän 117
Great-Society-Programm 204
Green 149
– & Podsakoff 165
Greller 156
Gruppenziel 85, 88, 90

Haig, Feldmarschall Sir Douglas 218
Haldeman, Bob 106
Hammer, Dr. Armand 103, 120
Handy 62
Hart, Gary 65, 182, 197
Hawley, Cameron 177
Hay & Gray 214, 215
Hayes & Thomas 91
–, Sam 11
Hays & Thomas 40, 59, 108, 111, 212
Henry 67
Hewins 103
Hill 64
Hitler 35, 56, 59, 124, 198, 200, 210
Hochleistungssystem 87
Hoffman & Hoffman 42, 79
Hoffmann & Hoffmann 200
Hollander 47, 62, 150, 192
Holsi & North 211

Hoover, Herbert 245
House 53, 58, 63, 65, 72, 73, 75, 151
– & Mitchell 152
–, Robert 11
Hull House 43
Hummel 55, 56, 77
Humphrey, Hubert 69
Hunt & Michael 114
– & Schuler 148
Hutchins, Robert 43, 187
Hutchinson, Robert 75

Iacocca, Lee 18, 55, 75, 81, 184
IBM 40, 41, 43, 94, 133, 159, 252
Identifikation mit dem Führer 54
IGM 159
Ilgen & Knowlton 161
Immerwahr 39
Informationsbedürfnis der Untergebenen 110
Integrität, persönliche 212
Intertel Corporation 109
Iversen, Lorenz 139

Jackson, Jesse 56, 87
Jefferson County High School 86
–, Thomas 120
Jennings 115
Jessup 81
Jewel Companies 113
Jobs, Steve 40
Johnson 113, 116
–, George F. 72, 252
–, Landon 42
–, Lyndon 18, 43, 69, 96, 106, 113, 202, 204, 206, 213, 250
Johnston 81, 83
Jones, Jim 18
–, Thomas V. 108

Kaischek, Chiang 135
Kantner 54
Kaplan 112
Katz & Kahn 61
Kay, Mary 87
Keichel 40, 67
Keller & Szilagy 148
Kelvin 221
Kennedy, John F. 11, 29, 68, 76, 79, 106, 133, 180, 208, 209, 250
Khartoum, Lord von 36
Khomeini 180
Kiechel 24, 67
Kilmann 126
King, Martin Luther 31, 41, 56, 65, 76, 203, 250
Kirkpatrick, Kelly 86
Kitchener, Herbert 36, 37, 62, 105, 169, 206
Klaus & Bass 109
Klimoski & Hayes 152
Knowles, Sir C. H. 123
Knowlton & Mitchell 166
Kodak 120
Kolb 121
Komaki 156, 161
Kommunikation 110
Konflikte, Innere 198
Konsistenz 153
Kooperationsbereitschaft 63
Korman 67, 115
Kram 115, 116,
Kramer 87
Kraut 126
Kreativität, kognitive 128
Krietner 148
Kritik, konstruktive 104
Kuggundu 156

Laissez-faire-Führung 163
-faires-Verhalten 243
Land, Edwin 120
Landy 20
Larson 31, 165, 166
Lawler 64
Leader-Member-Exchange 104
Lebensqualität, Verbesserung der 214
Leistungs-Maximierung 216
-beurteilung 153
-lohn 156
-motivation 21, 39, 66
-normen 154
Leitbilder 130, 131
Lenin 32, 59, 62, 77, 78, 79, 85, 121, 124, 137, 180
Levinson 67, 113, 114, 115
Lewis, Jerry 110
Lifton 182
Lincoln, Abraham 250
Lippit 183, 199
Little, Arthur D. 23
Litton 198
Lob 148
Locke 20
Lodahl 54
Lombardi, Vince 87
Lombardo 69
Luce, Henry R. 81
Ludendorff 218
Ludwig XV 198
Lundberg 97
Luthans 148
Luther 66

Maccoby 67
Machiavelli 207
Magnus 36, 105, 170
Management by Exception 143, 146, 159, 201, 239

– – walking around 95, 110, 140
– – Objectives 243
Manipulation 130
Margerison 107
Margerson 116
Marin, Luis Munoz 121
Marlboro-Zigaretten-Werbung 131
Marshall, General George C. 81
Martin 39
Marx 121, 124, 137
Maslow 21, 28
Massen, Selbstkritik der 136
Maßnahmen, vertrauensbildende
Mayer, Louis B. 81, 120
McArthur, Douglas 197
McCall 22, 69
– & Lombardo 123
McPherson, Rene 40
Meese, Edward 141
Mentor 112, 113
Merkmale, persönliche 72
Mesta Machine Company 139
Meyer 22, 111, 181
Miller 104
Mintzberg 109, 125, 161, 199
– Modell 107
Mirabeau 121
Missile Gap 76
Missirian 116
Mitbestimmung 210, 217
Mitchell & Kall 166
– & Wood 167
Mitroff 124
Mitsubishi 159
Moon, Reverend 54
Morse & Wagner 107, 115
Moses, Robert 37
Motivation 19
– der Geführten 83
Müller, Robert 22

Multivariate Varianzanalyse 246
Mussolini 56
Myer, Louis B. 120

Nahverhältnis zum Führer 118
Naisbitt 182
Nance 95
Napoleon 200
National Council of Alcoholism 57, 60
Neider 154
New Deal 132, 206
Newsweek 250
Nicol 123
Nicholson 40
Nietzsche 64, 65
Nixon, Richard 106, 131, 133, 173, 250
Nötigung 96
Northrop 108

Occidental Petroleum Corporation 103
– – Gesellschaft 120
Ödipus-Komplex 198
Oldham 148
Olshaker 120
Organisationskultur 64, 94, 109

Paige 34, 106, 121, 213
Palay, William 40
Papst Johannes Paul 18
Paradigma des Handels 63
Parson 172
Patton, General George S. 43, 83, 122
Payne 81
Peron, Evita 169
Peters 40, 72, 107, 108, 125
Peters & Waterman 88, 93, 149, 187
Pfeffer & Salancik 190
Podsakoff 107, 148, 149, 154, 158, 164, 171
Polaroid 120

Polmar & Allen 70
Pragmatismus 213
Prahalad 44
Price & Garland 192
Protzman, Charles 57
Prozesse, transformationale 47
Puryear 122
Pygmalion-Effekt 66, 92, 93

Quality Circle Movement 57
Quinn & Cameron 63
– & Hall 107, 133, 166, 182
–, Robert 11

Rayburn, Sam 113, 206
Reagan, Ronald 105, 124, 141, 202
Reitz 148, 171
Reserve Officer Training Corps 88, 162
Reston 106
Revlon, Charles 41, 78, 105, 169, 170, 206
Rickover, Hyman 70, 75
Riley & Flowerman 126
Robbins 63, 190
Roberts 139
Robespierre 121
Roche 116
Rollenkonflikt 153
-modell 107
Roosevelt, Eleanor 252
–, Franklin D. 31, 42, 78, 79, 106, 124, 132, 197, 213
–, Theodore 12, 89, 250
Rousseau 121
Rubinstein, Helena 161
Rusmore 127, 128
Rustow 124, 132

Samuel, Eleanor 101, 117
Saxton, Jane 11

Schiffer 75, 77
Schriesheim & Von Glinow 17
Schuler 107
Schultz 67
Schwab & Dyer 157
Schwartz 68
Scontrino 165
Sears, John 141
Selbstanklage 137
-verstärkung 175
-vertrauen 64
-verwirklichung 28
-wertgefühl 175
Sendungsbewußtsein 91
Shapira 21, 112
Sheridan 20, 223
Shoes, Endicott Johnson 252
Shull 188
Siehl 39
Simon 127
Sims 146, 148, 149, 163
Sloan, Alfred P. 34, 72, 252
Smircich & Morgan 66
Smith 62, 172
Sohn, Rudolf 53
Solberg 69
Sony 159
Sorenson 106, 133
Spearman-Brown-Reliabilität 242
Spector & Suttell
Stalin, Josef 34, 103, 197, 206
Steuben-Glasmanufaktur 110
Stockdale 170, 213
Strafe, bedingte 146
Streß 129
SWARTHMORE 72
Symbole 131, 132

Tarnowieski 67
Task-Teams 94, 187

Teh, General Chu 135
Thatcher, Margaret 252
Thomas 40, 107
Tito 60
Tobias 78, 105, 169
Todor 107
Toland 218
Toyota 159
Trak 94
Transformationsprinzip 16
-prozess 10
Trice 57
Trice & Beyer 60
Trotzki, Leo 32, 85, 198
Truman, Harry S. 31, 106, 131, 172, 197, 250
Truppenmoral 91
Tsui 158
Tsurumi 57
Tuchman, Barbara 36
Tucker 55, 64, 78, 79, 85, 121, 124, 206
Tung, Mao Tse 136, 137
Tupperware 88, 149

Übermensch 64, 65
Umerziehung, ideologische 135
Universität von Chicago 43, 75
Unternehmenskultur 39
Ursell 40

Vail, Theodore 34, 41, 87, 122, 243
Van Fleet 88
Verstärkung, bedingte 145
–, – aversive 160, 239
–, negative 145
-smechnismen 149
Vertrauensbildung 90
Verwaltung, verantwortliche 214
Vietnam Politik 69
Voltaire 121

Vorgesetzten-Verhalten 152
Vroom 20, 24

Waldman 254
Waley 180
Wall 103
Walt-Disney-Productions 94
Washington, George 68
Waterman 40
Watson, Thomas J. 40, 41, 43, 72, 133, 252
Watt, James 141
Weber, Max 53, 54, 60, 63, 64, 206
Wechselbeziehungen zwischen Führern und 194
Weg-Ziel-Modell 17
– – Theorie 151
Weis & Shaw 115
Wendler 164
Wertvorstellung 130, 189
Westpoint-Militärakademie 164
Wilner 46, 54
Wilson, Woodrow 96, 213
Wolfenstein 198
Woodward 186
Woodworth, R. S. 18
Wortman 121
Wriston, Walter 18, 41

X, Malcolm 250

Yankelowich 39
– & Immerwahr 48, 145, 154
Yan-sen, Sun 33
Young, Andrew 250
Yukl 11, 62, 65, 84, 88, 90, 96, 116, 124, 151, 152, 153, 154, 162, 242
Z-Theorie 189

Zaleznik 11, 23, 27, 44, 61, 69, 96, 108, 114, 116, 117, 146, 173, 188, 191, 199, 258
– & Kets de Vries 68

Zander 40
Zielerreichungserwartung 37
-setzungen 189
Zumwalt, Admiral Elmo 95